◆AO应用实例丛书编写组/编

AO 资源环保审计应用实例

本书编写组成员：王龙飞 陈立民 胡大华 王智玉 杨蕴毅

中国时代经济出版社
China Modern Economic Publishing House

内容简介

本书内容精选于 2007—2012 年审计署征集、评选的优秀 AO 应用实例,共有 20 篇;涉及中央、省、市、县四级 19 个审计机关。编著时对原实例涉及的被审计单位及金额进行了加工处理,但保留了原作者的审计思路和对 AO 功能点的应用技巧。在征集、评选资源环保审计 AO 应用实例过程中,得到了审计署农业与资源环保审计司的专业指导和协助。本书对于开展信息化条件下的资源环保审计具有较强的借鉴作用。

目 录

实例一 一份农机补贴，几多殷切期待 ·· 1
    一、项目背景 ·· 1
    二、审计过程 ·· 1
    三、点评 ·· 19

实例二 揭开基层排污费背后的潜规则 ·· 20
    一、项目背景 ·· 20
    二、审计过程 ·· 20
    三、点评 ·· 36

实例三 透视排污费征收管理系统 ·· 37
    一、项目背景 ·· 37
    二、审计过程 ·· 37
    三、点评 ·· 55

实例四 还城市一片蓝天 ··· 57
    一、项目背景 ·· 57
    二、审计过程 ·· 57
    三、点评 ·· 75

实例五 市区排污费征收管理审计 ·· 76
    一、项目背景 ·· 76
    二、审计过程 ·· 76
    三、点评 ·· 92

实例六 某县水政水资源综合管理办公室财政收支审计 ··························· 93
    一、项目背景 ·· 93
    二、审计过程 ·· 93
    三、点评 ·· 107

实例七　揭开垃圾"值钱"的秘密 ·· 108
　一、项目背景 ··· 108
　二、审计过程 ··· 109
　三、点评 ··· 142

实例八　低收入农户下山搬迁项目资金投入、管理使用情况审计 ············· 143
　一、项目背景 ··· 143
　二、审计过程 ··· 143
　三、点评 ··· 156

实例九　运用 AO 实施环境绩效审计显成效 ····································· 157
　一、项目背景 ··· 157
　二、审计过程 ··· 157
　三、点评 ··· 178

实例十　利用 GPS 数据开展区域性大面积支农项目计算机审计 ················ 179
　一、项目背景 ··· 179
　二、审计过程 ··· 180
　三、点评 ··· 187

实例十一　AO 在涉农专项资金审计中的应用 ···································· 188
　一、项目背景 ··· 188
　二、审计过程 ··· 188
　三、点评 ··· 203

实例十二　环保污水排污费征收审计 ·· 204
　一、项目背景 ··· 204
　二、审计过程 ··· 204
　三、点评 ··· 224

实例十三　AO 在污水泵站运行管理绩效审计中的应用 ······················· 225
　一、项目背景 ··· 225
　二、审计过程 ··· 225
　三、点评 ··· 266

实例十四　某市污水处理费征收审计中 ASL 方法的应用 ·············· 267
　　一、项目背景 ·············· 267
　　二、审计过程 ·············· 267
　　三、点评 ·············· 276

实例十五　2012 年某省节能减排专项资金审计 ·············· 277
　　一、项目背景 ·············· 277
　　二、审计过程 ·············· 277
　　三、点评 ·············· 297

实例十六　某区退耕还林资金审计 ·············· 298
　　一、项目背景 ·············· 298
　　二、审计过程 ·············· 298
　　三、点评 ·············· 306

实例十七　某省财政支农资金专项审计调查 ·············· 307
　　一、项目背景 ·············· 307
　　二、审计过程 ·············· 308
　　三、点评 ·············· 324

实例十八　AO 在林业专项资金审计调查中的应用 ·············· 325
　　一、项目背景 ·············· 325
　　二、审计过程 ·············· 325
　　三、点评 ·············· 341

实例十九　突出重点，为环保专项资金保驾护航 ·············· 342
　　一、项目背景 ·············· 342
　　二、审计过程 ·············· 342
　　三、点评 ·············· 360

实例二十　AO 在节能减排专项资金审计中的应用 ·············· 361
　　一、项目背景 ·············· 361
　　二、审计过程 ·············· 361
　　三、点评 ·············· 384

附　录 ·············· 385

实例一

一份农机补贴，几多殷切期待

一、项目背景

农机购置补贴政策自 2004 年实施以来，取得了良好的经济、社会和生态效益，但在实施过程中也存在一些问题，有的问题已严重影响到农机购置补贴政策的严肃性。农机购置补贴资金是否合规合法，补贴对象的确定是否公平公正，补贴范围是否合理，补贴额度的设定是否科学，以及效益是否显著等问题值得关注。S 市审计局对该市 2010 年度农机购置补贴资金进行了绩效审计调查，按照农机购置补贴操作流程，从测评内控制度、合规合法审计和绩效审计评价三个方面对涉及农机购置补贴项目的多个审计事项进行专项审计调查，实现了审计对农机购置补贴项目的服务和监督功能。

二、审计过程

（一）招标指定购买制度，"稀释"了农户享受补贴空间

审计事项：预算执行审计/专项资金审计/农机购置补贴内控制度审计（新增）

1. 审计思路

目前的农机具补贴是通过招标投标的方式进入补贴目录，只有购买进入名录的农机具才可以得到补贴，农机具生产企业拥有定价权。因此，有的生产企业通过提价的方式从农民手里截取一部分农机补贴，同时，参与农机具的演示和宣传费用、运输成本等中间成本太高，造就了补贴成交价普遍高于市场出厂经销价。审计人员通过市场询价的方式，获取了部分农机具 2010 年出厂经销价格，把该价格与实际补贴成交价格表对比分析被"稀释"的享受补贴空间问题，得出农机购置补贴在招标指定购买制度方面存在的问题和结论。

2. 审计步骤

步骤一：将农机购置补贴发放表和部分农机具询价调查表进行关联，查询出农机购置补贴发放表中的成交价格和部分农机具询价调查表中的出厂经销价不相等的记录。

select distinct a. 机具小类,a. 机具型号,a. 生产企业,a. 单台国补,a. 成交价格,b. 出厂经销价 into 成交价与出厂价对比表 from [农机购置补贴发放表] a join [部分农机具询价调查表] b on a. 机具型号 = b. 机具型号 where a. 成交价格 <> b. 出厂经销价

将查询结果执行到排序表，生成"成交价与出厂价对比表"，如图 1-1 所示。

机具小类	机具型号	生产企业	单台国补	成交价格	出厂经销价
耕地机械	3WG-4	潍坊市**机械有限公司	1200	8700	8500
耕地机械	3WG-5	潍坊市**农业机械制造有限…	1200	5600	5300
耕地机械	B370783100…	东营市**农业机械有限公司	1200	4200	4100
耕地机械	JL-1WG-4	潍坊**机械有限公司	1200	5760	5500
茎秆收集处理机械	1JH-150	定州**机械制造有限公司	2000	7860	7300
茎秆收集处理机械	4J165	德州**农机装备有限公司	2100	7500	7200
日光温室设施设备	BL4-198（卷…	寿光**变速器配件有限公司	1200	2180	3500
饲料（草）加工机…	4JQ-150	山东**机械有限公司	4100	15000	16000
畜产品采集加工机…	9JYPCB-2X1…	淄博**商贸有限公司	120000	280000	278000
玉米收获机械	4LZ-3（互换…	郑州**收获机械有限公司	33000	99000	132000
玉米收获机械	4LZY-2A	洛阳**机械装备有限公司	33000	100800	100000
玉米收获机械	4YW-2（带…	沧州**农机有限公司	7000	21800	32000
玉米收获机械	4YW-2（带…	山东**农业装备有限公司	12000	34300	32000
玉米收获机械	4YZ-3（互换…	山**机械有限公司	33000	95000	136500
玉米收获机械	4YZ-3B	山东**机械制造有限公司	41000	170000	165000

图 1-1

步骤二：计算每一种机具类型的成交价格与出厂经销价的差额所占出厂经销价的比例。

select 机具小类,机具型号,生产企业,成交价格,出厂经销价,(成交价格－出厂经销价)／出厂经销价 as 比例 from 成交价与出厂价对比表

将结果执行到排序表，利用"数值统计"分析功能对比例字段进行统计，如图 1-2 所示。

3. 审计结果

在询价的 70 个产品类型中，补贴成交价小于出厂经销价的有 17 个，占 24.29%；补贴成交价大于出厂经销价的有 53 个，占 75.71%。可见，大部分进入补贴名录的农机具实际补贴时农机具价格被抬高，生产企业或者经销商通过提价的方式从农民手里截取了部分国家补贴，导致补贴空间被"稀释"。

4. 应用 AO 功能点

本问题的分析使用了审计分析/数据分析/SQL 查询器；审计分析/数据分析/数值分析等功能。

图 1-2

(二) 农机监理收费制度，监理收费自身入不敷出，无法满足补贴支出

审计事项：预算执行审计/专项资金审计/农机购置补贴内控制度审计（新增）

1. 审计思路

目前农机主管部门实行农机监理收费制度，财政对农机监理收费予以返还，农机监理收费及返还的多少直接影响着农机购置补贴资金制度的施行。实例从财务数据查询农机监理费收支情况，分析农机监理收费对农机购置补贴的支持和支撑力度。

2. 审计步骤

步骤一：从财务数据分析支出结构情况，进入科目余额表，利用 AO 自带的查询器输入查询条件，查询科目编码为 504 开头的三级借方发生额（不包含上级科目），用图表展示如下，如图 1-3 所示。

查出支出合计 4548404.61 元。

步骤二：统计上述支出中剔除人员工资、保障费（人员工资保障费由财政承担，其他支出情况由农机监理费以收定支）后的支出合计。

```
select round(sum(借方金额),2) as 借方汇总 from [凭证库] where 科目编码
between '50402001' and '50402008'
```

查询出非人员工资、保障费支出金额合计数为 1834408.87 元。

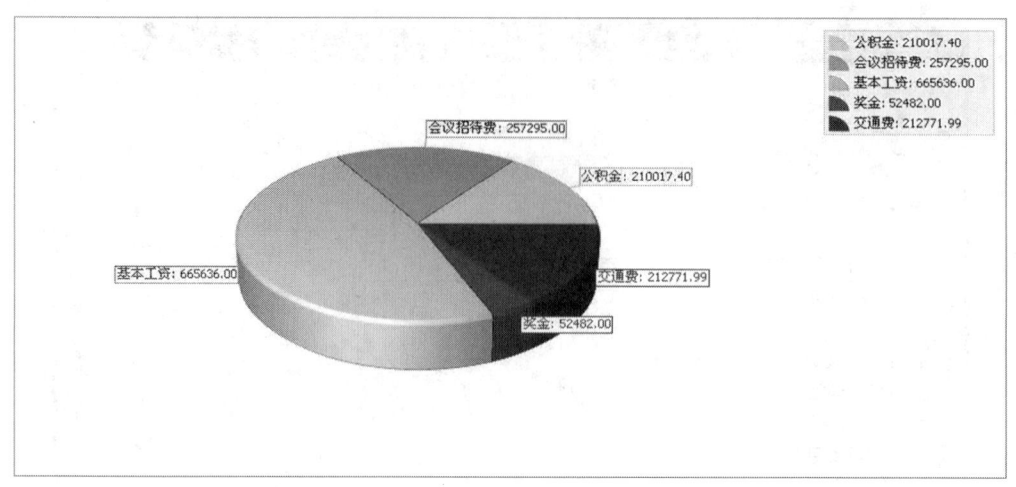

图 1-3

步骤三：查询农机监理费 2010 年收入情况。

select round(sum(贷方金额),2) as 监理费收入汇总 from [凭证库] where (科目编码 like '109%' or 科目编码 like '209%') and 摘要 like '%监理%'

查询出监理费收入 683735 元。

3. 审计结果

2010 年由财务数据查出该局主要的收入来源农机监理费收入 683735 元，而非人员工资、保障费支出 1834408.87 元，农机监理费入不敷出，无法实现对农机购置补贴资金的补贴支出和工作经费支出，对农机购置补贴资金政策的实施影响较大。

4. 应用 AO 功能点

本问题的分析使用了审计分析/账表分析/科目明细账审查；审计分析/数据分析/图表分析工具；审计分析/数据分析/SQL 查询器等功能。

（三）抽查生产企业的合法性，提供移交线索

审计事项：预算执行审计/专项资金审计/合规合法审计（新增）

1. 审计思路

目前的农机购置补贴政策对农机生产企业实行准入制度，只有进入补贴名录的农机具才能得到补贴，因此对生产企业监督检查尤为重要，但是地方审计机关限于审计职能，只能审计调查管辖区域的生产企业。实例从进入补贴名录的 689 家生产企业中筛选出所管辖区域的 18 家当地生产企业，从补贴机具供应是否及时、售后服务是否及时、出现质量问题或纠纷能否妥善解决、是否变相涨价、是否不按规定区域销售、是否向农机主管部门提供虚假信息、是否提供假冒伪劣以次充好产品、是否不执行差价购机政策及其他问题等方面做调查问卷。

2. 审计步骤

步骤一：限于审计职能权限，审计部门只能对 S 市当地的生产企业进行调查。从 2010 年农机生产企业信息详表中筛选出 2010 年农机购置生产企业名单中关键字为"S 市"的记录，生成"待调查生产企业名单"。

```
select distinct 生产企业名称 into 待调查生产企业名单 from ［农机生产企业信息详表］ where 生产企业名称 like '%S 市%'
```

查询结果共有 18 家当地农机生产企业进入待调查名单之列。

步骤二：将"待调查生产企业名单"整理成调查问卷，待调查内容为：补贴机具供应不及时、售后服务不及时、出现质量问题或纠纷不能妥善解决、变相涨价、不按规定区域销售、向农机主管部门提供虚假信息、提供假冒伪劣以次充好产品、不执行差价购机政策及其他问题。将调查问卷发放到农机购置户手中，形成 2010 年农机生产企业审计调查汇总表。

步骤三：将农机生产企业审计调查汇总表作为业务数据采集到 AO 中去，进行统计分析。

```
select 生产企业名称,(补贴机具_供应不及时+售后服务_不及时+出现质量问题或_纠纷不能妥善解决+变相涨价+不按规定_区域销售+向农机主管部门_提供虚假信息+提供假冒伪劣_以次充好产品+不执行差价_购机政策+其他问题) as 问题汇总数

from ［农机生产企业审计调查汇总表］

group by 生产企业名称,补贴机具_供应不及时,售后服务_不及时,出现质量问题或_纠纷不能妥善解决,变相涨价,不按规定_区域销售,向农机主管部门_提供虚假信息,提供假冒伪劣_以次充好产品,不执行差价_购机政策,其他问题

having (补贴机具_供应不及时+售后服务_不及时+出现质量问题或_纠纷不能妥善解决+变相涨价+不按规定_区域销售+向农机主管部门_提供虚假信息+提供假冒伪劣_以次充好产品+不执行差价_购机政策+其他问题) >10
```

筛选出问题较多的 4 家企业，执行结果如图 1-4 所示。

生产企业名称	问题汇总数
**变速箱配件公司	38
**大棚设施有限公司	40
**卷帘机有限公司	36
**农业机械有限公司	35

图 1-4

3. 审计结果

通过抽查生产企业发现 4 家企业存在补贴机具供应不及时、售后服务不及时、出现质量问题或纠纷不能妥善解决等问题,将上述企业移交当地农机主管部门,由当地农机主管部门上报省农机主管部门,责令限期整改。

4. 应用 AO 功能点

本问题的分析使用了审计分析/数据分析/SQL 查询器等功能。

(四) 查实农机主管部门有无参与"搭车收费"问题

审计事项:预算执行审计/专项资金审计/合规合法审计(新增)

1. 审计思路

按照《财政部关于切实加强农机购置补贴政策实施监管工作的通知》和《省财政厅关于切实加强农机购置补贴工作的通知》,农机购置补贴项目实施中严禁"搭车收费"和乱收费等。实例采用直接查询记账凭证和抽样查询原始凭证两种方法确保审查结果的真实性。

2. 审计步骤

步骤一:直接查询记账凭证。由财务数据事业收入(科目编码为 405 开头)和其他收入(科目编码为 413 开头)查询凭证库中摘要包含"合同招标费""管理费""赞助费""代理费""鉴定费"等关键字的记录,确认有无乱收费和"搭车收费"现象。

```
select 凭证日期,凭证号,科目编码,科目名称,摘要,借方金额,贷方金额 into 搭车收费审查表 from [凭证库] where (left(科目编码,3) = 405 or left(科目编码,3) = 413) and 摘要 like '%合同招标费%' or 摘要 like '%管理费%' or 摘要 like '%赞助费%' or 摘要 like '%代理费%' or 摘要 like '%鉴定费%'
```

执行结果如图 1-5 所示。

凭证日期	凭证号	科目编码	科目名称	摘要	借方金额	贷方金额
2010-4-14	12	101	现金	鉴定费	1170.0000	0.0000
2010-4-14	12	413	其他收入	鉴定费	0.0000	1170.0000
2010-6-10	9	101	现金	鉴定费	14000.0000	0.0000
2010-6-10	9	413	其他收入	鉴定费	0.0000	14000.0000
2010-6-28	18	101	现金	鉴定费	24930.0000	0.0000
2010-6-28	18	413	其他收入	鉴定费	0.0000	24930.0000
2010-8-12	10	101	现金	鉴定费	6930.0000	0.0000
2010-8-12	10	413	其他收入	鉴定费	0.0000	6930.0000
2010-10-8	3	101	现金	鉴定费	11070.0000	0.0000
2010-10-8	3	413	其他收入	鉴定费	0.0000	11070.0000
2010-12-13	9	101	现金	鉴定费	25470.0000	0.0000
2010-12-13	9	413	其他收入	鉴定费	0.0000	25470.0000

图 1-5

汇总鉴定费发生金额。

select '鉴定费' as '收费项目',sum(借方金额) as 收费金额 from [搭车收费审查表]

执行结果如图1-6所示。

收费项目	收费金额
鉴定费	83570.0000

图1-6

步骤二：抽样查询原始凭证。进入审计抽样向导，"数据选择"为"2010年度财务备份数据"，抽样科目为"现金"科目，选择"凭证库"，对现金科目的借方金额进行分析，如图1-7所示。

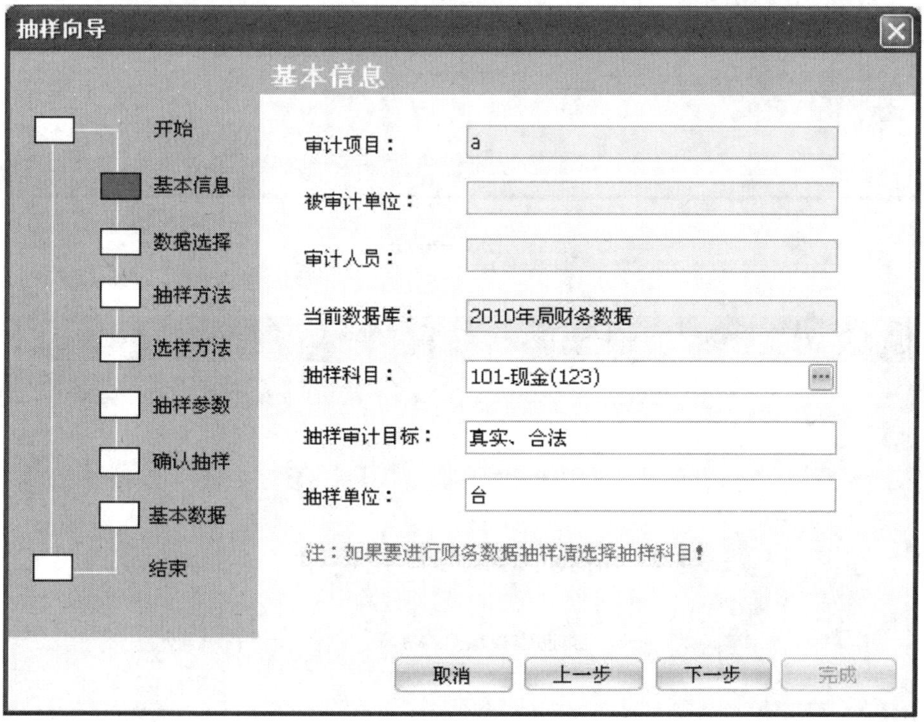

图1-7

抽样总体量为123，总体金额2202265.07元。"抽样方法"选择"固定样本量"抽样，"选样方法"为"随机抽样"，如图1-8所示。

输入可信赖程度95%，可容忍误差率为5%，计算样本量为59，抽样向导信息汇总和样本数据如下图1-9所示。

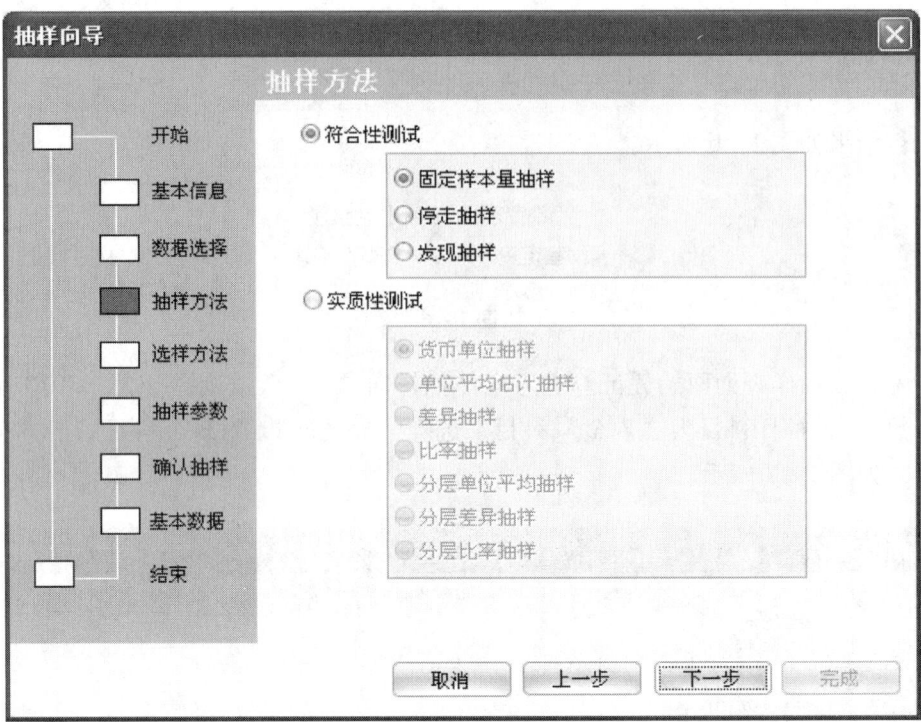

图 1-8

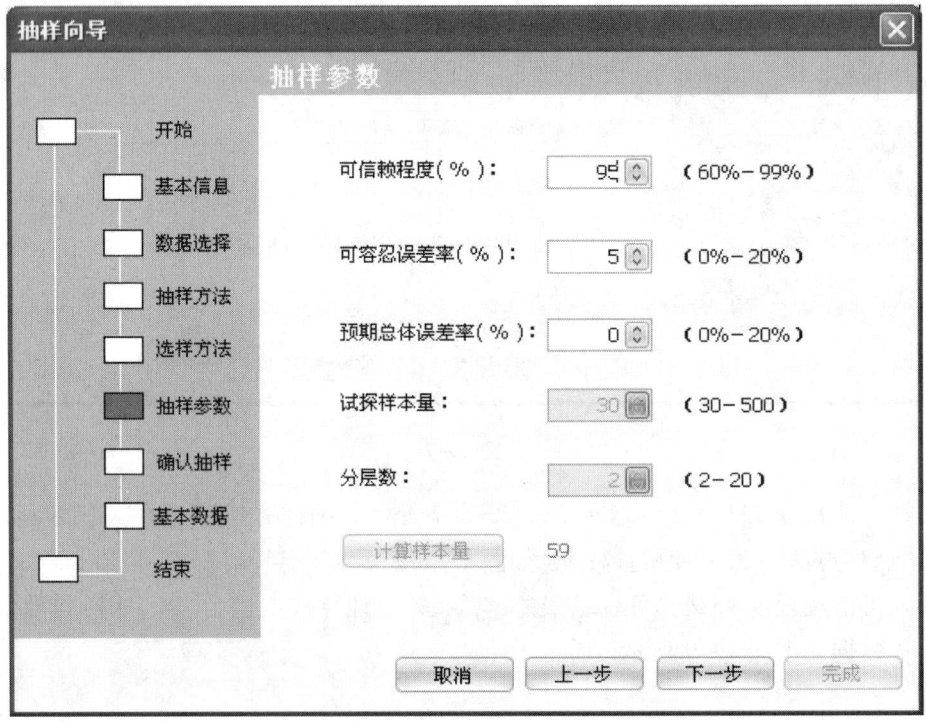

图 1-9

进入"审计抽样"的"评价",汇总抽样结果,将"审计过程记录单"生成证据内容,导入"项目资料树",如图 1-10 所示。

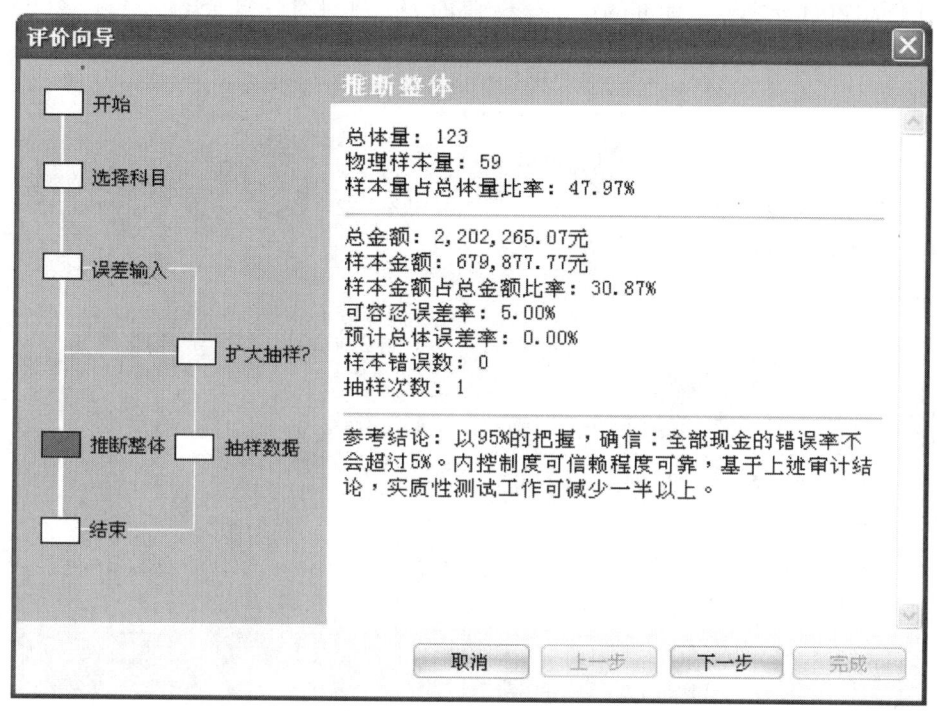

图 1-10

对抽取的 59 个样本进行实质性测试,核实原始凭证内容,依据审计经验和原始凭证记录做出判断,从样本中发现存在收取鉴定费的问题,经汇总收取鉴定费金额为83570 元。

3. 审计结果

经采取直接查询记账凭证和抽样查询原始凭证两种方法,查询检索该局 2010 年存在收取鉴定费 83570 元,将审计结果移交当地纪检、监察部门进一步查处。

4. 应用 AO 功能点

本问题的分析使用了审计抽样/抽样向导;审计分析/数据分析/SQL 查询器等功能。

(五)补贴比例是否合规,是否存在超过规定标准的问题

审计事项:预算执行审计/专项资金审计/合规合法审计(新增)

1. 审计思路

根据法规《农业机械购置补贴实施指导意见》(农办财〔2010〕28 号)第五条的有关规定,按照全国总体执行标准补贴比例不超过 30%,汶川地震重灾区县、重点血防疫区补贴比例不超过 50% 的规定,查询农机购置补贴发放明细表中单机补贴(即单台国补)占补贴前价格(即单台国补+成交价格)比例超过规定标准的记录。

2. 审计步骤

查询农机购置补贴发放明细表中单机补贴比例超过30%的记录，将查询结果生成"补贴比例超过百分之三十标准的记录表"临时表，并计算违规金额；该步骤已编成审计方法。

ASL 语句如下：

```
Var sqlstr,cx,bz,qz,result,a,CLength;
//定义变量 sqlstr 为 sql 语句,cx 为查询,bz 为标志,qz 为取值,result 为结果,CLength 为取字符长度
Begin
showmsg('全国总体执行标准请输入0.3,汶川地震重灾区和重点血防疫区请输入0.5');//显示提示输入对话框
a:=newread('请输入补贴比例');//读入数赋给变量 a
  if a=0.3 then
  begin
  sqlstr:='select * from 农机购置补贴发放表 where 单台国补/(单台国补+成交价格)>0.3';//若 a 为0.3,则执行这条语句
  ShowMsg('生成的SQL语句为:'+SqlStr);
  cx:=createq(sqlstr,-1);
  bz:=qeof(cx);//判断语句记录是否为空
   if bz<>1 then
    begin
    //循环将查询结果放入业务疑点临时库
      repeat
       AddTransRslt(cx,'补贴比例超过百分30标准的记录表');//将结果放入未落实疑点库中
         bz:=qmov(cx,1);
         bz:=qeof(cx);
      until bz=1;
       TransBatch(cx,'补贴比例超过百分30标准的记录表');//将临时库结果放入疑点库中
       createtemptable('补贴比例超过百分30标准的记录',sqlstr);//若记录不为空,则生成表
         showmsg('成功创建补贴比例超过百分30标准的记录表！');
       qz:=createq('select sum(单台国补) as 违规金额 from 补贴比例超过百分30标准的记录',-1);//并计算超30%的记录的汇总金额
```

```
        result:=QFDValue(qz,'违规金额');
        Write('补贴比例超过规定标准的金额为:',result);//将汇总金额输出显示
        CLength := Length(result);
        result := leftStr(result,Clength);
        showMsg('补贴比例超过标准'+a+'倍的违规金额为:' + result +'元');
      end
    else
        showmsg('无超标准记录!');//若判断语句记录为空,则显示"无超标准记录"
对话框
    end;
    if a = 0.5 then
    begin
        sqlstr:=' select * from  农机购置补贴发放表 where 单台国补/(单台国补 + 成
交价格) > 0.5 ';//若 a 为 0.5,则执行这条语句
        ShowMsg('生成的 SQL 语句为:' + SqlStr);
        cx:=createq(sqlstr,-1);
        bz:=qeof(cx);//判断语句记录是否为空
        if bz <> 1 then
        begin
            repeat
                AddTransRslt(cx,'补贴比例超过百分 50 标准的记录表');//循环将查询结
果放入业务疑点临时库
                bz:=qmov(cx,1);
                bz:=qeof(cx);
            until bz = 1;
            TransBatch(cx,'补贴比例超过百分 50 标准的记录表');  //将临时库结果放
入疑点库中
            createtemptable('补贴比例超过百分 50 标准的记录',sqlstr);//若记录不为
空,则生成表
            showmsg('成功创建补贴比例超过百分 50 标准的记录表!');
            qz:=createq(' select sum(单台国补) as 违规金额 from 补贴比例超过百分
50 标准的记录',-1);//并计算超 50%的记录的汇总金额
            result:=QFDValue(qz,'违规金额');
            Write('补贴比例超过规定标准的金额为:',result);//将汇总金额输出显示
```

```
        CLength : = Length(result);
        result : = leftStr(result,Clength);
        showMsg('补贴比例超过标准' + a + '倍的违规金额为:' + result + '元');
      end
    else
      showmsg('无超标准记录！');//若判断语句记录为空,则显示"无超标准记录"对话框
    end;
    if a <> 0.3 and   a <> 0.5 then
    begin
    showmsg('输入的判断比例值错误！');//若输入的值不是0.3或0.5,则显示"输入的判断值错误"对话框
    break;//中止程序
    end;
        end.
```

由审计方法管理中执行自动审计，如图1-11所示。

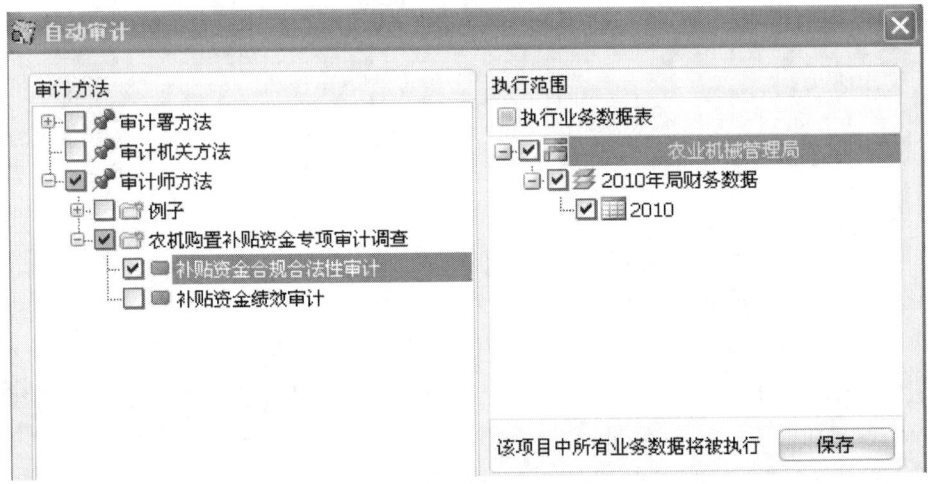

图1-11

执行结果如图1-12所示。

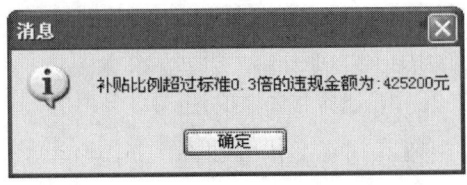

图1-12

3. 审计结果

经审计查询，2010 年全市发放农机购置补贴中执行标准补贴比例超过 30% 的金额为 425200 元。

4. 应用 AO 功能点

本问题的分析主要使用了审计分析/审计方法/审计方法管理功能。

（六）补贴范围不合规，存在不在规定补贴范围内的机具型号且生产厂家仍然享受了补贴的问题

审计事项：预算执行审计/专项资金审计/合规合法审计（新增）

1. 审计思路

根据农办财〔2010〕28 号《农业机械购置补贴实施指导意见》的规定，补贴机具种类主要包括耕整地机械、种植施肥机械、田间管理机械、收获机械、收获后处理机械、农产品初加工机械、排灌机械、畜牧水产养殖机械、动力机械、农田基本建设机械、设施农业设备和其他机械等。实例重点对以上列示的种类进行审查，审计农机购置补贴发放表中补贴的机具型号和生产厂家是否在国家公布的农机购置补贴产品目录内，进一步审查补贴的合法性。

2. 审计步骤

步骤一：查询农机购置补贴发放表中的所有机具型号和生产企业不在国家规定的农机产品补贴目录内的记录。根据中央补贴资金范围，补贴机具种类主要包括耕整地机械、种植施肥机械、田间管理机械、收获机械、收获后处理机械、农产品初加工机械、排灌机械、畜牧水产养殖机械、动力机械、农田基本建设机械、设施农业设备和其他机械等，对以上列示的机具种类进行重点审查。

```
select a. * into 机具型号及生产企业不在规定补贴范围的记录 from 农机购置补贴发放表 as a left join 农机补贴产品目录 as b on left(a. 机具型号,len(b. 产品型号))=b. 产品型号 and a. 生产企业=b. 生产企业 where b. 生产企业 is null
```

执行结果如图 1-13 所示。

图 1-13

步骤二：编写 SQL 语句，汇总计算不在规定补贴范围内的机具型号和生产厂家违规享受补贴资金。

Select count(*) as 记录数量,sum(单台国补) as 汇总金额 from 机具型号及生产企业不在规定补贴范围的记录

执行结果如图 1-14 所示。

记录数量	汇总金额
74	213400

图 1-14

步骤三：根据本地区《省农机办关于进一步做好全省农机购置补贴工作的通知》的政策规定，"用户可单独申请主机补贴，但不允许单独补贴卷杆"，筛选出农机购置补贴发放表中单独补贴了卷杆的记录。

select * into 单独补贴卷杆的记录 from 农机购置补贴发放表 where 机具型号 like '%卷杆%'

执行结果如图 1-15 所示。

	机具小类	机具型号	生产企业	单台国补	成交价格
1	日光温室设施设备	THJ-220（卷杆）	****农业机械有限公司	1200	4000
2	日光温室设施设备	THJ-220（卷杆）	****农业机械有限公司	1200	4000
3	日光温室设施设备	THJ-220（卷杆）	****农业机械有限公司	1200	4000
4	日光温室设施设备	THJ-220（卷杆）	****农业机械有限公司	1200	4000
5	日光温室设施设备	THJ-220（卷杆）	****农业机械有限公司	1200	4000
6	日光温室设施设备	THJ-220（卷杆）	****农业机械有限公司	1200	4000
7	日光温室设施设备	ZC-C-100（卷杆）	******设施农业发展有限公司	1200	4000
8	日光温室设施设备	ZC-C-100（卷杆）	******设施农业发展有限公司	1200	4000
9	日光温室设施设备	THJ-180（卷杆）	****农业机械有限公司	1200	3100
10	日光温室设施设备	ZC-C-100（卷杆）	******设施农业发展有限公司	1200	4000
11	日光温室设施设备	ZC-C-100（卷杆）	******设施农业发展有限公司	1200	4000
12	日光温室设施设备	ZC-C-100（卷杆）	******设施农业发展有限公司	1200	4000

图 1-15

步骤四：汇总计算单独补贴卷杆的资金金额。

select count(*) as 记录数量,sum(单台国补) as 汇总金额 from 单独补贴卷杆的记录

执行结果如图 1-16 所示。

3. 审计结果

确认以不在规定补贴范围内的机具型号和生产厂家违规享受补贴资金共计 2230200

	记录数量	汇总金额
> ☐	1681	2016800

图 1-16

元,发生记录条数 1755 条。

4. 应用 AO 功能点

本问题的分析使用了审计分析/数据分析/SQL 查询器等功能。

(七) 补贴范围不够宽,补贴享受存在区域性不平衡

审计事项:预算执行审计/专项资金审计/绩效审计评价(新增)

1. 审计思路

目前国家重点推广小麦、玉米等传统作物的"耕、耙、播、收、脱、施肥"农机具,事实上目前很多经济农作物也需要农机补贴,如,S 市是大棚温室蔬菜发源地,大棚卷帘机在当地使用率比较高,而上述重点推广的农机具在当地占比较小,同时地区差异也造就了农机具应扩大补贴范围,实例按照乡镇统计各乡镇的购机补贴情况,用图表列示各区域享受补贴的记录,分析造成区域性不平衡的原因及效益。

2. 审计步骤

步骤一:对农机购置补贴发放表进行分析查询,按乡镇分组,分别统计每个乡镇享受补贴的人数。

```
select substring(地址,7,2) as 乡镇,count( * ) as 补贴人数   from   农机购置补贴发放表 where 地址] <>'S 市' group by substring(地址,7,2) having count( * ) >10 order by count( * ) desc
```

步骤二:将查询结果按柱状图显示出来,如图 1-17 所示。

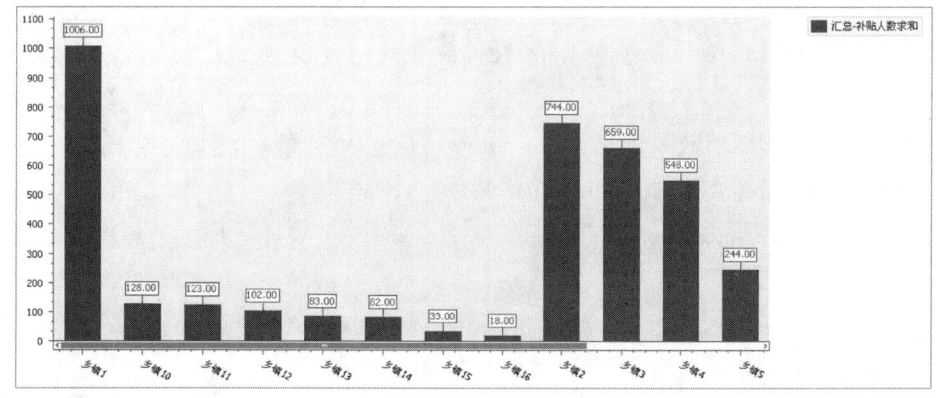

图 1-17

3. 审计结果

由图 1-17 可知，在 16 个乡镇中，乡镇 1 享受补贴的人数最多为 1006 人，乡镇 16 享受补贴人数最少为 18 人。经分析，乡镇 1 位于 S 市南部地区，是温室蔬菜发源地乡镇，农业覆盖面积和温室蔬菜种植面积较大，农业机械化程度高；而乡镇 16 位于 S 市最北端，陆地盐碱度高，适合农作物生长的条件有限，特别是近年来，S 市依托环渤海优势，大力在北部发展沿海经济开发区，农业占国民经济的比重越来越低，造成农业机械化程度相应较低。

4. 应用 AO 功能点

本问题的分析使用了审计分析/数据分析/SQL 查询器；审计分析/数据分析/图表分析工具等功能。

（八）补贴受益面窄，补贴农机名额"一票难求"

审计事项：预算执行审计/专项资金审计/绩效审计评价（新增）

1. 审计思路

按照规定，购置农机享受补贴的人员的主要优选条件为：种粮大户、养殖业大户、农民专业合作组织、奶农合作社、农机合作社等。由于补贴名额有限，很大一部分农民的购机补贴需求得不到满足，并且需求大于供给。实例通过编写 ASL 语言，设置输入变量，输入当地农户数，自动计算出农机购置补贴发放表中农机购置补贴受益户占当地农户数的比例，根据得出的补贴受益比例对补贴情况进行绩效分析。

2. 审计步骤

该过程编制成审计方法，ASL 语言如下：

```
 var jg,sqlstr,qz,js,a,cd;//定义变量 sqlstr 为 sql 语句,jg 为结果,a 为读入函数赋值变量
  begin
    a: = newread('请输入当地农户数');//要求输入当地农户数,赋值给变量 a
    sqlstr: =' select distinct 姓名 from 农机购置补贴发放表';//筛选出享受农机购置补贴的农民姓名
    ShowMsg('生成的 SQL 语句为:' + SqlStr);//显示生成的 SQL 语句提示对话框
    createtemptable('姓名表',sqlstr);//创建"姓名表"
    jg: = createq(' select count( * ) as 人数 from 姓名表', -1);//统计姓名表中的人数
    qz: = qfdvalue(jg,'人数');//将统计出的人数值赋值给变量 qz
    js: = qz/a;//求出受益户数占当地农户数的比例
    cd : = Length(js);//去长度
    js : = leftStr(js,cd);//赋给变量 js
```

> showMsg('受益户数占当地农户数的比例为:' + js);//显示"受益户数占当地农户数的比例"提示对话框
> end.

步骤一：编写 ASL 语言设置输入变量，弹出对话框，要求输入当地农户数（当地农户数约为 800000 户），如图 1-18 所示。

图 1-18

步骤二：自动审计计算出补贴农户数占当地农户数的比例，根据比例值进行绩效分析，如图 1-19 所示。

图 1-19

3. 审计结果

根据查询结果看出，本地区享受农机购置补贴的受益户数所占比例为 0.36%，能够享受到补贴的农民极少，农户购机补贴"一票难求"。随着近几年补贴力度的不断加大，国家每年注入的补贴资金呈上升趋势，但是相对于当地农户数来说，补贴受益户数相对甚少。

4. 应用 AO 功能点

本问题的分析主要使用了审计分析/审计方法/审计方法管理功能。

（九）享受补贴的农户存在重复现象

审计事项：预算执行审计/专项资金审计/绩效审计评价（新增）

1. 审计思路

2010 年度农机购置补贴政策虽然没有同一农户不能同时享受多台补贴的规定，但是在目前农机购置补贴需求大于供给的情况下，如果享受补贴的户数存在重复现象，不能充分发挥农机购置补贴政策的普遍惠农作用。实例查询分析农机购置补贴发放中是否有一人补贴多台的情况。在实际补贴发放中，存在一人补贴多台机具的情况，统计一人补贴多台共几种情况，分别对不同情况做统计。

2. 审计步骤

步骤一：统计只享受补贴一台的人数。查询农机购置补贴发放表中一人只享受补贴一台的记录。

> select 姓名,身份证号码,count(*) as 补贴台数 into 补贴一台的人员表 from 农机购置补贴发放表 where 机具型号 not like '%卷杆%' group by 姓名,身份证号码 having count(*)=1

步骤二：统计享受补贴一台的人数。

> Select count(*) as 只享受一台补贴的人数 from 补贴一台的人员表

执行结果为享受一台补贴的人数共2801人，如图1-20所示。

图1-20

步骤三：查看农机购置补贴发放表中每个农民享受补贴的机具台数超过一台的记录，生成"补贴多台机具的农户信息表"。

> select 姓名,身份证号码,count(*) as 补贴台数 into 补贴多台机具的农户信息 from 农机购置补贴发放表 where 机具型号 not like '%卷杆%' group by 姓名,身份证号码 having count(*)>1

步骤三：对"补贴多台机具的农户信息表"进行分析，查询补贴多台机具农户信息表中机具对应的补贴人数。

> select 补贴台数,count(*) as 补贴人数 from 补贴多台机具的农户信息 group by 补贴台数 order by 补贴台数

执行结果如图1-21所示。

补贴台数	补贴人数
2	127
3	12
4	3

图1-21

将结果用柱状图显示并进行绩效分析，如图1-22所示。

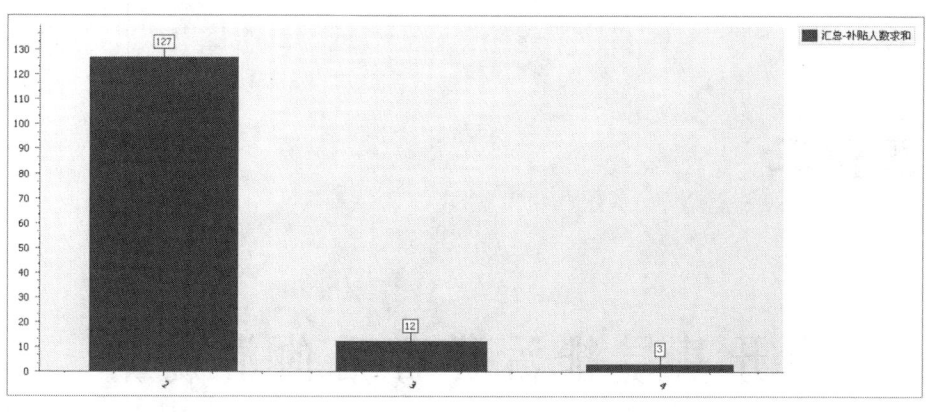

图 1-22

3. 审计结果

由图得出结论,农机具补贴数量绩效审计情况为:补贴 2 台的共 127 人,补贴 3 台的 12 人,补贴 4 台的 3 人。绩效审计评价:有重复享受补贴情况,农机具的补贴受益面还不够广泛,个人重复享受补贴现象较明显,为扩大受益面,让更多的农民得到补贴,有关部门应注意在审批报名时做好一定的控制。

4. 应用 AO 功能点

本问题的分析使用了审计分析/数据分析/SQL 查询器;审计分析/数据分析/图表分析工具等功能。

三、点评

本实例利用 AO2011 版的统计、图表分析等功能对农机购置补贴政策的招标指定购买制度、农机监理收费制度等内控制度进行了测评;利用抽样向导、SQL 查询器等功能对农机购置补贴政策执行的合规合法性从多个角度进行了分析;另外,对补贴享受范围区域不平衡、补贴受益面及享受补贴农户存在重复等绩效方面进行了审计评价。

(山东省潍坊市寿光市审计局　冯玉成　蒋世同　
张晓斐　朱天波　张玉柱　王英奎)

实例二

揭开基层排污费背后的潜规则

一、项目背景

排污费是直接向环境排放污染物的单位和个体工商户按规定就其排放行为缴纳的费用。征收排污费是国家管理环境的重要经济手段和措施，缴纳排污费是排污单位对国家和社会应履行的一种法律责任和社会义务。在国际通行的环境管理规则中，"污染者付费"是一项基本原则，我国现行的排污费征收办法已将20世纪实行的"超标才缴费"原则改为"排污收费、超标处罚"的原则，即凡是排污者均应缴费，并将排污费列入环境保护专项资金专项用于环境治理，目的是促进企业、事业单位加强经营管理，节约和综合利用资源，防治污染，保护和改善环境。不少缴费单位存在"缴费就能随意排污"等思想，并普遍存在证照不全、拖欠排污费以及协议费、人情费的情况。究竟哪些问题成为基层排污费征、管、用过程中普遍存在、有章不循的潜规则？某审计局根据2011年全市排污费征收管理使用情况专项审计调查工作方案的要求，对审查排污费征收范围的确定是否科学、合规，是否按征收标准及时、足额征收及审查排污费征收程序是否得以严格执行等方面进行了审计。

二、审计过程

（一）新设企业、新建项目未办理环境影响评价

审计事项：资源环保审计/污染防治审计/执行环境影响评价政策合规性（新增）

1. 审计思路

根据国家有关环境保护的法律和《建设项目环境保护管理条例》等行政法规明确规定，在建设"对环境有影响"（包括可能造成的环境污染或者生态破坏）的项目之前，建设单位应当进行环境影响评价，并按规定程序和权限报经环保部门审批；

需要办理营业执照的，建设单位应当在办理营业执照前，报批建设项目环境影响报告书、环境影响报告表或者环境影响登记表。可以说，环境影响评价程序是掌握和控制污染源头的第一道关卡，但实际中许多建设单位未依法向环保部门办理环境影响审批程序，直接注册登记或立项，致使许多新建企业或项目造成环境污染。因此，审查新办企业、新建项目是否依法向环保部门办理环境影响审批程序，将未办理环境影响审批而直接向工商部门申请办理企业登记注册或开工立项建设项目的企业单位生成到疑点表。

2. 审计步骤

步骤一：对未依法进行环境影响评价审批立项项目情况进行分析。

对比分析环保局提供的环境影响评价项目表和发改局提供的项目立项审批清单，筛选出未进行环境影响评价但已审批立项的项目信息。将环境影响评价项目表和项目立项审批清单根据“项目名称”字段进行关联。

```
select a. 项目名称,a. 建设单位，建设内容,a. 审批时间,审批形式,文号 into 未环评审批立项表 from 立项审批清单 a left join 环境影响评价项目表 b on '%' + a. 项目名称 + '%' like '%' + b. 项目名称 + '%'  where  b. 项目名称 is null
```

将未经过环境影响评价而审批立项的项目生成表名为“未环评审批立项表”的数据表，结果如图 2－1 所示。

项目名称	建设单位	建设内容	审批时间	审…	文号
百年电力家属区扩…	****房地产开发有限公司	项目规划用地…	2008.03.12	核准	*发改审字[2008]2号
财源佳园小区建设…	****置业发展有限公司	高层住宅建筑…	2009.12.01	核准	*发改审字[2009]18号
港城花园建设项目	**经济开发区**村村委	项目规划用地…	2010.07.05	核准	*发改审字[2010]10号
办公楼、餐厅、浴…	****高分子热熔产品开发	新建办公楼34…	2008.12.04	备案	0806810014
电机生产专用精密…	****电工机械有限公司	新建办公楼8048	2008.12.22	备案	0806810016
4500吨水果气调库…	****保温工程材料有限公司	新建办公楼907.:	2008.12.30	备案	0806810022
高档超薄精纺面料…	**集团有限公司	新增建筑面积…	2009.03.12	备案	0906810002
9万吨新型大口径塑…	****集团有限公司	新增建筑面积…	2009.03.12	备案	0906810003
60万吨/年4A沸石…	****铝业股份有限公司	新增建筑面积…	2009.05.08	备案	0906810004
20000m3冷冻丙烯…	****化工有限公司**分公司	建设20000m3…	2009.06.24	备案	0906810008
滨化集团股份有限…	**集团股份有限公司	新建12000m3…	2009.06.24	备案	0906810009
富龙物流园区建设…	******汽车有限公司	新建配送中心…	2009.10.27	备案	0906810015
仓储堆场项目	****发展有限公司	项目总建筑面…	2010.06.04	备案	1006810014
编织袋生产项目	****经贸有限公司	项目规划总建…	2010.10.25	备案	1006810018
P型喷油器配件生产…	****机械有限公司	项目总建筑面…	2010.11.13	备案	1006810021

图 2－1

查询结果表明，2007 年至 2010 年三年来全市立项 121 个，未进行环境影响评价的项目 108 个。

步骤二：对未依法进行环境影响评价企业注册情况进行分析。

对比分析原始数据，将“环境影响评价项目表”的“项目名称”字段和“新增企业名单”的“企业中文名”字段进行关联。

```
select a.注册号,a.企业中文名,a.主体分类,a.负责人,a.成立日期 into 未环评
注册企业表 from 新增企业名单 a left join 环境影响评价项目表 b on '%'+a.企业中文
名+'%' like '%'+b.项目名称+'%'  where b.项目名称 is null
```

将查询结果执行到排序表,未经过环境影响评价而直接注册登记的企业生成表名为"未环评登记注册企业表",结果如图 2-2 所示。

注册号	企业中文名	主体分类	负责人	成立日期
37****4000022**	****乐器制造有限公司	外资	尤某	2008-01-08
37****2000012**	****工贸有限公司	私营	魏某	2008-03-26
37****2000013**	****食品有限公司	私营	于某	2008-03-28
37****2000026**	****电子照明器材有限公司	私营	张某	2008-08-04
37****2000033**	****金属制造有限公司	私营	宋某	2008-11-03
37****2000045**	****机械设备加工有限公司	私营	吴某	2009-04-02
37****4000026**	****机械设备有限公司	外资	朴某	2010-03-24
37****4000026**	****食品有限公司	外资	李某	2010-03-30
37****2000093**	****印刷物资有限公司	私营	刘某	2010-04-20
37****2000094**	****金属焊接有限公司	私营	于某	2010-04-23
37****4000026**	****机床有限公司	外资	吴某	2010-06-10
37****4000026**	****建材有限公司	外资	林某	2010-06-22
37****2000111**	****科技有限公司	私营	王某	2010-08-24
37****2000118**	****电子技术有限公司	私营	陈某	2010-10-19
37****4000027**	****照明器材有限公司	外资	张某	2010-11-16

图 2-2

将未经过环境影响评价而直接注册登记的企业生成到疑点表"未环评登记注册企业表"。

查询结果显示,全市新增企业 482 个,未进行环境影响评价的企业 129 个。

步骤三:对环境影响评价制度执行情况进行分析。

对未按规定进行环境影响评价的企业、项目占全部新注册企业、新设立项目的比例进行图示分析。

```
select cast('项目环评情况' as varchar(30)) as 分析项目,(select count(*) from 立
项审批清单) as 总数量,(select count(*) from 未环评审批立项表) as 未环评数量 into
环评分析表

insert into 环评分析表 select '企业环评情况',(select count(*) from 新增企业名
单),(select count(*) from 未环评注册企业表)

select 分析项目,总数量,未环评数量 from 环评分析表
```

将汇总的环评结果分析表执行到排序分组表,选择图表查看,显示样式为柱形图,分析项目为 X 轴,总数量和未环评数量字段合计数为 Y 轴,选择样式 4,得到环评结果汇总对比如图 2-3 所示。

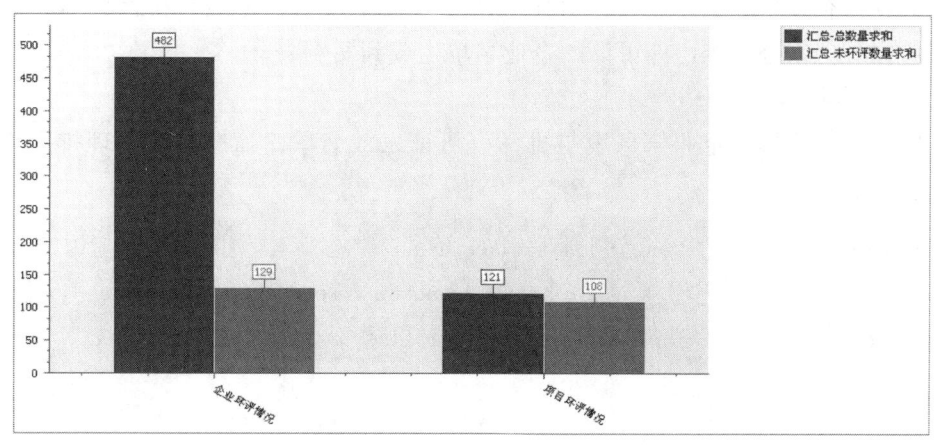

图 2-3

3. 审计结果

通过环境保护局申报环境影响评价的企业、发展改革局窗口项目审批清单以及工商部门企业注册局新增注册涉及主要污染排放的企业的对比显示，三年来，新增企业 482 家，未环评 129 家，占应环评的 26.76%；新增建设项目立项 121 个，未环评 108 个，占应环评的 89.26%。说明新增项目未环评成为一种普遍现象，可能造成环境污染，影响城乡居民生活环境质量，审计调查组提出完善环保审批前置相关制度的审计建议。

4. 应用 AO 功能点

本问题的分析使用了审计分析/数据分析/SQL 查询器；审计分析/数据分析/图表分析工具等功能。

（二）检查排污者是否按国家规定向环境保护行政主管部门申请领取污染物排放许可证

审计事项：资源环保审计/污染防治审计/企业排污申报合规性（新增）

1. 审计思路

法律规定"排污者必须按国家规定向环境保护行政主管部门申请领取污染物排放许可证；许可证应当明确规定持证单位排放污染物的种类、浓度和排放总量"及"负责征收排污费的环境监察机构应要求所辖行政区域范围内的一切排污单位和个体工商户于每年 12 月 15 日前，申报下一年度正常作业条件下排放污染物种类、数量、浓度等情况"。但在实际中发现，不少企业无证排污、不按规定申报排污，基层环保监察机构同样对其核定征收排污费，视同合法排污，给企业造成只要缴费有无许可证、是否按规定申报都可以的错觉，影响了国家法律法规的权威性。因此，对比分析排污企业信息、企业申报排污费信息和工商部门提供的注销变更企业名单，将未按规定申报排放污染物的在产企业生成到疑点表；对比分析企业核定排污数据表与排污许可证发放名单，将应办理但未办理排污许可证的企业名单生成到疑点表。

2. 审计步骤

步骤一：对比排污企业信息表与排污许可证发放名单，筛选出未办理排污许可证的排污企业名单。

> select distinct a. fact_id as 企业编码,fact_name as 企业名称 into 未办理许可证排污企业 from 排污企业信息表 a where a. fact_id not in（ select b. fact_id from 排污企业信息表 b join 排污许可证发放表 c on b. fact_name like '%' + c. 企业名单 +'%'）

执行结果如图 2 - 4 所示。

企业编码	企业名称
37****000001	******家发电厂
37****000007	**煤电有限公司**煤矿
37****000008	****化工有限公司
37****000009	****黄金有限公司
37****000010	******有限公司
37****000012	****酿造有限公司
37****000013	**矿业集团**煤矿
37****000014	****包装制品有限公司
37****000015	****建材有限公司
37****000016	中国**集团**石油管理局**基地管理中心

图 2 - 4

步骤二：结合企业污染物排放表，分析未经排污许可进行排污的企业污染物排放情况，生成未办理许可证企业排放污染物情况表，汇总未经许可的污染物排放量，便于审计人员进一步分析各种污染物未经许可排放的情况。

> select 企业编码,企业名称,name as 污染物,sum(pollution_ew) as 当量 into 未办理许可证排污企业污染物排放表 from 未办理许可证排污企业 a join 企业核定排污数据表 b on a. 企业编码 = b. fact_id join 污染物代码表 c on b. pollute_code = c. code group by 企业编码,企业名称,name

执行结果如图 2 - 5 所示。

步骤三：结合企业排污费缴纳表，生成未办理许可证企业缴纳排污费情况表，分析环保部门对未办理许可证企业征收排污费默认其合法排污的情况。

> select 企业编码,企业名称,sum(pay_money) as 排污费金额 into 未办理许可证企业缴费情况表 from 未办理许可证排污企业 a join 企业缴纳排污费信息表 b on a. 企业编码 = b. fact_id group by 企业编码,企业名称

企业编码	企业名称	污染物	当量
37****000001	******发电厂	氮氧化物	2917.89
37****000001	******发电厂	二氧化硫	3363.16
37****000001	******发电厂	烟尘	385.32
37****000007	**煤电有限公司**煤矿	氨氮	3909.57
37****000007	**煤电有限公司**煤矿	化学需氧量(COD)	33486.06
37****000007	**煤电有限公司**煤矿	煤矸石	0
37****000007	**煤电有限公司**煤矿	一般性粉尘	1257589.88
37****000008	****化工有限公司	氨氮	1868.04
37****000008	****化工有限公司	氮氧化物	2731.2
37****000008	****化工有限公司	二氧化硫	6467.91
37****000008	****化工有限公司	粉煤灰	0
37****000008	****化工有限公司	锅炉渣	0
37****000008	****化工有限公司	化学需氧量(COD)	19512
37****000008	****化工有限公司	烟尘	675.08
37****000008	****化工有限公司	夜间等效	0

图 2-5

执行结果如图 2-6 所示。

企业编码	企业名称	排污费金额
37****000383	***西式快餐厅	200.00
37****000195	**活塞有限公司	4000.00
37****000511	**大学污水处理站	71757.00
37****000510	**外国语学校污水处理站	56463.00
37****000379	**音乐茶楼	400.00
37****000439	****钢结构网架有限公司**分公司	2000.00
37****000378	***超市**四店	1000.00
37****000376	**铸造有限公司	2000.00
37****000382	****汽配有限公司	3000.00
37****000545	****食品有限公司	15000.00

图 2-6

进行数值分层分析，分层字段为"排污费金额"，汇总字段为"排污费金额"，固定间隔数为"20000"，选择前10个统计序列进行分析，统计字段为"排污费金额"进行统计，如图 2-7 所示。

分析结果显示，302 个未取得排污许可证的排污企业缴纳排污费合计 28028411.00 元，其中 228 个缴纳排污费小于 20000 元的企业占缴纳总金额的 4.68%，17 个缴纳排污费大于 200000 元的企业占缴纳总金额的 83.20%。说明在基层环保政策执行过程中，小型企业无证排污的数量多、金额少，大中型企业数量少、金额巨大，占排污费缴纳的主要比重，也构成污染排放的主要原因，因此下一步审计重点主要放在大中型企业的排污费征收缴纳和污染治理上。

数值分层分析结果

序号	排污费金额的…	排污费金额的…	排污费金额总数	排污费金额总…	排污费金额总和	排污费…
1	负无穷	0	0	0.00%	0.00	0.00%
2	0	20000	228	75.50%	1310397.00	4.68%
3	20000	40000	23	7.62%	641583.00	2.29%
4	40000	60000	12	3.97%	625263.00	2.23%
5	60000	80000	9	2.98%	581157.00	2.07%
6	80000	100000	2	0.66%	183600.00	0.66%
7	100000	120000	4	1.32%	411600.00	1.47%
8	120000	140000	3	0.99%	378500.00	1.35%
9	140000	160000	4	1.32%	575763.00	2.05%
10	160000	180000	0	0.00%	0.00	0.00%
11	180000	200000	0	0.00%	0.00	0.00%
12	200000	正无穷	17	5.63%	23320548.00	83.20%
13						
14		总合计	302	100%	28028411.00	100%

图 2-7

步骤四：比较排污者基本信息中排污企业名单和当年进行排污申报的企业名单，筛选出当年未进行申报的企业名单。

——根据企业编码关联排污企业名单与企业申报登记表，将2008年未申报的企业生成到"未申报企业临时表"。

select a.fact_id as 企业编码,fact_name as 企业名称,'2008' as 年度 into 未申报企业临时表 from 排污企业信息表 a left join (select fact_id,declare_year from 企业申报登记表 where declare_year='2008') b on a.fact_id=b.fact_id where b.fact_id is null

——将2009年度未申报企业插入到临时表。

insert into 未申报企业临时表 select a.fact_id,fact_name,'2009' from 排污企业信息表 a left join (select fact_id,declare_year from 企业申报登记表 where declare_year='2009') b on a.fact_id=b.fact_id where b.fact_id is null

——将2010年度未申报企业插入到临时表。

insert into 未申报企业临时表 select a.fact_id,fact_name,'2010' from 排污企业信息表 a left join (select fact_id,declare_year from 企业申报登记表 where declare_year='2010') b on a.fact_id=b.fact_id where b.fact_id is null

将三年结果用柱状图显示，如图 2-8 所示。

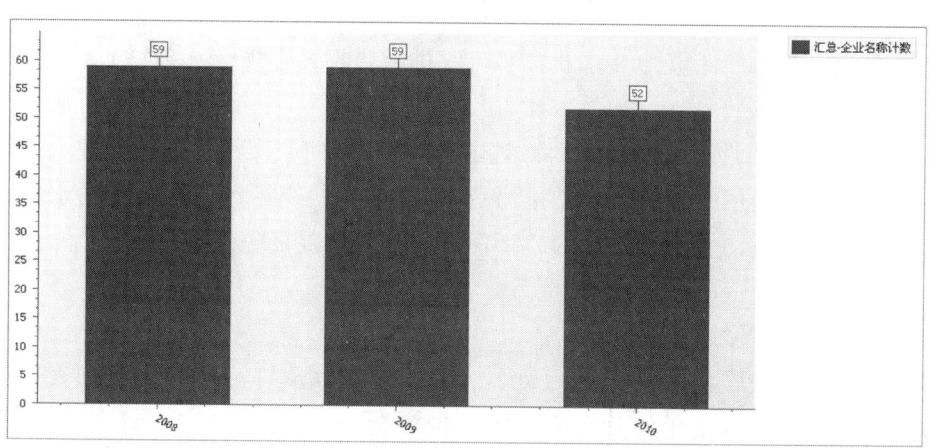

图 2-8

图表显示，三年变化差异不大，前两年完全一致。基层环境监察机构解释，原因是征管系统不能分辨出企业新办注册和注销的时间，如果是 2008 年已注销的企业，按规定两年内必须有排污数据，所以出现 2009 年有排污数据但未申报的情况。根据这一解释，确定下一步与工商注册局三年企业注销名单继续进行比对。

步骤五：与工商部门提供的注销、变更企业名单对比，排除已注销、变更企业，将应申报而未进行排污申报的企业名单生成到疑点表。

select * into 未申报企业疑点表 from 未申报企业临时表 where 企业编码 not in (select a. 企业编码 from 未申报企业临时表 a join 注销企业名单 b on a. 企业名称 like '%' + 企业中文名 +'%')

比对结果显示，未发现未申报企业已注销的情况。

步骤六：向相关部门进一步核实，验证疑点问题。

3. 审计结果

2008 年至 2010 年，共有 170 个排污企业未按规定进行排污申报。经审计调查发现，由于基层环保监察机构对企业排污申报管理比较松散，部分企业未按规定进行排污申报。综合上述企业无排污许可证排污和未按规定申报情况的审计结果，审计人员明确下一步审计重点，针对审计结果对未办理许可证或未进行排污申报的企业的排污数据进行重点分析，从管理机制上查找原因，提出合理化建议。

4. 应用 AO 功能点

本问题的分析使用了审计分析/数据分析/SQL 查询器；审计分析/数据分析/图表分析；审计分析/数据分析/数值分析等功能。

(三) 分析环保机构是否存在重复征收排污费情况

审计事项：资源环保审计/污染防治审计/排污费收缴合规性（新增）

1. 审计思路

根据《排污费征收使用管理条例》规定，"排污者向城市污水集中处理设施排放污水、缴纳污水处理费用的，不再缴纳排污费"。因此，检查排污者向城市污水集中处理设施排放污水、缴纳污水处理费用的，环保部门是否重复征收了排污费。

2. 审计步骤

步骤一：排污费缴纳情况分析。

根据企业编码关联企业核定排污费表、企业信息表及排污费缴纳明细表，选取企业编码、企业名称、核定排污费总额、污水排污费、废气排污费、噪音费、废渣费及已缴排污费等字段生成"排污费缴纳分析表"，便于进一步分析。

```
select a.fact_id as 企业编码 ,fact_name as 企业名称,sum(lmoney) as 核定排污费,sum(money_water) as 污水排污费,sum(money_gas) as 废气排污费,sum(money_sound) as 噪音费,sum(money_solid) as 废渣费,sum(pay_money) as 已缴排污费 into 排污费缴纳分析表 from 企业核定排污费表 a left join 企业缴纳排污费信息表 b on a.fact_id = b.fact_id join 排污企业信息表 c on a.fact_id = c.fact_id where a.lmoney > 0 group by a.fact_id,fact_name
```

用排序分组表查看，如图 2-9 所示。

企业编码	企业名称	核定排…	污水排…	废气排…	噪音费	废渣费	已缴排…
37068100…	波瑞*****	200.00	200.00	0.00	0.00	0.00	200.00
37068100…	城西*****	1500.00	0.00	1500.00	0.00	0.00	
37068100…	大川*****	12000.00	0.00	12000.00	0.00	0.00	12000.00
37068100…	东海*****	1139280.00	1139280.00	0.00	0.00	0.00	1291626.00
37068100…	东海*****	935964.00	935964.00	0.00	0.00	0.00	1016334.00
37068100…	虹都*****	400.00	50.00	0.00	350.00	0.00	400.00
37068100…	济宁*****	8000.00	960.00	0.00	7040.00	0.00	8000.00
37068100…	家家*****	1000.00	0.00	120.00	880.00	0.00	1000.00
37068100…	金泰*****	5000.00	0.00	5000.00	0.00	0.00	4000.00
37068100…	九亿*****	11000.00	0.00	3120.00	7880.00	0.00	
37068100…	兰高*****	2000.00	0.00	2000.00	0.00	0.00	
37068100…	兰高*****	999.00	0.00	999.00	0.00	0.00	
37068100…	兰高*****	1000.00	0.00	1000.00	0.00	0.00	
37068100…	老李*****	300.00	11.00	289.00	0.00	0.00	300.00
37068100…	李强*****	3000.00	0.00	0.00	3000.00	0.00	3000.00

图 2-9

步骤二：重复征收污水排污费情况分析。

利用"排污费缴纳分析表"，结合缴纳污水处理费企业名单，将既缴纳污水处理费又缴纳污水排污费的信息生成到"重复征收污水排污费疑点表"。

> select 企业编码,企业名称,核定排污费,污水排污费,已缴排污费 into 重复征收污水排污费疑点表 from 排污费缴纳分析表 where 污水排污费 >0 and 已缴排污费 >0 and 企业编码 in (select 企业编码 from 排污费缴纳分析表 a join 缴纳污水处理费企业名单 b on '%' + a. 企业名称 +'%' like '%' + b. 用户名称 +'%')

执行到排序分组表，利用数值统计分析如图 2-10 所示。

图 2-10

3. 审计结果

结果显示，对 16 个已经缴纳污水处理费的企业，征收了污水排污费，数值统计重复征收金额 5222661.00 元。

4. 应用 AO 功能点

本问题的分析使用了审计分析/数据分析/SQL 查询器；审计分析/数据分析/数值分析等功能。

（四）分析环保机构少征、漏征及多征排污费情况

审计事项：资源环保审计/污染防治审计/排污费收缴合规性（新增）

1. 审计思路

按照业务流程，企业缴纳的排污费应当与环保局核定的排污费一致。因此，通过检查核定排污费和征收排污费的一致性，分析企业是否按照核定金额缴纳排污费，判断是否存在环保机构少征、漏征排污费的情况。

2. 审计步骤

步骤一：企业排污费欠缴情况分析，将企业欠缴排污费金额、占核定排污费比例等信息生成到"欠缴排污费疑点表"。

> select 企业编码,企业名称,核定排污费,isnull(已缴排污费,0) as 已缴排污费 ,核定排污费 − isnull(已缴排污费,0) as 欠缴排污费, round((核定排污费 − isnull(已缴排污费,0))/核定排污费 * 100,3) as 比例 into 欠缴排污费疑点表 from 排污费缴纳分析表 where 核定排污费 − isnull(已缴排污费,0)>0

进行分类分析，设定统计字段如图 2-11 所示。

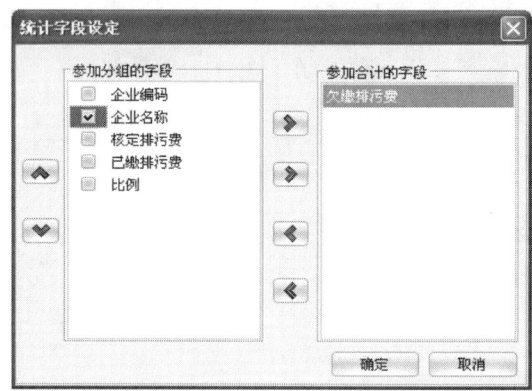

图 2-11

对欠缴排污费字段进行统计，结果如图 2-12 所示。

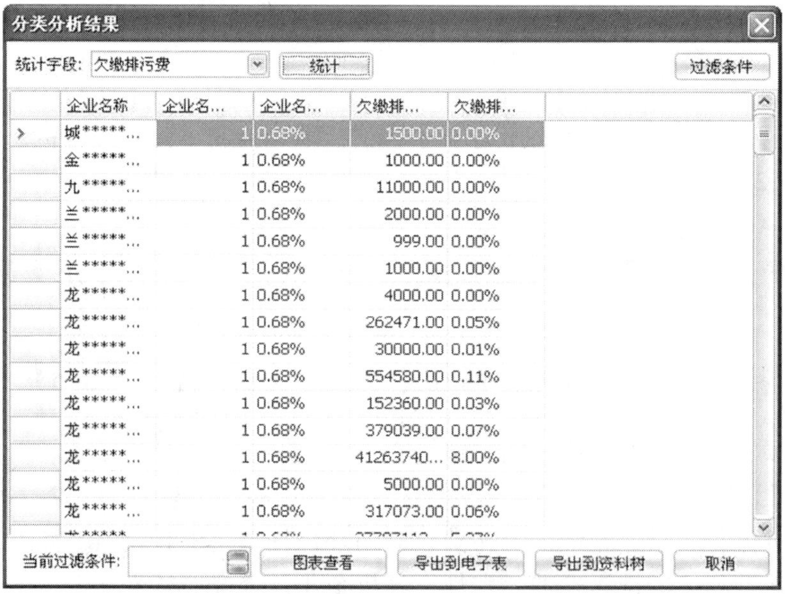

图 2-12

结果显示，146 个欠缴企业中，大部分欠缴金额占全部欠缴金额的比例不足 1%，说明虽然小型企业欠缴情况普遍，但欠缴费用集中在大型企业，通过设置欠缴排污费金额比例数条件，筛选大型企业欠缴结果。设置过滤条件如图 2-13 所示。

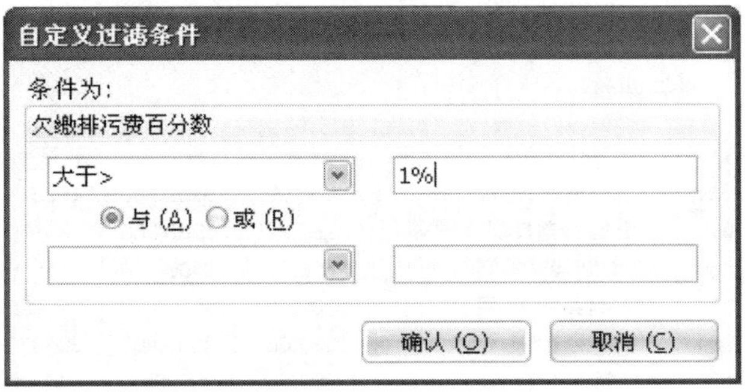

图 2-13

显示结果如图 2-14 所示。

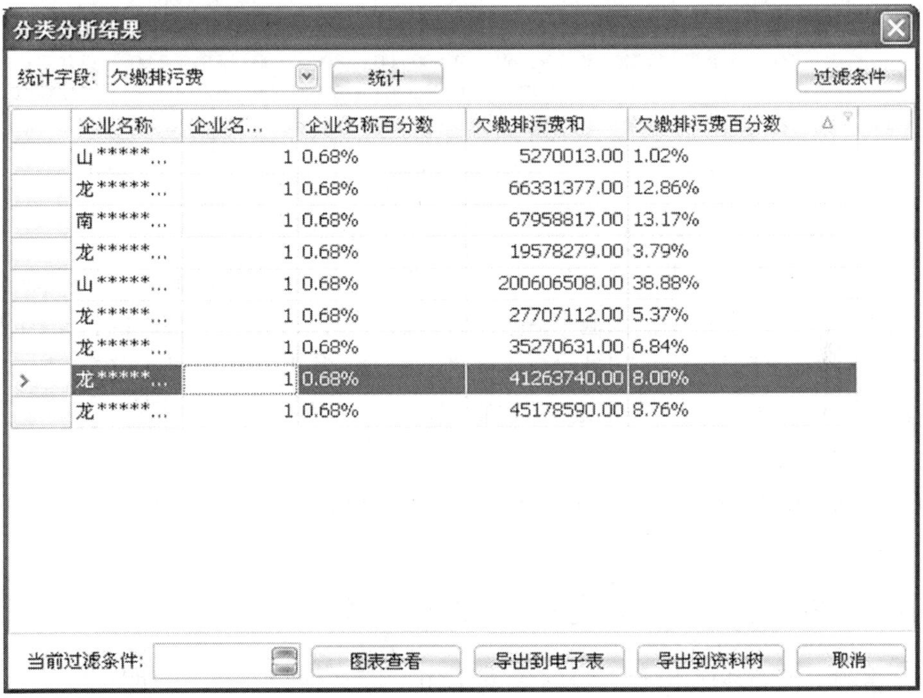

图 2-14

确定下一步排污费缴纳情况延伸审计重点在大型热电企业，通过实地走访大型热电企业，获取各年缴纳排污费票据，判断至审计截止日是否已按期缴纳欠缴的排污费。

步骤二：企业排污费多缴情况分析，将企业多缴排污费金额、占核定排污费比例等信息生成到"多缴排污费疑点表"。

```sql
select 企业编码,企业名称,核定排污费,isnull(已缴排污费,0) as 已缴排污费,
isnull(已缴排污费,0) – 核定排污费 as 多缴排污费, round((isnull(已缴排污费,0) – 核
定排污费)/核定排污费*100,3) as 比例 into 多缴排污费疑点表 from 排污费缴纳分析
表 where 核定排污费 – isnull(已缴排污费,0) < 0
```

查询结果如图 2 – 15 所示。

企业编码	企业名称	核定排污费	已缴排污费	多缴排污费	比例
37****000511	**大学污水处理站	1139280.00	1291626.00	152346.00	13.372000
37****000510	**外国语学校污水处理站	935964.00	1016334.00	80370.00	8.587000
37****000260	*****绝缘材料有限公司	577500.00	624000.00	46500.00	8.052000
37****000234	****食品有限公司	205100.00	255300.00	50200.00	24.476000
37****000384	****机械有限公司	9898930.00	10205800.00	306870.00	3.100000
37****000522	****食品有限公司	48000.00	90000.00	42000.00	87.500000
37****000010	****有限公司	1485576.00	1500000.00	14424.00	0.971000
37****000420	****包装有限公司	548064.00	829008.00	280944.00	51.261000
37****000269	****化工有限公司	4444080.00	7260000.00	2815920.00	63.363000
37****000008	****化工有限公司	462084.00	546000.00	83916.00	18.160000
37****000013	**矿业集团**煤矿	5880000.00	6600000.00	720000.00	12.245000
37****000078	**联合化学有限公司	1440000.00	1560000.00	120000.00	8.333000
37****000505	*****机械制造有限公司	299000.00	380000.00	81000.00	27.090000
37****000007	**煤电有限公司**煤矿	45000036.00	47880042.00	2880006.00	6.400000
37****000017	**煤电有限公司**煤矿	55800036.00	59849958.00	4049922.00	7.258000

图 2 – 15

3. 审计结果

结果显示有 117 个企业存在多缴情况。汇总欠缴和多缴问题金额，说明在基层排污费缴纳中，无论大小企业，普遍存在当年欠缴、次年多缴的情况，也就是当年拖欠延期缴纳。判断出环保机构基层执法存在未按规定期限征收的情况，确定下一步审计内容为环保机构未按规定期限征收排污费情况。

4. 应用 AO 功能点

本问题的分析使用了审计分析/数据分析/SQL 查询器；审计分析/数据分析/数值分析等功能。

（五）分析环保机构未按规定期限征收排污费情况

审计事项：资源环保审计/污染防治审计/排污费收缴合规性（新增）

1. 审计思路

根据"各级环境监察机构应当按月或按季根据排污费征收标准和经核定的排污者排放污染物种类、数量，确定排污者应当缴纳的排污费数额"的规定，分析企业缴纳排污费明细表，审查是否存在提前征收、延期征收等不按规定期限征收排污费的问题。如果企业缴费日期早于排污费月份，则存在提前征收排污费的问题；如果企业缴费日期晚于排污费月份 3 个月，则存在延期征收排污费的问题；如果企业缴费日期本年度

只有 1 次缴费记录，则存在一次性缴费的问题。

2. 审计步骤

步骤一：提前征收排污费情况审计，通过企业代码关联"企业缴纳排污费信息表"和"排污企业信息表"，将企业缴纳排污费信息表"缴费日期"字段转换为 6 位字符型，对比"排污费所属月"，筛选出"缴费日期"小于"排污费所属月"的记录，生成"提前征收排污费疑点表"。

> select a.fact_id as 企业代码,fact_name as 企业名称,money_monthquarter as 排污费所属月,pay_time as 缴费日期,pay_money as 缴费额 into 提前征收排污费疑点表 from 企业缴纳排污费信息表 a join 排污企业信息表 b on a.fact_id = b.fact_id where convert(char(6),pay_time,112) < money_monthquarter

没有发现提前征收排污费的情况。

步骤二：延期征收排污费情况审计，通过企业代码关联"企业缴纳排污费信息表"和"排污企业信息表"，对"企业缴纳排污费信息表"中的"排污费所属月"字段转换成日期格式，筛选出"排污费所属月"和"缴费日期"之间大于 3 个月的记录，生成"延期征收排污费疑点表"。

> select a.fact_id as 企业代码,fact_name as 企业名称,money_monthquarter as 排污费所属月,pay_time as 缴费日期,pay_money as 缴费额 into 延期征收排污费疑点表 from 企业缴纳排污费信息表 a join 排污企业信息表 b on a.fact_id = b.fact_id where datediff(month,cast(money_monthquarter + '26' as date),pay_time) > 3

结果如图 2 - 16 所示。

企业代码	企业名称	排污费所…	缴费日期	缴费额
37****000007	**煤电有限公司**煤矿	200804	2008-11-20	50000.00
37****000007	**煤电有限公司**煤矿	200805	2008-11-20	50000.00
37****000007	**煤电有限公司**煤矿	200806	2008-11-20	50000.00
37****000007	**煤电有限公司**煤矿	200807	2008-12-15	66667.00
37****000007	**煤电有限公司**煤矿	200808	2008-12-15	66667.00
37****000007	**煤电有限公司**煤矿	200810	2009-4-3	25000.00
37****000007	**煤电有限公司**煤矿	200811	2009-4-3	40000.00
37****000007	**煤电有限公司**煤矿	200812	2009-4-3	25000.00
37****000007	**煤电有限公司**煤矿	200902	2009-9-15	30000.00
37****000007	**煤电有限公司**煤矿	200903	2009-9-15	30000.00
37****000007	**煤电有限公司**煤矿	200904	2009-9-15	40000.00
37****000007	**煤电有限公司**煤矿	200905	2009-9-15	40000.00
37****000007	**煤电有限公司**煤矿	200910	2010-6-30	30000.00
37****000007	**煤电有限公司**煤矿	200911	2010-6-30	30000.00

图 2 - 16

结果显示为1153条记录缴纳时间比排污费所属月份超过3个月，每个企业对应若干延期缴费记录，因此继续分析这1153条延期记录分属多少企业单位。

以2010年为例，对生成的"延期征收排污费疑点表"执行到排序分组表查看，按企业代码进行分组，利用"重号分析"功能对企业代码的组数计数统计。

设置过滤条件如图2-17所示。

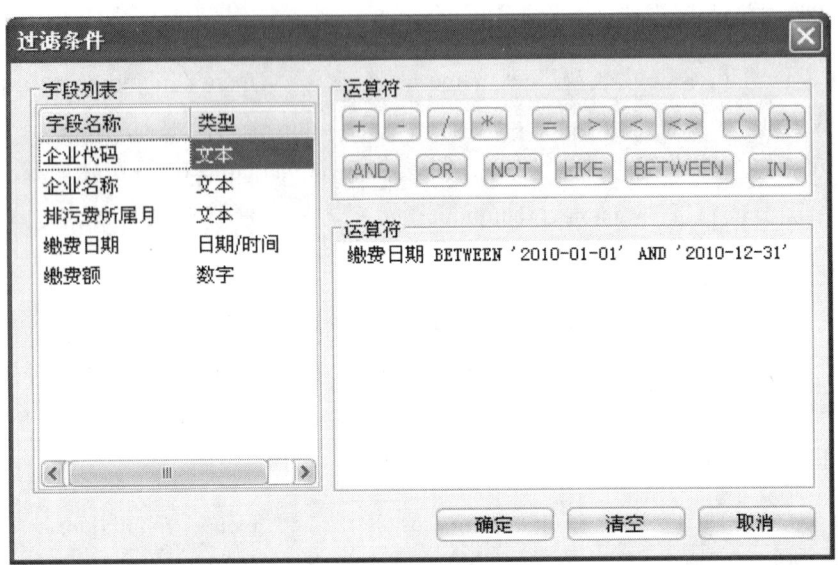

图2-17

重号分析结果如图2-18所示。

图2-18

三年共有163个企业延期缴费，设置过滤条件重新统计，显示为2010年延期缴费企业108个，占2010年缴费企业156个的69.2%。同理，统计出三年延期缴纳企业2008年11个，2009年47个，统计延期缴纳排污费结果表如图2－19所示。

		年度	延期缴纳企业个数	缴纳企业个数	延期缴纳...
>		2008	11	203	0.0541871...
		2009	47	77	0.6103896...
		2010	108	156	0.6923076...

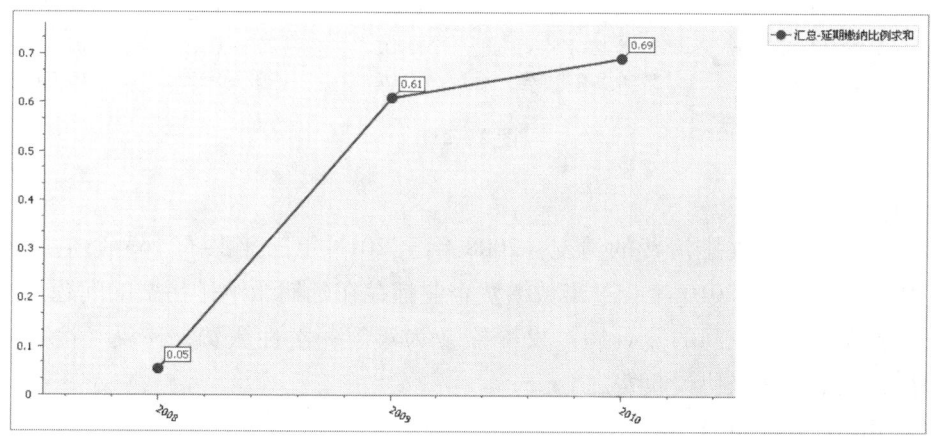

图2－19

用折线图查看，如图2－20所示。

图2－20

从中看出延期征缴的现象三年来愈演愈烈，从2009年到2010年，过半数缴费企业都存在延期缴纳排污费的问题，拖欠排污费俨然成为一种企业间的流行病。

步骤三：年度一次性征收排污费情况审计，通过企业代码关联"企业缴纳排污费信息表"和"排污企业信息表"，对"企业缴纳排污费信息表"中的"缴费次数"字段进行统计，筛选出年度一次性缴费的记录，执行到分组排序表，如图2－21所示。

```
select a.fact_id as 企业代码,fact_name as 企业名称,money_monthquarter as 排污费所属月,a.pay_time as 缴费日期,pay_money as 缴费额 from 企业缴纳排污费信息表 a join 排污企业信息表 b on a.fact_id = b.fact_id join (select fact_id ,year(pay_time) as 年度,count( * ) as 缴费次数 from  企业缴纳排污费信息表 group by fact_id ,year(pay_time) having count( * ) =1) c on a.fact_id = c.fact_id and year(a.pay_time) = c.年度
```

显示22个企业为年度一次性缴费，违反了按季或按月收费的征收规定，涉嫌协议收费，初步划定延伸调查范围，确定下一步审计重点为环保机构协议收取排污费情况。

企业代码	企业名称	排污费所属月	缴费日期	缴费额
37****000001	******家发电厂	200801	2008-2-22	4000.00
37****000042	****热电有限公司	201012	2011-1-19	80386.00
37****000044	****热电有限公司	201103	2011-5-13	535331.00
37****000047	**集团有限公司	200902	2009-12-15	464893.00
37****000047	**集团有限公司	201001	2010-12-10	393079.00
37****000051	****水泥有限公司	201012	2011-1-19	119034.00
37****000187	****线路板厂	200804	2008-7-10	1000.00
37****000187	****线路板厂	200907	2009-8-7	1000.00
37****000195	**活塞有限公司	200804	2008-7-10	2000.00
37****000195	**活塞有限公司	200907	2009-8-7	2000.00
37****000196	******集团塑料包装彩...	201004	2010-5-6	5000.00
37****000197	****集团有限公司	201101	2011-4-7	7000.00
37****000243	****五金加工厂	200807	2008-8-12	2000.00
37****000276	****食品有限公司	200901	2009-1-13	1500.00
37****000276	****食品有限公司	201002	2011-6-30	1500.00

图 2 – 21

3. 审计结果

没有发现提前征收排污费的情况。2008 年至 2010 年三年共有 163 个企业延期缴费，尤其从 2009 年到 2010 年，过半数缴费企业都存在延期缴纳排污费的问题，拖欠排污费俨然成为一种企业间的流行病；22 个企业为年度一次性缴费，违反了按季或按月收费的征收规定，涉嫌协议收费。

4. 应用 AO 功能点

本问题的分析使用了审计分析/数据分析/SQL 查询器；审计分析/数据分析/数值分析；审计分析/数据分析/图表分析工具等功能。

三、点评

本实例打破单位界限，通过多方采集申报征收数据、财务科采集收缴明细、计划科采集立项归档数据及第三方在线监测采集实际监测数据等，进行了多角度数据验证分析。针对不同审计事项，对各类纷繁复杂的数据进行数据关联，创建审计中间表，并在数据中间表的基础上生成新的审计分析表进行整体分析，提高创建中间表的质量和使用效率，较为全面地运用了图表分析、SQL 查询器等软件功能。

（山东省烟台市龙口市审计局　王　攀　王旭升　仲昭莹　单平基）

实例三

透视排污费征收管理系统

一、项目背景

排污费征收涉及面广，政策性强，征收范围涵盖污水排污费、废气排污费、噪声排污费、小三产企业排污费和建筑施工排污费等多个项目，业务数据量庞大。某市审计局 2012 年接受市委组织部的委托对该市环保局原局长开展了离任经济责任审计，审计的主要目标为掌握排污费征收的总体状况，摸清排污费征收的范围，掌握排污管理运行情况，揭露排污费征收、管理和使用中存在的突出问题，促进政府及有关部门加强排污费管理，严格执行国家的各项政策和制度，维护所征收费用的安全和完整。本次审计所涉及的财务软件为蜜蜂源财务软件，操作系统为 Windows 2003，数据库系统为 Access；业务系统为排污费征收管理系统，由西安交大长天软件股份有限公司开发，服务器操作系统为 Windows server 2003 企业版，数据库系统为 SQL Server 2000，涉及使用的用户表共计 247 个，采集数据量约为 1.16GB。

二、审计过程

（一）应征未征排污费

审计事项：预算执行审计/非税收入收缴/违反规定缓收、不收、漏收财政收入

1. 审计思路

市环保局环境监察大队负责征收预算内的环境污染排污费（包括污水、废气、噪声和废渣）和超标准排污费的征收以及无证排放的罚没工作。是否存在各执收、执罚单位越权或者擅自设立收费罚款项目、提高征收标准、扩大集中资金的范围；是否按资金的归属权对政府非税收入的减、免、缓由同级政府或财政部门批准制定等问题，是审计人员应关注的重点。对其征收各项规费的状态进行查询，是否存在应征未征的

情况，是核实有无此类问题的有效途径。

2. 审计步骤

步骤一：将排污费征收状态查询表（SF_ STATUS_ FIND）按年度进行数据分析。

```
Select sum(declare_auditing)申报,sum(if_declare)审核,sum(auditing)核定,sum(auditing_inform)核定送达,sum(calculate)计费,sum(charge_inform)缴费单送达,sum(bank_charge)收费 from sf_status_find where left(status_month,4)<'2012' and len(left(status_month,4))=4
```

执行结果如图3-1所示。

申报	审核	核定	核定送达	计费	缴费单送达	收费
16381	17875	13856	13464	13615	13552	12270

图3-1

分析得出，市环保局监察大队自2007年至2011年期间，共有计算应征收排污费13615次，送达缴费单共13552次，而实际缴费12270次。也就是说有63家已经计算了征收排污费，但未送达缴费通知单；有1282次送达了缴费通知单，却没有征收排污费。

步骤二：以图表分年度查看应征未征排污费情况（进一步细化到年度），建立新的审计方法，将排污费征收状态查询表（SF_ STATUS_ FIND）按年度进行数据分析。

ASL代码如下。

```
var sqlstr,sqlstr1;
begin
sqlstr:=' select left(status_month,4) 年份,sum(declare_auditing) 申报,sum(if_declare) 审核,sum(auditing) 核定,sum(auditing_inform) 核定送达,sum(calculate) 计费,sum(charge_inform)缴费单送达,sum(bank_charge) 收费 from sf_status_find where left(status_month,4)<"2012" and len(left(status_month,4))=4 group by left(status_month,4) order by left(status_month,4)';
sqlstr1:=createq(sqlstr,-1);
oputchart(sqlstr1,'年份','核定,clred;核定送达,clyellow;计费,clblue;收费,clolive');
end.
```

执行结果如图3-2所示。

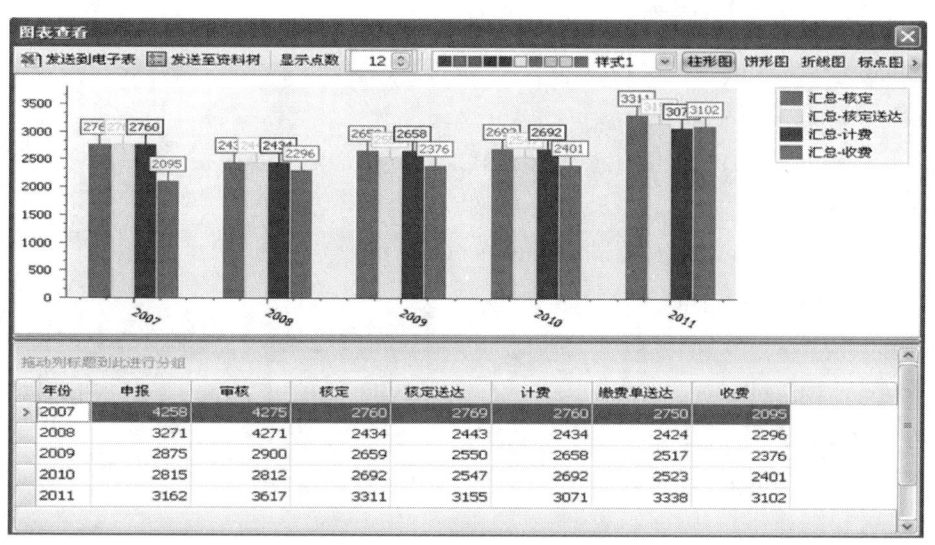

图 3-2

由图 3-2 得知，应征未征排污费具体年度分布如表 3-1 所示。

表 3-1　应征未征排污费分布图

年份	申报	审核	核定	核定送达	计费	缴费单送达	未送达次数	收费	未收费次数
2007	4258	4275	2760	2769	2760	2750	10	2095	655
2008	3271	4271	2434	2443	2434	2424	10	2296	128
2009	2875	2900	2659	2550	2658	2517	141	2376	141
2010	2815	2812	2692	2547	2692	2523	169	2401	122
2011	3162	3617	3311	3155	3071	3338	-267	3102	236

步骤三：将应征未征具体单位明细保存到表应征未征（SF_YZWZ）。

```
select fact_id, status_month, if_declare, declare_auditing, auditing, auditing_inform, calculate, charge_inform, bank_charge into sf_yzwz from sf_status_find where left(status_month,4) < '2012' and charge_inform = 1 and bank_charge is null
```

步骤四：更改排物收费污染物表（SF_POLLUTIONDATA）数据的结构，增加字段"应征未征标记"（为了不破坏原数据，将表 SF_POLLUTIONDATA 另存为 SF_POLLUTION）。

```
select * into sf_pollution from sf_pollutiondata

alter table sf_pollution add 应征未征 int
```

创建游标，将"应征未征"的记录做标志。

```
declare @dwmc nvarchar(12)
declare @ny nvarchar(6)
declare mycursor cursor for select fact_id,status_month from sf_yzwz
open mycursor
    fetch next from mycursor into @dwmc,@ny
while (@@fetch_status = 0)
begin
    update sf_pollution set 应征未征 = 1 where fact_id = @dwmc and data_month = @ny and data_type <> 1
    fetch next from mycursor into @dwmc,@ny
end
close mycursor
deallocate mycursor
```

为了加快数据的处理处理速度，仅将应征未的记录另存 SJ_POLLUTION，并修改表 SJ_POLLUTION 的结构。

```
select * into sj_pollution from sf_pollution where 应征未征 = 1 and pollution_value <> 0 and pollution_money = 0
alter table sj_pollution add 污染物名称 varchar(30)
alter table sj_pollution add 污染类型 char(2)
alter table sj_pollution add 排放去向 varchar(2)
alter table sj_pollution add 污染物当量数 numeric(12,2)
alter table sj_pollution add 应收金额 numeric(12,2)
alter table sj_pollution add 差额 numeric(12,2)
alter table sj_pollution add 所属功能区 int
alter table sj_pollution add 噪声标准值 float
```

步骤五：由于排污费征收管理系统程序开发人员为了加快程序处理速度和减少数据存储空间的需要，在数据库表字段值中大量使用代码，由此导致表中的数据需要替换方可认知。

用污染物编码表（CODE_POLLUTION_TABLE）中字段"污染物名称"的值填充排污收费应征未征表（SJ_POLLUTION）中对应"污染物名称表"。

```
update sj_pollution set 污染物名称 = name from code_pollution_table where code_pollution_table.code = sj_pollution.pollute_code
```

用污染物类型编码表（CODE_POLLUTION_TABLE）中字段 P_TYPE（污染类型编码）的值填充表 SJ_POLLUTION 中"污染类型"字段的值。

update sj_pollution set 污染类型 = p_type from code_pollution_table where code_pollution_table. code = sj_pollution. pollute_code

用污染物类型编码表（CODE_POLLUTION_TABLE）中字段 VAL（污染当量值）的值填充表 SJ_POLLUTION 中"污染当量值"字段的值。

update sj_pollution set 污染物当量值 = val from code_pollution_table where code_pollution_table. code = sj_pollution. pollute_code

步骤六：填充排污收费污染物表（SF_POLLUTIONDATA）数据中字段"排放去向"的值。别用 SQL 游标和 ASL 语言，填充字段值"排放去向"。

（1）创建 SQL 游标，实现对排污收费污染物（SJ_POLLUTION）数据表中字段"排放去向"的填充。

```
declare @ dwmc nvarchar(12)
declare @ pfkxh int
declare @ pfqx char(1)
declare mycursor1 cursor for select fact_id, serial, out_direction from f_output where pollute_type = 1
    open mycursor1
    fetch next from mycursor1 into @ dwmc,@ pfkxh,@ pfqx
    while (@@fetch_status = 0)
    begin
        update sj_pollution set 排放去向 = @ pfqx  where fact_id = @ dwmc and serial = @ pfkxh
        fetch next from mycursor1 into @ dwmc,@ pfkxh,@ pfqx
    end
    close mycursor1
    deallocate mycursor1
```

（2）在 AO 中编写 ASL 程序，实现对排污收费污染物（SF_POLLUTIONDATA）数据表中字段"排放去向"的填充。

```
Var curquery,isempty,sqlstr,isempty,dwmc,pfkxh,pfqx;
begin
    curquery: = createq(' select fact_id,serial,out_direction from f_output ', -1);
    isempty: = qeof( curquery);
```

```
    while isempty#1 do
      begin
        dwmc: = qfdvalue( curquery,' fact_id ') ;
        pfkxh: = qfdvalue( curquery,' serial ') ;
        pfqx: = qfdvalue( curquery,' out_direction ') ;
        sqlstr: =' update sf_pollution set 排放去向 = ''' + pfqx + '''  where fact_id = ''' +
dwmc + ''' and serial = ''' + pfkxh + ''' ';
        ExecuteUpdate( sqlstr) ;
        IsEmpty: = qmov( CurQuery,1) ;
          //判断指针是否到表中最后一条记录
        IsEmpty: = qeof( CurQuery) ;
      end;
    end.
```

步骤七：填充排污收费污染物表（SF_POLLUTIONDATA）数据中字段"所属功能区"的值。

update sj_pollution set 所属功能区 = f_output. function_region from f_output where f_output. fact_id = sj_pollution. fact_id and f_output. serial = sj_pollution. serial

步骤八：填充排污收费污染物表（SF_POLLUTIONDATA）数据中字段"噪声污染标准值"的值。

update sj_pollution set 噪声标准值 = sf_soundstandard. value from sf_soundstandard where sf_soundstandard. funregion = sj_pollution. 所属功能区 and sf_soundstandard. pollute_code = sj_pollution. pollute_code

步骤九：根据排污收费污染物数据表（SF_POLLUTION）中的排污量计算污水和废气的当量数。

update sj_pollution set 污染物当量数 = pollution_value/污染物当量值 where 污染类型 = 1 or 污染类型 = 2

步骤十：计算已经计费且缴费单已送达但没有缴费单位的污水排污费和废气排污费金额（应征缴未征缴额）。

update sj_pollution set 应收金额 = 污染物当量数 * 0.7 where 污染类型 = 1 and data_type < >1 and pollution_value < >0 and pollution_money = 0 and if_over < >1

update sj_pollution set 应收金额 = 污染物当量数 * 0.7 * 2 where 污染类型 = 1 and data_type < >1 and pollution_value < >0 and pollution_money = 0 and if_over = 1 update sj_pollution set 应收金额=0 where 污染类型=0 and data_type<>1 and pollution_value<>0 and pollution_money=0 and if_over<>1 and 排放去向='e' and left(data_month,6)>'200806'

update sj_pollution set 应收金额=污染物当量数*0.6 where 污染类型=2 and data_type<>1 and pollution_value<>0 and pollution_money=0 and if_over<>1

update sj_pollution set 应收金额=污染物当量数*0.6*2 where 污染类型=2 and data_type<>1 and pollution_value<>0 and pollution_money=0 and if_over=1

步骤十一：填充排污收费污染物表（SJ_POLLUTION）数据中噪声污染记录对应"应征金额"字段的值。

update sj_pollution set 应收金额=11200 where round((pollution_value-噪声标准值),0)>=16 and 污染类型=3 and pollution_value>0

update sj_pollution set 应收金额=8800 where round((pollution_value-噪声标准值),0)=15 and 污染类型=3 and pollution_value>0

update sj_pollution set 应收金额=7040 where round((pollution_value-噪声标准值),0)=14 and 污染类型=3 and pollution_value>0

update sj_pollution set 应收金额=5600 where round((pollution_value-噪声标准值),0)=13 and 污染类型=3 and pollution_value>0

update sj_pollution set 应收金额=4400 where round((pollution_value-噪声标准值),0)=12 and 污染类型=3 and pollution_value>0

update sj_pollution set 应收金额=3520 where round((pollution_value-噪声标准值),0)=11 and 污染类型=3 and pollution_value>0

update sj_pollution set 应收金额=2800 where round((pollution_value-噪声标准值),0)=10 and 污染类型=3 and pollution_value>0

update sj_pollution set 应收金额=2200 where round((pollution_value-噪声标准值),0)=9 and 污染类型=3 and pollution_value>0

update sj_pollution set 应收金额=1760 where round((pollution_value-噪声标准值),0)=8 and 污染类型=3 and pollution_value>0

update sj_pollution set 应收金额=1400 where round((pollution_value-噪声标准值),0)=7 and 污染类型=3 and pollution_value>0

update sj_pollution set 应收金额=1100 where round((pollution_value-噪声标准值),0)=6 and 污染类型=3 and pollution_value>0

update sj_pollution set 应收金额=880 where round((pollution_value-噪声标准值),0)=5 and 污染类型=3 and pollution_value>0

update sj_pollution set 应收金额=700 where round((pollution_value-噪声标准

值),0)=4 and 污染类型=3 and pollution_value>0
    update sj_pollution set 应收金额=550 where round((pollution_value-噪声标准值),0)=3 and 污染类型=3 and pollution_value>0
    update sj_pollution set 应收金额=440 where round((pollution_value-噪声标准值),0)=2 and 污染类型=3 and pollution_value>0
    update sj_pollution set 应收金额=350 where round((pollution_value-噪声标准值),0)=1 and 污染类型=3 and pollution_value>0

步骤十二：统计应征未征总额总数。

    select left(data_month,4) 年度,count(应收金额) 应征未征次数,sum(应收金额) 应征未征金额 from sj_pollution group by left(data_month,4) order by left(data_month,4)

执行结果如图3-3所示。

年度	应征未征次数	应征未征金额
2007	561	2954914.73
2008	121	20561.75
2009	128	25515.92
2010	133	6529.49
2011	200	2511.30

图3-3

3. 审计结果

2007年至2011年，市环保局监察支队1143次共计应征未征排污费3010033.19元。其中2007年561次，合计2954914.73元；2008年121次，合计20561.75元；2009年128次，合计25515.92元；2010年133次，合计6529.49元；2011年200次，合计2511.30元。

违反了《中华人民共和国预算法》第四十五条"预算收入征收部门，必须依照法律、行政法规的规定，及时、足额征收应征的预算收入。不得违反法律、行政法规规定，擅自减征、免征或者缓征应征的预算收入，不得截留、占用或者挪用预算收入"和省政府非税收入管理办法第三条"三、政府非税收入的征收与管理。（三）各执行、执罚单位不得越权或者擅自设立收费罚款项目、提高征收标准、扩大集中资金的范围。对政府非税收入的减、免、缓政策，按资金的归属权，由同级政府或财政部门批准制定"之规定。

4. 应用AO功能点

本问题的分析使用了审计分析/数据分析/SQL查询器；审计分析/审计方法/审计方法管理；审计分析/数据分析/图表分析工具等功能。

(二) 减少计算污染物种类，少征收排污费

审计事项：预算执行审计/非税收入收缴/违反规定缓收、不收、漏收财政收入

1. 审计思路

根据2008年2月28日，国家发展计划委员会、财政部、国家环境保护总局及国家经济贸易委员会令第31号《排污费征收标准管理办法》规定，"对每一排放口征收废气排污费的污染物种类数，以污染当量数从多到少的顺序，最多不超过3项"，也就是说排污单位的每一个排放口排放的污染物种类可能多于3种，但应征收排放量较多的前3种污染物的排污费。审计人员在查验环保部门在征收排污费时，重点检查了相关单位是否按照规定对排放口污染物的所有种类进行了征缴。

2. 审计步骤

步骤一：选择一般排污者废气表（SJ_YBPWZFQ），统计其污染物征收排污费种类少于3种的记录，并将统计结果保存为污染物种类（SJ_WRWSFZL）。

```
select fact_id,serial,data_month,count(update_tag) 收费污染物种类,sum(pollution_money) 实收金额 into sj_wrwsfzl from sj_ybpwzfq where update_tag = 1 and data_month <= '201112' group by fact_id,serial,data_month having count(pollute_code) < 3 order by fact_id,serial,data_month
```

步骤二：改变表污染物收费种类（SJ_WRWSFZL）结构，增加CODE01、CODE02、CODE03、CODE49等字段。

```
alter table sj_wrwsfzl add code01 char(3)
alter table sj_wrwsfzl add code02 char(3)
alter table sj_wrwsfzl add code03 char(3)
alter table sj_wrwsfzl add code49 char(3)
```

步骤三：用一般排污者废气表（SJ_YBPWZFQ）的值填充污染物收费种类表（SJ_WRWSFZL）中字段燃烧设备名称、燃烧方式、燃料名称、燃料量、除尘设备名、CODE01、CODE02、CODE03、CODE49的值。

```
update sj_wrwsfzl set code01 = 0, code02 = 0, code03 = 0, code49 = 0
update sj_wrwsfzl set code01 = sj_ybpwzfq.update_tag from sj_ybpwzfq where sj_ybpwzfq.fact_id = sj_wrwsfzl.fact_id and sj_ybpwzfq.serial = sj_wrwsfzl.serial and sj_ybpwzfq.data_month = sj_wrwsfzl.data_month and sj_ybpwzfq.update_tag = 1 and sj_ybpwzfq.pollute_code = 01
update sj_wrwsfzl set code02 = sj_ybpwzfq.update_tag from sj_ybpwzfq where sj_ybpwzfq.fact_id = sj_wrwsfzl.fact_id and sj_ybpwzfq.serial = sj_wrwsfzl.serial and sj_ybpwzfq.data_month = sj_wrwsfzl.data_month and sj_ybpwzfq.update_tag = 1 and sj_ybpwzfq.pollute_code = 02
```

update sj_wrwsfzl set code03 = sj_ybpwzfq.update_tag from sj_ybpwzfq where sj_ybpwzfq.fact_id = sj_wrwsfzl.fact_id and sj_ybpwzfq.serial = sj_wrwsfzl.serial and sj_ybpwzfq.data_month = sj_wrwsfzl.data_month and sj_ybpwzfq.update_tag = 1 and sj_ybpwzfq.pollute_code = 03

update sj_wrwsfzl set code49 = sj_ybpwzfq.update_tag from sj_ybpwzfq where sj_ybpwzfq.fact_id = sj_wrwsfzl.fact_id and sj_ybpwzfq.serial = sj_wrwsfzl.serial and sj_ybpwzfq.data_month = sj_wrwsfzl.data_month and sj_ybpwzfq.update_tag = 1 and sj_ybpwzfq.pollute_code = 49

步骤四：关联（左连接）表污染物收费种类（SJ_WRWSFZL）和污染物收费种类参数（SJ_WRWSFZL），并将结果保存为污染物收费种类参数表（SJ_WRWSFZLB）以便计算污染物当量数。

select sj_wrwsfzlcs.fact_id,sj_wrwsfzlcs.单位名称,排放口序号,月份,sj_wrwsfzlcs.燃烧设备名称,sj_wrwsfzlcs.燃烧方式,sj_wrwsfzlcs.除尘设备,收费污染物种类,code01,code02,code03,code49,sj_wrwsfzlcs.燃料名称,sj_wrwsfzlcs.燃料量,煤中灰分,灰分中烟尘,可燃物,除尘效率,全硫分含量,脱硫效率,氮含量,氮转化率,实收金额 into sj_wrwsfzlb from sj_wrwsfzlcs left join sj_wrwsfzl on sj_wrwsfzlcs.fact_id = sj_wrwsfzl.fact_id and sj_wrwsfzlcs.月份 = sj_wrwsfzl.data_month and sj_wrwsfzlcs.排放口序号 = sj_wrwsfzl.serial

注：本例中用到污染物收费种类参数（SJ_WRWSFZL）中的主要字段及对应的中文名称如表3-2所示。

表3-2 污染物收费种类参数（SJ_WRWSFZL）主要字段

企业编号	排放口号	月份	燃料名称	燃料量	煤中灰分	烟尘	可燃物	除尘效率	硫分含量	脱硫效率	氮含量	氮转化率
410100000019	4	201103	烟煤	1216	50.95	50	20	89.7	0.33	0	0.75	37.5
410100000019	4	201104	烟煤	2210	50.95	50	20	89.7	0.33	0	0.75	37.5
410100000019	4	201105	烟煤	2400	50.95	50	20	89.7	0.33	0	0.75	37.5
410100000019	4	201106	烟煤	3010	50.95	50	20	89.7	0.33	0	0.75	37.5
410100000019	4	201107	烟煤	3100	50.95	50	20	89.7	0.33	0	0.75	37.5
410100000019	4	201108	烟煤	2530	50.95	50	20	89.7	0.33	0	0.75	37.5
410100000019	4	201109	烟煤	2560	50.95	50	20	89.7	0.33	0	0.75	37.5
410100000019	4	201110	烟煤	1010	50.95	50	20	89.7	0.33	0	0.75	37.5

步骤五：改变表污染物收费种类参数表（SJ_WRWSFZLB）结构，增加烟尘当量数、二氧化硫当量数、氮氧化物当量数、应收金额和差额等字段。

```
alter table sj_wrwsfzlb add 烟尘当量数 numeric(12,2)
alter table sj_wrwsfzlb add 二氧化硫当量数 numeric(12,2)
alter table sj_wrwsfzlb add 氮氧化物当量数 numeric(12,2)
alter table sj_wrwsfzlb add 应收金额 numeric(12,2)
alter table sj_wrwsfzlb add 差额 numeric(12,2)
```

步骤六：计算污染物当量数、应收金额和差额的值。

```
delete from sj_wrwsfzlb where fact_id is null
update sj_wrwsfzlb set 煤中灰分=煤中灰分/100,灰分中烟尘=灰分中烟尘/100,可燃物=可燃物/100,除尘效率=除尘效率/100,全硫分含量=全硫分含量/100,脱硫效率=脱硫效率/100,氮含量=氮含量/100,氮转化率=氮转化率/100
update sj_wrwsfzlb set 二氧化硫当量数=(round(1000*燃料量*灰分中烟尘*灰分中烟尘*(1-除尘效率)/(1-可燃物),2))/0.95
update sj_wrwsfzlb set 烟尘当量数=(round(1600*燃料量*全硫分含量*(1-脱硫效率),2))/2.18
update sj_wrwsfzlb set 氮氧化物当量数=(round(1630*燃料量*(氮含量*氮转化率+0.000938),2))/0.95
update sj_wrwsfzlb set 氮氧化物当量数=round(燃料量/1000000*3400.46,2) where 燃料名称='天然气'
update sj_wrwsfzlb set 二氧化硫当量数=round(燃料量/1000000*630,2) where 燃料名称='天然气'
update sj_wrwsfzlb set 烟尘当量数=round(燃料量/1000000*286.2,2) where 燃料名称='天然气'
update sj_wrwsfzlb set 应收金额=(烟尘当量数+二氧化硫当量数+氮氧化物当量数)*0.6
update sj_wrwsfzlb set 差额=应收金额-实收金额
```

注：

（1）燃料为煤时主要污染物排放量的计算公式

①烟尘排放量计算公式

$Gsd = 1000 \times B \times A \times dfh \times (1-\eta) / (1-Cfh)$

（Gsd——烟尘排放量,g；B——耗煤量,T；A——煤中灰分,%；dfh——灰分中烟尘,%；η——除尘系统除尘效率,%；Cfh——烟尘中可燃物,%）

②SO_2排放量计算公式

$GSO_2 = = 1600 \times B \times S$（$GSO_2$——$SO_2$排放量,kg；$B$——耗煤量,T；$S$——燃煤全硫分含量,%）。

③NO_x 排放量计算公式

$GNO_x = 1630 \times B \times (0.015 \times ß + 0.000938)$（$GNO_x$——$NO_x$ 排放量，kg；B——耗煤量，T；ß——燃煤中氮的转化率，%）。

（2）燃料为天燃气时主要污染物排放量的计算公式

①烟尘排放量计算公式

燃料量/1000000×286.2

②SO_2 排放量计算公式

燃料量/1000000×630

③NO_x 排放量计算公式

燃料量/1000000×3400.46

步骤七：统计汇总，并将结果保存到审计证据中。

```
select count(fact_id) as 次数,sum(差额) as 金额  from sj_wrwsfzlb
select left(月份,4) as 年度,count(fact_id) as 次数,sum(差额) as 金额  from sj_wrwsfzlb group by left(月份,4) order by left(月份,4)
```

执行结果如图 3-4 所示。

	次数	金额
	1259	7485621.07

年度	次数	金额
2007	18	41476.62
2008	3	4417.19
2011	1238	7439727.26

图 3-4

3. 审计结果

2007 年至 2011 年，市环保局监察支队在征收废气污染物排放量时，1259 次少征收污染物种类，共计少征收 7485621.07 元（其中 2007 年 18 次共 4146.62 元、2008 年 4417.19 元、2011 年 1238 次共 7439727.26 元）。

违反了《某省政府非税收入管理办法》第三条"三、政府非税收入的征收与管理。（三）各执行、执罚单位不得越权或者擅自设立收费罚款项目、提高征收标准、扩大集中资金的范围。对政府非税收入的减、免、缓政策，按资金的归属权，由同级政府或财政部门批准制定"之规定。

4. 应用 AO 功能点

本问题的分析主要使用了审计分析/数据分析/SQL 查询器的功能。

（三）少征收排污费滞纳金

审计事项：预算执行审计/非税收入收缴/违规减免

1. 审计思路

《某市排污费资金收缴使用管理办法》第九条规定"排污者应当在《排污缴费通知书》送达 7 日内填写财政部门监制的'一般缴款书'，到财政部门指定的商业银行缴纳排污费，并将盖有银行签章的'一般缴款书'第四联送达收款单位"，第二十一条规定"排污者在规定的期限内未足额缴纳排污费的，由收款单位责令其限期缴纳，并按照财政部、环保总局《排污费资金收缴使用管理办法》的规定从滞纳之日起加收 2‰ 的滞纳金"。审计人员对其征收排污费的资金到位情况及是否有延期交费而产生滞纳等问题的审查显得非常必要。

2. 审计步骤

步骤一：关联表排污收费月（季）度操作记录表（SF_MONTHQUARTER_OPERATION）和表排污收月（季）费缴费情况表（SF_MONTHQUARTER_PAYLIST），将已缴纳排污而应征缴滞纳金的单位对应记录进行连接，并保存为滞纳金表（SJ_ZNJ）。

```
select a.fact_id,a.operation_month_quarter,operation_id,
operation_man,operation_time,b.pay_time,pay_money,datediff(dy,operation_time,pay
_time)-7 计算滞纳金天数 into sj_znj from sf_monthquarter_operation a,sf_monthquarter_
paylist b where a.fact_id=b.fact_id and a.operation_month_quarter=b.money_monthquar
ter and operation_id='6' and a.operation_month_quarter<='201112'
```

步骤二：修改滞纳金表（SJ_ZNJ）结构，增加字段"应征滞纳金"和"排污费是否征收"，并计算应征滞纳金金额，填充排污费是否征收。

——修改滞纳金表（SJ_ZNJ）结构。

```
alter table sj_znj add 排污月份 char(10)
alter table sj_znj add 应结算日期 smalldatetime
alter table sj_znj add 送达通知书间隔 int
alter table sj_znj add 应征滞纳金 numeric(12,2)
alter table sj_znj add 是否征收 int
```

——计算"应结算日期"与"送达通知书间隔"的天数。市环保局监察支队在征缴排污费时，采用按月计算按季征收的方式，每个季度的各月份结算日期应相同。

```
update sj_znj set 排污月份=left(operation_month_quarter,4)+'0331' where right
(operation_month_quarter,2)='01' or right(operation_month_quarter,2)='02' or
right(operation_month_quarter,2)='03'
```

update sj_znj set 排污月份 = left(operation_month_quarter,4) + '0630' where right(operation_month_quarter,2) = '04' or right(operation_month_quarter,2) = '05' or right(operation_month_quarter,2) = '06'

update sj_znj set 排污月份 = left(operation_month_quarter,4) + '0930' where right(operation_month_quarter,2) = '07' or right(operation_month_quarter,2) = '08' or right(operation_month_quarter,2) = '09'

update sj_znj set 排污月份 = left(operation_month_quarter,4) + '1231' where right(operation_month_quarter,2) = '10' or right(operation_month_quarter,2) = '11' or right(operation_month_quarter,2) = '12'

update sj_znj set 排污月份 = left(排污月份,4) + '-' + substring(排污月份,5,2) + '-' + substring(排污月份,7,2)

update sj_znj set 应结算日期 = cast(排污月份 as smalldatetime)

update sj_znj set 送达通知书间隔 = datediff(dy,应结算日期,operation_time)

统计送达通知书时间间隔大于60天的纪录数，结果如图3-5所示。

select count(送达通知书间隔) 送达通知书时间间隔 from sj_znj where 送达通知书间隔 > 60

图3-5

查询送达通知书时间间隔大于60天的纪录，结果如图3-6所示。

select * from sj_znj where 送达通知书间隔 > 60

图3-6

市环保局监察支队从应结算之日到送达缴费通知书之日，通常情况下应该在30天左右，然而却有246条记录的应送达时间超过60天，其中延迟时间最长的达到300多天，因《缴费通知书送达》的推迟，导致排污费的延缓缴纳，审计人员应查明原因，落实相关人员的责任。

步骤三：核对打印《排污费缴纳通知单》数量、送达《排污费缴纳通知单》数量和缴纳排污费数量，计算已送达《排污费缴纳通知单》而未缴纳排污费单位应征缴的滞纳金。

```
select count(operation_id) 打印缴费通知书数 from sf_monthquarter_operation where operation_id = '61' and operation_month_quarter > '200703' and operation_month_quarter < = '201112'

select count(operation_id) 送达缴费通知书数 from sf_monthquarter_operation where operation_id = '6' and operation_month_quarter > '200703' and operation_month_quarter < = '201112'

select count(operation_id) 缴费单位数 from sj_znj
```

查询结果如图 3-7 所示。

图 3-7

2007 年 4 月至 2011 年 12 月期间，市环保局监察支队共打印《排污费缴纳通知单》12930 份，送达 12920 份，缴费 12369 份。即有 10 份《排污费缴纳通知单》已经打印，但没有送达给排污单位；有 551 份已送达给排污单位，但至今仍没有缴纳排污费。已经打印了却没有送达的 10 份需进一步查明原因，已经送达了而没有缴纳排污费的 541 份应核对其应征缴的排污费金额和滞纳金。

步骤四：为了不破坏原数据，需将排污收费排污收费操作类型表（SF_OPERATIONTYPE）中已经送达《排污费缴纳通知单》的记录另存为已送达通知书（SJ_YSDTZS），并更改结构，增加字段"是否征收"。

```
select * into sj_ysdtzs from sf_monthquarter_operation where operation_id = '6' and operation_month_quarter > '200703' and operation_month_quarter < = '201112'

alter table sj_ysdtzs add 是否征收 int
```

步骤五：填充已送达通知书（sj_ysDTZS）中字段"是否征收"的值。

```
update sj_ysdtzs set 是否征收 = 0
update sj_ysdtzs set 是否征收 = sj_znj. 是否征收 from sj_znj where sj_ysdtzs. fact_id = sj_znj. fact_id and sj_ysdtzs. operation_month_quarter = sj_znj. operation_month_quarter
```

步骤六：计算已送达《排污费缴纳通知单》而没有缴纳单位的应征金额。将已送达《排污费缴纳通知单》而没有缴纳的记录另存为未收款通知书（SJ_WSKTZS）。

```
select * into sj_wsktzs from sj_ysdtzs where 是否征收 = 0
alter table sj_wsktzs add 应征金额 numeric(12,2)
alter table sj_wsktzs add 单位名称 varchar(60)
alter table sj_wsktzs add 审计日期 datetime
alter table sj_wsktzs add 征收滞纳金天数 int
alter table sj_wsktzs add 应征滞纳金 numeric(12,2)
```

步骤七：计算未缴纳排污费单位的应征缴金额。汇总每个单位逐月污水、废气和噪声应缴纳征缴的排污费。

```
update sf_pollutiondata set pollution_money = 0 where pollution_money is null
update sf_pollutiondata set over_money = 0 where over_money is null
select fact_id, data_month, sum(pollution_money) + sum(over_money) 应征金额 into sj_zhsj2 from sf_pollutiondata where update_tag = 1 group by fact_id, data_month order by fact_id, data_month
```

步骤八：汇总小型企业和建筑施工单位逐月应征缴的排污费并将所有单位的污水、废气等排污费进行合并，生成汇总数据表 sj_hzsj，SQL 语句如下。

```
select fact_id, month, sum(minimoney) 应征金额 into sj_xsc2 from sj_xxqy where update_tag = 1 group by fact_id, month order by fact_id, month
select fact_id, data_month, sum(pollution_money) 应征金额 into sj_fc2 from sj_jzsgfc where update_tag = 1 group by fact_id, data_month order by fact_id, data_month
select sj_zhsj2. fact_id, data_month, sj_zhsj2. 应征金额 into sj_zhsj from sj_zhsj2
insert into sj_zhsj (fact_id, data_month, 应征金额) select fact_id, data_month, 应征金额 from sj_fc2
insert into sj_zhsj (fact_id, data_month, 应征金额) select fact_id, month, 应征金额 from sj_xsc2
```

步骤九：将未收款通知书表（SJ_WSKTZS）和汇总数据表（SJ_HZSJ）进行关联，填充表未收款通知书（SJ_WSKTZS）中字段"应征金额"和"审计日期"，并计算征收滞纳金天数和和征收缴滞纳金金额。

```
update sj_wsktzs set 应征金额 = sj_zhsj. 应征金额 from sj_zhsj where sj_wsktzs. fact_
id = sj_zhsj. fact_id and sj_wsktzs. operation_month_quarter = sj_zhsj. data_month
update sj_wsktzs set 单位名称 = f_factinfo. fact_name from f_factinfo where f_
factinfo. fact_id = sj_wsktzs. fact_id
update sj_wsktzs set 审计日期 = 0
update sj_wsktzs set 审计日期 = getdate( ) where 应征金额 > 0
update sj_wsktzs set 征收滞纳金天数 = datediff( dy, operation_time, 审计日期) - 7
where 应征金额 > 0
update sj_wsktzs set 应征滞纳金 = 应征金额 * 征收滞纳金天数 * 2/1000 where 应征
金额 > 0
update sj_wsktzs set 应征滞纳金 = 应征金额 where 应征滞纳金 > 应征金额
select * into sj_wjpwfznj from sj_wsktzs where 应征金额 > 0
```

步骤十：分别统计未按规定时间缴纳排污费而产生的滞纳金和未缴纳排污费而产生的滞纳金。

```
select left( operation_month_quarter,4) 年份, count( distinct fact_id) 单位个数, sum
(应征滞纳金) 应征缴滞纳金额 from sj_wsktzs where 应征滞纳金 > 0  group by left
( operation_month_quarter,4)
select sum(应征滞纳金) 未缴纳排污费的滞纳金 from sj_wsktzs
select left( operation_month_quarter,4) 年份, count( distinct fact_id) 单位个数, sum
(应征滞纳金) 应征缴滞纳金额 from sj_znj where 应征滞纳金 > 0  group by left
( operation_month_quarter,4) order by left( operation_month_quarter,4)
select sum(应征滞纳金) 已交纳排污费的滞纳金 from sj_znj
```

执行结果如图 3 - 8 所示。

3. 审计结果

市环保局监察支队自 2007 年 4 月起至 2011 年 12 月，应征未征滞纳金 6979093.84元，未按规定时间（延期）缴纳排污费而应征缴的滞纳金 2265127.78 元。违反了《某市排污费资金收缴使用管理办法》第二十一条"排污者在规定的期限内未足额缴纳排污费的，由收款单位责令其限期缴纳，并按照财政部、环保总局《排污费资金收缴使用管理办法》的规定从滞纳之日起加收 2‰的滞纳金。排污者逾期拒不按前款规定缴纳排污和滞纳金的，按照国务院《排污费征收使用管理条例》的规定，处应缴纳排污费数额 1 倍以上 3 倍以下的罚款，并报请有批准权限的人民政府，责令停产停业整顿"之规定。

4. 应用 AO 功能点

本问题的分析主要使用了审计分析/数据分析/SQL 查询器的功能。

执行结果 | 消息

年份	单位个数	应征缴滞纳金额
2007	239	678463.26
2008	182	582148.17
2009	165	346183.25
2010	141	164905.24
2011	265	493427.86

未缴纳排污费的滞纳金
4713966.06

年份	单位个数	应征缴滞...
2007	4	556709.00
2008	3	632144.00
2009	3	46821.00
2010	1	30187.00
2011	7	3448105.06

已交纳排污费的滞纳金
2265127.78

图 3－8

（四）年度排污单位申报排污数据未在规定时间内审核

审计事项：预算执行审计/非税收入收缴/非税收入减免情况

1. 审计思路

排污费的征收具有较强的政策性和程序性。国家、省、市都出台有关排污费征收的法规，明确了污染物的属性、计量标准和排污费征收的范围、方式和征缴程序等。审计人员察看环保监察机构在排污费征缴的过程中，执行法律、法规是否有偏差，是否按照规定的征收流程征收就显得非常必要。

2. 审计步骤

步骤一：为了不破坏原数据表，将排污收费申报审核表（SF_DECLARE）另存为审核数据（SJ_SHSJ），并改变表审核数据（SJ_SHSJ）结构，增加字段“是否正常申报”“是否正常审核”。

```
select  fact_id,declare_year,if_declare,declare_man,
declare_time, operator,oper_date into sj_shsj from sf_declare  where declare_year
<'2012'
alter table  sj_shsj add 是否正常申报 int
alter table  sj_shsj add 是否正常审核 int
```

步骤二：填充“是否正常申报“和“是否正常审核”字段的值。

```
update sj_shsj set 是否正常审核 =0
update sj_shsj set 是否正常申报 =0
```

update sj_shsj set 是否正常申报 = 1 where year(declare_year) − year(oper_date) = 1 and month(oper_date) > 10

update sj_shsj set 是否正常审核 = 1 where (year(declare_year) − year(declare_time)) = 0 and month(declare_time) <= 2 and day(declare_time) <= 10) or (year(declare_year) − year(declare_time) = 1 and month(declare_time) >= 10)

步骤三：统计汇总。筛选是否正常申报值为 0 和是否正常审核值为 0 的记录。

select 未在规定时限内审核的单位数，未正常审核次数，未正常申报次数 from
(select count(distinct fact_id) 未在规定时限内审核的单位数 from sj_shsj where 是否正常审核 = 0) a,
(select count(是否正常审核) 未正常审核次数 from sj_shsj where 是否正常审核 = 0) b,
(select count(是否正常申报) 未正常申报次数 from sj_shsj where 是否正常申报 = 0) c

执行结果如图 3 - 9 所示。

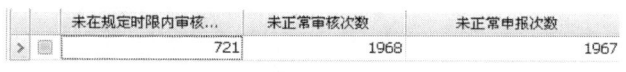

图 3 - 9

3. 审计结果

2007 年至 2011 年间，市环保局监察支队在对排污单位年度排污量申报数据进行审核时，721 家单位共计 1968 次未在规定时限内完成对排污单位申报的年度排污量进行审核。

违反了国家环保总局《关于排污费征收核定有关问题的通知》（环发〔2003〕187 号）第三条"负责征收排污费的环境监察机构应于每年 2 月 10 日前对排污者申报的《排放污染物申报登记统计表（试行）》等进行审核。对符合要求的，环境监察机构向排污者发回经审核同意的《排放污染物申报登记统计表（试行）》等，对不符合要求、错报、漏报的，要责成其限期重报或补报"之规定。

4. 应用 AO 功能点

本问题的分析主要使用了审计分析/数据分析/SQL 查询器的功能。

三、点评

本实例使用 AO 功能，对审计需要的内容进行必要的整理。电子数据难以符合审计的需要，审计人员需要添加一些字段或者对一些字段进行整理，达到服务审计工作的需要，常规数据整理恰恰满足了审计人员的要求。利用 SQL 游标，将面向集合的数据库管理系统和面向数据行的程式设计联系起来，使两种数据处理方式能够有效融合，显示了 AO 在处理数据时的多样性。整个实例查询修改语句贯穿始终，利用查询语句方便、快捷、准确地对审计事项进行审计，拓宽了审计思路，破解了审计难题，大大提高了审计效率，确保了审计质量。

（河南省郑州市审计局　时占停　党慧兰　徐　津）

实例四

还城市一片蓝天

一、项目背景

汽车作为现代化交通工具，在给人们的生产与生活带来便利的同时，其尾气排放也给大气环境造成严重污染并且影响人们的身体健康。汽车尾气中有上百种不同化合物，其中主要污染物有固体悬浮微粒、一氧化碳、氮氧化合物、铅及硫氧化合物等。截至2011年底，某市现保有机动车206.89万辆，比2005年增长了92%，其中主城区82.04万辆，比2005年增长了194%。经测算，该市2011年机动车氮氧化物排放量近4万吨，约占全市总排放量的1/3。机动车排气污染已成为城市空气污染的主要"贡献源"，也被认为是PM2.5的"罪魁祸首"。为加强对高污染车的监管，该市自2007年7月1日起在主城区实行机动车环保标志管理制度，并于2008年扩展到全市。2008年10月1日起分三个阶段对高污染车辆采取时段性的道路限制通行，限行道路由南北向高架道路逐步扩大到绕城高速公路以内的所有道路，限行时间从早上6点到晚上24点。此外，机动车环保准入标准不断提高，2011年7月1日起全市轻型汽油车执行国Ⅳ排放标准，外地转入机动车同步执行新车排放标准。2009年至2011年底，全市已淘汰高污染车（黄色环保标志）4.55余万辆。

2012年2月至4月，审计机关对该市机动车污染物排放治理情况进行了专项审计调查。本次审计调查范围是：2009至2011年度油气回收项目绩效、高污染车治理和PM2.5监测防治情况，其中重点是高污染车治理的情况。

二、审计过程

（一）高污染车治理制度执行不够到位

审计事项：资源环保审计/环境污染治理/环保政策执行情况

1. 审计思路

先从总体上对机动车管理的高污染车与非高污染车进行分类统计,并与国家现行的高污染车划分标准进行对比分析,检查是否存在高污染车标识错误的情况,分析产生的原因。第二步将高污染车与公共交通车辆进行对比分析,检查是否有高污染车存在。考虑到出租车和公交车的行驶特性,其高污染车造成的大气污染更严重,所以这次作为重点。

2. 审计步骤

步骤一:将绿色环保标志车辆与国家高污染车辆标准进行进对比分析,以检查是否存在异常情况。

(1) 首先生成绿色环保标志车辆信息表。

> select 车牌号码,排放,燃料类型,环保等级 from 车辆信息表 where 环保等级 = 1

注:环保等级 = 1 为绿色环保标志车辆

执行到排序分组表如图 4 - 1 所示。

车牌号码	排放	燃料类型	环保等级
浙AH****	国IV	1	1
浙AH****	国IV	1	1
浙A9****	国IV	1	1
浙A5****	国II	1	1
浙A9****	国I	1	1
浙AE****	国II	1	1
浙AV****	国I	1	1
浙AV****	国II	1	1
浙AN****	国I	1	1
浙A8****	国IV	1	1
浙AV****	国III	2	1
浙A7****	国IV	1	1
浙AH****	国IV	1	1
浙AT****	国IV	1	1
浙AH****	国IV	1	1

图 4 - 1

右击鼠标,选择"全部选择"后,选择"生成分析数据",保存为"绿色环保标志车辆信息表"。

(2) 将绿色环保标志车辆信息表的数据和与国家现行的高污染车划分标准进行对比分析,检查是否存在高污染车环保标识错误的情况。

国家环境保护部于 2009 年 7 月出台《机动车环保检验合格标志管理规定》(环发〔2009〕87 号),规定汽油车达到国Ⅰ及以上标准的、柴油车达到国Ⅲ及以上标准的,核发绿色环保检验合格标志，未达到标准的核发黄色环保检验合格标志。所以，查询是否存在国 0 的汽油车、国 Ⅱ 和国 Ⅰ 的柴油车。

> select * from 绿色环保标志车辆信息表 where（排放 ='国 0' and 燃料类型 ='1'）or（排放 ='国 Ⅰ' and 燃料类型 ='2'）or（排放 ='国 Ⅱ' and 燃料类型 ='2'）

注：燃料类型 =1 表示汽油车，燃料类型 =2 表示柴油车

执行到分组排序表，使用"生成分析数据"功能，保存为"高污染车环保标识错误疑点表"。为了更直观地分析错误标识车辆组成，审计人员决定采用图表分析的方法查看。

使用图表查看，以排放为 X 轴，车牌号码计数为 Y 轴，生成数据分析图形，如图 4 - 2 所示。

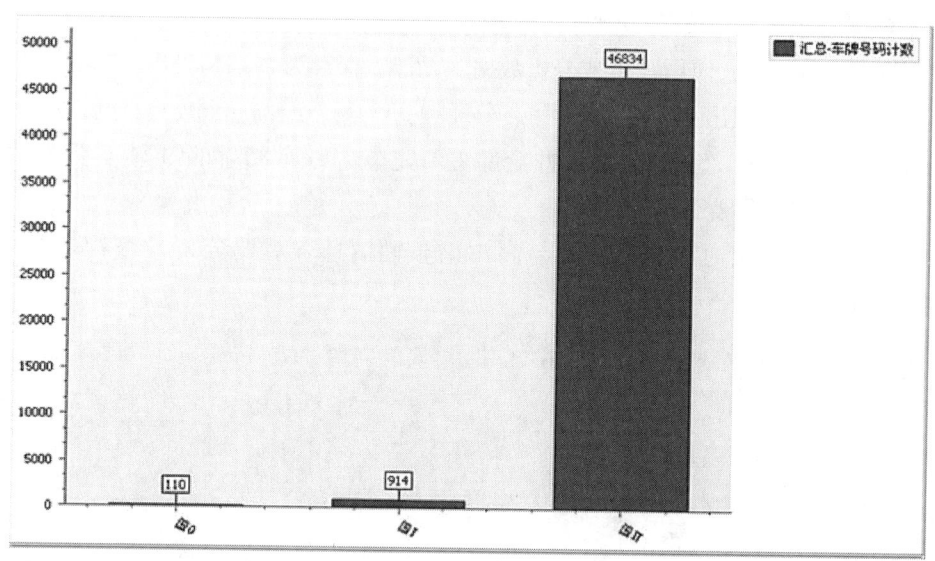

图 4 - 2

从图 4 - 2 可以发现，"国 0"排气标准的汽油车辆标识为绿色环保标志的有 110 辆，"国 Ⅰ"排气标准的柴油车辆标识为绿色环保标志的有 914 辆，"国 Ⅱ"排放标准的柴油车辆标识为绿色环保标志的有 46834 辆。其中"国 Ⅱ"排放标准的柴油车辆数量特别巨大，审计人员对机排处是否将"国 Ⅱ"排放标准的柴油车辆是否纳入高污染车辆产生怀疑。

（3）检查车辆信息表中"国 Ⅱ"排放标准的柴油车辆的数量情况。

> select count(*) from 车辆信息表 where （排放 ='国 Ⅱ' and 燃料类型 ='2'）

执行程序后，车辆信息表中"国 Ⅱ"排放标准的柴油车辆为 59374 辆。

（1）、（2）、（3）结果表明，存在将高污染车辆标识为绿色环保标志车辆情况。特别是"国 Ⅱ"排放标准的柴油车辆 59374 辆中的 46834 辆被标识为绿色环保标志。审计

人员推断机排处未将"国Ⅱ"排放标准的柴油车辆纳入高污染车管理。在审计人员以数据为依据的情况下，机排处承认本市一直按照2007年出台的某市区机动车辆环保标志管理制度的实施方案对机动车环保标志进行管理，符合"国Ⅰ"及以上标准的机动车为绿色标志，不符合的为黄色标志，直至2011年10月才将"国Ⅰ"标准柴油车纳入黄色环保标志管理，不符合国家要求。导致截至审计日，"国Ⅱ"标准柴油车仍未纳入高污染车辆管理。

步骤二：将出租车信息表与高污染车辆信息表对比分析，查看是否有属于高污染的车辆。

> select a. 车牌号码 from 车辆信息表 a join 出租车车辆信息表 b on a. 车牌号码 = b. 车牌号码 where a. 环保等级 = 2

注：环保等级=2为黄色环保标志车辆（高污染车）

执行到排序分组表，使用"生成分析数据"功能，保存为"高污染出租车疑点表"。

运行程序后，发现出租车中有高污染车疑点335辆。经与机排处沟通核实，335辆高污染疑点出租车中有250辆已报废并全部更新完毕，另外85辆除1辆实际为"国Ⅰ"标准车外都为"国Ⅱ"柴油车。

步骤三：将公共交通车辆信息表与高污染车辆信息表对比分析，查看是否有属于高污染的车辆。

> select a. * from 车辆信息表 a join 公共交通车辆信息表 b on a. 车牌号码 = b. 车牌号码 where (a. 环保等级 = 1 or a. 环保等级 = 2) and (a. 排放='国0' and a. 燃料类型='1') or (a. 排放='国Ⅰ' and a. 燃料类型='2') or (a. 排放='国Ⅱ' and a. 燃料类型='2')

执行到排序分组表，使用"生成分析数据"功能，保存为"高污染公共交通车辆疑点表"。执行结果如图4-3所示。

主键序号	车牌号码	车牌性质	使用性质	检验记录	初始注…	发牌日期	出厂日期	车辆类型
330100002270…	浙AV****	1	… A		2002-2-19		2002-1-25	轻型普通货…
330100001921…	浙AP****	1	… A		2001-3-8		2001-2-1	轻型普通货…
330100002267…	浙AV****	1	… 非营运		2002-2-20		2001-12-26	轻型普通货…
330100002187…	浙A3****	1	… 非营运	6A0721C9…	2001-12-12		2001-9-18	微型普通客…
330100000423…	浙A2****	1	…		1999-6-2		1999-4-1	小型普通客…
330100002417…	浙A8****	1	… 非营运	0CD8291F…	2002-5-24		2001-12-25	轻型普通货…
330100000337…	浙A1****	1	… 非营运	A6EEDF73…	1995-8-31		1995-8-1	小型专项作…
330100001356…	浙AH****	1	… A		1999-12-27		1999-11-8	中型普通客…
330100002490…	浙A8****	1	… A		2002-7-9		2002-6-18	轻型自卸货…
330100001524…	浙AM****	1	… 非营运		1998-12-3		1998-10-1	轻型普通货…
330100002218…	浙A3****	1	… A	36E2E41D…	2002-1-14		2001-9-25	微型普通客…
330100002297…	浙A3****	1	… 营运	54420ED5…	2002-3-13		2002-3-6	轻型厢式货…
330100001524…	浙AM****	1	… 非营运		1998-11-26		1998-3-1	轻型普通货…
330100000405…	浙A2****	1	… 非营运	4857CAA9…	1998-12-23		1998-4-28	轿车
330100000426…	浙A2****	1	… A	…	1999-7-8		1999-7-1	微型普通客…

图4-3

运行结果表明，公共交通车辆中存在 786 辆高污染公交车，占车正常营运的 7919 辆公交车的 10%。

3. 审计结果

机排处未将"国 II"排放标准的柴油车辆纳入高污染车管理，致使出租车中有 85 辆"国 II"排放标准的柴油车在运营，公交车中也有 786 辆高污染车在行驶。机排处未严格按照高污染车治理制度执行，特别是出租车、公交车由于其本身的特殊性需要长时间连续运行，相对而言在机动车排气污染中所占比重较大。这些高污染车辆在城区内长时间行驶，污染物的排放不容轻视，影响空气质量并有损市民的身体健康。

4. 应用 AO 功能点

本问题的分析使用了审计分析/数据分析/SQL 查询器；审计分析/数据分析/图表分析工具等功能。

(二) 车辆排气检测方法使用不正确

审计事项：资源环保审计/环境污染治理/环保政策执行情况

1. 审计思路

即使是合格的绿色环保标准车辆，也会因为行驶的时间较长或者保养不到位，产生超标准排气。因此，机动车的定时检测工作就显得格外的重要，一旦检验工作出了问题，那么就存在不达标车辆"浑水摸鱼"的隐患。

审计人员确定的总的审计思路是：（1）根据国家规定的车辆检测标准，确定每种车型适用的检测方法后，再与实际采用的检测方法做对比分析，检查是否存在不一致的情况；（2）由于不同检测方法的结果存在一定差异，因此把是否存在同一辆前后使用不同检测方法的情况也纳入此次审计范围中。

2. 审计步骤

步骤一：根据车辆信息计算出车辆的类型，生成车辆类型中间表。

调用审计方法 ASL 语句如下。

```
var
SqlStr;//定义变量
begin
//sqlstr 赋值
    SqlStr:=' SELECT 车牌号码， case when 最大总质量 is null or 最大总质量 = 0 then null when 最大总质量 >3500 then "MN3" else case when 车辆类型 is null and 核定载客数 is null then null when 最大总质量 <=2500 and 核定载客数 <=6 and  ( charindex("客",车辆类型 ) >0 or charindex("轿",车辆类型 ) >0) then "M11" else "MN2" end end 类型  from 车辆信息表';
```

```
        //生成临时表
          createtemptable('车辆类型表',SqlStr);
        end.
```

注：MN3 = 重型汽车，M11 = 第一类轻型汽车，MN2 = 第二类轻型汽车。

编译后产生分组表，使用"生成分析数据"功能，保存为"车辆类型表"，如图 4-4 所示。

车牌号码	类型
浙A8****	MN3
浙AH****	MN3
浙AR****	M11
浙AL****	MN2
浙A5****	M11
浙AJ****	M11
浙AP****	MN2
浙A9****	M11
浙AD****	M11
浙AM****	MN2
浙AV****	MN2
浙AV****	MN2

图 4-4

步骤二：根据车辆信息计算出车辆的类型，生成车辆检测适用方法表。

调用审计方法 ASL 语句如下。

```
var
SqlStr;//定义变量
begin
//sqlstr 赋值
    SqlStr:=' select a. 车牌号码, case  when a. 燃料类型 is null or (a. 燃料类型
<>"1" and a. 燃料类型 <>"2") then null when a. 燃料类型 ="1" and b. 类
型 ="MN3" then "DIdle" when a. 燃料类型 ="1" and b. 类型 in("M11",
"MN2") then "VMAS" when a. 燃料类型 ="2" and a. 出厂日期 >=convert
(datetime,"2001-10-01") then "LightProof" when a. 燃料类型 ="2" and a.
出厂日期 <convert(datetime,"2001-10-01") then "Smoke" else null EnD 按标
准计算出的检验方法  from  车辆信息表 a, 车辆类型表 b where a. 车牌号码 = b. 车
牌号码';
```

```
   //生成临时表
   createtemptable('车辆检测适用方法表',SqlStr);
end.
```

注：DIdle 为双怠速法，VMAS 为简易工况法，Light – Proof 为不透光烟度法，Smoke 为加速烟度法。

执行结果如图 4 – 5 所示。

车牌号码	按标准计算出的检验方法
浙AV****	LightProof
浙A2****	LightProof
浙A5****	LightProof
浙AD****	LightProof
浙A9****	LightProof
浙A1****	LightProof
浙AG****	LightProof
浙AW****	LightProof
浙A1****	Smoke
浙AG****	VMAS
浙A1****	VMAS
浙A0****	VMAS

图 4 – 5

步骤三：根据车辆检测记录中车辆检验方法与车辆检验适用方法比对，生成疑点表。

调用审计方法 ASL 语句如下。

```
var
SqlStr;//定义变量
IsEmpty;
begin
//sqlstr 赋值
   SqlStr:='select distinct a.车牌号码,a.检测方法,b.按标准计算出的检验方法 from 车辆检测记录表 a,车辆检测适用方法表 b where a.车牌号码=b.车牌号码 and a.检测方法<>b.按标准计算出的检验方法';//生成临时表
   showmsg('select distinct a.车牌号码,a.检测方法,b.按标准计算出的检验方法 from 车辆检测信息表 a,车辆标准检验适用方法 b where a.车牌号码=b.车牌号码');
   createtemptable('使用错误检测方法疑点表',SqlStr);
   //查询数据
   SqlStr:=CreateQ('select * from 车辆检验适用方法疑点表',-1);
```

```
    //判断是否为空
    IsEmpty: = Qeof(SqlStr);
    //生成疑点
    while IsEmpty < >1 do
    begin
      AddTransRslt(SqlStr,'车辆检验适用方法疑点表');
      IsEmpty: = Qmov(SqlStr,1);
      IsEmpty: = Qeof(SqlStr);
    end;
    TransBatch(SqlStr,'车辆检验适用方法疑点表');
end.
```

运行结果如图 4 – 6 所示。

车牌号码	检测方法	按标准计算出的检验方法
浙A4****	DIdle	VMAS
浙A8****	VMAS	DIdle
浙A9****	LightProof	DIdle
浙A6****	VMAS	LightProof
浙A8****	Smoke	VMAS
浙A9****	DIdle	VMAS
浙A5****	DIdle	VMAS
浙A5****	DIdle	VMAS
浙A1****	VMAS	Smoke
浙A6****	LightProof	VMAS
浙A2****	LightProof	DIdle
浙A2****	LightProof	DIdle
浙A9****	VMAS	LightProof
浙A9****	DIdle	VMAS
浙A6****	DIdle	VMAS

图 4 – 6

使用图表查看方式，以检测方法为 X 轴，车牌号码计数为 Y 轴，生成数据分析图形，如图 4 – 7 所示。

从图 4 – 7 可以发现，有 11320 辆汽油车采用了简易工况法（VMAS），442 辆柴油车采用了自由加速烟度法，即理论上应采用检测精度较低的检测方法，实际采用检测精度更高的检测方法。剩下的车辆中 901 辆实际检测方法未输入系统，34241 辆车使用检测方法有误，可能使排气不达标车辆通过检测。

步骤四：根据车辆检测记录中车辆检验记录，查找是否存在同一辆车前后采用不同的检测方法疑点。

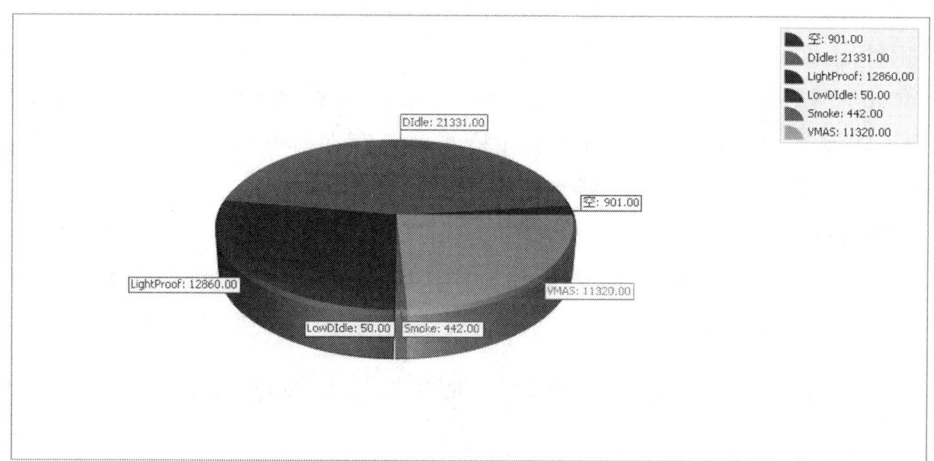

图 4 – 7

调用审计方法 ASL 语句如下。

```
var
SqlStr;//定义变量
IsEmpty;
begin
    SqlStr:='select * from 车辆检测记录表 where 车牌号码 in (select distinct a.车牌号码 from 车辆检测记录表 a,车辆检测记录表 b where a.车牌号码=b.车牌号码 and b.检测开始时间 > a.检测开始时间 and a.检测开始时间 >"2010-1-1" and a.状态标志='valid' and b.状态标志="valid" and a.检测方法<>b.检测方法) and 检测开始时间 >"2010-1-1" ';//sqlstr赋值
    createtemptable('同一车前后检测方法不同疑点表',SqlStr);//生成临时表
    SqlStr:=CreateQ('select * from 同一车前后检测方法不同疑点表',-1); //查询数据
    IsEmpty:=Qeof(SqlStr);//判断是否为空
    while IsEmpty<>1 do
    begin
    AddTransRslt(SqlStr,'同一车前后检测方法不同疑点表');
        IsEmpty:=Qmov(SqlStr,1);
        IsEmpty:=Qeof(SqlStr);
    end;
    TransBatch(SqlStr,'同一车前后检测方法不同疑点表'); //生成疑点
end.
```

运行结果表明有 12910 车辆存在使用不同检测方法进行车辆检测。

3. 审计结果

有 46904 辆车实际检测采用方法与计算得出的适用检测方法不一致，有 12910 辆前后是用不同检测方法。因此，表明车辆在检测环节存在排气检测方法使用不正确的情况，机排处应加强对各检测站的管理，严格把好检测关。

4. 应用 AO 功能点

本问题的分析使用了审计分析/数据分析/SQL 查询器；审计分析/数据分析/图表分析工具；审计分析/审计方法/审计方法管理等功能。

（三）存在部分车辆未按时年检领取环保检验合格标志情况

审计事项：资源环保审计/环境污染治理/环保政策执行情况

1. 审计思路

根据环境保护部出台《机动车环保检验合格标志管理规定》（环发〔2009〕87 号）规定，机动车应当在环保标志有效期满前 3 个月内，到机动车环保定期检验机构进行环保定期检验，换发环保检验合格标志。因此，督促和检查机动车时候按规定进行年检，是机排处的一项重要工作，也关系着治理机动车尾气排放成效的高低。

审计人员确定的总的审计思路是：（1）根据车辆的参数确定车辆的类型，再根据车辆类型计算出车辆年检的周期，后根据周期测算车辆年检的时间；（2）检查是否存在车辆未按期年检，或者存在上一周期年检结果为"通过"而参加第二年年检的情况。

2. 审计步骤

步骤一：根据车辆信息计算出车辆的类型，生成车辆类型中间表。前面的分析中已经生成该中间表，故直接使用中间表。

步骤二：根据国家相关规定计算出各类车辆年检有效期周期。

根据国家相关规定，小型、微型非营运载客汽车 6 年以内每 2 年检验 1 次；超过 6 年的，每年检验 1 次；超过 15 年的，每年检验 2 次。营运载客汽车 5 年以内每年检验 1 次；超过 5 年的，每 6 个月检验 1 次。载货汽车和大型、中型非营运载客汽车 10 年以内每年检验 1 次；超过 10 年的每 6 个月检验 1 次。

```
select *,
case
    when a.燃料类型 =0
    then 72
    else
    case
        when (charindex('客',a.车辆类型) >0 or charindex('轿',a.车辆类型) >0) and a.使用性质 = '营运'
```

```
                and datediff(year,a.初始注册日期,a.检测时间)<5
            then   12
            when   (charindex('客',a.车辆类型)>0 or charindex('轿',a.车辆类型)>
0) and a.使用性质='营运'
                and datediff(year,a.初始注册日期,a.检测时间)>=5
            then 6
            else
            case
        when charindex('大型',a.车辆类型)>0 or charindex('中型',a.车辆类型)>0
and   datediff(year,a.初始注册日期,a.检测时间)<10
            then 12
            when charindex('大型',a.车辆类型)>0 or charindex('中型',a.车辆类型
)>0 and   datediff(year,a.初始注册日期,a.检测时间)>=10
            then 6
        when charindex('货',a.车辆类型)>0 or charindex('挂',a.车辆类型)>0 and
datediff(year,a.初始注册日期,a.检测时间)<10
            then 12
        when charindex('货',a.车辆类型)>0 or charindex('挂',a.车辆类型)>0 and
datediff(year,a.初始注册日期,a.检测时间)<10
            then   6
            else
            case
        when datediff(year,a.初始注册日期,a.检测时间)<6
            then 24
            when   datediff(year,a.初始注册日期,a.检测时间)>=6 and datediff
(year,a.初始注册日期,a.检测时间)<15
            then 12
            when   datediff(year,a.初始注册日期,a.检测时间)>=15
            then 6
            else 12
            end
            end
        end
        end 车辆有效期周期
    from   车辆信息表 a
```

where a. 初始注册日期 is not null
and a. 检测时间 is not null

使用"生成分析数据"功能，将运行结果保存为"车辆年检有效期周期表"。

步骤三：根据车辆信息表中的信息，计算出至 2012 年 1 月 1 日前环保标志已经过期的车辆。

select * from 车辆信息表 where year(环保有效期止) = 2008 or year(环保有效期止) = 2009 or year(环保有效期止) = 2010 or year(环保有效期止) = 2011

执行到排序分组表，使用"生成分析数据"功能，保存为"环保标志到期疑点表"。如图 4 - 8 所示。

主键序号	车牌号码	车牌...	使用性质	检验记录	初始注...	发牌日期	出厂日期	车辆类型
33010000...	浙A5****	1	... A	...	2000-12-18		2000-11-22	中型普通客...
33010000...	浙AE****	1	... A	...	2002-4-12		2002-4-5	小型轿车
33010000...	浙AN****	1	... A	...	2002-4-11		2002-3-1	小型轿车
33010000...	浙AG****	1		...	1997-3-21		1996-7-1	小型轿车
33010000...	浙A0****	1	非营运	617fa034b...	2001-12-30		2001-9-26	小型轿车
33010000...	浙AS****	1	... A	...	1999-11-8		1999-9-22	微型普通客...
33010000...	浙AS****	1	... A	...	1992-10-3		1992-1-1	小型普通客...
33010000...	浙A3****	1	... A	...	2002-1-14		2002-1-6	轻型厢式货...
33010000...	浙AN****	1	... A	...	2002-3-19		2001-9-1	轻型普通货...
33010000...	浙AM****	1	... L	...	2001-10-11		2001-9-1	轻型普通货...
33010000...	浙AM****	1	... A	...	2001-11-27		2001-9-19	微型普通客...
33010000...	浙AM****	1	... A	...	1998-12-11		1998-6-4	轻型普通货...
33010000...	浙AP****	1	... A	...	2001-12-28		2001-7-9	微型普通客...
33010000...	浙AN****	1	... A	...	1999-11-11		1999-9-7	微型普通客...
33010000...	浙AM****	1	... A	...	2002-2-21		2002-1-24	微型普通客...

图 4 - 8

运行结果显示有 83836 辆汽车环保标志到期未再领取环保标志。

步骤四：根据车辆信息表的数据计算出车辆检测的上一有效期时间表。

select a. 车牌号码, dateadd(m, - c. 车辆有效期周期, a. 环保有效期止) as 车辆的上一有效期 from 车辆信息表 a , 车辆年检有效期周期表 c where a. 车牌号码 = c. 车牌号码

执行到排序分组表，使用"生成分析数据"功能，保存为"车辆检测上一个有效期时间表"。

步骤五：依照相关文件规定，查询车辆是否在上一有效期时间 3 个月内，进行下一周期的车辆年检。

根据 2010 年环境保护部印发《机动车环保检验合格标志管理规定》的通知规定，在用机动车排气检测应于年审到期前 3 个月内办理。

select a. * from 车辆信息表 a , 车辆检测上一个有效期时间表 b where datediff(day, a. 检测时间, b. 车辆的上一有效期) > 90 and a. 车牌号码 = b. 车牌号码

执行到排序分组表,使用"生成分析数据"功能,保存为"未在3个月内参加年检车辆疑点表"。如图4-9所示。

主键序号	车牌号码	车牌性质	使用性质	检验记录	初始注…	发牌日期	出厂日期	车辆类型
33010000…	浙A3****	1	…	非营运	…	05A81E97…	2002-2-7		2001-11-28	轿车	…
33010000…	浙A3****	1	…	非营运	…	05A81E97…	2002-2-7		2001-11-28	轿车	…
33010000…	浙A3****	1	…	非营运	…	05A81E97…	2002-2-7		2001-11-28	轿车	…
33010000…	浙A8****	1	…	非营运	…	02ce3177d…	2002-4-2		2002-3-5	小型轿车	…
33010000…	浙A8****	1	…	非营运	…	B1E6582F1…	2002-6-6		2002-5-21	轿车	…
33010000…	浙A5****	1	…	非营运	…	5166cd453…	2000-9-28		2000-9-25	中型普通客…
33010000…	浙A9****	1	…	非营运	…	AA09051D…	2002-5-16		2002-3-26	轿车	…
33010000…	浙A3****	1	…	非营运	…	C5B8F1A9…	2002-5-13		2002-4-25	轿车	…
33010000…	浙A7****	1	…	营运	…	EA2EE012…	2002-2-6		2002-1-12	轿车	…
33010000…	浙A3****	1	…	非营运	…	e5f3d461e…	2002-2-22		2001-11-9	小型轿车	…
33010000…	浙A8****	1	…	非营运	…	8E119344…	2002-7-24		2002-6-13	轿车	…
33010000…	浙A3****	1	…	非营运	…	B9AEA939…	2002-3-1		2002-2-5	小型轿车	…
33010000…	浙A8****	1	…	非营运	…	9bd6c2c59…	2002-7-5		2002-6-13	轿车	…
33010000…	浙A9****	1	…	非营运	…	051D7801…	2002-6-14		2001-12-12	小型轿车	…
33010000…	浙A9****	1	…	非营运	…	0c3d1a4b3…	2002-5-16		2002-3-29	小型轿车客	…

图 4 – 9

运行结果显示 6719 辆汽车存在未在年检到期 3 个月内参加新一次年检。

上述结果显示,机排处在车辆年检结果把关上存在不足,审计人员由此怀疑与年检结果相关的其他环节可能也存在问题。

步骤六:根据车辆年检记录表的数据生成年检初检失败车辆中间表。

> select * from 车辆检测记录表 where 状态标志 ='valid' and 检测类型 ='1' and 检测结果 ='fail'

注:检测类型 =1 为初检,检测类型 =2 为复检。

执行到排序分组表,使用"生成分析数据"功能,保存为"年检初检失败车辆表"。

运行结果显示 30476 辆汽车年检初检未合格。

步骤七:根据车辆年检记录表和年检初检失败车辆表的数据生成未在 15 日内复检疑点表。

根据文件规定,年检初检未合格的车辆,经过维修后,必须在 15 日内参加复检。

> select distinct a.* from 年检初检失败车辆表 a join 车辆检测记录表 b on a.车牌号码 = b.车牌号码 where b.状态标志 ='valid' and datediff(day,b.检测开始时间,a.检测开始时间) >15 and b.检测开始时间 > a.检测开始时间 and b.检测类型 ='2'

注:检测类型 =1 为初检,检测类型 =2 为复检

结果显示无超过 15 未复检车辆信息。

步骤八:根据车辆年检记录表数据生成上最后一次复检失败车辆中间表。

> select distinct a.* from 车辆检测记录表 a where a.检测开始时间 =(select max(b.检测开始时间) from 车辆检测记录表 b where a.车牌号码 = b.车牌号码 and b.状态标志 ='valid' and b.检测类型 ='2') and a.检测结果 = 'fail'

执行到排序分组表，使用“生成分析数据”功能，保存为“最后一次复检失败车辆信息表”。

运行结果显示有 5226 辆汽车最后一次复检未通过检测。

步骤九：根据车辆年检记录表和最后一次复检失败车辆信息表数据，生成最后一次复检失败车辆参加下一次年检初检疑点表。

按照文件规定，年检不合格车辆必须在 15 日内参加复检，并再复检通过后，才能参加下一次年检的初检。

```
select distinct a. *  from 最后一次复检失败车辆信息表 a join 车辆检测记录表 b on a. 车牌号码 = b. 车牌号码 where a. 检测开始时间 < b. 检测开始时间 and b. 检测类型 ='1'
```

执行到排序分组表，使用“生成分析数据”功能，保存为“最后一次复检失败车辆参加下一次年检初检疑点表”。执行结果如图 4 - 10 所示。

唯一代...	车辆代码	车牌号码	车牌性质	车辆类型	车辆型号	车辆时间	生产厂...	检测站
74751E8FE...	CAB91360...	浙AJ****	1 ...	轻型普通货...	NJ1041DBF...	2010-6-28		HZIS03 ...
9BB1C825...	b6cd9c705...	浙A3****	1 ...	轻型普通货...	SC1022BB...	2005-3-8	长安汽车(...	HZIS04 ...
2DD2B511...	7b339a22c...	浙A9****	1 ...	小型轿车 ...	EQ7202 ...	2004-7-14	东风汽车公...	HZIS04 ...
A89D5E3A...	EB63604A...	浙AV****	1 ...	轿车 ...	SVW7182...	2003-2-10		HZIS02 ...
B3E2937F5...	414366e3...	浙A3****	1 ...	小型普通客...	ACR30L-MF...	2001-7-12	日本丰田汽...	HZIS01 ...
945ECC00...	83f74f617...	浙A7****	1 ...	小型轿车客...	HMC7180 ...	2003-1-28	一汽海南汽...	HZIS01 ...
8895ABC6...	8204faabaf...	浙AT****	1 ...	小型轿车 ...	BH7200M ...	2004-9-22	北京现代汽...	HZIS04 ...
7EB12BB7...	591ef6a13...	浙A6****	1 ...	小型普通客...	TCR10 ...	1993-5-31	日本丰田汽...	HZIS04 ...
767DD597...	2E5EA371...	浙A5****	1 ...	轿车 ...	SVW7182C...	2000-11-21		HZIS08 ...
650FB102F...	1148737B...	浙AT****	1 ...	出租车 ...	SY7162LS...	2009-9-10		HZIS08 ...
ACD91995...	98e4e1e9...	浙A0****	2 ...	小型轿车客...	SVW7180C...	2003-12-26	上海大众汽...	HZIS01 ...
AECCD3C2...	f52dc2310...	浙A6****	1 ...	小型轿车 ...	SVW7182...	2003-7-15	上海大众汽...	HZIS04 ...
594D262E...	1E750929...	浙A5****	1 ...	轿车 ...	SVW7182C...	2000-12-26		HZIS08 ...
3EA2195C...	5AA24F2A...	浙AJ****	1 ...	小型普通客...	WTQ6472...	2002-11-6		HZIS09 ...
A526018F...	5EAC46BB...	苏LF****	1 ...	轿车 ...	500 ...	2002-7-25		HZIS02 ...

图 4 - 10

运算结果显示有 504 辆复检未通过车辆参加下一周期年检初检。根据规定，机排处对于定期排气检测未通过的车辆不予发放环保合格标志，该车辆也不得通过机动车安全技术检验。目前机排处对参检车辆核发环保合格标志仅针对当前检测周期，不对其是否脱检设置前置条件，对于那些排气检测不合格未领取环保合格标志的车辆，只有在上路行驶时构成违法行为，经执勤交警发现才可依法对其进行处罚。

3. 审计结果

有 83836 辆机动车未按规定在环保标志到期后续领环保标志，存在未年检的现象；有 6719 辆汽车存在未在年检到期 3 个月内参加新一次年检，存在逾期年检现象；有 504 辆车上一年度复检未检测合格的情况下，再次参加下一年度初检检测。机排处对这些脱检车辆缺乏有效的监管，不利于全市机动车污染物治理的有效进行。

4. 应用AO功能点

本问题的分析使用了审计分析/数据分析/SQL查询器等功能。

(四) 业务信息系统运行存在部分缺陷情况

审计事项：资源环保审计/环境污染治理/环保政策执行情况

1. 审计思路

"机动车排污检测收费业务管理系统"数据的真实性、完整性和准确性对于机排处及时准确掌握情况，治理机动车排气污染的重要性不言而喻。审计人员选择和机排处业务关系比较密切的数据表进行抽样数据复核，检验该系统数据的真实性、完整性和准确性。

审计人员确定的总的审计思路是：对该系统的基础数据表中每个比较重要的环节或者业务进行数据复核。确定车辆检测记录表中检测数据是否有重复情况；车辆信息表中环保标志发放情况是否有异常，分析异常原因；对鼓励提前报废高污染车相关的补助信息进行复核，以点带面，检查数据的真实性、完整性和准确性。

2. 审计步骤

步骤一：根据"车辆检测记录表"中数据，复核是否存在重复的车辆检测数据。

```
select distinct a.车辆代码,a.车牌号码,a.检测站,a.检测开始时间,b.车辆代码 as 车辆代码2,b.车牌号码 as 车牌号码2,b.检测站 as 检测站2,b.检测开始时间 as 检测开始时间2 from 车辆检测记录表 a,车辆检测记录表 b where a.车辆代码 = b.车辆代码 and a.车牌号码 = b.车牌号码 and a.检测站 = b.检测站 and a.检测开始时间 = b.检测开始时间 and a.唯一代码序号 <> b.唯一代码序号
```

执行到排序分组表，使用"生成分析数据"功能，保存为"车辆检测同一时刻重复信息表"。执行结果如图4-11所示。

车辆代码	车牌号码	检测站	检测开始时间	车辆代码2	车牌号码2	检测站2	检测开始时间2
002B5D40...	浙AK71**	HZIS09	2011-7-11	002B5D4077...	浙AK71**	HZIS09	2011-7-11
004B6B0A...	浙A297**	HZIS02	2011-8-11	004B6B0ACB...	浙A297**	HZIS02	2011-8-11
00C2F1702...	浙A89Z**	HZIS02	2011-3-1	00C2F17027...	浙A89Z**	HZIS02	2011-3-1
031286F8F...	浙A898**	HZIS03	2011-3-30	031286F8F06...	浙A898**	HZIS03	2011-3-30
03BFE43A...	皖L542**	HZIS08	2012-2-15	03BFE43A79...	皖L542**	HZIS08	2012-2-15
03BFE43A...	皖L542**	HZIS08	2012-2-15	03BFE43A79...	皖L542**	HZIS08	2012-2-15
03DE56BF...	浙GL86**	HZIS09	2012-1-7	03DE56BF19...	浙GL86**	HZIS09	2012-1-7
03DE56BF...	浙GL86**	HZIS09	2012-1-7	03DE56BF19...	浙GL86**	HZIS09	2012-1-7
03DFDB88...	浙A90T**	HZIS09	2011-3-30	03DFDB82D...	浙A90T**	HZIS09	2011-3-30
049D9163...	浙A5P0**	HZIS03	2011-3-30	049D916309...	浙A5P0**	HZIS03	2011-3-30
053E850B...	浙A590**	HZIS03	2011-3-30	053E850BC8...	浙A590**	HZIS03	2011-3-30
0803517E...	浙AC23**	HZIS09	2011-3-30	0803517EBF...	浙AC23**	HZIS09	2011-3-30
0A2F1926...	浙A8K7**	HZIS08	2011-3-30	0A2F19267A...	浙A8K7**	HZIS08	2011-3-30
0A7D1A77...	浙AR05**	HZIS08	2010-10-29	0A7D1A776D...	浙AR05**	HZIS08	2010-10-29
0BBA8F75...	浙AK88**	HZIS09	2011-3-30	0BBA8F7531...	浙AK88**	HZIS09	2011-3-30

图4-11

结果显示存在 173 辆车的检测数据存在重复现象。审计人员和机排处沟通后，对方也承认存在数据重复情况。

步骤二：根据"车辆信息表"中数据，查看车辆环保标志发放的类型，生成环保标志发放类型中间表。

```
select distinct 环保等级 from 车辆信息表
```

环保等级为 1 的是绿色环保等级标志，环保等级为 2 的黄色环保等级标志，即高污染车辆，环保等级为 3 的是红色环保等级标志，环保等级为 12 的经与机排处核实确认为输入错误，表中还存在环保等级为空的情况出现。

步骤二：根据"车辆信息表"中数据，生成环保等级为空的车辆信息疑点表。

```
select * from 车辆信息表 where 环保等级 is null
```

执行到排序分组表，使用"生成分析数据"功能，保存为"环保标志等级为空疑点表"。

运行结果显示有 43648 辆汽车环保标志状态为空，即未领取环保标志记录。

步骤四：分析环保等级为空的车辆信息疑点表中车辆购车年限时长，生成购车年限中间表。

审计人员将步骤三得出结论反馈给机排处工作人员，机排处反映这些车辆除免检期内新车外，多为购车年限较长，已经报废未核销或长时间不使用也不参加年检的车辆，另有部分车辆存在已经二手转卖外地但机排处不掌握其数据。因此，审计人员决定对该批车辆的购买年限进行分析。

```
select *, datediff(year, 初始注册日期, getdate()) as 购车年限 from 环保标志等级为空疑点表
```

执行到排序分组表，使用"生成分析数据"功能，保存为"购车年限中间表"。使用图表查看车辆年限购成情况，如图 4-12 所示。

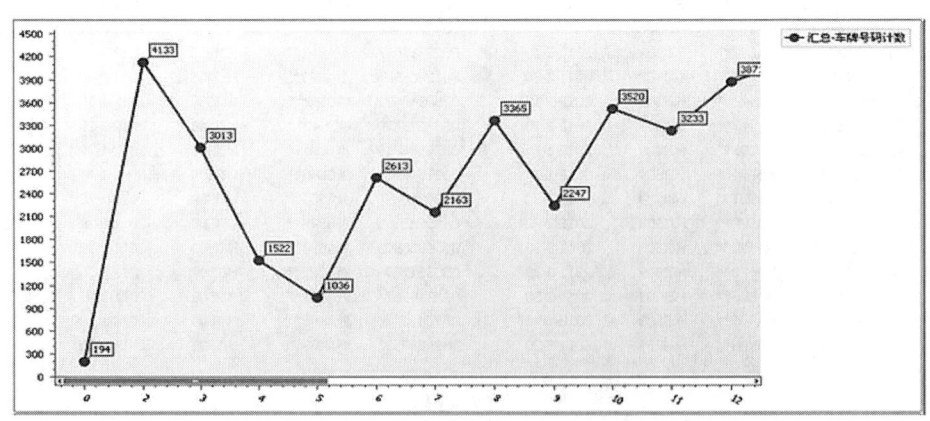

图 4-12

除 4327 辆车为 2 年内新车免检未领环保标志的情况外，其余车辆具体情况机排处并不掌握。存在如此大量车辆环保标志情况未纳入系统管理，机排系统数据真实性、完整性和可靠性存在致命硬伤。

步骤五：根据提前报废补助车辆信息表和某市提早报废高污染车辆补助文件，检测补助时间是否符合要求。

根据某市区高污染机动车提前淘汰补助实施细则规定，办理补助的期限为 2009 年 3 月 20 日至 2009 年 12 月 31 日。故审计人员审查确认补助时间是否超过时限，或未到时间先行补助。

```
select  *  from  提前报废补助车辆信息表
where 补助时间 < '2009-3-20' or 补助时间 >= '2010-1-1'
```

执行到排序分组表，使用"生成分析数据"功能，保存为"未按规定日期补助疑点表"。

运行结果显示有 190 辆存在未按规定时间补助情况。

步骤六：根据提前报废补助车辆信息表和某市提早报废高污染车辆补助文件，检测补助金额是否符合要求。

根据市区高污染机动车提前淘汰补助实施细则规定，各车型补助条件如表 4-1、表 4-2 所示。

表 4-1 市区高污染机动车转让、提前报废补助标准表
（个人及个体工商户）   单位：（元）

年限 车辆类型	2002— 2003 年	2000— 2001 年	1998— 1999 年	1996— 1997 年	1995 年及以前
大型客车		10000	8000	6000	4000
重型货车		7000	5500	4000	2500
中型客、货车	5500	4500	3500	2500	1500
小型客车		2800	2300	1800	1300
微型客货、轻型货车		1700	1300	900	500

表 4-2 市区高污染机动车转让、提前报废补助标准
（企业、非财政供养的社会组织）   单位：（元）

年限 车辆类型	2002— 2003 年	2000— 2001 年	1998— 1999 年	1996— 1997 年	1995 年及以前
大型客车		8000	6400	4800	3200
重型货车		5600	4400	3200	2000
中型客、货车	4400	3600	2800	2000	1200
小型客车		2240	1840	1440	1040
微型客货、轻型货车		1360	1040	720	400

```sql
select * from 提前报废补助车辆信息表 a，车辆补助标准表 b where a.车主性质
= b.车主性质 and a.报废补助类别 = b.报废补助类型 and( a.初始注册日期 > b.
购车年限三 or ( a.初始注册日期 between b.购车年限一 and b.购车年限二 ) or a.
初始注册日期 < = b.购车年限四 ) and a.补助资金标准 < > b.补助金额
```

注：购车年限一为购车时段起始时间，购车年限二为购车时段终止时间，购车年限三为 2003 年 12 月 31 日，购车年限四为 1995 年 12 月 31 日。

执行到排序分组表，如图 4-13 所示。使用"生成分析数据"功能，保存为"补助金额错误疑点表"。

车牌号码	车主姓名	代码	编号	报废类型	车辆信息ID	初始注册日期	报废时间
浙A5****	苏某	1707	10612016	2	778202	1993-3-8	2009-6-8
浙A8****	苏某	1712	20612008	2	777055	1997-9-17	2009-4-30
浙A9****	孙某	1499	20609015	2	845069	2000-6-8	2009-6-3
浙A9****	皮某	1504	10609015	2	754301	1999-9-23	2009-6-5
浙A8****	杭某	1580	30610007	1	881121	2002-6-3	2009-6-1
浙A3****	徐某	1652	20611009	2	1254939	1997-9-15	2009-6-3
浙A2****	江某	1654	10611026	2	729056	1995-9-21	2009-6-3
浙A5****	潘某	1633	10611013	2	1273485	2002-6-19	2009-6-8
浙A9****	姜某	1662	10611031	2	881658	2002-5-22	2009-6-9
浙A9****	程某	1666	10611034	2	756120	2000-11-16	2009-6-3
浙A3****	许某	1669	10611037	2	957774	1997-6-11	2009-5-31
浙A9****	沈某	2012	20618005	2	741917	1996-7-24	2009-6-3
浙A3****	徐某	2015	20618007	2	713593	1998-8-21	2009-6-5

图 4-13

运行结果显示有 1938 辆报废车辆补助金额存在未按规定金额补助的疑点。

审计人员随机抽查 72 辆补助记录，发现其中 65 辆属于数据录入错误或者个人车辆挂靠单位等因素，有 7 辆属于适用补助标准错误，出错比率接近 10%，且大部分为少补情况。该项工作主要以人工录入方式进行操作，系统内缺乏二级复核程序导致出错，有损补助对象的利益。

3. 审计结果

审计发现，173 辆车的检测记录存在多条完全相同数据的情况；43648 辆汽车环保标志为空，3 万余辆报废机动车虚占 5529 吨氮氧化物节能减排指标；190 辆车淘汰补助资金发放存在未按规定时间受理补助，及部分车辆补助金额出错情况。以点带面充分地揭露了机排处"机动车排污检测收费业务管理系统"数据运行管理中存在的问题，促使机排处进一步完善系统，保证数据的真实性、完整性和可靠性。

4. 应用 AO 功能点

本问题的分析使用了审计分析/数据分析/SQL 查询器；审计分析/数据分析/图表分析工具等功能。

三、点评

本实例在对车辆检测审计时,根据车辆检测理论模型和车辆检测的业务关键节点,确定了审计方向及审计重点,进而发现审计线索,体现了从宏观到微观进行层层分析的计算机审计思路。利用 AO2011 强大的图表分析、SQL 查询器等功能对数据进行深入分析,发现了高污染车治理制度执行不够到位、业务系统存在缺陷及车辆排气检测方法使用不正确等问题。另外,对分析的重点内容还编制了计算机审计方法加以实现。

(浙江省杭州市审计局　陈洪俊　周晨菲)

实例五

市区排污费征收管理审计

一、项目背景

2011年3至10月，某市级审计机关对所在市市区排污费征收管理情况进行了专项审计调查。主要针对排污费征收方式、污染源管理、排污对象监管、征收监管范围、征收企业数及应征企业数等情况进行了审计，着重分析了市环境保护局（以下简称环保局）在排污费专项的征收管理过程中的合法性、合理性。

二、审计过程

（一）核查排污费征收管理信息系统的数据完整性

审计事项：资源环保审计/环境污染治理/排污费收缴

1. 审计思路

采集财政局提供的实际征收数据，与环保局排污费征收与管理系统信息数据连接，得出排污费实际征收基础表。分析该表，将财政实际征收数据与环保局排污费征收管理信息系统数据进行对比，核对数据是否吻合，并分析产生数据差异的原因，最终得出环保局排污费征收管理信息系统数据完整性结论。

2. 审计步骤

步骤一：数据采集，首先将环保局提供的排污费征收管理信息系统数据导入AO中，产生所需临时表。项目信息如图5-1所示。

步骤二：导入财政局排污费数据，如图5-2所示。

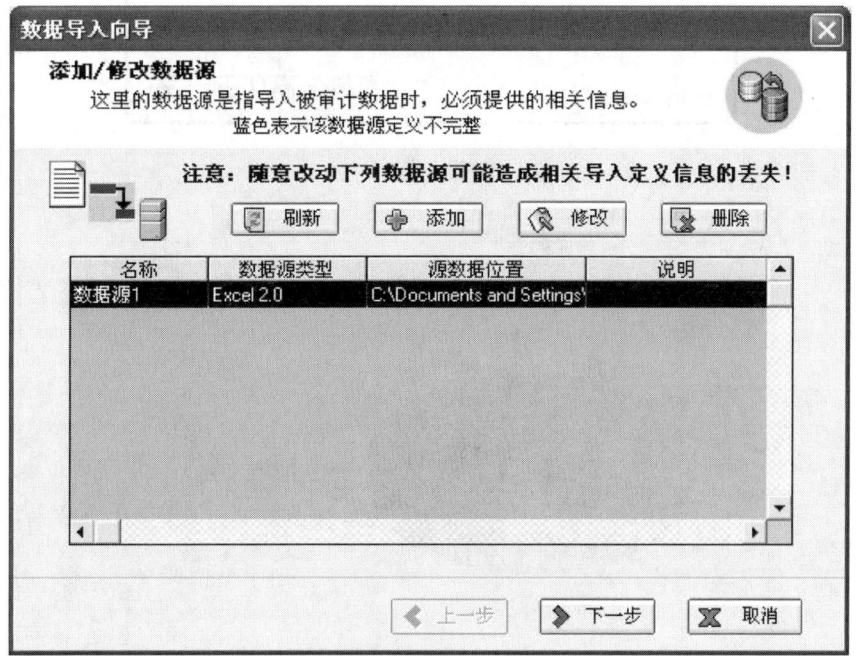

图 5-1

图 5-2

步骤三：打开"财政排污费实收数据表"，查看项目金额分布情况。如图 5-3、图 5-4 所示。

```
select * from [财政排污费实收数据表]
```

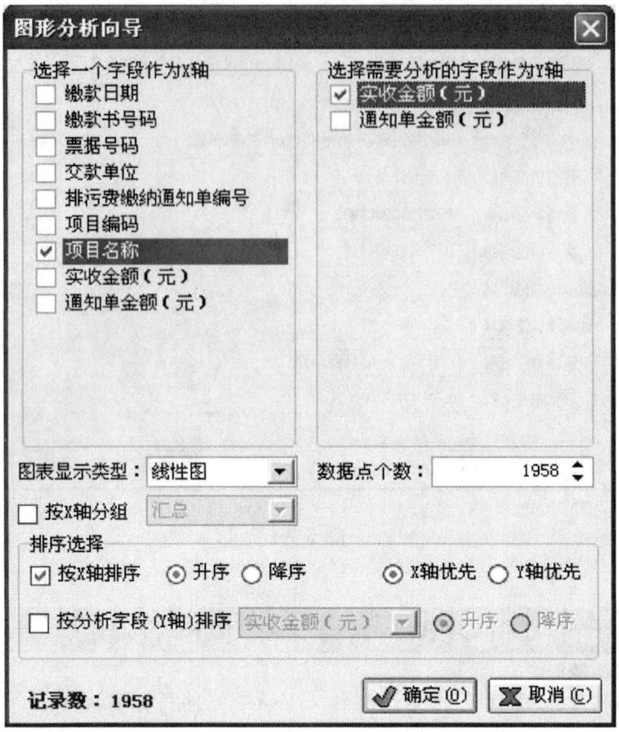

图 5-3

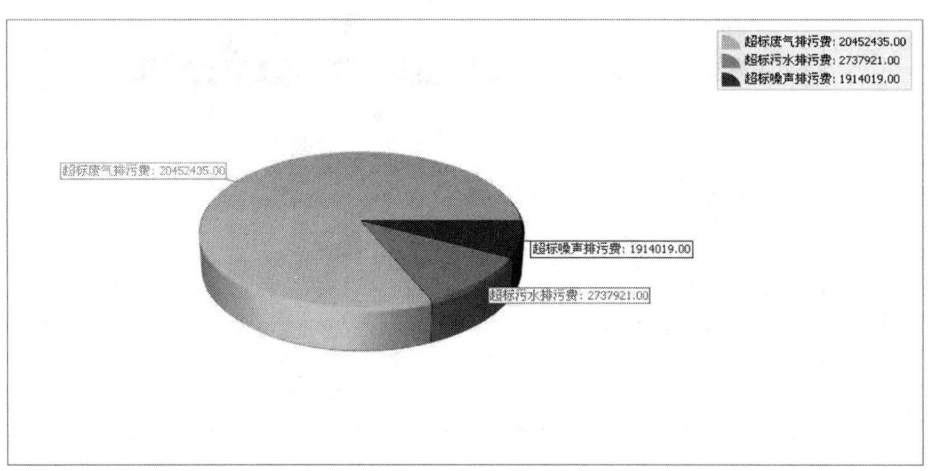

图 5-4

步骤四：进行同类项合并。

最终得出 2008 年 1 月至 2010 年 12 月国库支付中心收取排污费总额为 2510.43 万元，其中超标废气排污费 2045.24 万元，超标准污水排污费 273.79 万元，超标准噪声排污费 191.40 万元。

步骤五：对财政局排污费数据与环保局排污费信息系统数据表"排污费征收基础表"进行表连接。

> select［财政排污费实收数据表］.［交款单位］,［财政排污费实收数据表］.［缴款日期］,［财政排污费实收数据表］.［实收金额（元）］,［财政排污费实收数据表］.［排污费缴纳通知单编号］,［财政排污费实收数据表］.［项目名称］,［排污费征收基础表］.［缴款书编号］,［排污费征收基础表］.［年份］,［排污费征收基础表］.［缴款书打印时间］,［排污费征收基础表］.［应收金额］,［排污费征收基础表］.［已交金额］from（［财政排污费实收数据表］left join［排污费征收基础表］on［财政排污费实收数据表］.［排污费缴纳通知单编号］=［排污费征收基础表］.［缴款书编号］）

图 5-5

分析结果如图 5-5 所示，发现存在数据不全的情况。

3. 审计结果

排污申报与收费管理信息系统数据不全。审计调查发现，环保局排污费征收与管理信息系统的数据共计 1179 条，财政局提供的排污费缴款数据有 1985 条，排污费征收与管理信息系统的数据缺少 806 条，均为无缴款通知单编号的记录，其中市本级排污费缴款通知书无编号记录 470 条，占全部缴款数据总量的 23.6%。

4. 应用 AO 功能点

本问题的分析使用了项目管理/准备管理；采集转换/业务数据采集转换；审计分

析/数据分析/SQL 查询器；审计分析/数据分析/图表分析工具等功能。

（二）延期缴纳排污费企业未加收滞纳金情况

审计事项：资源环保审计/环境污染治理/排污费收缴

1. 审计思路

将财政局提供的实际征收时间与环保局发放排污费通知单时间对比计算未按时交排污费天数，根据打印通知单的时间加 10 天进行估算滞纳金天数，再根据估算结果进行现场核对，确定最终应缴的滞纳金。

2. 审计步骤

步骤一：分析财政环保数据连接表，对比财政实际征收时间与系统内通知单打印时间。

步骤二：设定缴款通知书打印后 10 天开始计算滞纳金，查询滞纳天数大的记录。

select [交款单位],[排污费缴纳通知单编号],[实收金额(元)],[应收金额],[缴款日期],[缴款书打印时间],(datediff('d',[缴款书打印时间],[缴款日期]) -10) as [滞纳金天数] from [财政环保数据连接表] where (datediff('d',[缴款书打印时间],[缴款日期]) -10) >0

图 5-6

执行结果如图 5－6 所示，滞纳天数大的记录非常多，将查询结果生成疑点，保存该表为滞纳金实收天数表。

步骤三：使用数值分析中的数值分层分析功能，如图 5－7 所示。

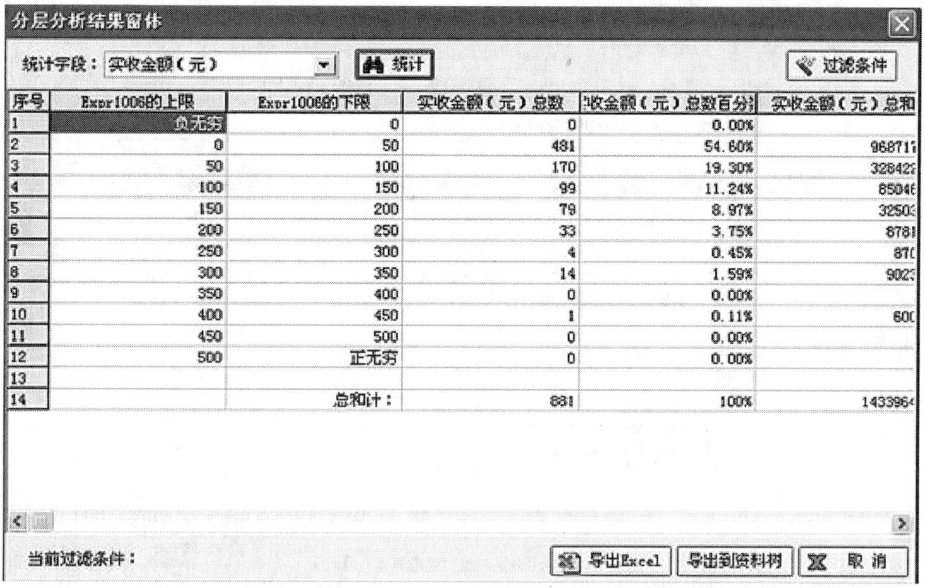

序号	Expr1006的上限	Expr1006的下限	实收金额(元)总数	收金额(元)总数百分	实收金额(元)总和
1	负无穷	0	0	0.00%	
2	0	50	481	54.60%	968717
3	50	100	170	19.30%	328422
4	100	150	99	11.24%	85046
5	150	200	79	8.97%	32503
6	200	250	33	3.75%	8781
7	250	300	4	0.45%	870
8	300	350	14	1.59%	9023
9	350	400	0	0.00%	
10	400	450	1	0.11%	600
11	450	500	0	0.00%	
12	500	正无穷	0	0.00%	
13					
14		总和计：	881	100%	1433964

图 5－7

应收滞纳金企业大多数滞纳时间为 0～50 天，占应收企业总数的 67.56%；其次为 50～100 天，占应收企业总数的 22.9%。

步骤四：计算应缴排污费滞纳金金额。

```
select *,iif([实收金额(元)]=0,([应收金额] * 滞纳金天数 * 0.002),([实收金额(元)] * 滞纳金天数 * 0.002)) as 应交滞纳金 from (select [交款单位],[排污费缴纳通知单编号],[缴款日期],[缴款书打印时间],[应收金额],[实收金额(元)],[滞纳金天数], (iif([实收金额(元)]=0, datediff("d",[缴款书打印时间],"2010-12-31"),datediff("d",[缴款书打印时间],[缴款日期]))-10) as 应收金额 from [滞纳金实收天数]) a
```

执行结果如图 5－8 所示，可得出应收未收滞纳金数 1250384 元。

步骤五：根据该表概算结果，经过现场审计核对最终确认。

3. 审计结果

市环境监察支队、某区环保分局均未向应收滞纳金企业发放滞纳金缴纳通知单，也从未收取过滞纳金。截至 2010 年 12 月 31 日，审计调查发现应收未收滞纳金 836265 元。其中，环保局应收未收 722451 元，某区环保分局应收未收 113814 元。违反了某省排污费资金收缴使用管理办法第二十五条“排污者在规定的期限内未足额缴纳排污费

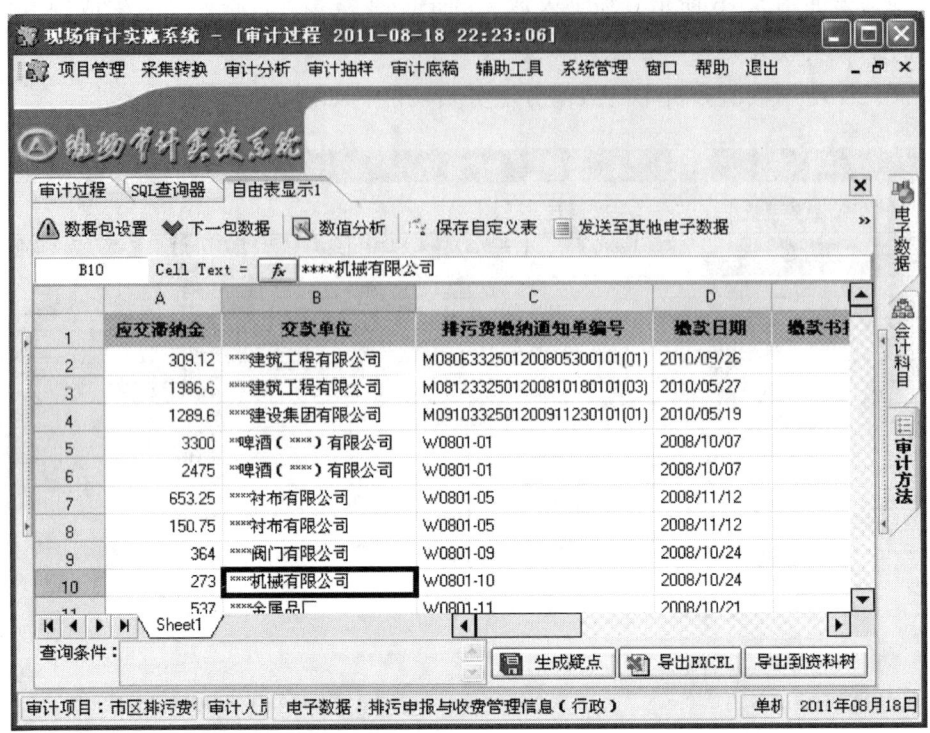

图 5-8

的,由收缴部门责令其限期缴纳,并从滞纳之日起按日加收 2‰ 的滞纳金。排污者拒不按前款规定缴纳排污费和滞纳金的,按照国务院《排污费征收使用管理条例》的有关规定予以处罚"的规定。

4. 应用 AO 功能点

本问题的分析使用了审计分析/数据分析/SQL 查询器;审计分析/数据分析/数值分析等功能。

(三) 检查排污费征收管理信息系统中的企业是否全额征收

审计事项:资源环保审计/环境污染治理/排污费收缴

1. 审计思路

分析环保局排污费征收管理信息系统数据,筛选出系统中的数据,查看是否有企业在系统内备案且未进行征收。

2. 审计步骤

步骤一:从市环保局排污费征收管理信息系统中直接导出已经审核并征收排污费的企业名单,命名为"审核表";将曾经申报过并有备案的企业名单,命名为"申报表"并导入 AO 审计系统。

步骤二:查找出曾经申报过并且系统备案过的企业名单。

```
select * from [申报表] a left join [审核表] b on a.[年份] = b.[年份] and a.单位名称 = b.单位名称 where b.单位名称 is null
```

保存到自定义表中，命名为“有备案且未征收排污费企业名单”。

步骤三：分析有备案且未征收排污费企业名单表企业未征收排污费的原因。

步骤四：导入截至2010年底在工商局注册并生产的企业名单，生成疑点。

```
select * from [工商局注册企业] a left join [有备案且未征收排污费企业名单表] b on a.企业名称 = b.A_单位名称 where b.A_单位名称 is not null
```

步骤五：使用数值分析中重号分析功能分析企业名称，执行结果如图5-9所示。

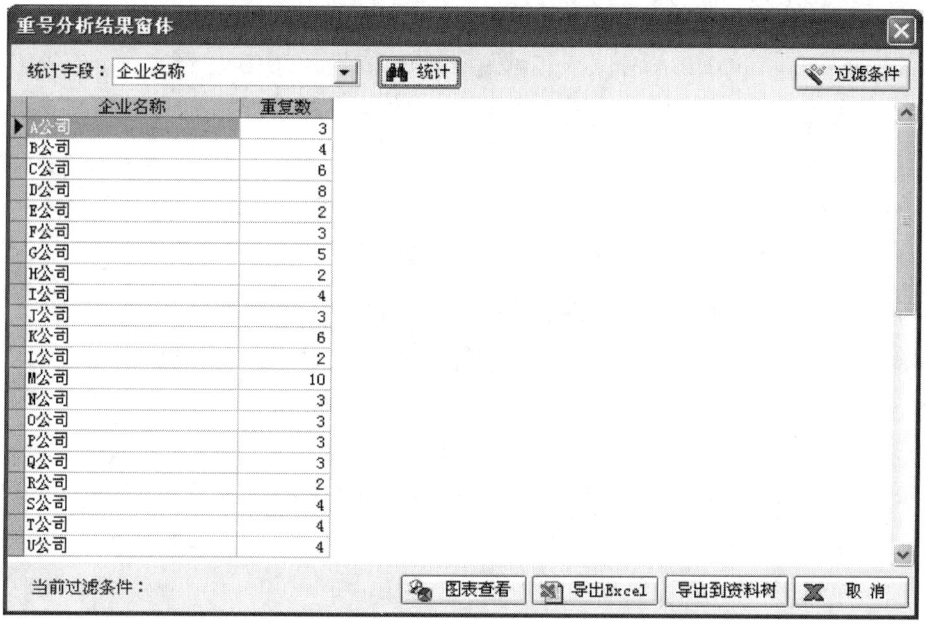

企业名称	重复数
A公司	3
B公司	4
C公司	6
D公司	8
E公司	2
F公司	3
G公司	5
H公司	2
I公司	4
J公司	3
K公司	6
L公司	2
M公司	10
N公司	3
O公司	3
P公司	3
Q公司	3
R公司	2
S公司	4
T公司	4
U公司	4

图5-9

结果显示，有335家企业存在重复。

3. 审计结果

335家企业中有49家企业在市工商局注册并在某工业区生产，2008年至2010年未申报排污情况，也缺少相关监测数据、监测报告等监督管理的资料。从工商登记情况看，涉及电池制造、涂料制造、无纺布制造、塑料包装箱及容器制造等可能有污染物排放的企业类型。

4. 应用AO功能点

本问题的分析使用了审计分析/数据分析/SQL查询器；审计分析/数据分析/数值分析等功能。

（四）以某工业区为例，核查有用水记录的企业是否都纳入环保局排污费征收管理范围

审计事项：资源环保审计/环境污染治理/排污费收缴

1. 审计思路

以某工业区为例，对比自来水厂用水企业数据与环保局实际排污费收取企业数据，分析数据差距原因，计算实际征收比例。

2. 审计步骤

步骤一：导入自来水厂的数据资料以及市环保局排污费征收某工业区实收企业名单，添加到自定义表。

步骤二：将实际征收排污费企业名单与自来水厂数据连接。

```
select * from [2010 某自来水厂数据] a left join [2010 某实际征收企业名单] b on a.[企业名称] = b.[2010 年某实际征收企业名单] where b.[2010 年某实际征收企业名单] is null
```

步骤三：分析表，发现自来水厂的企业数与环保局实际收取排污费的企业数数据差距较大，根据线索，继续分析 2008、2009 年数据。

```
select * from [2009 某自来水厂数据] a left join [2009 某实际征收企业名单] b on a.[企业名称] = b.[2009 年某实际征收企业名单] where b.[2009 年某实际征收企业名单] is null

select * from [2008 某自来水厂数据] a left join [2008 某实际征收企业名单] b on a.[企业名称] = b.[2008 年某实际征收企业名单] where b.[2008 年某实际征收企业名单] is null
```

步骤四：分析上述表格，使用数值分析中统计功能分析，如图 5-10 所示。

3. 审计结果

根据疑点对未征收企业进行核对分析，审计发现，市环保局监测企业数占企业总数比例较低，大部分企业进行排污监测不到位。

4. 应用 AO 功能点

本问题的分析使用了审计分析/数据分析/SQL 查询器；审计分析/数据分析/数值分析等功能。

（五）编写排污费征收管理计算机审计方法审计排污费是否全额征收

审计事项：资源环保审计/环境污染治理/排污费收缴

1. 审计思路

通过将环保局排污费收费管理信息系统数据和财政局实收排污费数据关联，检查

图 5-10

信息系统数据的真实性、完成性。根据检查结果，按照省排污费资金收缴使用管理办法计算滞纳金，分析滞纳金是否足额征收；通过将环保局排污费收费管理信息系统数据和工商局企业注册数据比对检验在工商局注册生产的企业是否纳入管理，应收排污费企业是否征收排污费；将排污费收费管理信息系统数据与自来水厂用水数据等表进行关联检验，检验有用水记录的企业是否都纳入监管。从以上几方面分析排污费征收环节的合理性、合法性，环保局是否足额征收排污费。

流程如图 5-11 所示。

2. 审计步骤

（1）排污费征收情况审计方法的 ER 模型结构如图 5-12 所示。

排污费征收情况审计方法的实体和关系如下：

实体 1：自来水费　　　　　　　关系 1：水费缴纳

实体 2：企业　　　　　　　　　关系 2：领取通知单

实体 3：排污费缴款通知单　　　关系 3：管理通知单

实体 4：环保监管机构　　　　　关系 4：征缴排污费

实体 5：财政机构

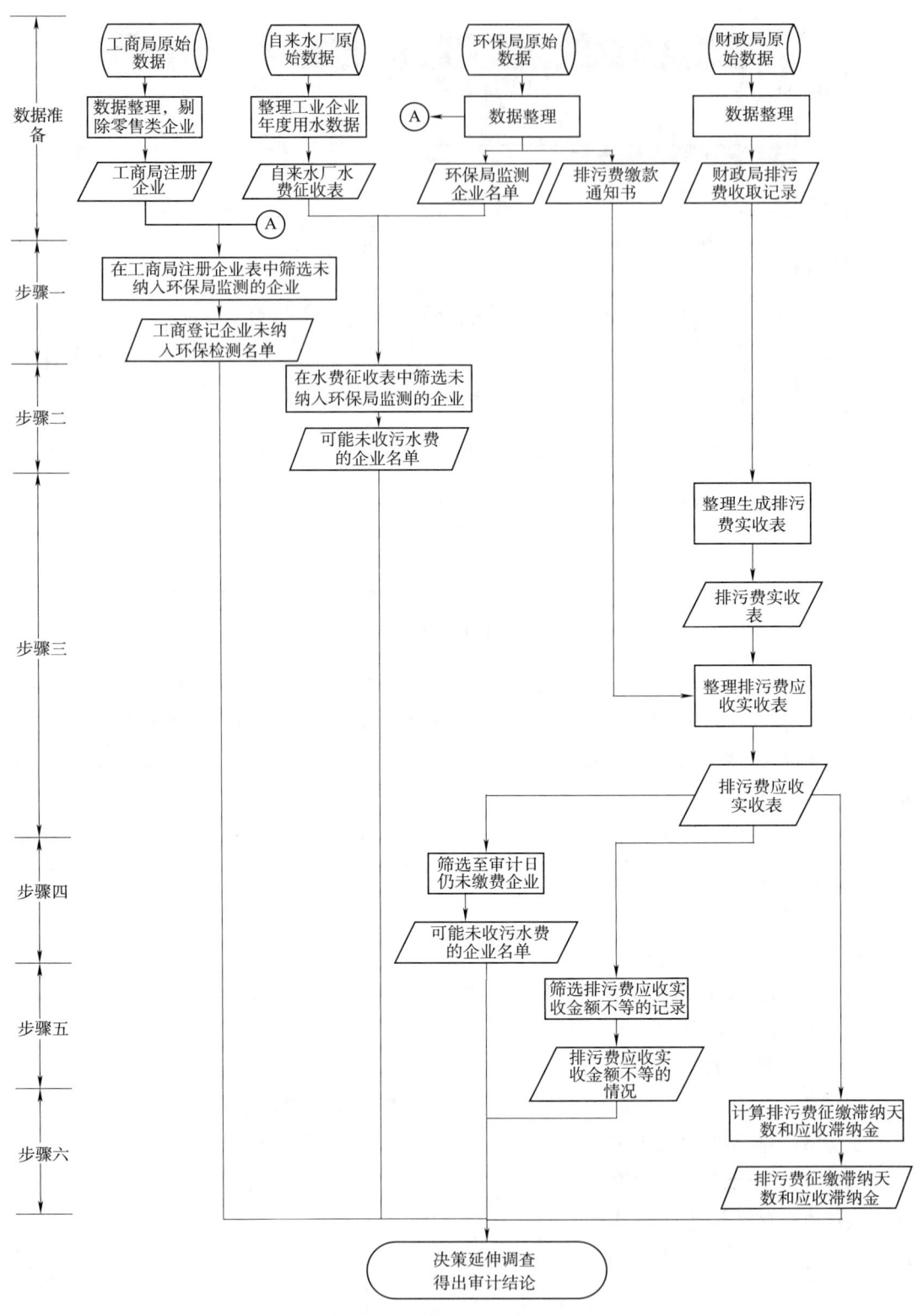

图 5−11

实例五 市区排污费征收管理审计

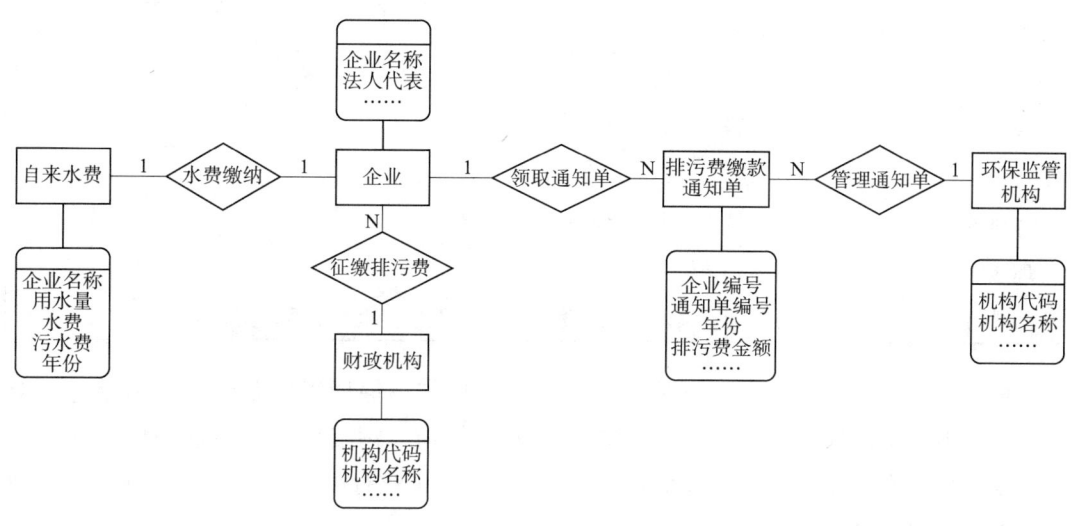

图 5-12

(2) 排污费征收情况审计方法的数据模型结构如图 5-13 所示,实体及关系数据元素如表 5-1 所示。

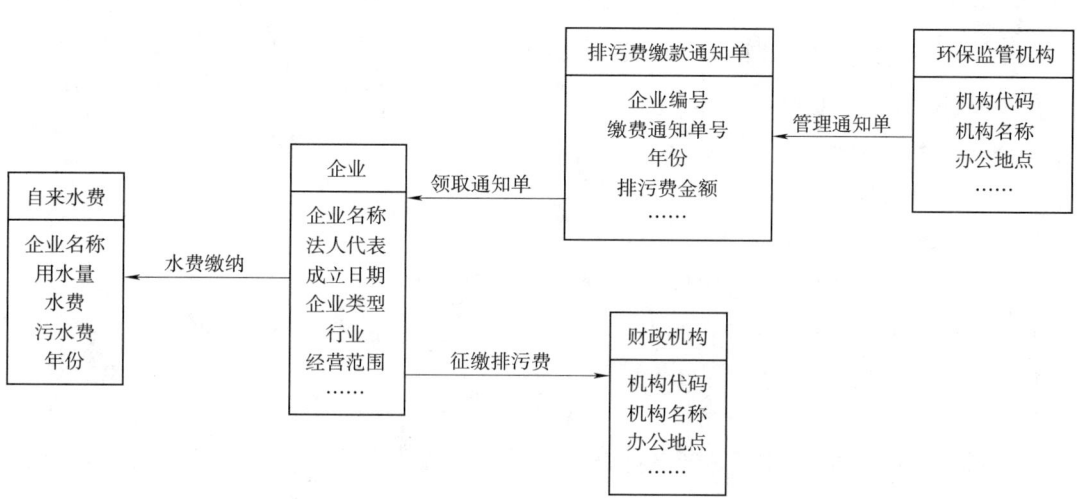

图 5-13

表 5-1　实体及关系数据元素表

实体	关系数据元素
自来水费	企业名称,用水量,水费,污水费,年份
企业	企业名称,法人代表,成立日期,企业类型,行业等
排污费缴款通知单	企业编号,缴费通知单编号,年份,排污费金额等

续表

实体	关系数据元素
环保监管机构	机构代码，机构名称，办公地点等
财政机构	机构代码，机构名称，办公地点等
水费缴纳	企业名称，金额，水费单号等
领取通知单	企业编号，缴费通知单编号
管理通知单	缴费通知单编号，机构代码
征缴排污费	缴款日期，交款单位，缴费通知单编号，缴费项目，实收金额等

步骤一：将非零售类的工商登记注册企业信息与环保局当年监测企业名单进行对比，查找出在工商局有登记注册生产却未纳入环保局排污费监测企业名单的企业，生成疑点"工商登记企业未纳入环保检测名单"。此类企业有可能未在环保局登记备案便自行排污。执行过程如图 5-14 所示。

```
var sqlstr,SqlRst,isEmpty;
    begin
    sqlstr:='select a.企业名称,a.法定代表人,a.成立日期,a.企业类型,a.行业,a.经营范围,a.经营地址 from 工商局注册企业 a left join 环保局监测企业名单 b on a.企业名称=b.企业名称 and b.年份=2010 and b.企业名称 is null ';
    SqlRst:=createq(sqlstr,-1);
    isEmpty:=qeof(SqlRst);
    while isEmpty<>1 do
        begin
            addtransrslt(SqlRst,'工商登记企业未纳入环保检测名单');
            isEmpty:=qmov(SqlRst,1);
            isEmpty:=qeof(SqlRst);
        end;
    transbatch(SqlRst,'工商登记企业未纳入环保检测名单');
    end.
```

步骤二：将自来水厂工业类企业年度用水信息与环保局当年监测企业名单进行对比，查找出有用水记录却未纳入环保局排污费监测企业名单的企业，生成疑点"可能未收污水费的企业名单"。此类企业有可能未在环保局登记备案便超标排放污水。

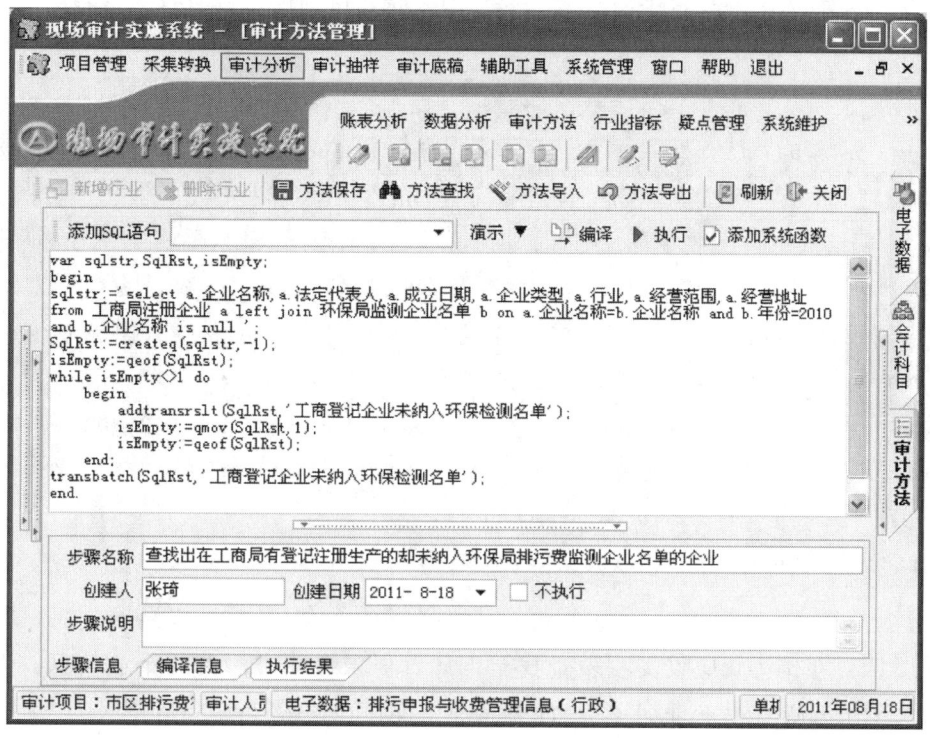

图 5-14

```
var sqlstr,SqlRst,isEmpty;
    begin
    sqlstr:='select a.企业名称 from 自来水厂水费征收表 a left join 环保局监测企业名单 b on a.企业名称=b.企业名称 and b.年份=2010 and b.企业名称 is null';
    SqlRst:=createq(sqlstr,-1);
    isEmpty:=qeof(SqlRst);
    while isEmpty<>1 do
        begin
            addtransrslt(SqlRst,'缴纳水费的工业企业未纳入环保检测名单');
            isEmpty:=qmov(SqlRst,1);
            isEmpty:=qeof(SqlRst);
        end;
    transbatch(SqlRst,'可能未收污水费的企业名单');
    end.
```

步骤三：由于财政局排污费是按明细项目而不是缴款通知单编号收取的，因此将财政局排污费收取记录按排污费缴款通知单编号进行汇总，得到排污费实收表；再通过排污费缴款通知单编号与排污费缴款通知书关联，得到排污费应收实收表。

```
var sqlstr;
    begin
    sqlstr:='select a.缴款日期,b.* from (select distinct [缴款日期],[排污费缴纳通
知单编号] from [财政局排污费收取记录]) a join (SELECT [交款单位],[排污费缴纳
通知单编号],SUM([实收金额(元)]) as [实收金额(元)],SUM([通知单金额(元)])
as [通知单金额(元)] FROM [财政局排污费收取记录] group by 排污费缴纳通知单编
号,交款单位) b on a.[排污费缴纳通知单编号]=b.[排污费缴纳通知单编号]';
    CreateTempTable('排污费实收表',sqlstr);
    sqlstr:='select a.*,b.交款单位,b.缴款日期,b.[实收金额(元)] from 排污费缴
款通知书 a left join 排污费实收表 b on a.排污费缴纳通知单编号=b.排污费缴纳通知
单编号';
    CreateTempTable('排污费应收实收表',sqlstr);
    end.
```

步骤四：在排污费应收实收表查找至审计日仍未缴纳排污费的企业信息，生成疑点"至审计日仍未缴费企业名单"。此类企业可能存在欠缴排污费情况。

```
var sqlstr,SqlRst,isEmpty;
    begin
    sqlstr:='SELECT a.企业编号,a.缴款明细编号,a.年份,a.排污费缴纳通知单编
号,a.录入时间,a.污染费金额,a.缴款通知书打印时间,a.污染费所属月份 FROM 排
污费应收实收表 a where 交款单位 is null';
    SqlRst:=createq(sqlstr,-1);
    isEmpty:=qeof(SqlRst);
    while isEmpty<>1 do
        begin
            addtransrslt(SqlRst,'至审计日仍未缴费');
            isEmpty:=qmov(SqlRst,1);
            isEmpty:=qeof(SqlRst);
        end;
    transbatch(SqlRst,'至审计日仍未缴费企业名单');
    end.
```

步骤五：在排污费应收实收表查找财政局实收金额和环保局缴款通知书所列金额不等的企业，生成疑点"排污费应收实收金额不等企业名单"。此类企业可能存在多缴、少缴排污费的情况。

```
var sqlstr,SqlRst,isEmpty;
    begin
    sqlstr:='SELECT a.交款单位,a.企业编号,a.缴款明细编号,a.年份,a.排污费
缴纳通知单编号,a.录入时间,a.缴款通知书打印时间,a.污染费所属月份,a.污染费
金额,a.[实收金额(元)],a.缴款日期 FROM 排污费应收实收表 a where [实收金额
(元)]! =污染费金额';
    SqlRst:=createq(sqlstr,-1);
    isEmpty:=qeof(SqlRst);
    while isEmpty<>1 do
        begin
            addtransrslt(SqlRst,'排污费应收实收金额不等');
            isEmpty:=qmov(SqlRst,1);
            isEmpty:=qeof(SqlRst);
        end;
    transbatch(SqlRst,'排污费应收实收金额不等企业名单');
    end.
```

步骤六：在排污费应收实收表中计算迟缴排污费的滞纳天数和滞纳金。考虑到节假日的情况，通知书缴款宽限期定为10天，至审计日仍未缴费的企业以计算日代替实际缴费日参与计算（方法中以"2010/12/31"代替），滞纳金按每日2‰计算。将滞纳金计算结果输出疑点"排污费缴纳滞纳天数和滞纳金"。延伸调查得到的全部疑点并得出审计结论。

```
var sqlstr,SqlRst,isEmpty;
    begin
    sqlstr:='select b.*,datediff(DAY,b.缴款通知书打印时间,b.缴款日期) as 滞纳
天数,(b.污染费金额*datediff(DAY,b.缴款通知书打印时间,b.缴款日期)*0.002)
as 滞纳金 from (SELECT a.年份,a.排污费缴纳通知单编号,a.污染费所属月份,a.污
染费金额,a.缴款通知书打印时间,case when a.缴款日期 is null then "2010/12/31"
ELSE a.缴款日期 end 缴款日期 FROM 排污费应收实收表 a) b where (datediff(DAY,
b.缴款通知书打印时间,b.缴款日期)-10)>0';
    SqlRst:=createq(sqlstr,-1);
    isEmpty:=qeof(SqlRst);
    while isEmpty<>1 do
        begin
            addtransrslt(SqlRst,'排污费缴纳滞纳天数和滞纳金');
```

```
            isEmpty: = qmov(SqlRst,1);
            isEmpty: = qeof(SqlRst);
        end;
    transbatch(SqlRst,'排污费缴纳滞纳天数和滞纳金');
    end.
```

3. 审计结果

环保局未能掌握市区各行业排污实际情况,无法确定排污费专项资金应征未征数额。

4. 应用 AO 功能点

本问题的分析主要使用了审计分析/审计方法/审计方法管理功能。

三、点评

本实例审查数据不仅包括环保局数据,还包括了财政局、工商局及自来水厂的业务数据,实现多部门数据连接。使用至少违规原则,佐以分析性复核,并利用数据分析中的数据分层分析功能、数据分析统计功能、数据分析分层功能和图表分析等 AO 功能分析查询结果,迅速确定疑点。本次审计不仅涉及计算机审计,还包括对业务信息系统、数据真实性的审计,实现了对多平台数据比对的全方位审计。

(浙江省丽水市审计局　张　琦)

实例六

某县水政水资源综合管理办公室
财政收支审计

一、项目背景

某县水政水资源综合管理办公室隶属于县水务局,属财政全额拨款事业单位。管理县内的地下水资源开发、利用、管理以及供水水源地的水质监测工作并负责征收该县境内的水资源费。2008 年 5 至 6 月,审计机关对该部门进行了财政收支审计,此次审计的主要任务是在全面审计的基础上,突出"收支两条线"审计,查处其在水资源费收缴管理使用和财政收支活动中存在的违纪违法问题;促使其增强遵守财经法纪的意识,建立健全内部管理制度,提高自身管理水平;规范其权力运作,依法履行职责。

二、审计过程

(一)查出截留财政拨入的上解省市水资源费 93 万元的问题

审计事项:资源环保审计/水资源/水资源费征收管理使用情况

1. 审计思路

被审计单位为了单位部门的小团体利益,往往会截留应上解的收入。通常的做法是将财政拨入的上解款记入财政补助收入科目,然后通过上缴上级支出科目上缴。审计过程中要特别关注财政补助收入科目贷方发生额异常变化的月份,检查是否存在隐藏财政拨入的应上解省市的收入而导致异常。

2. 审计步骤

步骤一:利用科目明细账审查功能检索财政补助收入总账科目各月贷方发生额。
选择"账表分析"菜单栏中的"科目明细账审查",系统显示"科目余额表"页面。在"科目余额表"页面设置检索条件:科目级别为"一级科目",取消"全年汇总"选项,设定会计月份为1至12月;科目编码为"401"。条件设置完成后,单击"查询"执行检索操作,页面显示财政补助收入总账科目1至12月的发生额数据,如图6-1所示。

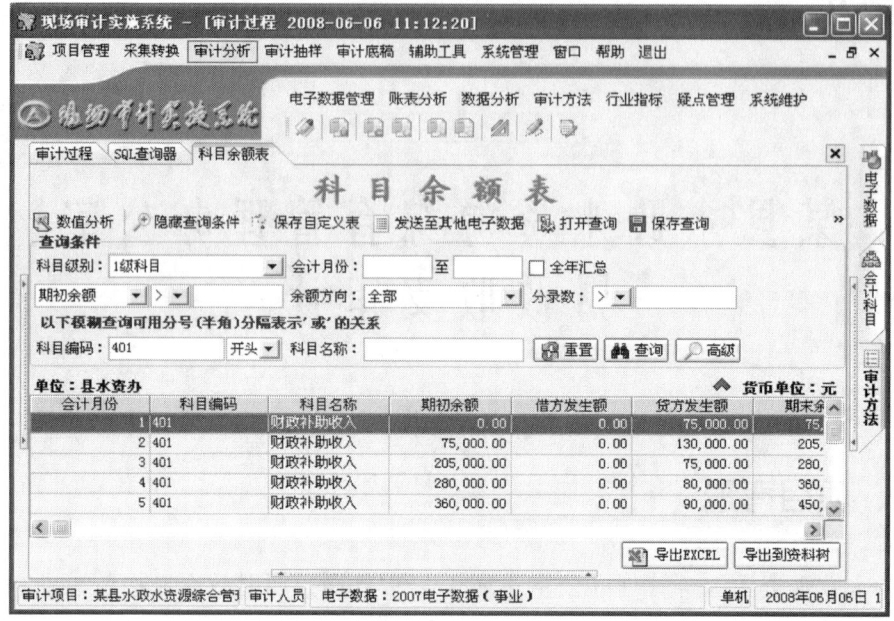

图6-1

步骤二:将检索结果命名"财政补助收入趋势分析表",并生成线性图,如图6-2所示。

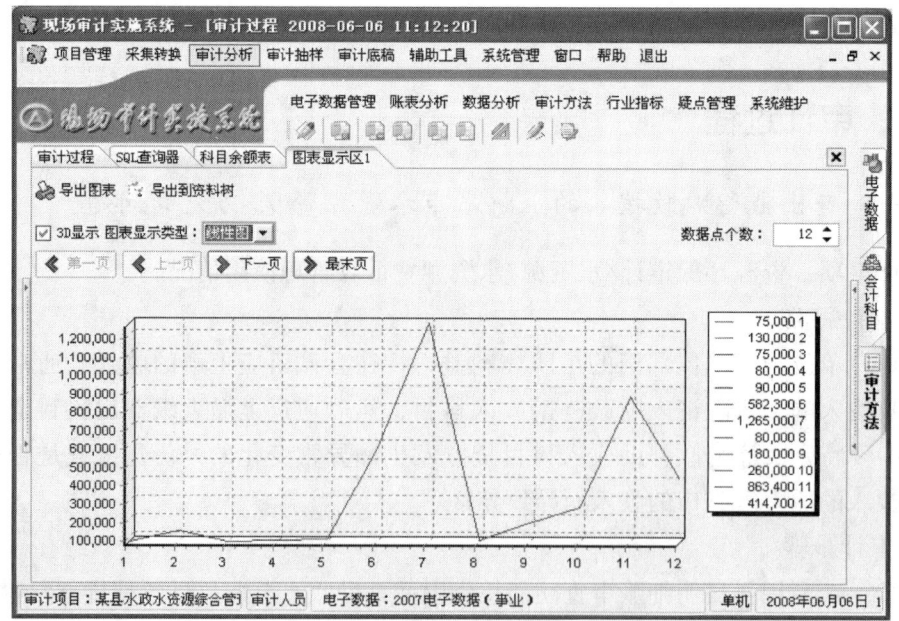

图6-2

选择"贷方发生额""会计月份"列,利用工具条中的"图表向导"选择折线图,生成趋势分析图。通过观察分析图,发现7月份和11月份被审计单位财政补助收入有异常增长。有必要详细检查这两个月份的财政补助收入明细账,查明导致异常的原因。

步骤三:详细检查7月和11月"财政补助收入明细账",如图6-3、图6-4所示。

选择"账表分析"菜单栏中的"会计科目审查",在"科目树"中双击"财政补助收入"科目。在科目明细账页面中设置会计月份为"7"和"11",单击"查询"执行检索操作。经检查发现7月52#凭证财政拨入经费1125000元,11月5#凭证将财政拨入上解经费585000元记入了财政补助收入,从而导致了巨额异常。

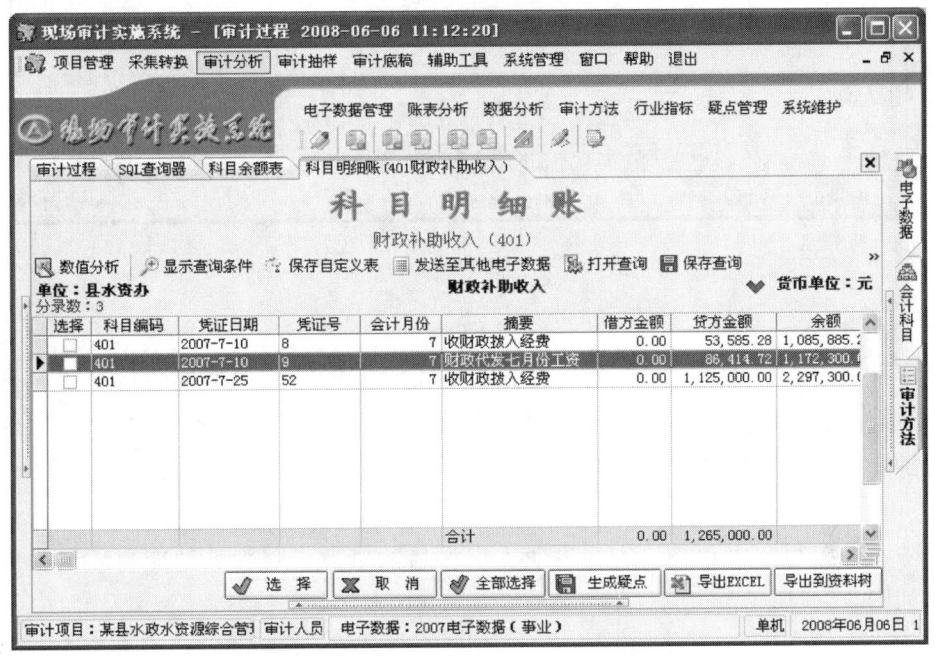

图6-3

3. 审计结果

结合查看"上解上级支出"科目,实际上解省市水资源费78万元,县财政拨入上解省市水资源费171万元,被审计单位截留财政拨入的上解省市水资源费93万元。

4. 应用AO功能点

本问题的分析使用了审计分析/账表分析/科目明细账审查;审计分析/账表分析/会计科目审查;审计分析/数据分析/图表分析工具等功能。

(二) 查出虚列支出146000元的问题

审计事项:资源环保审计/水资源/水资源费征收管理使用情况

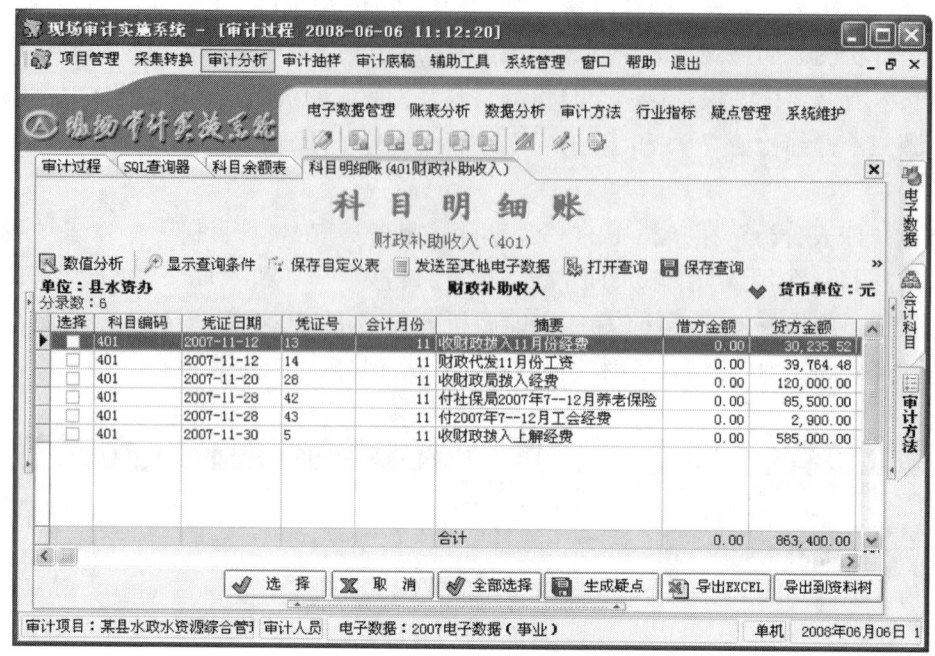

图 6-4

1. 审计思路

被审计单位为了调节年末结余情况，通常将未支付的款项虚列后转入"其他应付款"，即虚列支出，造成决算失真的情况。因此，审计人员在进行事业支出真实性审计时，特别要关注借方科目为事业支出，贷方科目为其他应付款科目的经济事项。

2. 审计步骤

步骤一：编写 SQL 语句，查找事业支出科目的贷方科目为其他应付款科目的会计分录，如图 6-5 所示。

> select 凭证号,摘要,借方金额,会计月份,贷方科目名称 from 科目明细账 504 where 贷方科目编码 ='2070005' or 贷方科目编码 ='2070003'

检索到有 2 个会计分录的事业支出科目的贷方科目是其他应付款科目的会计分录。

步骤二：查看对应的原始凭证及附件。

3. 审计结果

结合查看原始凭证发现，2007 年 12 月 130#凭证和 12 月 131#凭证分别将县财政拨入的未召开的用水先进单位会议费 90000 元和未支付的 2007 年终奖金 56000 元记入"事业支出"科目中，共计虚列支出 146000 元，转入"其他应付款"科目。

4. 应用 AO 功能点

本问题的分析主要使用了审计分析/数据分析/SQL 查询器功能。

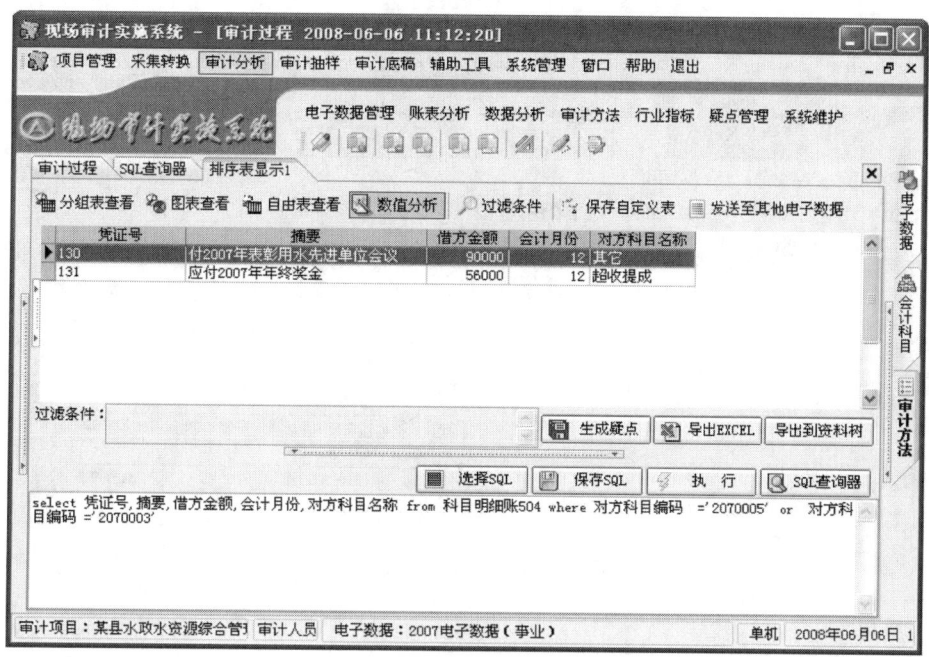

图 6-5

（三）将财务数据与业务数据结合查出未按规定征收水资源费 492558.14 元的问题

审计事项：资源环保审计/水资源/水资源费征收管理使用情况

1. 审计思路

欠征水资源费的原因一般有以下三个：一是对取水单位因各种原因未征收水资源费；二是征收水资源费的用水数量与实际取水数量有差异；三是未按征收范围和标准征收水资源费。在审计过程中，特别要关注以上三种情况。

2. 审计步骤

步骤一：查看财务数据收取的水资源费金额，并与业务数据分析形成的收取水资源费金额核对。

（1）利用现场审计实施系统 2008 中的"审计分析 - 账表分析"功能，得出应缴预算款科目的贷方发生额为 6010822.18 元，如图 6-6 所示。

select 科目编码，科目名称，贷方发生额 from 科目余额 where 1 = 1 and 科目编码 like '208%'

（2）对源数据表"源_水资源费"进行分析，按缴费单位分组，对取水数量和收费金额求和，计算 2007 年缴费单位 83 个，用水数量为 21916855 立方米，征收水资源费 6010822.18 元。

——生成实际收取水资源费库，如图 6-7 所示。

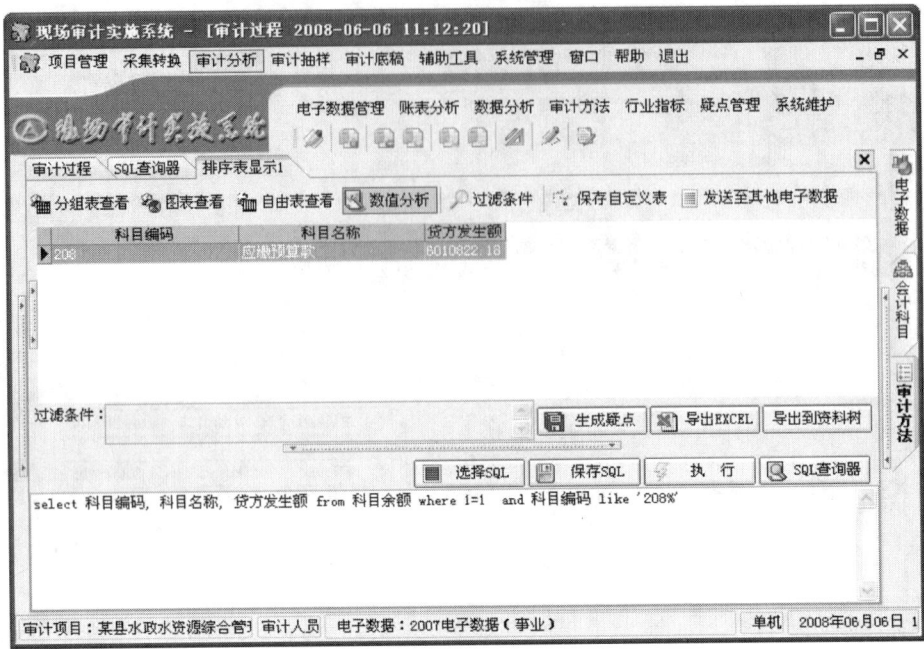

图 6-6

select 缴费单位,sum(取水数量) as 缴费取水总数,sum(金额) as 收取水资源费金额 into 实际收取水资源费库 from 源_水资源费 group by 缴费单位 order by sum(取水数量) desc

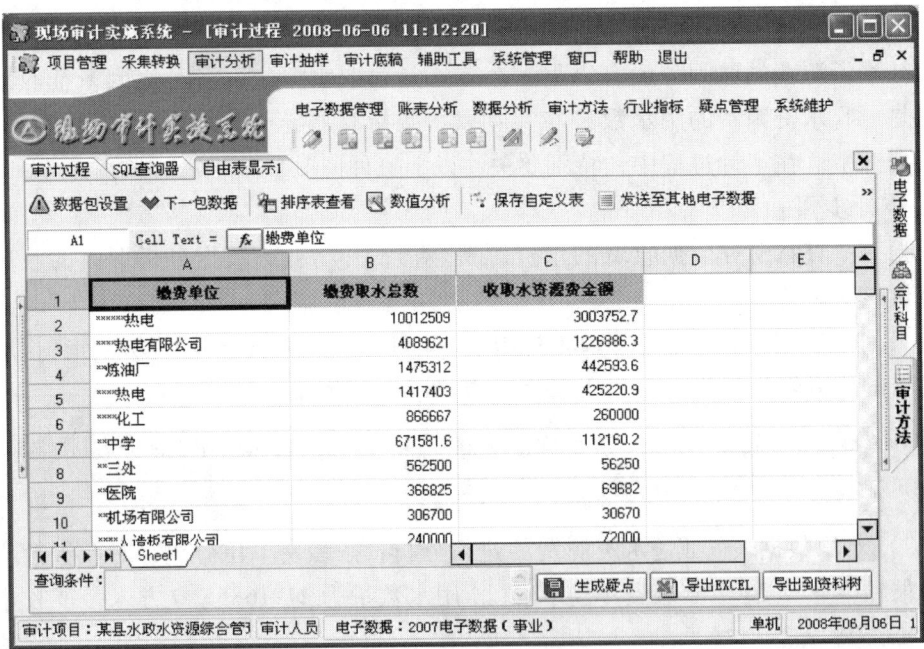

图 6-7

——生成实际收取水资源费汇总表，如图6-8所示。

select count(缴费单位) as 缴费单位个数,sum(缴费取水总数) as 缴费取水合计数,sum(收取水资源费金额) as 水资源费总额 into 实际收取水资源费汇总表 from 实际收取水资源费库

图6-8

（3）数据分析生成的收取水资源费汇总表与财务数据收取的水资源费核对，金额一致。系统数据处理真实和完整，电子账簿真实、可信，可以作为审计的依据。

步骤二：将用水数据库中的缴费单位和征收水资源费库中的缴费单位进行对比，确定未征收水资源费的单位，根据用水数量和实际执行的收费标准，计算未征收水资源费金额。

（1）对"源_用水数据"数据表进行分析，按缴费单位分组，对取水数量进行求和，取水单位85个，取水总量为22102557元。

——缴费单位取水总量库。

select 缴费单位,sum(取水数量) as 取水总数 into 缴费单位取水总量库 from 源_用水数据 group by 缴费单位 order by sum(取水数量) desc

——缴费单位取水汇总表，如图6-9所示。

select count(缴费单位) as 缴费单位个数, sum(取水总数) as 缴费单位取水汇总数 into 缴费单位取水汇总表 from 缴费单位取水总量库

AO 资源环保审计应用实例

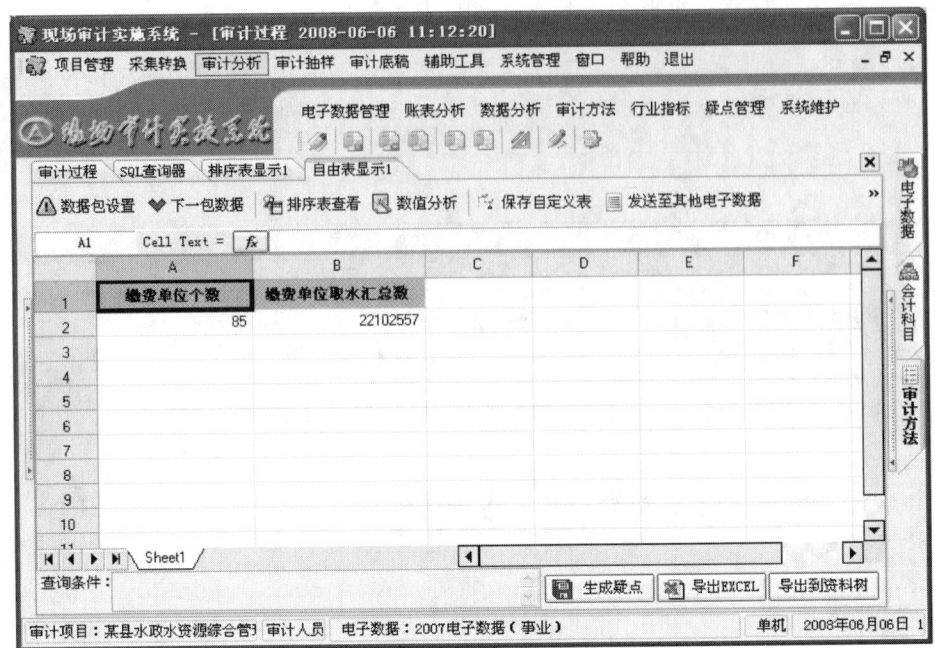

图 6-9

（2）以缴费单位关联，将"缴费单位取水总量库"和"实际收取水资源费库"数据表进行比较，生成未征收水资源费单位库，发现对2个单位未征收水资源费。

select * from 缴费单位取水总量库 into 未征收水资源费单位库 where 缴费单位 not in(select 缴费单位 from 实际收取水资源费库)

（3）将"源_收费标准"和"未征收水资源费单位库"数据表以缴费单位为关联，找出未征收水资源费单位的用水单价，生成未征收水资源费汇总表，如图6-10所示。

select 未征收水资源费单位库.缴费单位,未征收水资源费单位库.取水总数,源_收费标准.单价,(取水总数*单价) as 未征收水资源费 into 未征收水资源费汇总表 from 源_收费标准 inner join 未征收水资源费单位库 on 未征收水资源费单位库.缴费单位=源_收费标准.缴费单位

（4）统计缴费单位个数，对未征收水资源费求和，生成未征收水资源费结果表，如图6-11所示。

select count(缴费单位) as 未征缴费单位个数,sum(未征收水资源费) as 欠费汇总 into 未征收水资源费结果表 from 未征收水资源费汇总表

审计确定，2007年未征收水资源的单位有2个，未征收水资源费976.8元。

步骤三：以缴费单位为核心，比较"缴费单位取水总量库"和"实际收取水资源

实例六　某县水政水资源综合管理办公室财政收支审计

图 6-10

图 6-11

费库"数据表中各单位的用水量，并结合"源_收费标准"数据表的收费标准，计算未足额征收水资源费金额。

（1）以缴费单位关联，将"缴费单位取水总量库"和"实际收取水资源费库"数据表对比，查找缴费取水总数与实际取水总数的差异，生成未足额征收水资源费单位库。

select 缴费单位取水总量库.缴费单位,缴费单位取水总量库.取水总数,实际收取水资源费库.缴费取水总数 into 未足额征收水资源费单位库 from 缴费单位取水总量库 inner join 实际收取水资源费库 on 实际收取水资源费库.缴费单位=缴费单位取水总量库.缴费单位 and 实际收取水资源费库.缴费取水总数<>缴费单位取水总量库.取水总数

（2）将"未足额征收水资源费单位库"和"源_收费标准"数据表以缴费单位关联，对用水差异，结合"源_收费标准"数据表的收费标准，生成未足额征收水资源费计算表。

select a.缴费单位,取水总数,缴费取水总数,b.单价,(取水总数 – 缴费取水总数) as 差异,差异*单价 as 未足额征收水资源费 into 未足额征收水资源费计算表 from 未足额征收水资源费单位库 as a inner join 源_收费标准 as b on a.缴费单位=b.缴费单位

（3）统计未足额征收水资源费的缴费单位个数，对用水差异和未足额征收水资源费求和，生成未足额征收水资源费结果表，如图 6 – 12 所示。

select count(缴费单位) as 缴费单位个数 ,sum(差异) as 差异汇总,sum(未足额征收水资源费) as 漏征水资源费汇总 into 未足额征收水资源费结果表 from 未足额征收水资源费计算表

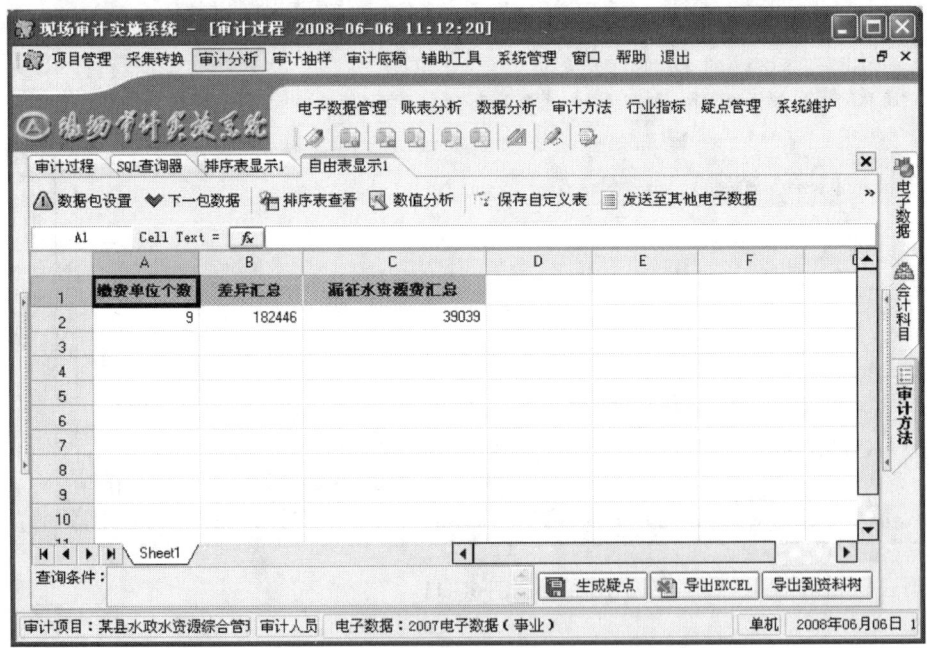

图 6 – 12

审计确定，2007年征收水资源费时存在用水数量差异的单位9个，用水数量差异为182446立方米，漏征水资源费39039元。

步骤四：将"源_水资源费"和"源_收费标准"数据表以缴费单位关联，查找实际执行的收费标准与规定不符的单位，根据收费标准与实际执行标准的差异和用水数量，计算漏征水资源费金额。

（1）将"源_水资源费"和"源_收费标准"数据表以缴费单位关联，查找实际执行的收费标准与规定不符的单位，生成未执行收费标准征收水资源费库。

select 凭证日期,凭证,会计月份,b.缴费单位,收费项目,取水数量,a.单价,b.单价 into 未执行收费标准征收水资源费库 from 源_水资源费 as b inner join 源_收费标准 as a on a.缴费单位＝b.缴费单位 and a.单价＞b.单价

（2）计算规定的收费标准与实际执行的收费标准的差异，将收费标准的差异与取水数量相乘，计算生成未执行收费标准漏征水资源费计算表，如图6-13所示。

select 凭证日期,凭证,会计月份,缴费单位,收费项目,取水数量,a_单价,b_单价,(a_单价－b_单价) as 差异 ,取水数量＊差异 as 漏征水资源费 into 未执行收费标准漏征水资源费计算表 from 未执行收费标准征收水资源费库

图 6-13

（3）按缴费单位分组，漏征水资源费求和，生成未执行收费标准漏征水资源费结果表。

——未执行收费标准漏征水资源费汇总表，如图6-14所示。

select 缴费单位,sum(取水数量) as 取水数量,sum(漏征水资源费) as 漏征水资源费 into 未执行收费标准漏征水资源费汇总表 from 未执行收费标准漏征水资源费计算表 group by 缴费单位 order by sum(漏征水资源费) desc

图6-14

——统计缴费单位个数，漏征水资源费求和，生成未执行收费标准漏征水资源费结果表，如图6-15所示。

select count(缴费单位) as 缴费单位个数,sum(漏征水资源费) as 未执行收费漏征收水资源费汇总额 into 未执行收费标准漏征水资源费结果表 from 未执行收费标准漏征水资源费汇总表

审计确定，未执行收费标准征收水资源费的单位40个，漏征水资源费452542.31元。

3. 审计结果

核查确定，未按规定征收水资源费492558.14元。

4. 应用AO功能点

本问题的分析主要使用了审计分析/数据分析/SQL查询器功能。

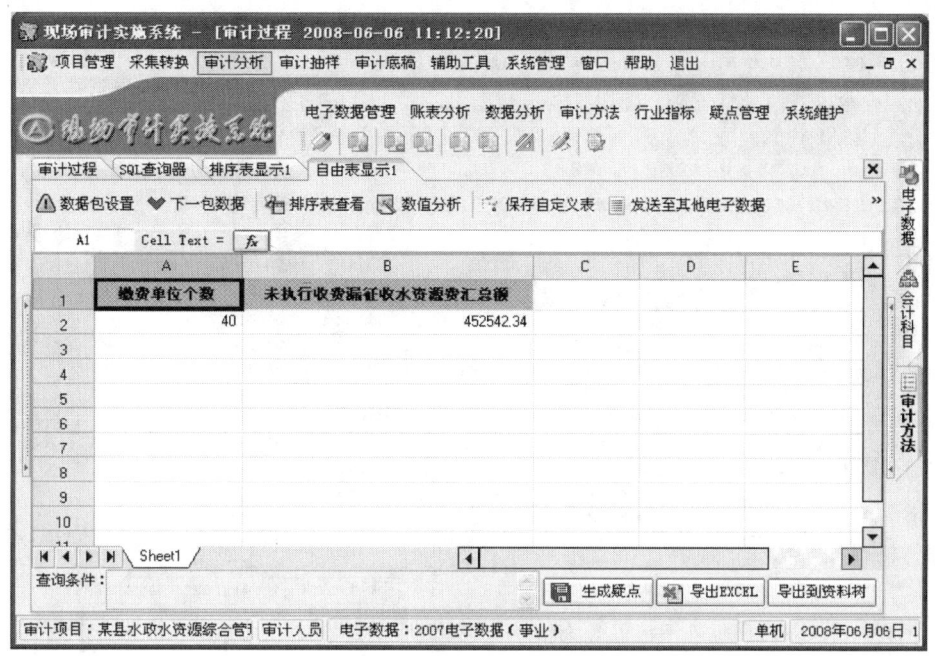

图 6-15

(四) 延压水资源费收入 1236032.10 元的问题

审计事项:资源环保审计/水资源/水资源费征收管理使用情况

1. 审计思路

被审计单位为了调节完成水资源费征收任务,往往将已征收的水资源费延压至第二年入账,在审计过程中要特别关注人为调节水资源费征收进度的问题。利用现场审计实施系统 2008 中的"审计分析 - 数据分析"功能,将源数据表"源_水资源费票据"与"源_水资源费"以"收费票据"字段相关联,检索已收取的水资源费未记入 2007 年的会计记录。

2. 审计步骤

步骤一:收费票据库中的收费票据不在实际收取水资源费票据中,这属于异常,应作为审计重点。生成延压水资源费单位库,如图 6-16 所示。

select * from 源_水资源费票据 where 收费票据 not in(select 收费票据 from 源_水资源费 where 收费票据 is not null)

步骤二:与被审计单位财务人员一起,查看 2008 年会计凭证和附件,确定已收取的水资源费记入 2008 年的时间和收款方式。

步骤三:统计记入 2008 年的缴费单位个数,并按金额求和,生成延压水资源费结果表,如图 6-17 所示。

图 6-16

select count(缴费单位) as 缴费单位个数,sum(金额) as 延压水资源费汇总 into 延压水资源费结果表 from 延压水资源费单位库

图 6-17

3. 审计结果

经审计，被审计单位将已收取的水资源费 1236032.10 元延压至 2008 年入账。

4. 应用 AO 功能点

本问题的分析主要使用了审计分析/数据分析/SQL 查询器功能。

三、点评

本实例以缴费单位为核心，将业务数据与财务数据有效关联，通过编写 SQL 分析语句，查找欠征水资源费的线索，发现审计问题。一是查看财务数据中收取的水资源费金额，并与业务数据分析形成的收取水资源费金额核对，验证数据的真实性和完整性；二是将用水数据库中的缴费单位和征收水资源费库中的缴费单位进行对比，确定未征收水资源费的单位，根据用水数量和实际执行的收费标准，计算未征收水资源费金额；三是计算缴费单位实际用水数量与征收水资源费的用水数量的差异，根据实际执行的收费标准计算漏征水资源费金额；四是计算收费标准和实际征收水资源费的收费标准差异，根据实际征收水资源费时的用水数量，计算因未按规定执行收费标准而漏征水资源费的金额。

（河北省石家庄市正定县审计局　颜书芳）

实例七

揭开垃圾"值钱"的秘密

一、项目背景

"咱们这个地方垃圾很值钱。"一次审计人员不经意听到有人这样描述生活垃圾清运情况。垃圾怎么会值钱呢？带着这个疑问，审计人员向相关管理部门和企业进行了了解，发现生活垃圾清运管理中存在资金拨付审核不严、运输管理不规范等问题。经审计人员所在局领导研究，决定对某区2006年至2008年垃圾清运资金开展审计调查。调查范围除了垃圾清运资金管理情况外，还包括垃圾收费状况、社区环卫队伍建设以及群众对环境卫生满意度等。

在开展生活垃圾清运资金审计调查过程中，审计人员发现，审计存在以下难点：一是相关部门和企业配合不到位。由于原有的管理体制和方式，各方都有利益，一定程度存在利益共同体。本次调查的主要目的就是要揭露管理体制和方式的不足，与被调查对象形成利益对立，因此，审计调查过程中，相关部门和企业配合不积极，甚至出现人为阻挠的情况。二是分析数据前期处理难度高。一方面相关部门和企业提供的数据不完整，需要审计组不断地核对数据时间及其关联性，增加了工作量；另一方面，审计组还要根据审计的需要，重新设置数据结构，并对数据进行相应的整理和录入。新数据库资料与相关部门和企业进行核对得到确认，增加了工作难度。三是绩效评价较难。由于缺乏生活垃圾清运绩效评价标准，为了保证评价的准确和完整，审计组需要拿出相当大的精力来搜集相关数据和指标，同现有数据相比较，以便进行绩效评价。受管理体制和数据的限制，生活垃圾清运支出因素分析只能从宏观指标进行，还不能做到相关微观指标的对比分析。

二、审计过程

(一) 查处财政损失 407 万,移送处理案件 1 起

1. 审计思路

影响生活垃圾运输和处理资金支出的因素主要有两个,一是生活垃圾运输量或处理量,二是单位生活垃圾运输价格和处理价格。因此,审计组将上述两个因素作为审计重点,通过对运输量或处理量真实性和运输价格准确性进行审核,发现管理存在的漏洞,计算造成的财政损失。具体审计思路如图 7-1 所示。

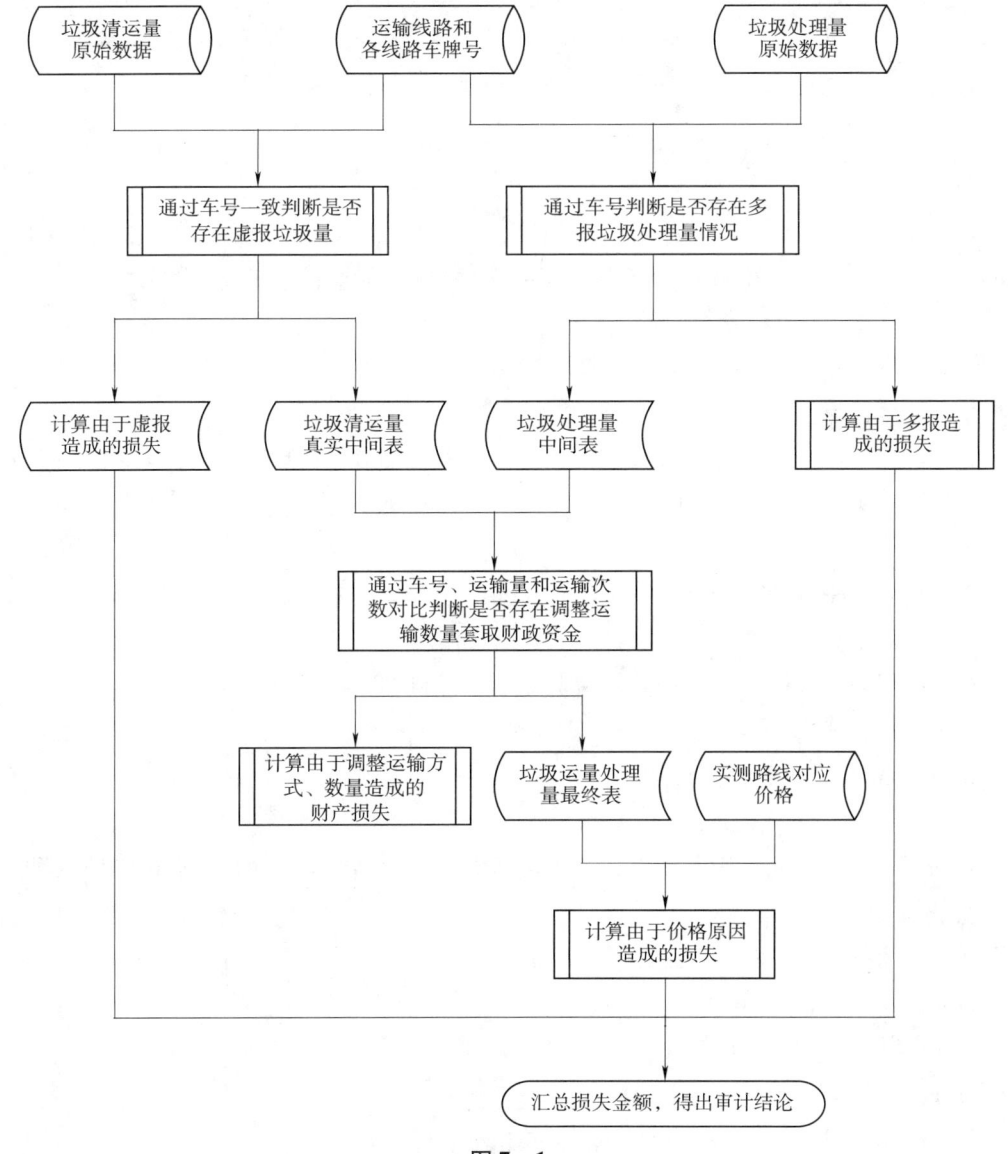

图 7-1

2. 审计步骤

(1) 审核财政实际支出情况。

所属审计事项：资源环境审计/环境污染治理/专项资金使用

生活垃圾运输分为装卸车和压缩车两种运输方式，其采用的财政结算价格分别为压缩车每吨78.5元/次、装卸车每吨39.34元/次。生活垃圾运至垃圾处理场进行无害化处理，其处置费用为每吨60元。依据被审计调查单位提供的垃圾运输和处理业务数据，计算财政应付金额，并与账务记录核对，审核财政付款情况，检查是否存在多支付的情况。

步骤一：比较财政垃圾运输支出与业务数据计算应支出数。

```
select a.年度,借方金额,垃圾清运支出计算,借方金额-垃圾清运支出计算 as 差额
from
(
select 2006 as 年度,sum([借方金额]) as 借方金额
from [凭证库]
where [摘要] like '%清运%' and [摘要] not like '%05%' and [借方金额]>0 and
(year([凭证日期])=2006 or [摘要] like '支付2006年生活垃圾清运费')
union
select 2007 as 年度,sum([借方金额]) as 借方金额
from [凭证库]
where [摘要] in ('支付垃圾清运处置费','支付2007年保洁费、垃圾清运费') and
[借方金额]>0
union
select 2008 as 年度,sum([借方金额]) as 借方金额
from [凭证库]
where [摘要] in ('垃圾清运费、保洁款等') and [借方金额]>0
) a
inner join
(
select [年度],sum(iif([运输方式]='压缩车',78.5,39.34)*[运输量]) as 垃圾清运支出计算
from [业务_垃圾清运量业务数据]
group by [年度]
) b
on a.年度=b.年度
where a.借方金额<>b.垃圾清运支出计算
```

查询结果表明，财政付款金额与业务计算金额一致，垃圾运输支出未发现财政多付款的情况，如图 7-2 所示。

图 7-2

步骤二：比较财政垃圾处理支出与业务数据计算应支出数。

select a.［年度］,财政应付垃圾处置费,财政实际支付处置金额,round(财政应付垃圾处置费 – 财政实际支付处置金额,2) as 差额
from
(select［年度］,sum(［处理量］)＊60 as 财政应付垃圾处置费 from［业务_垃圾处理量业务数据］group by［年度］
) a inner join
(select　year(［凭证日期］) as 年度,sum(［借方金额］) as 财政实际支付处置金额 from［凭证库］where［摘要］like '%垃圾处置%' group by year(［凭证日期］)
) b on a.［年度］= b.［年度］

查询结果表明，财政付款金额与业务计算金额一致，垃圾处理支出未发现财政多付款的情况，如图 7-3 所示。

上述两个步骤的审核，确定区市政公用局已按照运输单位和垃圾处理场报送的运输量和处置量，全额支付了财政资金。

（2）生活垃圾运输量真实性审核。

所属审计事项：资源环境审计/环境污染治理/环保政策执行情况

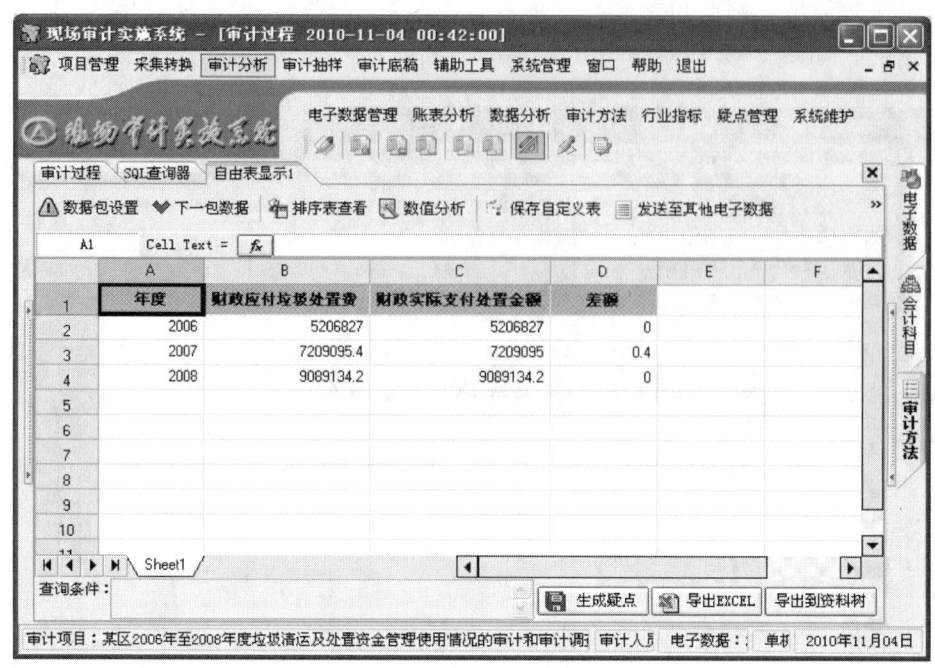

图 7-3

生活垃圾全部运至垃圾处理场进行处理,因此垃圾处理场统计的处理量与运输量应完全一致。通过垃圾运输量和处理量数据比较,审核垃圾运输量的真实性。具体审核步骤和方法如下。

步骤一:通过区市政公用局提供的运输车辆名册与运输企业提供运输记录中的运输车辆号核对,审核是否存在通过增加车辆方式虚报运输量套取财政资金的情况,计算因虚报造成的财政损失,剔除虚报数据,形成"垃圾清运量_真实中间表"备用。

首先,审核是否存在增加车辆方式虚报运输量套取财政资金的情况。

```
select a. *
from [业务_垃圾清运量业务数据] a
left join [业务_运输线路和各线路车牌号] b
on a. [运输车辆号] = b. [运输车辆号]
where b. [运输车辆号] is null
```

查询结果显示,2006 年 5 月可能存在虚报装卸车运量 176.45 吨的情况,如图 7-4 所示。

其次,进一步核实查询结果。经向运输单位调查,该车用于建筑垃圾运输,因工作疏忽计入生活垃圾运输量中。经计算造成财政损失 6941.54 元。

最后,剔除虚报垃圾运输数据,形成"垃圾清运量_真实中间表"。

实例七 揭开垃圾"值钱"的秘密

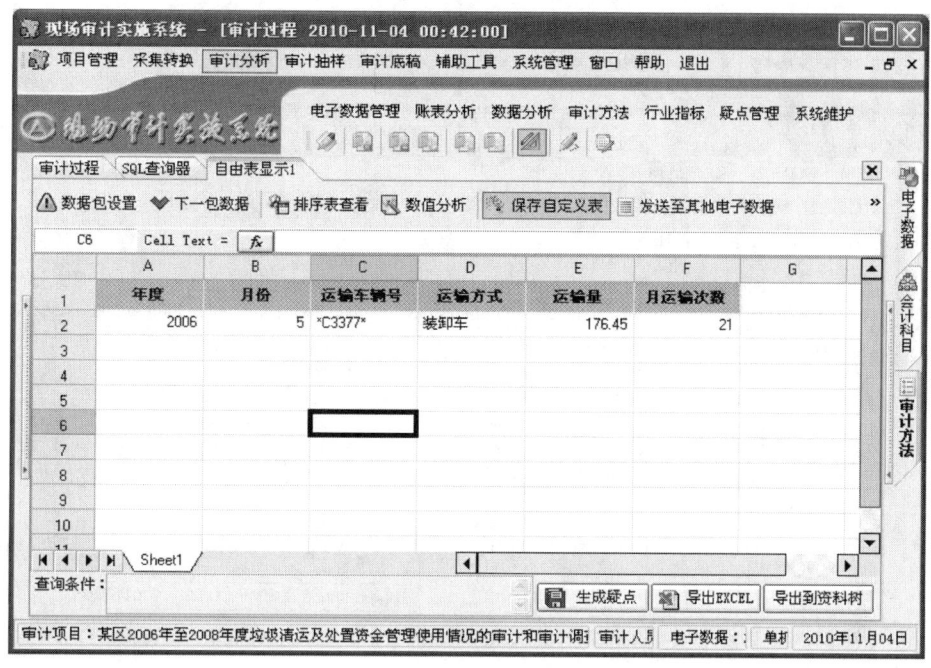

图 7-4

```
select a. *
into [垃圾清运量_真实中间表]
from [业务_垃圾清运量业务数据] a
left join [业务_运输线路和各线路车牌号] b
on a. [运输车辆号] = b. [运输车辆号]
where b. [运输车辆号] is not null
```

在 AO 中检索生成的中间表,如图 7-5 所示。

步骤二:通过区市政公用局提供运输车辆名册与垃圾处理场提供的处理量数据核对,审核垃圾处理场是否存在虚报处理量,套取财政资金的情况,计算因虚报造成的财政损失。

审核是否存在将非运输车辆范围的垃圾处理量虚报套取财政资金的情况。

```
select a. *
from [业务_垃圾处理量业务数据] a
left join [业务_运输线路和各线路车牌号] b
on a. [运输车辆号] = b. [运输车辆号]
where b. [运输车辆号] is null
```

查询结果为空,没有发现通过虚报车辆方式套取财政资金的情况。

图 7-5

步骤三：根据上两步查询的结果（垃圾运输量和处理量真实中间表数据），对比垃圾运输量和处理量数据，审核是否存在虚报和多报数量套取财政资金的情况。

数据差异比较结果可能存在以下情况：一是运输车辆号及相关记录是唯一的，审核是否存在处理场多报处理量套取财政资金，或运输企业虚报运输量套取财政资金的情况；二是运输车辆号及相关记录成对出现，审核是否存在通过调整不同运输方式的运量，套取财政资金的情况。在剔除上述错误数据基础上，形成垃圾运输量处理量最终表。

首先，按照车号、时间、数量和次数比较运输量和处理量数据，生成运输量处理量差异表。

```
select a.[年度],a.[月份],a.[运输车辆号],a.[运输方式],a.[运输量],b.[处理量],a.[运输量]-b.[处理量] as 量差,a.[月运输次数],b.[月运输次数] as 处理次数
into 垃圾运量处理量_差异表
from [垃圾清运量_真实中间表] a
inner join [业务_垃圾处理量业务数据] b
on (a.[年度]=b.[年度] and a.[月份]=b.[月份] and a.[运输车辆号]=b.[运输车辆号])
where a.[运输量]<>b.[处理量] or a.[月运输次数]<>b.[月运输次数]
```

查询结果显示，垃圾运输量和处理量之间存在差异，如图7-6所示。

图7-6

其次，对差异进行核实。

存在运输车辆及相关记录唯一的情况：2006年1月，车号为*B2779*的车辆处理量大于运输量13.22吨。经调查是由于垃圾处理场重复称重并记录造成的，存在车号记录成对出现的情况。2008年1月、2月、5月和6月，车号记录成对出现，经调查是由于运输单位为了获得更多的财政资金，调整了运输方式的运量造成的。

最后，计算上述情况造成的财政损失。

由于垃圾处理场虚报处理量，财政多支付793.2元；由于垃圾运输企业调整运输方式的运量造成财政资金多支付15664元。剔除和修改错误数据，生成垃圾运输量处理量最终表。

生成真实表。

```
select *
into [垃圾处理量_真实表]
from [业务_垃圾处理量业务数据]
```

剔除和修改错误数据。

```
update [垃圾处理量_真实表] a
inner join [垃圾运量处理量_差异表] b
on (a.[年度] = b.[年度] and a.[月份] = b.[月份] and a.[运输车辆号] = b.[运输车辆号])
```

```
set a.[处理量] = a.[处理量] + [量差]
where b.[运输车辆号] in
(select [运输车辆号] from [垃圾运量处理量_差异表] where 处理量 > 运输量
group by [运输车辆号] having count( * ) = 1)
```

根据真实表,生成垃圾处理量完整表。

```
select a.[年度],a.[月份],b.[运输线路],a.[运输车辆号],b.[运输方式],a.[处理量],a.[月运输次数]
into [垃圾处理量_完整表]
from [垃圾处理量_真实表] a
inner join [业务_运输线路和各线路车牌号] b
on a.[运输车辆号] = b.[运输车辆号]
```

在 AO 中检索生成的中间表,如图 7 - 7 所示。

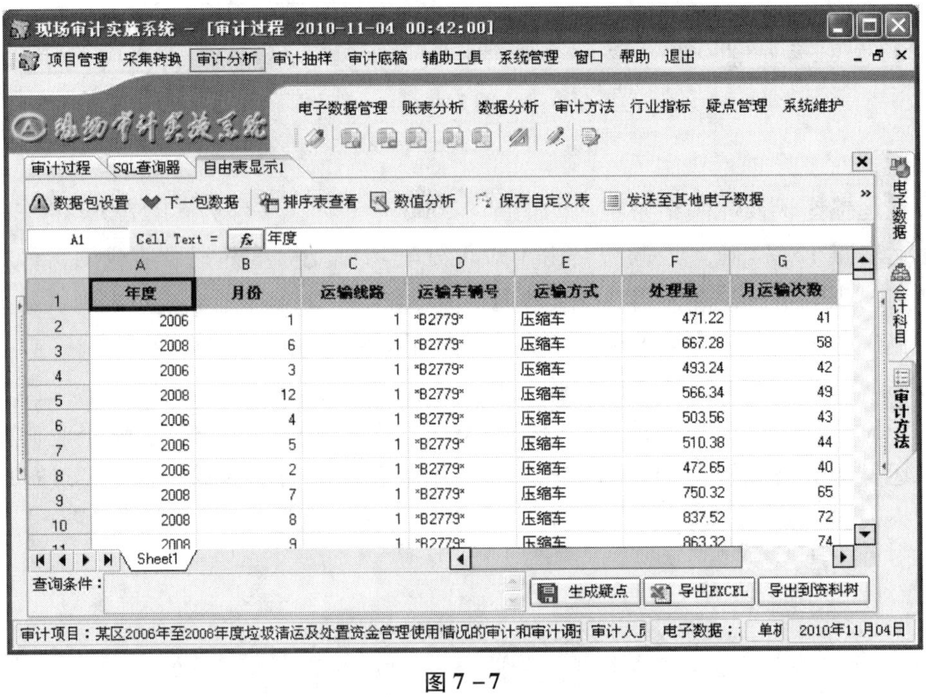

图 7 - 7

通过上述步骤,确定了垃圾运输量和处理量数据的真实性。

(3) 生活垃圾运输价格准确性审核。

所属审计事项:资源环境审计/环境污染治理/环保政策执行情况

通过实际测量各运输线路的运输距离,确定其对应的定额结算价格,并与实际价格比较,审核运输价格是否准确。根据垃圾运输量真实数据、实际运价和应采用的价格之间的差额,计算财政资金损失情况。

步骤一：经实地测量发现，目前运输结算价格高于应采用的价格。具体情况如表7-1所示。

表7-1　垃圾运输实测距离和采用定额价格对比表

运输方式	运输线路	实测距离	按实测距离对应定额运价	现行运输定额距离及运价
装卸车	1号垃圾中转站至太原路	18.2公里	33.09元/吨	23~26公里，39.34元/吨
	2号垃圾中转站至太原路	17.4公里	33.09元/吨	
	3号垃圾中转站至太原路	11.9公里	26.34元/吨	
	4号垃圾中转站至太原路	12.1公里	26.34元/吨	
	5号垃圾中站站至太原路	12.2公里	26.34元/吨	
压缩车	某大学正门至太原路	21.5公里	66.98元/吨	26~29公里，78.5元/吨

步骤二：计算因结算价格偏高造成财政损失金额。

```
select a.[运输线路],sum(a.[处理量]*(b.[实际采用价格]-[对应定额运输结算价格])) as 价格损失浪费总额
from [垃圾处理量_完整表] a
inner join [业务_垃圾清运路线及对应价格] b
on a.[运输线路]=b.[路线编号]
group by [运输线路]
```

查询结果表明，因结算价格偏高造成财政损失4049787.15元，如图7-8所示。

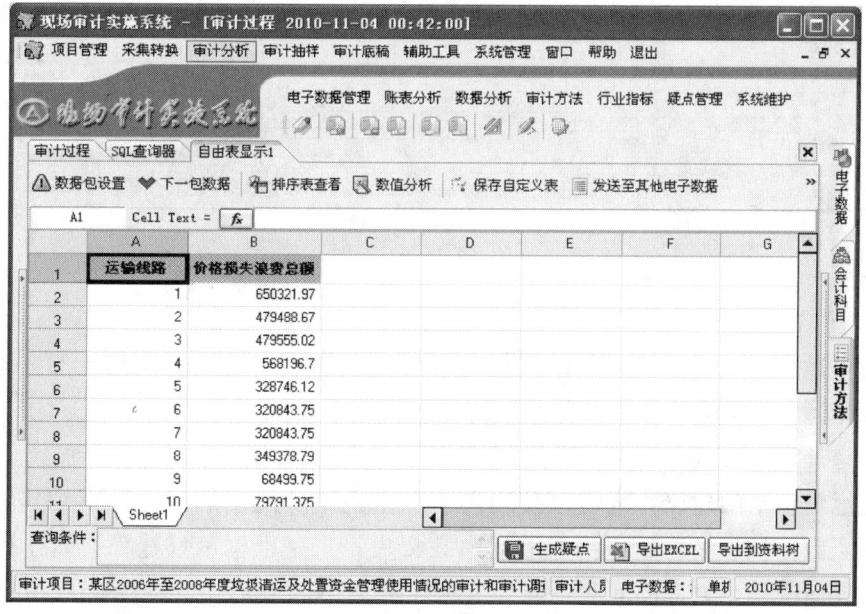

图7-8

(4) 对损失浪费金额进行汇总计算。

所属审计事项：资源环境审计/环境污染治理/专项资金使用

汇总以上步骤计算财政损失金额。

select round(sum(价格损失浪费总额) + 176 * 39.34 + 13.22 * 60 + 400 * 78.5 − 400 * 39.34, 2) as 浪费总额

from (

select a.[运输线路], sum(a.[处理量] * (b.[实际采用价格] − [对应定额运输结算价格])) as 价格损失浪费总额 from [垃圾处理量_完整表] a inner join [业务_垃圾清运路线及对应价格] b on a.[运输线路] = b.[路线编号] group by [运输线路])

查询结果显示，财政损失总额为4073168.20元，如图7-9所示。

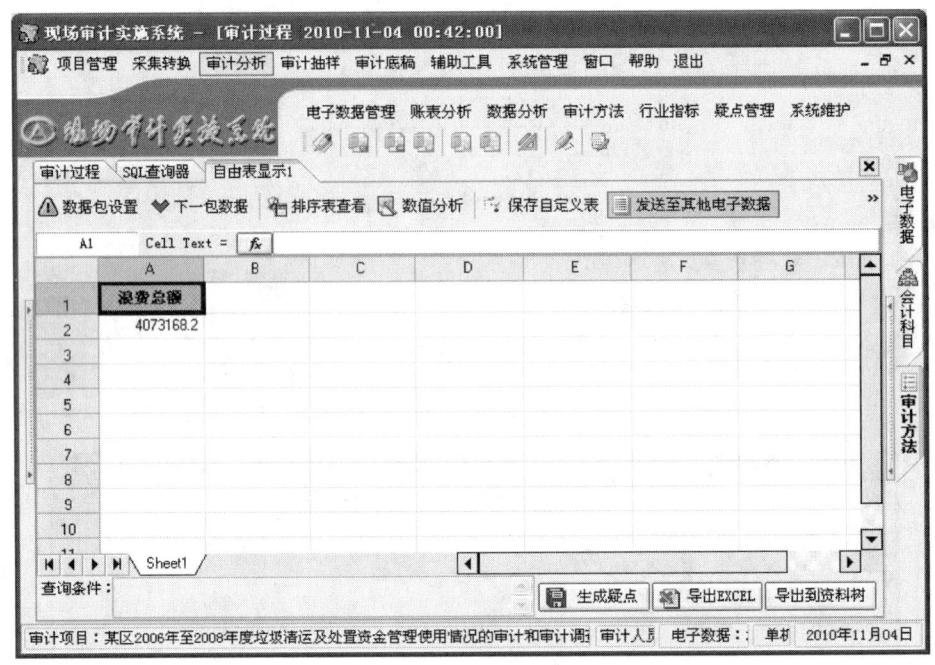

图7-9

3. 审计结果

通过上述审计，揭开了造成该区生活垃圾值钱的原因之一，就是：不是垃圾本身值钱，而是运输补助高，运输单位能获得较大的利润。

针对审计调查发现的上述问题，审计组提出加强数据稽核、合理划分运输线路、重新确定运输价格的建议。区市政公用局十分重视审计发现的问题和审计建议，一是立即收回了因稽核垃圾运量差错造成的财政损失；二是根据审计建议，着手研究解决办法。主要研究两个方面的问题：

(1) 确立垃圾清运企业市场准入条件，实施专业化管理；采用市场化管理方式，确定运输企业和价格，明确服务质量和考核体系，保证中心城区生活垃圾的日清日运，从源头上加强管理，规范市场。

(2) 合理划分作业区域，按实际情况确定运输定额标准。对中心城区垃圾收集实行"网格"化管理，合理划分车辆作业区域，明确责任，并按照实际情况确定运输定额补助标准。

为了进一步了解生活垃圾运输成本，审计组延伸审计了垃圾运输企业——区环卫绿化总公司相关收支情况。调查发现，该单位出纳存在采用涂改、伪造原始凭证的手段，套取现金用于个人消费的情况。鉴于其行为涉嫌违法，审计组将发现的问题移交区纪委（监察局）依法进行处理。

4. 应用 AO 功能点

本问题的分析使用了审计分析/数据分析/SQL 查询器等功能。

（二）绩效分析得出垃圾"值钱"原因

1. 审计思路

通过逐次分析造成生活垃圾运输支出迅猛增长的原因，找出最主要的影响因素是人均垃圾产量增长速度过快，造成垃圾总量增长较快。分析产生的原因，进行绩效评价，提出审计建议。同时分析造成运输平均价格略有上升的原因是运输方式运量结构的变化。比较各运输方式车量运输强度，揭露管理存在的问题，进行绩效评价，提出审计建议。

通过对垃圾运输支出年增长率、垃圾量年增长率和实际平均运价年增长率比较，初步分析运输量和运输价格对支出的影响程度。分别对运输量和平均价格增长进行分析，依据分析的结果进行绩效评价。具体思路如图 7-10 所示。

2. 审计步骤

运用因素分析方法，分析垃圾运输量和运输价格两个因素变动对垃圾运输支出的影响，对资金使用的效果性和效益性进行评价，并查找原因，提出审计建议。

(1) 运输量和平均运输价格对资金支出影响程度分析。

所属审计事项：资源环境审计/环境污染治理/专项资金使用

对垃圾运输量、年平均运输价格变动情况与运输支出变动情况比较，分析两个因素对支出的影响程度。具体 ASL 语句如下：

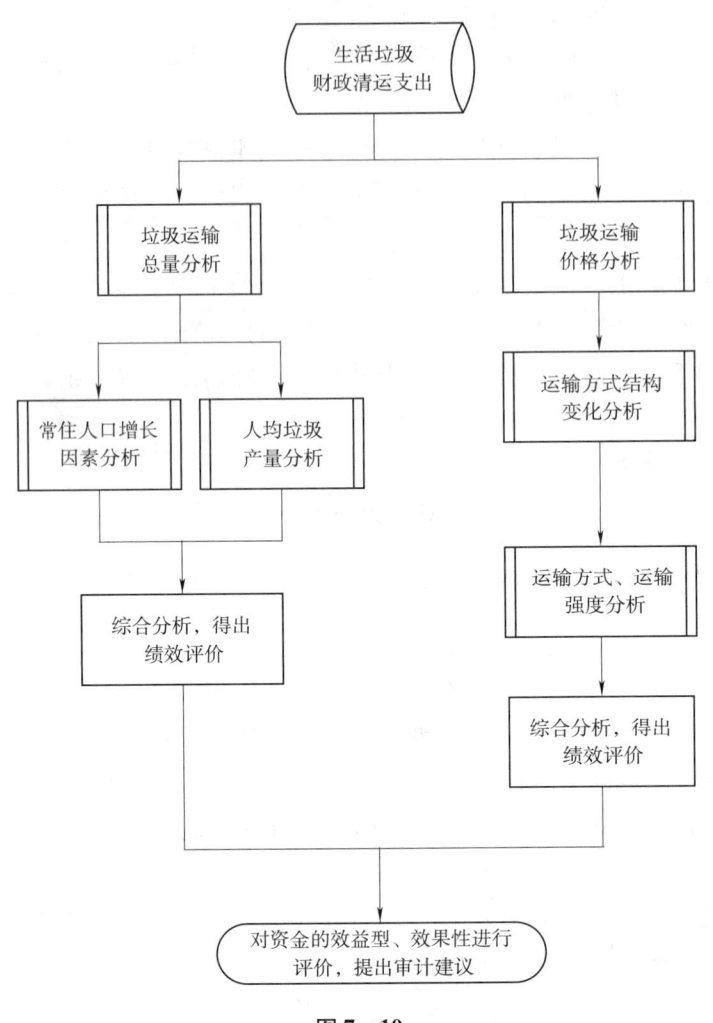

图 7–10

```
var
    CurQuery,SqlStr,IsEmpty,TotalNumberInt;
begin
    //计算垃圾年度运量
    sqlstr:='SELECT [年度],ROUND(SUM([处理量]),2) AS 年处理量 FROM [垃圾处理量_完整表] GROUP BY [年度]';
    //建立 垃圾运量增长率中间表
    CreateTempTable('垃圾年度运量汇总_中间表',sqlstr);

    //计算垃圾运量增长率
    sqlstr:='SELECT [年度],ROUND(SUM([年处理量])/(SELECT SUM([年处
```

理量])FROM[垃圾年度运量汇总_中间表]WHERE 年度 IN(2006)GROUP BY[年度])*100-100,2)AS 运量增长率 FROM[垃圾年度运量汇总_中间表]WHERE 年度 IN(2007,2008)GROUP BY[年度]';

　　//建立 垃圾运量增长率中间表
　　CreateTempTable('垃圾运量增长率_中间表',sqlstr);

　　//SQL:建立 各年度垃圾清运单价_中间表
　　sqlstr:='SELECT A.年度,ROUND(年度总支出/年度运输量,2)AS 单价 FROM(SELECT[年度],SUM(IIF([运输方式]="压缩车",78.5,39.34)*[运输量])AS 年度总支出 FROM[业务_垃圾清运量业务数据]GROUP BY[年度])A INNER JOIN(SELECT 年度,ROUND(SUM(运输量),2)AS 年度运输量 FROM[垃圾清运量_真实中间表]GROUP BY 年度)B ON A.年度=B.年度';
　　//建立 各年度垃圾清运单价_中间表
　　CreateTempTable('各年度垃圾清运单价_中间表',sqlstr);

　　//计算垃圾价格增长率
　　sqlstr:='SELECT 年度,ROUND(单价/(SELECT 单价 FROM 各年度垃圾清运单价_中间表 WHERE 年度=2006)*100-100,2)AS 价格增长率 FROM 各年度垃圾清运单价_中间表 WHERE 年度=2007 UNION SELECT 年度,ROUND(单价/(SELECT 单价 FROM 各年度垃圾清运单价_中间表 WHERE 年度=2006)*100-100,2)AS 价格增长率 FROM 各年度垃圾清运单价_中间表 WHERE 年度=2008';
　　//建立 垃圾价格增长率中间表
　　CreateTempTable('垃圾价格增长率_中间表',sqlstr);

　　//计算垃圾资金增长率
　　sqlstr:='SELECT[年度],ROUND((SUM([垃圾清运支出计算])/(SELECT SUM(垃圾清运支出计算)FROM(SELECT[年度],SUM(IIF([运输方式]="压缩车",78.5,39.34)*[运输量])AS 垃圾清运支出计算 FROM[业务_垃圾清运量业务数据]GROUP BY[年度])WHERE 年度 IN(2006)GROUP BY[年度])-1)*100,2)AS 资金增长率 FROM(SELECT[年度],SUM(IIF([运输方式]="压缩车",78.5,39.34)*[运输量])AS 垃圾清运支出计算 FROM[业务_垃圾清运量业务数据]GROUP BY[年度])WHERE 年度 IN(2007,2008)GROUP BY[年度]';
　　//建立 垃圾资金增长率中间表
　　CreateTempTable('垃圾资金增长率_中间表',sqlstr);

```
        //计算垃圾资金增长率
    sqlstr: = 'SELECT A.年度,运量增长率,资金增长率,价格增长率 FROM (垃圾
运量增长率_中间表 A INNER JOIN 垃圾价格增长率_中间表 B ON A.[年度] = B.[年
度]) INNER JOIN 垃圾资金增长率_中间表 C ON A.[年度] = C.[年度]';

    CurQuery: = createq(SqlStr, -1);
    IsEmpty: = Qeof(CurQuery);
    //生成疑点 s
     if IsEmpty < >1 then
       begin
          repeat
            AddTransRslt(CurQuery,'垃圾运输量和年平均运输价格变动情况比较');
            IsEmpty: = Qmov(CurQuery,1);
            IsEmpty: = Qeof(CurQuery);
            TotalNumberInt: = TotalNumberInt + 1;
          until IsEmpty = 1;
          TransBatch(CurQuery,'垃圾运输量和年平均运输价格变动情况比较');
          ShowMsg('垃圾运输量和年平均运输价格变动情况,请到疑点库 - >业务数
据疑点中查看!');
       end
     else
       begin
          ShowMsg('没有发现疑点记录');
       end;

     ShowMsg('下面以图表形式显示近两年垃圾运输量和年平均运输价格变动情况
比较,请用线性图查看!');
       //以图表形式显示近两年垃圾运输量和年平均运输价格变动情况比较
     OPutChart(sqlstr,'年度','运量增长率,clblue;资金增长率,clred;价格增长率,
clgreen;');

 end.
```

执行完毕后,ASL 会将分析结果直接生成审计疑点,并弹出图形分析窗口,根据提示选择"线性图",如图 7 - 11 所示。

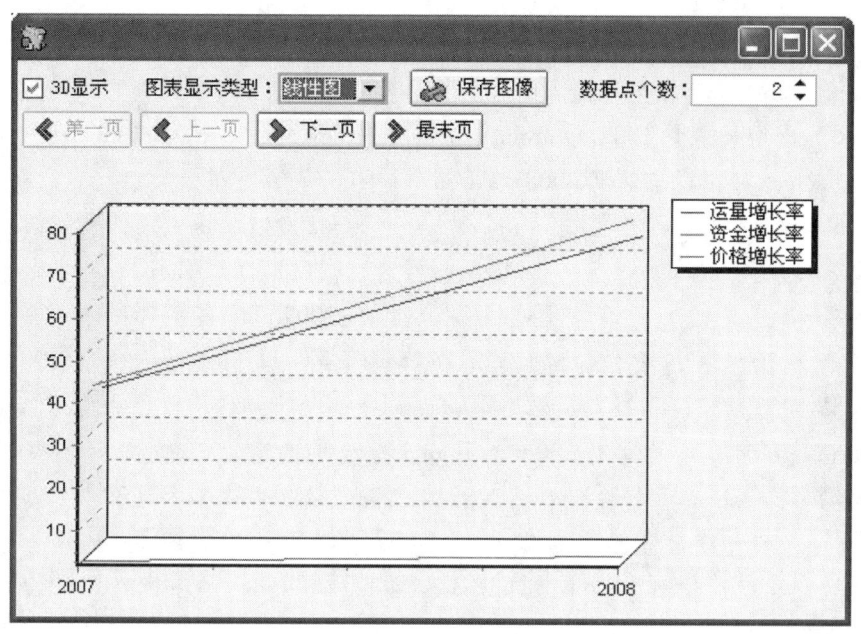

图 7 – 11

从图 7 – 11 可以直观地看到，影响垃圾运输支出增长的两个因素中，价格因素变动较小，对支出影响相对较低，运输量增长率增长较快，是造成支出增长较快主要因素。

（2）垃圾运输量因素分析。

所属审计事项：资源环境审计/环境污染治理/专项资金使用

步骤一：通过与市同期生活垃圾总量年平均环比增长速度的比较，评价区垃圾总量增长的状况。具体 ASL 语句如下：

```
var
    CurQuery,SqlStr,IsEmpty,LaJiBeiShu;
begin

    //计算垃圾年度运量
    sqlstr:='select [年度],round(sum([处理量]),2) as 年处理量 from [垃圾处理量_完整表] group by [年度]';
    //建立 垃圾年度运量汇总中间表
    CreateTempTable('垃圾年度运量汇总_中间表',sqlstr);

    //计算2006年至2008年生活垃圾总量平均环比增长速度,并与全市同期年环比增长速度相比,得出结论
```

sqlstr: = ' select (select round (sqr ((select 环比增长速度 2007 年 from (select ([年处理量]/(select [年处理量] from [垃圾年度运量汇总_中间表] where [年度] = 2006)) as 环比增长速度 2007 年 from [垃圾年度运量汇总_中间表] where [年度] = 2007)) * (select 环比增长速度 2008 年 from (select ([年处理量]/(select [年处理量] from [垃圾年度运量汇总_中间表] where [年度] = 2007)) as 环比增长速度 2008 年 from [垃圾年度运量汇总_中间表] where [年度] = 2008))) - 1 , 2) as 环比增长速度 from [垃圾年度运量汇总_中间表] where [年度] = 2007 as 某区环比增长速度 , 0. 142 as 全市同期环比增长速度 , (select round ((sqr ((select 环比增长速度 2007 年 from (select ([年处理量]/(select [年处理量] from [垃圾年度运量汇总_中间表] where [年度] = 2006)) as 环比增长速度 2007 年 from [垃圾年度运量汇总_中间表] where [年度] = 2007)) * (select 环比增长速度 2008 年 from (select ([年处理量]/(select [年处理量] from [垃圾年度运量汇总_中间表] where [年度] = 2007)) as 环比增长速度 2008 年 from [垃圾年度运量汇总_中间表] where [年度] = 2008))) - 1)/0. 142 , 2) as 同市增长速度比较倍数 from [垃圾年度运量汇总_中间表] where [年度] = 2007) as 某区同市增长速度比较倍数 from [垃圾年度运量汇总_中间表] where [年度] = 2007 ';

```
        CurQuery: = createq( SqlStr, -1 );
        IsEmpty: = Qeof( CurQuery );
        //生成疑点 s
         if IsEmpty < >1 then
           begin
             repeat
                AddTransRslt( CurQuery,'垃圾运输量分析情况');
                IsEmpty: = Qmov( CurQuery,1 );
                IsEmpty: = Qeof( CurQuery );
                LaJiBeiShu: = Qfdvalue( CurQuery,'某区同市增长速度比较倍数');
             until IsEmpty = 1;
             TransBatch( CurQuery,'垃圾运输量分析情况');
             ShowMsg('某运输量增率是全市增长率的' + LeftStr( LaJiBeiShu, Length
( LaJiBeiShu ) ) +'倍,具体情况,请到疑点库 - >业务数据疑点中查看!');
           end
        else
           begin
             ShowMsg('没有发现疑点记录');
           end;
```

```
ShowMsg('下面以图表形式显示垃圾运输量分析情况,请注意查看!');
//以图表形式显示近垃圾运输量和年平均运输价格变动情况比较
OPutChart(sqlstr,'某区同市增长速度比较倍数','某区环比增长速度,clblue;全市
同期环比增长速度,clred;');

end.
```

执行完毕后,ASL 会将分析结果直接生成审计疑点,并弹出提示窗口,可以看到增长率分析结果,如图 7-12 所示。

图 7-12

点击确定后,AO 会弹出图形分析窗口,如图 7-13 所示。

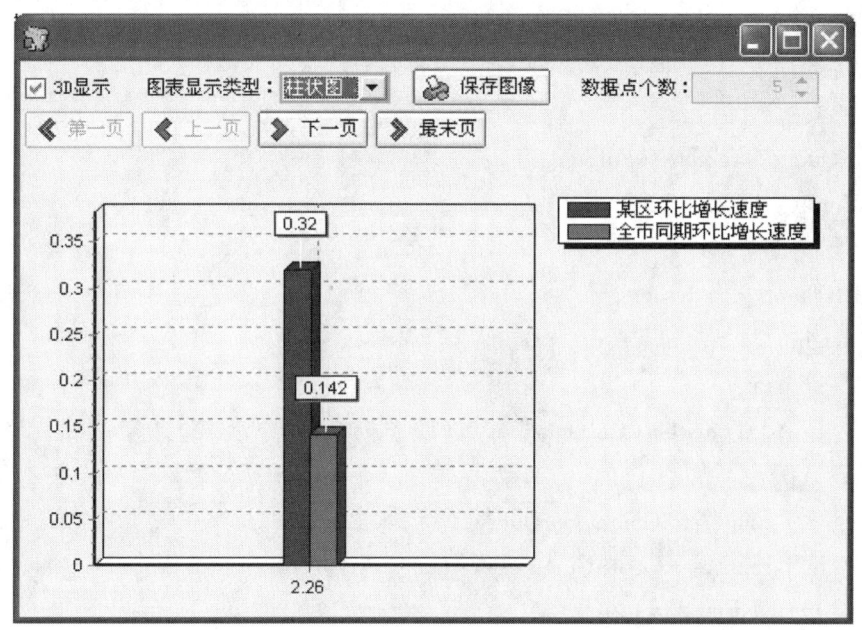

图 7-13

根据以上结果分析,某区 2006 年至 2008 年生活垃圾总量环比增长速度是全市平均增长速度的 2.26 倍,远超全市平均速度,呈过快增长态势。

步骤二：影响垃圾总量增长的因素有两个，一是驻区人口增长因素，二是人均产垃圾量因素。对上述因素进行比较分析，确定主要影响因素，分析原因。

首先，通过对垃圾总量年平均增长率、人口年均增长率和人均产垃圾量增长率比较，分析人口增长因素和人均产垃圾量因素对总量增长的影响程度。具体 ASL 语句如下：

```
var
    CurQuery,SqlStr,IsEmpty;
begin

    //分析人口增长因素和人均产垃圾量因素对总量增长的影响程度
    sqlstr:=' select a.年度,运量增长率,人均产垃圾量增长率,人口增长率 from
(select 年度,round(人口数/(select 人口数 from  人口及人均垃圾量 where 年度=
2006)*100-100,2) as 人口增长率,round(人均产垃圾量/(select 人均产垃圾量 from
人口及人均垃圾量 where 年度=2006)*100-100,2) as 人均产垃圾量增长率 from
人口及人均垃圾量 where 年度=2007 union select 年度,round(人口数/(select 人口数
from 人口及人均垃圾量 where 年度=2006)*100-100,2) as 人口增长率,round(人
均产垃圾量/(select 人均产垃圾量 from  人口及人均垃圾量 where 年度=2006)*100
-100,2) as 人均产垃圾量增长率 from  人口及人均垃圾量 where 年度=2008) a inner
join 垃圾运量增长率_中间表 b on a.年度=b.年度';

    CurQuery:=createq(SqlStr,-1);
    IsEmpty:=Qeof(CurQuery);
    //生成疑点 s
    if IsEmpty<>1 then
      begin
        repeat
          AddTransRslt(CurQuery,'人口增长因素和人均产垃圾量因素对总量增长的影响程度');
          IsEmpty:=Qmov(CurQuery,1);
          IsEmpty:=Qeof(CurQuery);
        until IsEmpty=1;
        TransBatch(CurQuery,'垃圾运输量分析情况');
        ShowMsg('人口增长因素和人均产垃圾量因素对总量增长的影响程度具体情况,请到疑点库->业务数据疑点中查看! ');
```

```
            end
        else
          begin
            ShowMsg('没有发现疑点记录');
          end;

          ShowMsg('下面以图表形式显示人口增长因素和人均产垃圾量因素对总量增长的影响程度,请选择"线性图"方式查看！ ');
          //以图表形式显示近两年垃圾运输量和年平均运输价格变动情况比较
          OPutChart(sqlstr,'年度','运量增长率,clblue;人均产垃圾量增长率,clred;人口增长率,clgreen;');

        end.
```

执行完毕后，ASL 会将分析结果直接生成审计疑点，并弹出图形分析窗口，根据提示选择"线性图"，如图 7-14 所示。

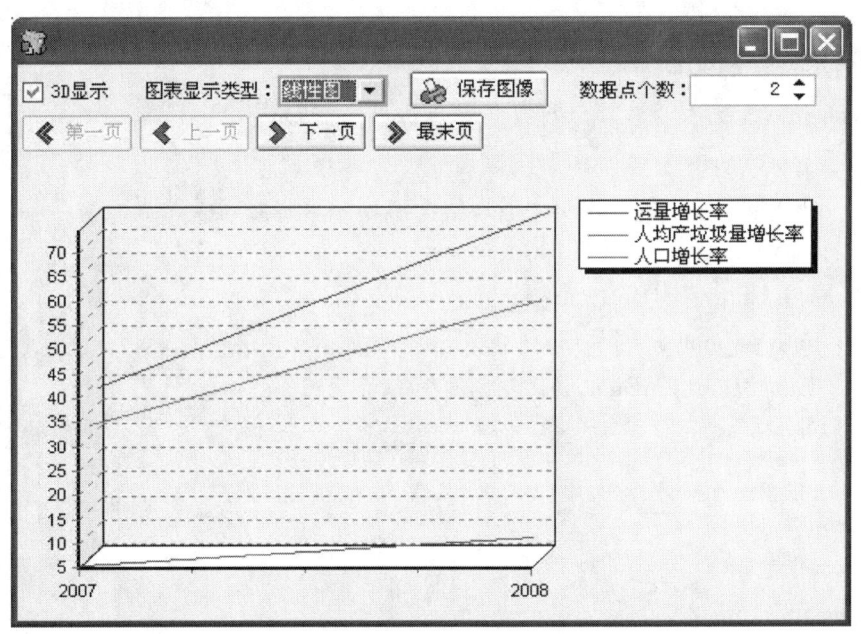

图 7-14

从图 7-14 可以看出，影响垃圾总量增长的两个因素中，人口增长因素影响较低，人均垃圾量增长因素影响大。

其次，对人均垃圾产量因素进行分析。主要与市同期平均水平比较。具体 ASL 语句如下：

```
var
    CurQuery,SqlStr,IsEmpty;
begin

    //三年人均垃圾产生量增长情况分析
    sqlstr:='select [年度],iif([年度]=2006,170140,iif([年度]=2007,178240,188124)) as 人口数,round(sum([处理量])*1000/365/iif([年度]=2006,170140,iif([年度]=2007,178240,188124)),2) as 人均产垃圾量,iif([年度]=2006,1.13,iif([年度]=2007,1.24,1.41)) as 市内四区人均产垃圾量,round(sum([处理量])*1000/365/iif([年度]=2006,170140,iif([年度]=2007,178240,188124))/iif([年度]=2006,1.13,iif([年度]=2007,1.24,1.41)),2) as 人均垃圾产量比较 from [垃圾处理量_完整表] group by [年度]';

    CurQuery:=createq(SqlStr,-1);
    IsEmpty:=Qeof(CurQuery);
    //生成疑点s
    if IsEmpty<>1 then
      begin
        repeat
          AddTransRslt(CurQuery,'三年人均垃圾产生量增长情况分析');
          IsEmpty:=Qmov(CurQuery,1);
          IsEmpty:=Qeof(CurQuery);
        until IsEmpty=1;
        TransBatch(CurQuery,'垃圾运输量分析情况');
        ShowMsg('三年人均垃圾产生量增长情况,请到疑点库->业务数据疑点中查看！');
      end
    else
      begin
        ShowMsg('没有发现疑点记录');
      end;

    ShowMsg('下面以图表形式显示三年人均垃圾产生量增长情况,请查看！');
```

```
//以图表形式显示三年人均垃圾产生量增长情况分析
OPutChart(sqlstr,'年度','人均产垃圾量,clred;市内四区人均产垃圾量,clblue;');
end.
```

执行完毕后，ASL 会将分析结果直接生成审计疑点，并弹出图形分析窗口，根据提示选择"线性图"，如图 7-15 所示。

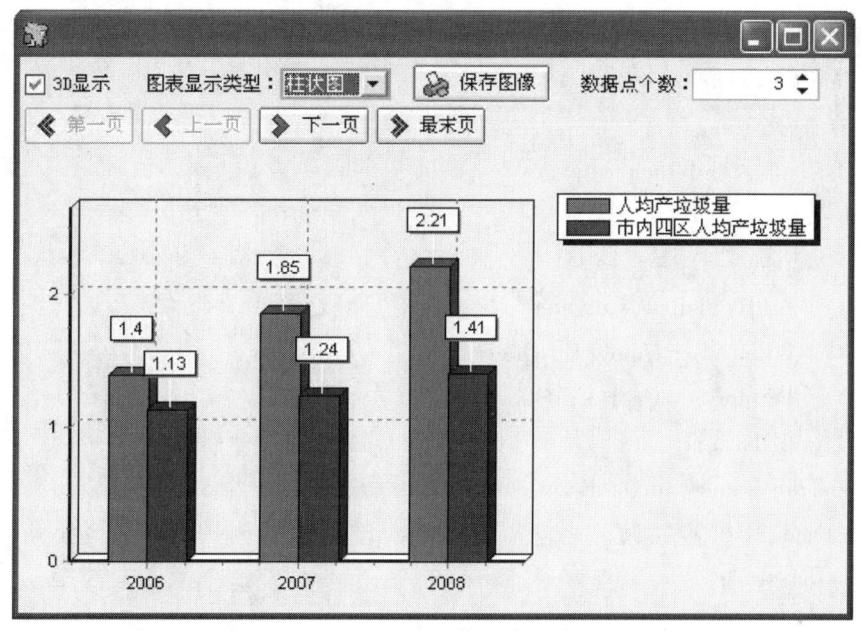

图 7-15

从图 7-15 可以看出，区人均日产垃圾量远高于全市人均日产垃圾量，且呈现明显加速增长状态。

经调查，造成上述情况的主要原因是，由于该区处于市主要旅游区域，游客较多，运输的生活垃圾中既有居民日常生活产生的，还包括企业、商业、旅游业、餐饮业产生的垃圾，因此，造成人均垃圾量较高。调查还发现，该区生活垃圾构成中厨余垃圾量较多；由于缺乏专门的处理设施，目前垃圾处理场采用的处理手段不能达到无害化处理。鉴于上述情况，该区以审计专报形式报市政府，提出尽快建设专门厨余垃圾处理场的建议。市领导对此做出专门批示，要求相关部门研究解决。

最后，对垃圾运输量因素进行评价。

垃圾运输量增长是造成运输支出快速增长最直接的因素。通过分析发现，垃圾总量增长过快主要是由于人均垃圾产量增长造成的，这与该区的产业和区域位置相关。

（3）垃圾运输价格分析。

步骤一：对年垃圾运输平均价格进行比较。具体 ASL 语句如下：

```
var
    CurQuery,SqlStr,IsEmpty;
begin
    //比较年度垃圾运输平均价格
    sqlstr:='SELECT * FROM 各年度垃圾清运单价_中间表';

    CurQuery:=createq(SqlStr,-1);
    IsEmpty:=Qeof(CurQuery);
    //生成疑点s
    if IsEmpty<>1 then
      begin
        repeat
            AddTransRslt(CurQuery,'比较年度垃圾运输平均价格');
            IsEmpty:=Qmov(CurQuery,1);
            IsEmpty:=Qeof(CurQuery);
        until IsEmpty=1;
        TransBatch(CurQuery,'垃圾运输量分析情况');
        ShowMsg('年度垃圾运输平均价格对比情况,请到疑点库->业务数据疑点中查看!');
      end
    else
      begin
        ShowMsg('没有发现疑点记录');
    end;

    ShowMsg('下面以图表形式显示年度垃圾运输平均价格对比情况,请查看!');
    //以图表形式显示三年人均垃圾产生量增长情况分析
    OPutChart(sqlstr,'年度','单价,clblue;');
end.
```

执行完毕后,ASL 会将分析结果直接生成审计疑点,并弹出图形分析窗口,如图 7-16 所示。

根据图形分析,垃圾年平均运输价格小幅增长。影响其的主要因素是垃圾运输方式结构变化。

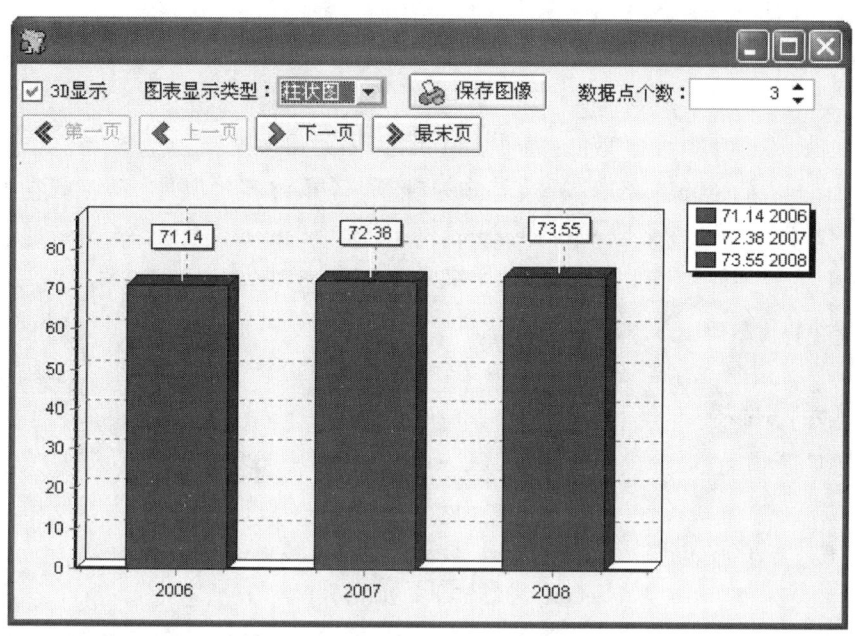

图 7 – 16

步骤二：分析运输方式结构变化情况。具体 ASL 语句如下：

```
var
    CurQuery,SqlStr,IsEmpty,TotalNumberInt;
begin

    //计算各年度不同运输方式垃圾处理量
    sqlstr:='select [年度],[运输方式],sum([处理量]) as 处理量 from [垃圾处理量_完整表] group by [年度],[运输方式]';
    //建立 各年度处理量合计_中间表
    CreateTempTable('各年度处理量合计_中间表',sqlstr);

    //计算各年度不同运输方式所占比例
    sqlstr:='select a.[年度],a.[运输方式],a.[处理量],round(a.[处理量]/b.[处理量]*100,2) as 所占百分比 from [各年度处理量合计_中间表] a inner join (select [年度],sum([处理量]) as 处理量 from [各年度处理量合计_中间表] group by [年度]) b on a.[年度]=b.[年度]';
```

//建立 各年度不同运输方式分析_中间表
CreateTempTable('各年度不同运输方式分析_中间表',sqlstr);

//垃圾运输方式结构变化:实现横竖倒置,方面图形处理
sqlstr:=' select a.[年度],[装卸车处理量],[压缩车处理量],[装卸车所占百分比],[压缩车所占百分比] from (select top 1 [年度],(select [处理量] from [各年度不同运输方式分析_中间表] where [年度]=2006 and [运输方式]="压缩车") as 压缩车处理量,(select [所占百分比] from [各年度不同运输方式分析_中间表] where [年度]=2006 and [运输方式]="压缩车") as 压缩车所占百分比 from [各年度不同运输方式分析_中间表] where [年度]=2006) a inner join (select top 1 [年度],(select [处理量] from [各年度不同运输方式分析_中间表] where [年度]=2006 and [运输方式]="装卸车") as 装卸车处理量,(select [所占百分比] from [各年度不同运输方式分析_中间表] where [年度]=2006 and [运输方式]="装卸车") as 装卸车所占百分比 from [各年度不同运输方式分析_中间表] where [年度]=2006) b on a.[年度]=b.[年度] union select a.[年度],[装卸车处理量],[压缩车处理量],[装卸车所占百分比],[压缩车所占百分比] from (select top 1 [年度],(select [处理量] from [各年度不同运输方式分析_中间表] where [年度]=2007 and [运输方式]="压缩车") as 压缩车处理量,(select [所占百分比] from [各年度不同运输方式分析_中间表] where [年度]=2007 and [运输方式]="压缩车") as 压缩车所占百分比 from [各年度不同运输方式分析_中间表] where [年度]=2007) a inner join (select top 1 [年度],(select [处理量] from [各年度不同运输方式分析_中间表] where [年度]=2007 and [运输方式]="装卸车") as 装卸车处理量,(select [所占百分比] from [各年度不同运输方式分析_中间表] where [年度]=2007 and [运输方式]="装卸车") as 装卸车所占百分比 from [各年度不同运输方式分析_中间表] where [年度]=2007) b on a.[年度]=b.[年度] union select a.[年度],[装卸车处理量],[压缩车处理量],[装卸车所占百分比],[压缩车所占百分比] from (select top 1 [年度],(select [处理量] from [各年度不同运输方式分析_中间表] where [年度]=2008 and [运输方式]="压缩车") as 压缩车处理量,(select [所占百分比] from [各年度不同运输方式分析_中间表] where [年度]=2008 and [运输方式]="压缩车") as 压缩车所占百分比 from [各年度不同运输方式分析_中间表] where [年度]=2008) a inner join (select top 1 [年度],(select [处理量] from [各年度不同运输方式分析_中间表] where [年度]=2008 and [运输方式]="装卸车") as 装卸车处理量,(select [所占百分比] from [各年度不同运输方式分析_中间表] where [年度]=2008 and [运输方式]="装卸车") as 装卸车所占百分比 from [各年度不同运输方式分析_中间表] where [年度]=2008) b on a.[年度]=b.[年度]';

```
    CurQuery: = createq(SqlStr, -1);
    IsEmpty: = Qeof(CurQuery);
    //生成疑点 s
     if IsEmpty < >1 then
      begin
        repeat
          AddTransRslt(CurQuery,'垃圾运输方式对垃圾支出影响分析');
          IsEmpty: = Qmov(CurQuery,1);
          IsEmpty: = Qeof(CurQuery);
          TotalNumberInt: = TotalNumberInt + 1;
        until IsEmpty = 1;
        TransBatch(CurQuery,'垃圾运输方式对垃圾支出影响分析');
        ShowMsg('垃圾运输方式对垃圾支出影响分析情况,请到疑点库 - >业务数据疑点中查看!');
      end
     else
      begin
        ShowMsg('没有发现疑点记录');
     end;

    ShowMsg('下面以图表形式显示近两年垃圾运输量和年平均运输价格变动情况比较,请注意查看!');
    //以图表形式显示近垃圾运输量和年平均运输价格变动情况比较
    OPutChart(sqlstr,'年度','装卸车所占百分比',clblue;'压缩车所占百分比',clred;');

  end.
```

执行完毕后，ASL 会将分析结果直接生成审计疑点，并弹出图形分析窗口，如图 7 -17 所示。

从上表可以看出，压缩车运输所占比重逐年增长，因其财政结算价格高，造成年平均运输价格的增长。

经调查，由于压缩车运输财政结算价格高，其获利较大，受利益驱动，运输企业逐年增加压缩车数量，不断扩大作业服务范围，出现了抢运垃圾的情况，各车辆普遍存在超载情况，影响了生产安全。

特别说明：

在此步分析中，我们在 AO 中运用巧用 SQL，使用 Where 条件和 Inner Join 连接语

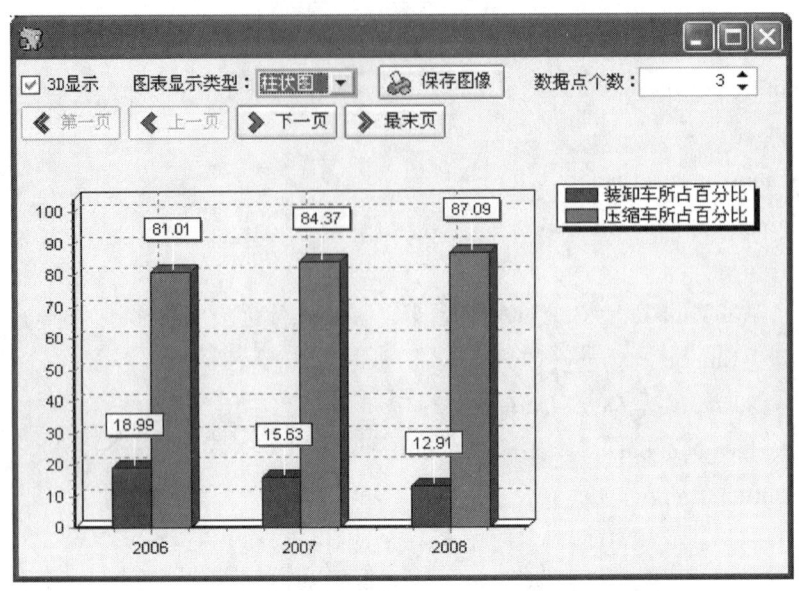

图 7-17

句,巧妙完成了数据的横竖倒置,很好地解决了 AO 在图形分析方面的问题,更加直观地显示分析结果。

select * from [各年度不同运输方式分析_中间表]

未转置前根据 AO 功能生成的图表,如图 7-18 所示。

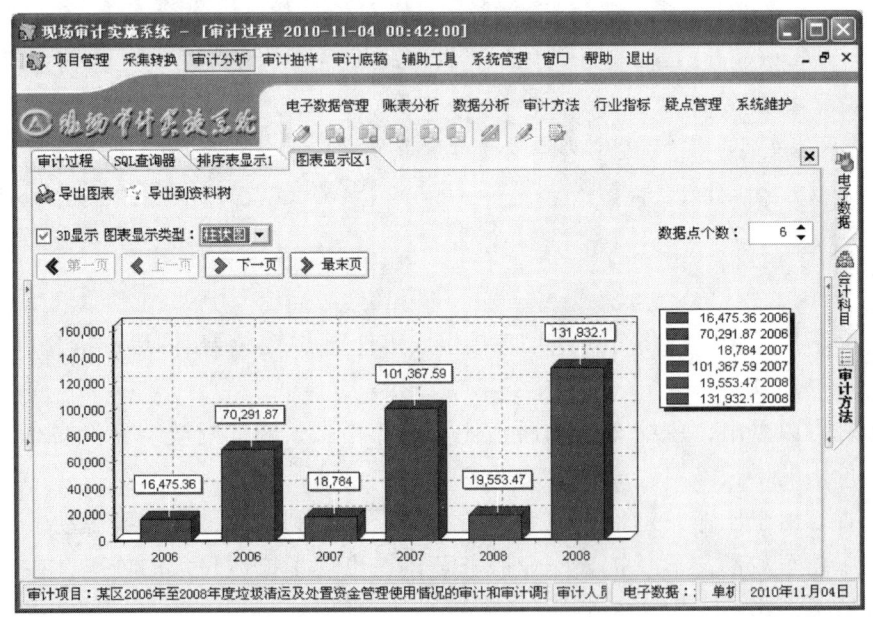

图 7-18

转置后的 SQL 语句见 ASL，转置后根据 AO 功能生成的图表，如图 7-19 所示。

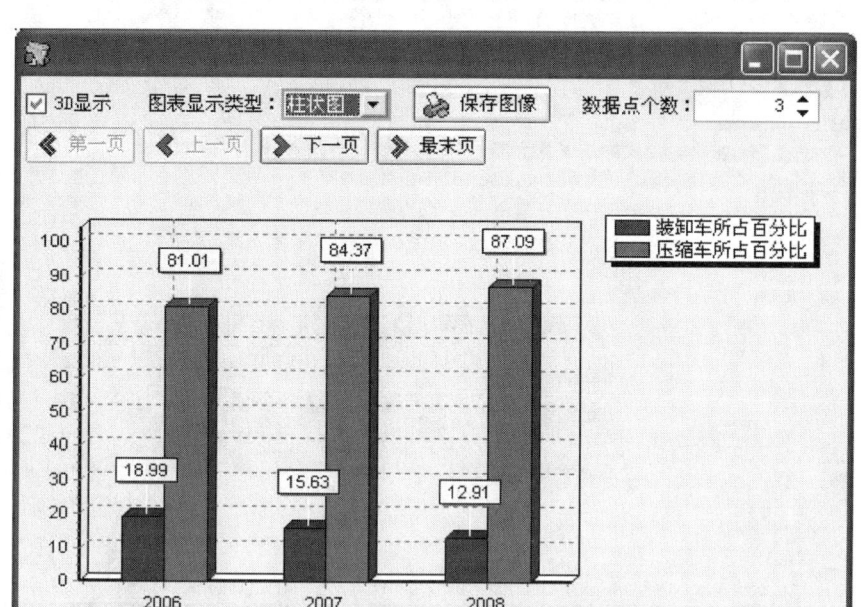

图 7-19

综合对比发现，图形的直观性、说服力有了很大的提升。

步骤三：对运输车辆工作强度进行分析。

    select [年度],[运输方式],[运输车辆号],round(sum([处理量])/sum([月运输次数]),2) as 平均单次运量,iif([运输方式]='装卸车',5,8) as 核定载重量,round(sum([处理量])/sum([月运输次数])/iif([运输方式]='装卸车',5,8),2) as 车辆运输强度 from [垃圾处理量_完整表] group by [年度],[运输方式],[运输车辆号] order by [运输方式],round(sum([处理量])/sum([月运输次数])/iif([运输方式]='装卸车',5,8),2) desc

选择"执行 SQL 到分组表"，如图 7-20 所示。

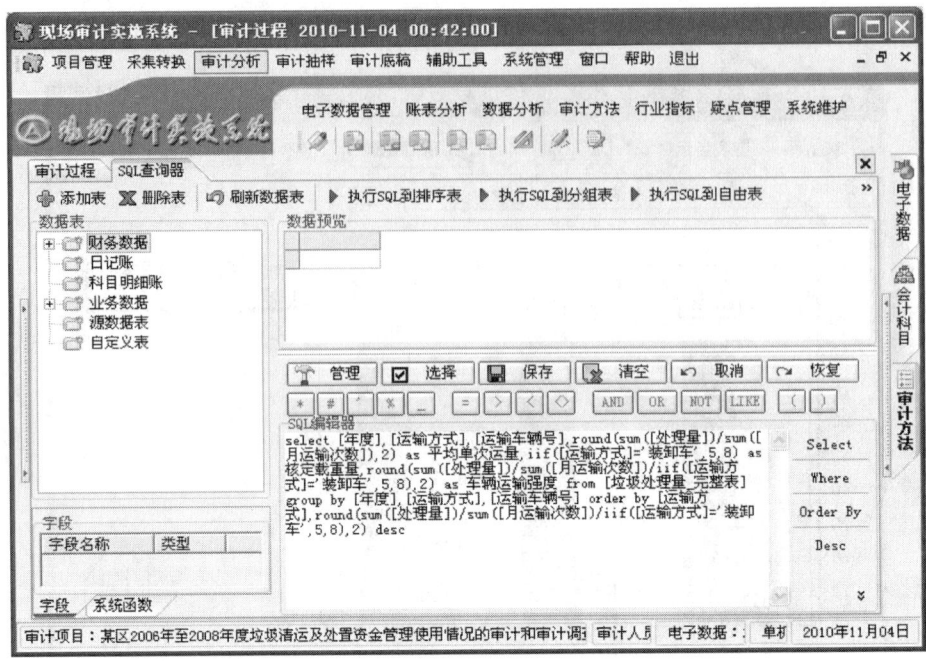

图 7-20

在结果窗口中,将运输方式、"车辆运输强度"拖入分组区域,如图 7-21 所示。

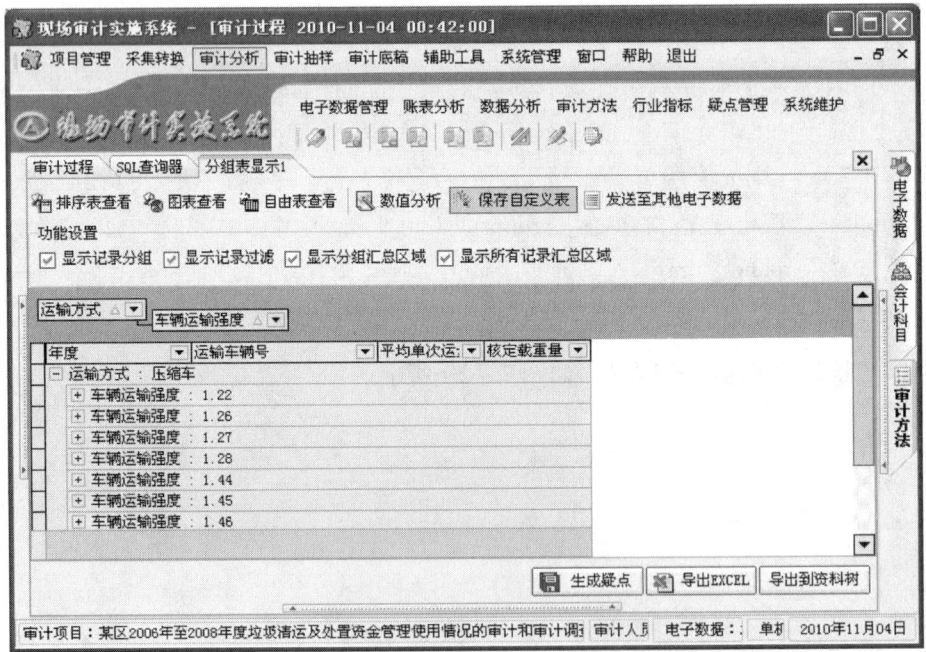

图 7-21

选择"图表查看"功能,出现分析结果,如图 7-22 所示。

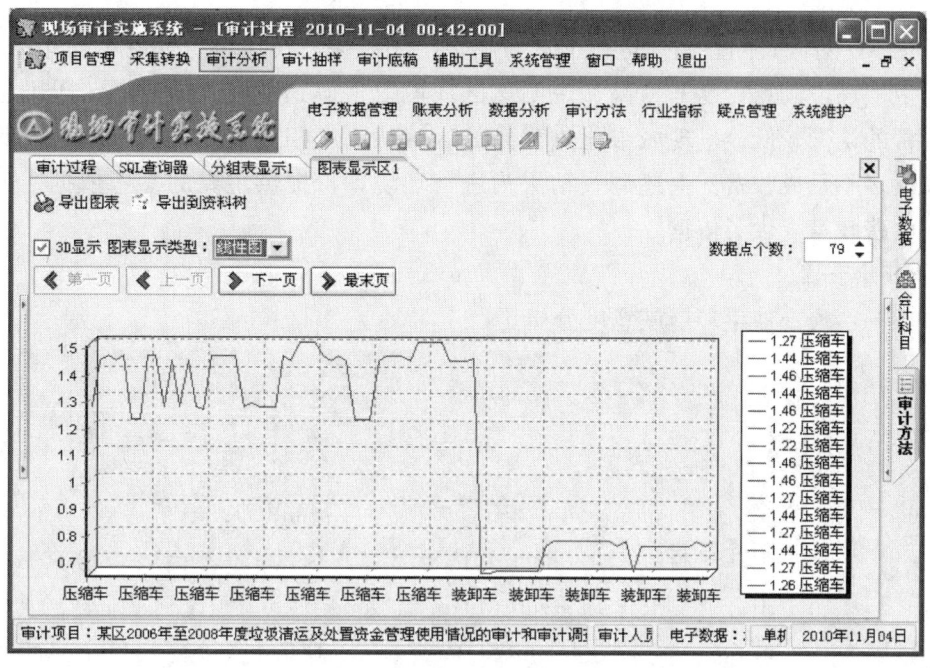

图 7-22

从图 7-22 可以看到，一方面压缩车普遍超载，另一方面装卸车运输强度较低。两种运输方式运输强度相差较大。

步骤四：价格因素绩效评价。

根据以结果进行分析落实发现，运输方式结构的变化是造成运输价格增长的主要因素。但受利益驱动，压缩车普遍超载，为安全生产带来隐患。

3. 审计结果

综合以上结果，通过对垃圾运输量和运输价格两个因素的分析发现，财政资金保证了日常运输管理的需要，但是在垃圾运量核实、运价确定等方面存在管理漏洞，造成财政资金的损失，降低了资金的使用效益。根据审计分析结果，审计组提出控制财政支出，提高资金使用效益的建议；一是充分利用现有的资源，提高装卸车运输量和运输比重，降低压缩车运输比重，保证安全生产；二是尽快研究区分居民生活垃圾和其他生活垃圾的办法，合理负担，减轻财政支出压力。

4. 应用 AO 功能点

本问题的分析使用了审计分析/审计方法/审计方法管理；审计分析/数据分析/图表分析工具；审计分析/数据分析/排序分组表分析技术；审计分析/数据分析/SQL 查询器等功能。

（三）问卷分析提供有力决策参考

所属审计事项：资源环境审计/环境污染治理/专项资金使用

1. 审计思路

运用 AO 对调查问卷结果进行汇总分析，得出结果。运用调查问卷汇总结果表明，群众对卫生环境满意程度非常高，说明该区环境卫生得到了极大的改善；居民总体对垃圾收费的认同较低，呈现城市化进程高的区域认可度相对较高，城市化进程低的区域居民大多不赞成收费。上述调查结果为进行环境评价提供主要的参考依据，也为制定出台收费政策提供了依据。

2. 审计步骤

步骤一：群众卫生环境满意度分析。

```
select *
from
(
select [街道办事处],round(sum(iif([选项一] is null,0,[选项一]))/(sum(iif([选项一] is null,0,[选项一]))+sum(iif([选项二] is null,0,[选项二]))+sum(iif([选项三] is null,0,[选项三]))+sum(iif([选项四] is null,0,[选项四]))),2) as 很满意,round(sum(iif([选项二] is null,0,[选项二]))/(sum(iif([选项一] is null,0,[选项一]))+sum(iif([选项二] is null,0,[选项二]))+sum(iif([选项三] is null,0,[选项三]))+sum(iif([选项四] is null,0,[选项四]))),2) as 较满意,round(sum(iif([选项三] is null,0,[选项三]))/(sum(iif([选项一] is null,0,[选项一]))+sum(iif([选项二] is null,0,[选项二]))+sum(iif([选项三] is null,0,[选项三]))+sum(iif([选项四] is null,0,[选项四]))),2) as 基本满意,round(sum(iif([选项四] is null,0,[选项四]))/(sum(iif([选项一] is null,0,[选项一]))+sum(iif([选项二] is null,0,[选项二]))+sum(iif([选项三] is null,0,[选项三]))+sum(iif([选项四] is null,0,[选项四]))),2) as 不满意,sum(iif([选项一] is null,0,[选项一]))+sum(iif([选项二] is null,0,[选项二]))+sum(iif([选项三] is null,0,[选项三]))+sum(iif([选项四] is null,0,[选项四])) as 合计
from [社区居民调查问卷统计表]
where [问题号]=5
group by [街道办事处]
union
select '合计' as 街道办事处,cstr(round(sum(很满意)*100/4,2))+'%' as 很满意,cstr(round(sum(较满意)*100/4,2))+'%' as 较满意,cstr(round(sum(基本满意)*100/4,2))+'%' as 基本满意,cstr(round(sum(不满意)*100/4,2))+'%' as 不满意,sum(合计) as 合计
from
(
```

select [街道办事处],sum(iif([选项一] is null,0,[选项一]))/(sum(iif([选项一] is null,0,[选项一]))+sum(iif([选项二] is null,0,[选项二]))+sum(iif([选项三] is null,0,[选项三]))+sum(iif([选项四] is null,0,[选项四]))) as 很满意,sum(iif([选项二] is null,0,[选项二]))/(sum(iif([选项一] is null,0,[选项一]))+sum(iif([选项二] is null,0,[选项二]))+sum(iif([选项三] is null,0,[选项三]))+sum(iif([选项四] is null,0,[选项四]))) as 较满意,sum(iif([选项三] is null,0,[选项三]))/(sum(iif([选项一] is null,0,[选项一]))+sum(iif([选项二] is null,0,[选项二]))+sum(iif([选项三] is null,0,[选项三]))+sum(iif([选项四] is null,0,[选项四]))) as 基本满意,sum(iif([选项四] is null,0,[选项四]))/(sum(iif([选项一] is null,0,[选项一]))+sum(iif([选项二] is null,0,[选项二]))+sum(iif([选项三] is null,0,[选项三]))+sum(iif([选项四] is null,0,[选项四]))) as 不满意,sum(iif([选项一] is null,0,[选项一]))+sum(iif([选项二] is null,0,[选项二]))+sum(iif([选项三] is null,0,[选项三]))+sum(iif([选项四] is null,0,[选项四])) as 合计

from [社区居民调查问卷统计表]

where [问题号]=5

group by [街道办事处]

)

)

order by 合计

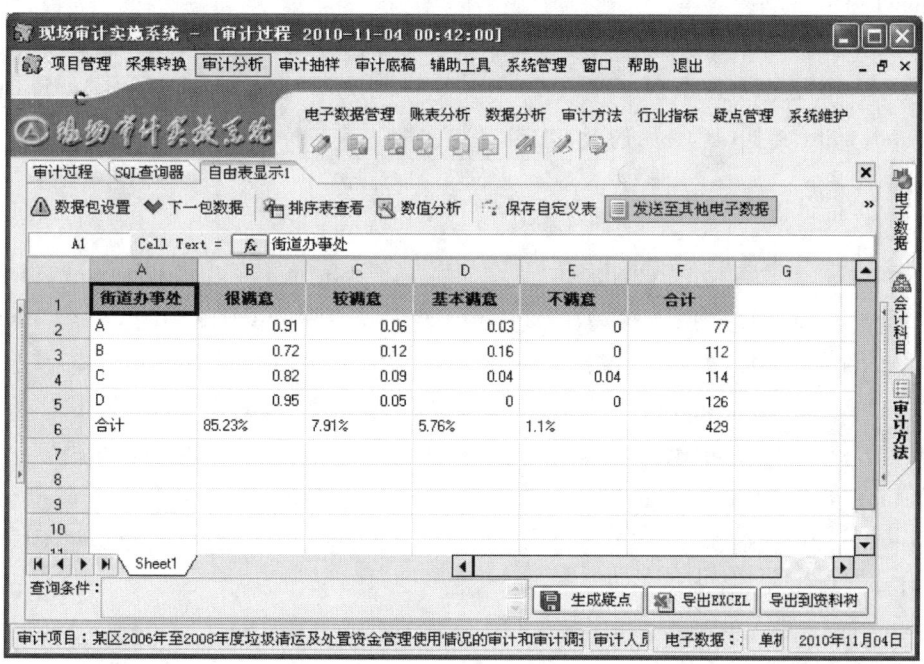

图 7-23

环境卫生满意度调查分析结果如图 7-23 所示。

问卷调查结果反映，群众对社区居住环境的满意度很高，除 C 街道办事处为 96% 外，其他全部为 100%，其中达到很满意占 85%。社区环卫队伍补助资金使用取得了很好的环境效益。

步骤二：对居民缴纳垃圾费认可度进行分析。

```
select *
from
(
select [街道办事处],round(sum(iif([选项一] is null,0,[选项一]))/(sum(iif([选项一] is null,0,[选项一])) + sum(iif([选项二] is null,0,[选项二])) + sum(iif([选项三] is null,0,[选项三]))),2) as 每户每月6元,round(sum(iif([选项二] is null,0,[选项二]))/(sum(iif([选项一] is null,0,[选项一])) + sum(iif([选项二] is null,0,[选项二])) + sum(iif([选项三] is null,0,[选项三]))),2) as 每户每月5元,round(sum(iif([选项三] is null,0,[选项三]))/(sum(iif([选项一] is null,0,[选项一])) + sum(iif([选项二] is null,0,[选项二])) + sum(iif([选项三] is null,0,[选项三]))),2) as 其他(不收费)
from [社区居民调查问卷统计表]
where [问题号] = 6
group by [街道办事处]
union
select '合计' as 街道办事处,cstr(round(sum(每户每月6元)*100/4,2)) +'%' as 每户每月6元,cstr(round(sum(每户每月5元)*100/4,2)) +'%' as 每户每月5元,cstr(round(sum(其他(不收费))*100/4,2)) +'%' as 其他(不收费)
from
(
select [街道办事处],round(sum(iif([选项一] is null,0,[选项一]))/(sum(iif([选项一] is null,0,[选项一])) + sum(iif([选项二] is null,0,[选项二])) + sum(iif([选项三] is null,0,[选项三]))),2) as 每户每月6元,round(sum(iif([选项二] is null,0,[选项二]))/(sum(iif([选项一] is null,0,[选项一])) + sum(iif([选项二] is null,0,[选项二])) + sum(iif([选项三] is null,0,[选项三]))),2) as 每户每月5元,round(sum(iif([选项三] is null,0,[选项三]))/(sum(iif([选项一] is null,0,[选项一])) + sum(iif([选项二] is null,0,[选项二])) + sum(iif([选项三] is null,0,[选项三]))),2) as 其他(不收费)
from [社区居民调查问卷统计表]
where [问题号] = 6
```

```
group by [街道办事处]
)
)
order by [每户每月 6 元]
```

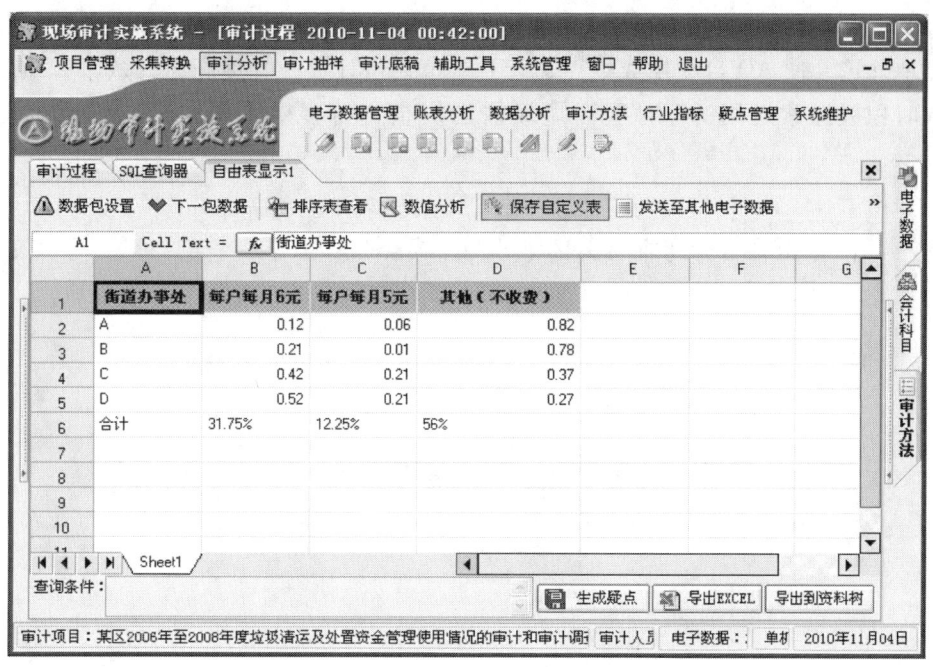

图 7-24

垃圾收费群众认可度调查结果如图 7-24 所示。

3. 审计结果

审计调查问卷统计结果表明，城市化进程快和经济条件较好的街道办事处居民大部分赞成收费，而城市化进程慢和经济条件差的街道办事处大部分居民不赞成收费。总体而言，居民对垃圾收费认可度不高。

由于该区生活垃圾收费政策缺位，造成运输单位在获得财政补助获利的同时，又向服务对象收取垃圾服务费，"双向"得利。通过审计调查，揭露了造成"垃圾值钱"的另一个原因。审计组提出尽快制定垃圾收费政策。2010 年 8 月，区政府制定出台了城市生活垃圾处理费征收管理细则，规范了收费行为，增加了财政收入，为进一步做好城市生活垃圾处理工作提供了更充足的资金保证。

4. 应用 AO 功能点

本问题的分析主要使用了审计分析/数据分析/SQL 查询器功能。

三、点评

　　本实例充分利用联网版和单机版现场审计实施系统,在正确转换各相关单位提供的生活垃圾清运资金账套数据基础上,对被调查单位的业务数据进行了全面的整理,将业务数据和相关绩效分析外围数据导入 AO,编写了 SQL 语言和 ASL 语句,有目的、有重点地筛选,使 AO 自动生成疑点,起到了节约审计资源,提高审计效率和质量的效果。同时积极探索运用 AO 对生活垃圾清运资金进行多效度绩效评价,取得良好的效果。

　　　　　　　　　(山东省青岛市崂山区审计局　高会伟　张子琪　李　军　马飞飞)

实例八

低收入农户下山搬迁项目资金投入、管理使用情况审计

一、项目背景

下山搬迁项目是某省"全面小康六大行动计划"中"低收入群众增收行动计划"的重要组成部分,项目以缓解区域性贫困和改善低收入农户生存发展环境为导向,以高山远山区为重点,以县城、中心镇和工业功能区(周边)为主要入迁地,旨在推进节地型搬迁小区建设,盘活迁出地土地资源,加强资源整合和配套服务,提高公共服务和公共设施的共享程度,促进人口布局优化和生态环境保护。

2011年7至8月,某审计机关通过专项审计调查,审查了下山搬迁项目的总体规划、项目决策、资金筹集管理使用、安置方式、扶持措施等环节的具体落实情况,对下山搬迁项目取得的成效进行了分析评价,反映了项目建设管理、资金筹集使用、原住房拆除与宅基地复垦、补助资金发放、配套措施落实等方面存在的突出问题,深入分析了产生问题的原因,提出了规范下山搬迁项目管理的建议,促进了相关政策制度和配套措施的完善。

二、审计过程

(一)审查项目资金投入构成情况

审计事项:资源环保审计/涉农专项审计/项目资金投入结构审查(新增)

1. 审计思路

重点调查2009年和2010年各地项目资金投入规模,省、市、县(市、区)、乡镇财政资金投入总量,各级财政性资金投入占总投入的比重,掌握资金筹集、资金来源结构的情况，了解负债规模及偿债能力，分析财政投入力度和社会（农户）负担的情况。

通过 Excel 表整理 2009 年至 2010 年下山搬迁项目资金实际投入数据，采集到 AO 中，再利用 SQL 查询器中排序表查看、图表查看工具，显示各级财政投入、农户自筹投入柱形图。

2. 审计步骤

步骤一：整理 2009 年至 2010 年下山搬迁项目资金实际投入数据，通过 AO 业务数据采集 Excel 表格功能进入 AO 电子账簿生成"业务_源_资金到位情况明细"，如图 8 - 1 所示。

图 8 - 1

步骤二：利用 SQL 查询器中排序表查看及图表查看功能，显示各级财政投入、农户自筹投入柱形图，如图 8 - 2 所示。

3. 审计结果

县级财政投入偏少，农户负担偏重。2009 年至 2010 年下山搬迁项目资金实际投入共计 19612 万元，其中各级财政投入共计 4026 万元，占总投入的 20.5%；农户负担 15586 万元，占总投入的 79.5%。在财政资金投入中，省级财政专项资金投入 2184 万元，占投入的 54.25%；市级财政补助 342 万元，占投入的 8.49%；县级财政补助 1500 万元，占投入的 37.26%。在下山搬迁项目资金实际投入中，农户负担过重，占总投入的 79.5%；在财政资金投入中，县级财政专项资金投入比例偏小，仅占投入的 37.26%。

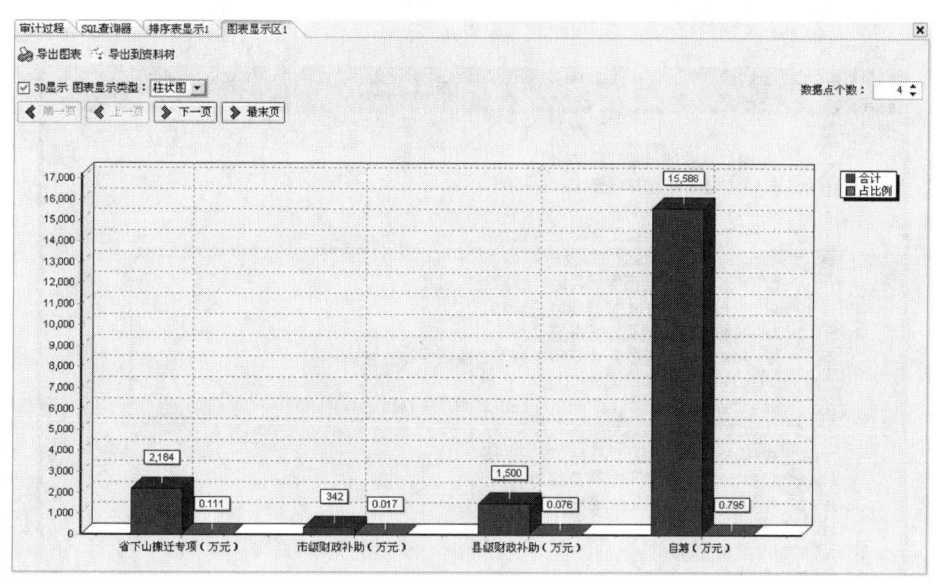

图 8-2

4. 应用 AO 功能点

本问题的分析使用了审计分析/数据分析/图表分析工具等功能。

(二) 账务核算不正确

审计事项：资源环保审计/涉农专项审计/财务核算不正确（新增）

1. 审计思路

审计人员在审阅财政扶贫资金专户账套时，利用 AO 会计科目树功能进行科目设置审查资金核算管理情况，发现明细科目根据文件号设置，然而根据明细科目查找文件，发现文件里应收到资金与财政账上入账资金不一致，根据审查发现的疑点结合审计经验分析有无将资金入错明细科目（因为财政扶贫资金专户账上核算的资金有 18 项），再利用 AO 中多套数据合并功能将两个账套凭证库进行合并，审计人员在整个财政扶贫资金凭证库里利用 SQL 语句筛查，验证审计疑点得出结论。

2. 审计步骤

步骤一：审计人员发现，根据 AO 会计科目树直观看到"拨入专款——小规模自然村搬迁资金"下一级明细科目是按照项目安排资金文件设置，审计人员可以直接根据这些文件名称向财政、扶贫办人员查找相应的文件（因为相关人员可能提供文件不全），审计发现"拨入专款——小规模自然村搬迁资金"对应的资金是 2008 年项目市补助资金 180.2 万元，而双击"拨入专款——小规模自然村搬迁资金"明细科目发现拨入资金是 161.3 万元，查看过程如图 8-3、图 8-4 所示。根据审计疑问查找所有相关省、市补助文件，发现这笔 161.3 万元应是 2009 年项目市补助资金，那么 2008 年项目市补助资金 180.2 万元在哪里入账呢？

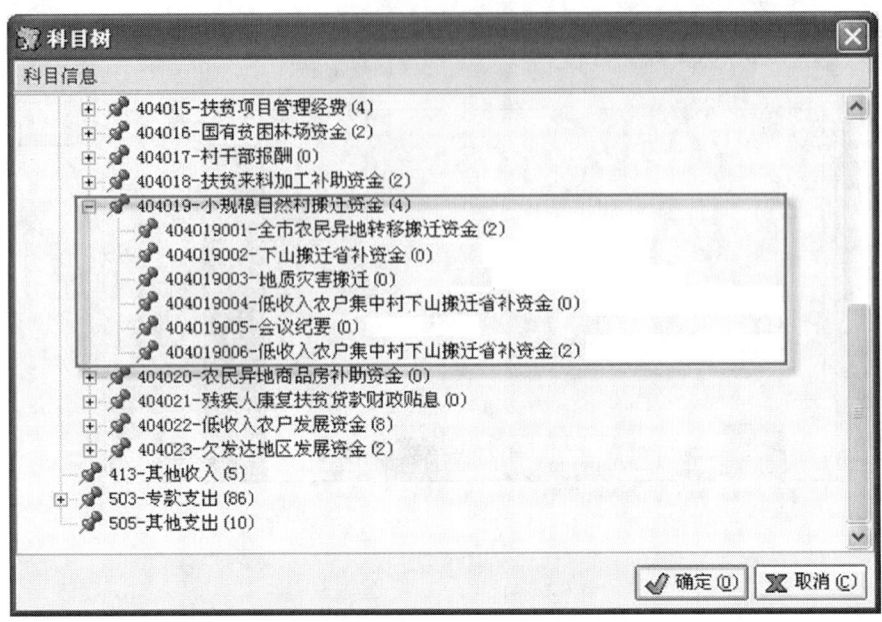

图 8 – 3

图 8 – 4

步骤二：分析财政人员有无将这笔资金入在扶贫账套别的科目，利用"AO 中审计分析 - 账表分析 - 多套数据审查 - 多套数据"合并功能，将财政扶贫资金专户两年电子账套合并成一个新的电子账套,保存为"财政扶贫资金账09—10年"(根据审计需求只合并了记账凭证)。如图8-5、图8-6及图8-7所示。

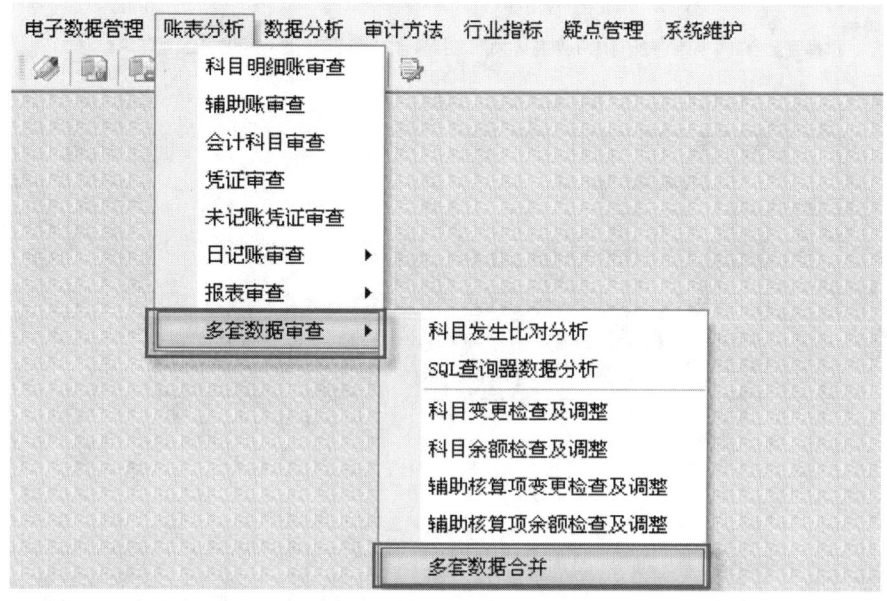

图8-5

图8-6

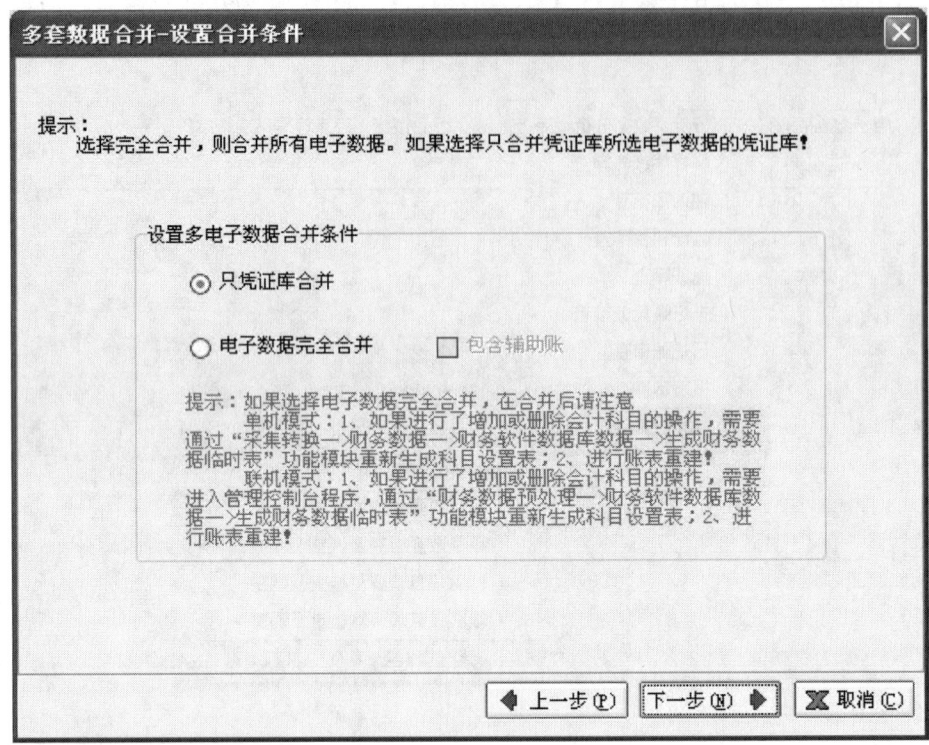

图 8-7

步骤三：有了上面的合并账套步骤，这样审计人员利用 SQL 语句在财政扶贫资金账 09-10 年电子账套凭证库里查找近两年贷方金额是 180.2 万元的凭证。

select * from [凭证库] where [贷方金额] = 1802000

执行结果如图 8-8 所示。

步骤四：将上述查找到的凭证相应找到这笔资金入到"拨入专款——农民异地商品房补助资金"明细科目。

3. 审计结果

县财政局会计人员将 2008 年市补助小规模自然村搬迁资金 180.2 万元入错科目。审计发现后，县财政表示立即调账处理。

4. 应用 AO 功能点

本问题的分析使用了审计分析/账表分析/会计科目审查；审计分析/账表分析/多套数据查询；审计分析/数据分析/SQL 查询器等功能。

（三）县级财政配套 1500 万元资金尚未到位

审计事项：资源环保审计/涉农专项审计/财政补助资金不及时到位（新增）

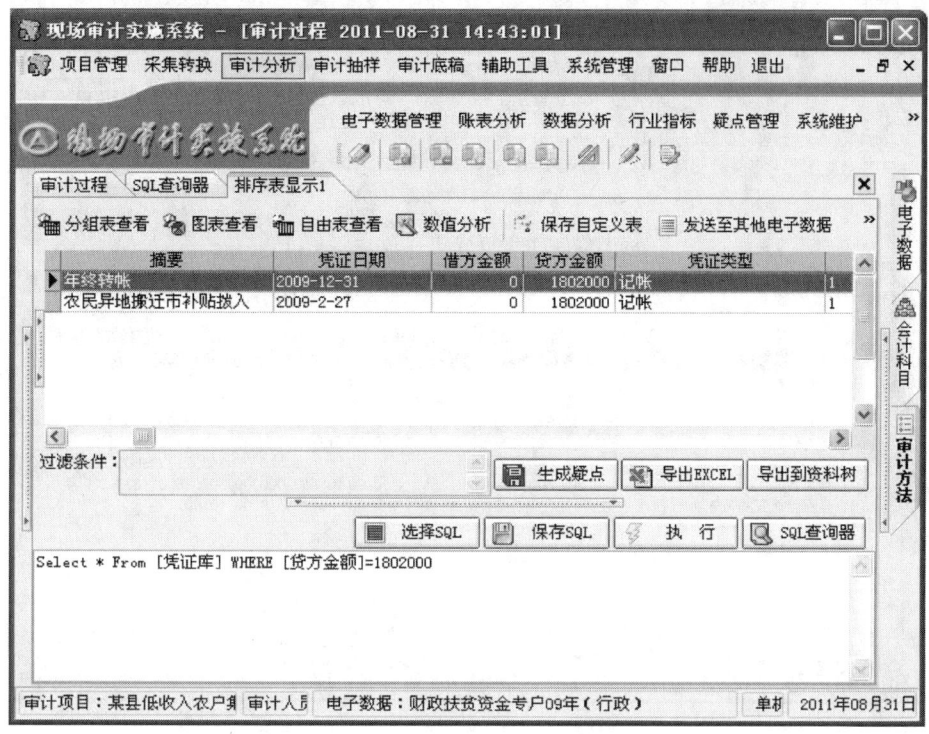

图 8-8

1. 审计思路

根据审计实施方案内容，利用 AO 科目明细账审查功能，根据检索的凭证摘要内容与项目资金安排文件逐笔核对，审查项目省、市、县资金是否已全部足额到位。

2. 审计步骤

步骤一：利用"AO 审计分析 - 账表分析 - 科目明细账审查"的功能，根据 2009 年、2010 年"拨入专款——小规模自然村搬迁资金"明细科目凭证摘要内容与项目资金安排文件逐笔核对审计项目省、市、地方补助资金是否已全部足额到位。如图 8-9、图 8-10 所示。

步骤二：比对完 2009 年、2010 年数据后，没有发现 2010 年地方配套资金 1500 万元入账，然后又审查了 2011 年的账。

3. 审计结果

县级财政配套 1500 万元资金尚未到位。

4. 应用 AO 功能点

本问题的分析使用了审计分析/账表分析/科目明细账审查等功能。

(四) 200 万元资金未专款专用

审计事项：资源环保审计/涉农专项审计/资金挤占挪用（新增）

150　AO 资源环保审计应用实例

图 8-9

图 8-10

1. 审计思路

根据审计实施方案内容，利用 AO 会计科目树展开功能审查，审计发现，小规模自然村搬迁资金支出明细账摘要是根据扶贫办资金结算、预拨发文号进行录入，审计可以利用 SQL 查询器编辑 SQL 语句将检索的凭证摘要内容与县扶贫办 2009 年至今已发文用于下山搬迁项目的资金结算文件号、预拨资金文件号进行比对，这样很容易查找是否存在资金没有用于下山搬迁项目。

2. 审计步骤

步骤一：分别打开"财政扶贫资金专户 09 年""财政扶贫资金专户 10 年"两个电子账套，利用会计科目树找到"专款支出——小规模自然村搬迁资金"科目，并双击打开明细账，利用发送至其他电子数据功能，分别将 2009 年、2010 年小规模自然村搬迁资金支出明细账发送至"财政扶贫资金账 09—10 年"电子账套，并分别保存名为"2009 年小规模自然村搬迁资金支出明细账""2010 年小规模自然村搬迁资金支出明细账"自定义表。如图 8 – 11、图 8 – 12 所示。

图 8 – 11

步骤二：进入"财政扶贫资金账 09—10 年"电子账套，将"2009 年小规模自然村搬迁资金支出明细账""2010 年小规模自然村搬迁资金支出明细账"两张自定义表利用语句生成一张自定义表"2009 至 2010 年小规模自然村搬迁资金支出明细账"。如图 8 – 13 所示。

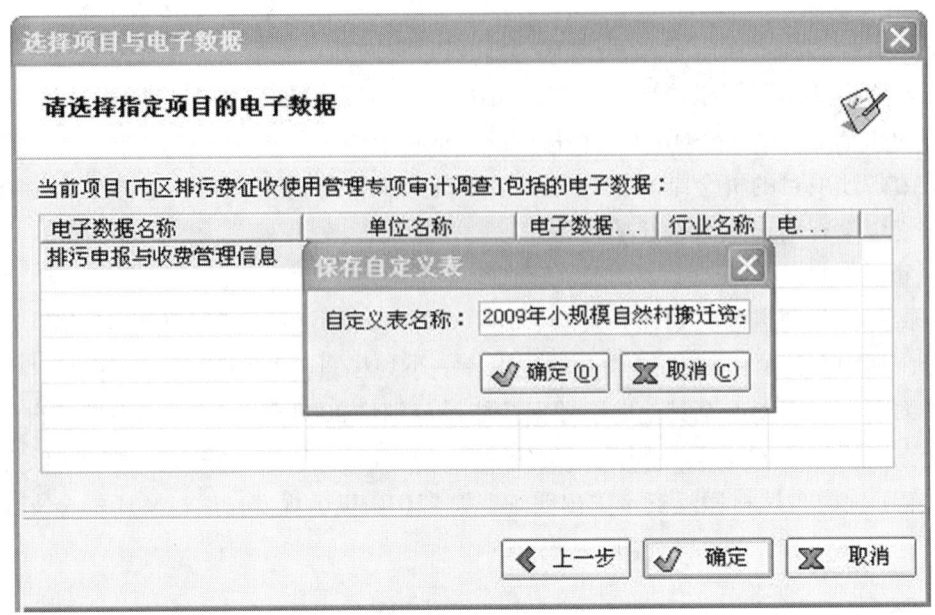

图 8-12

```
select * from [2009年小规模自然村搬迁资金支出明细账]
where [摘要] not like '%月计%' and [摘要] not like '%累计%' and [摘要]
not like '%年终转账%'
and [摘要] not like '%期初余额%'
union
select * from [2010年小规模自然村搬迁资金支出明细账]
where [摘要] not like '%月计%' and [摘要] not like '%累计%' and [摘要]
not like '%年终转账%'
and [摘要] not like '%期初余额%'
```

步骤三：审计发现下山搬迁项目结算文件号大多是"扶贫办［年份］编号"，预拨资金文件号是"搬迁［年份］编号"，利用 SQL 语句将"2009 至 2010 年小规模自然村搬迁资金支出明细账"摘要内容与县扶贫办 2009 年至今已发文的下山搬迁项目结算文件号、预拨资金文件号进行比对，若存在不符合小规模自然村搬迁项目资金预拨或结算文件号的，就可能存在将下山搬迁项目资金移作他用。执行过程和结果如图 8-14 所示。

实例八 低收入农户下山搬迁项目资金投入、管理使用情况审计

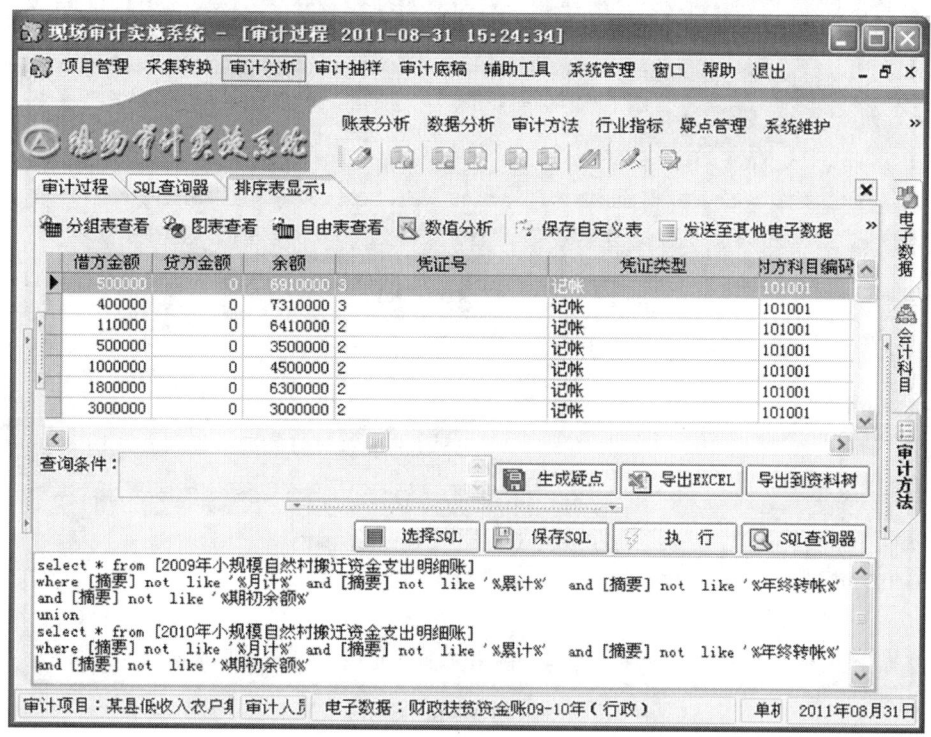

图 8-13

> select * from [2009 至 2010 年小规模自然村搬迁资金支出明细账]
> where [摘要] not like '%1 号%' and [摘要] not like '%14 号%' and [摘要] not like '%17 号%' and [摘要] not like '%22 号%' and [摘要] not like '%39 号%'

步骤四：从图 8-14 中明显看出有 4 条摘要的文件号与扶贫办 2009 年至今已发文的下山搬迁项目结算文件号、预拨资金文件号不一致，确定为审计疑点——落实。

3. 审计结果

最后核实，2009 年 7 月 29 日 4 号凭证在"专款支出——小规模自然村搬迁资金"中列支某县财政局扶贫小额信贷资金 200 万元，不符合财政专项资金专款专用的原则。另外，运用了科目明细账审查的功能查找发现了个别乡镇资金管理不够规范、尚有 960.17 万元资金未及时拨付等问题。

4. 应用 AO 功能点

本问题的分析使用了审计分析/账表分析/科目明细账审查；审计分析/数据分析/SQL 查询器等功能。

154　AO 资源环保审计应用实例

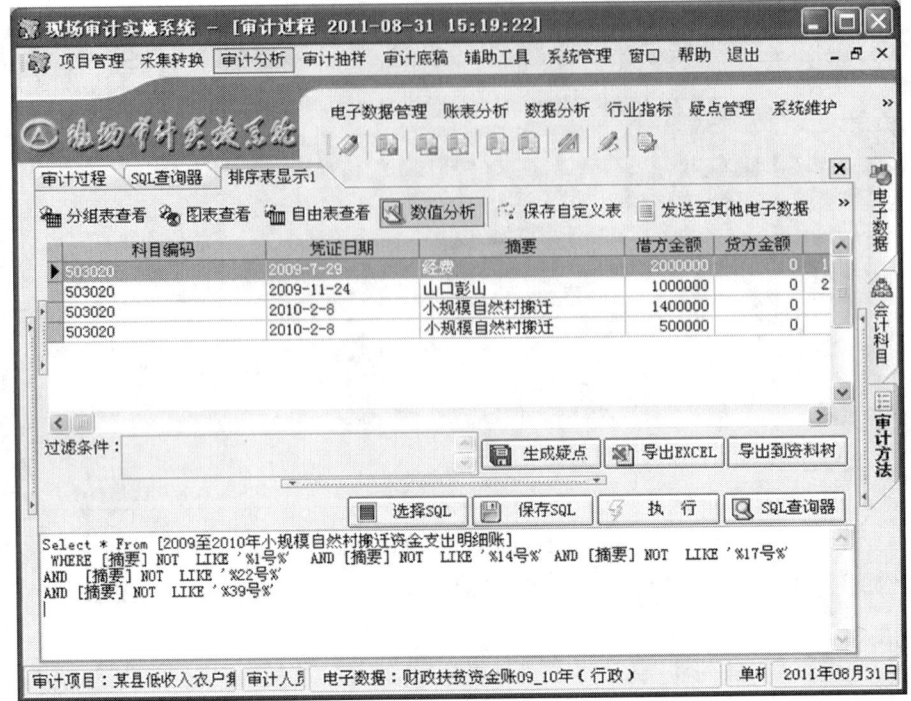

图 8-14

(五) 检查补助农户的补助金额的确定是否真实、准确

审计事项：资源环保审计/涉农专项审计/资金真实、准确性审查（新增）

1. 审计思路

以已录入到省扶贫管理系统中已搬迁农户的相关信息为标准，将从省扶贫管理信息系统中导出的已搬迁农户花名册明细表信息与抽查乡镇支出财务账上的原始发放明细清单进行比对，快速查出二者不一致的名单信息。若发现二者金额数据不一致，则进行延伸是否存在乡镇故意多付或少付补助金额给农户的情况，以审查补助农户的补助金额的确定是否真实、准确。

2. 审计步骤

步骤一：审计人员利用 SQL 语句将导入的两张已搬迁农户电子档案合并成一张电子档案表，并利用保存为自定义表功能将生成的表保存在用户自定义表下，命名为"已搬迁农户电子档案"。执行结果如图 8-15 所示。

```
select *
from [业务_源_新已搬迁农户电子档案09年]
union
select *
from [业务_源_新已搬迁农户电子档案10年]
```

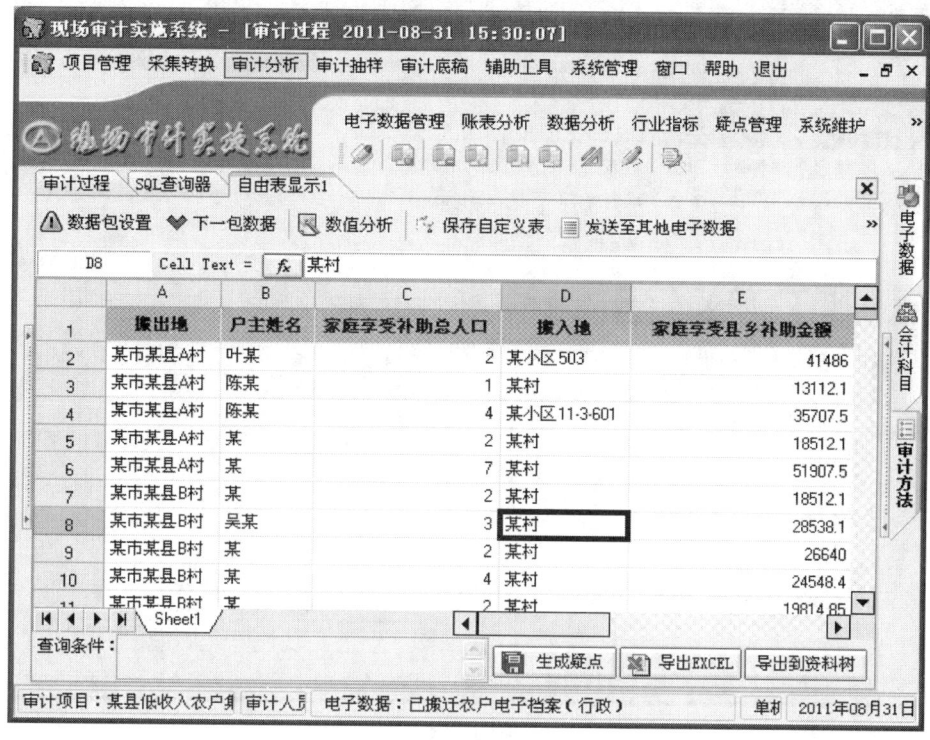

图 8-15

步骤二：审计人员根据需要，将抽查的四个乡镇的 2009 年、2010 年小规模自然村搬迁资金发放原始清单整理成 Excel 表格，导入到 AO 中，生成"业务_源_四个乡镇系统中农户财务账业务数据"中间表。

步骤三：审计人员利用 SQL 语句将"已搬迁农户电子档案"与"源_四个乡镇系统中农户财务账"两张表格利用农户姓名进行关联，查找出系统中金额与财务中金额不一致的农户名册。执行结果如图 8-16 所示。

  select [已搬迁农户电子档案].[搬出地],[已搬迁农户电子档案].[户主姓名],[已搬迁农户电子档案].[总补助金额] as 系统中金额,
  [业务_源_四个乡镇系统中农户财务账].[总补助金额] as 财务中金额
  from [已搬迁农户电子档案] left join [业务_源_四个乡镇系统中农户财务账]
  on [业务_源_四个乡镇系统中农户财务账].[户主姓名]=[已搬迁农户电子档案].[户主姓名]
  where [已搬迁农户电子档案].[总补助金额]<>[业务_源_四个乡镇系统中农户财务账].[总补助金额]

步骤四：从图 8-16 中明显看出有 4 个农户的系统金额与财务金额不一致，确定为审计疑点。

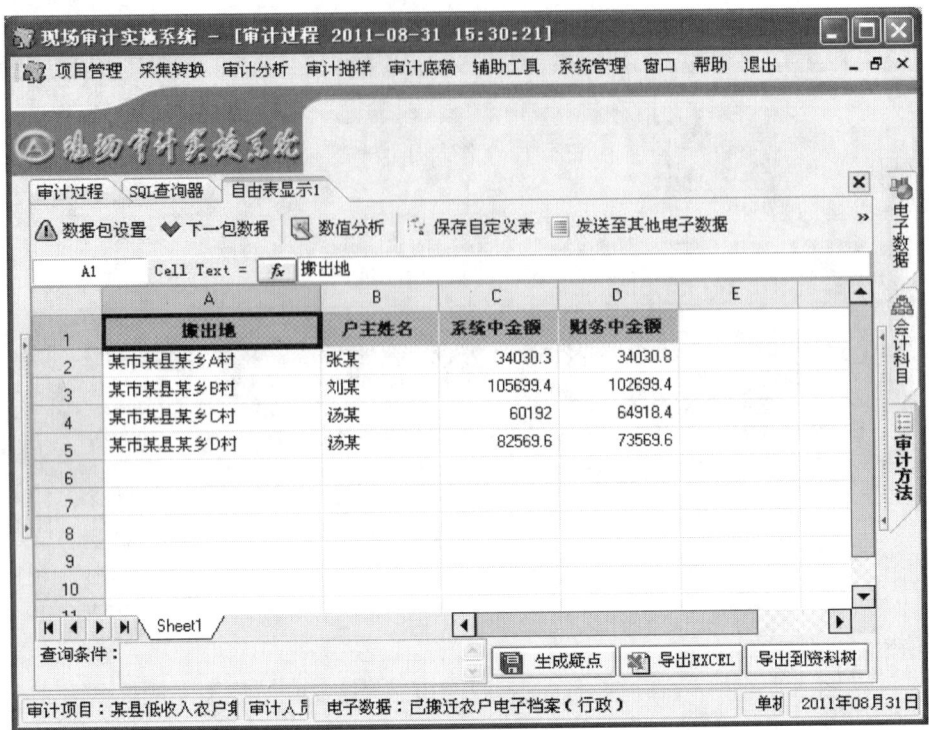

图 8-16

3. 审计结果

经核实，两个汤某系父子关系，但属于两户人家，两户的总金额与系统中两户的总金额一致，相关人员根据农村实际调整两家明细金额发放以避免纠纷，审计也在实际调查中予以证实。刘某农户系统中金额与财务中金额差 3000 元，系扶贫办人员输入错误；张某农户系统中金额与财务中金额差 0.5 元，系扶贫办人员输入错误。

4. 应用 AO 功能点

本问题的分析主要使用了审计分析/数据分析/SQL 查询器功能。

三、点评

本实例充分挖掘利用 AO 的多项菜单功能，利用排序表查看、图表查看功能对审计数据进行分析，从而发现县级财政投入偏少、农户负担偏重的问题；利用系统功能进行明细摘要的审查、会计科目明细浏览、两个账套的合并以及将生成的表保存成自定义表，从而快速审查资金到位、管理和使用情况，查出财政账务核算不正确等问题；利用 AO 功能编辑 SQL 语句将业务数据与财务数据进行比对，快速审查已补助农户的金额的真实性、准确性情况，查找出扶贫办人员将个别农户信息输入系统错误，系统管理不够完善等问题。

（浙江省丽水市青田县审计局　程木霞）

实例九

运用 AO 实施环境绩效审计显成效

一、项目背景

2007 年,国内某淡水湖蓝藻暴发引发了附近城市"供水危机",因而对该湖水污染的治理情况受到国内外广泛关注,更受到党和政府的高度重视。建设水环境污染源监控系统,是加大该湖流域水污染防治力度,切实改善水环境质量的重要基础性工作。污染源在线监控系统是水环境监控系统建设的重要组成部分,是水污染治理的重要监督手段。该系统的建成和使用,可以更加科学、准确、实时地掌握重点污染源的主要污染物排放数据、污染治理设施运行情况等与污染物排放相关的各类信息,及时发现并查处违法排污行为,并有利于环境监管工作的高效、规范。它所提供的信息是环境质量的"晴雨表",是环境治理的标尺,也是领导科学决策的重要依据。

2010 年 3 月至 9 月,某审计机关对该淡水湖流域污染源在线监控系统进行了绩效审计。该湖流域各市、县污染源在线监控系统由多家公司开发,各个系统功能也不尽相同。审计人员抽审的两市污染源在线监控系统由大禹公司开发,系统通过 GPRS 通信方式将水污染源、气污染源的在线监测信息(COD 采样数据、流量,二氧化硫排放信息)实时发送到监控中心进行显示。系统具有对各县市区环保局所控制单位进行实时监控、历史报警信息查询、原始数据查询、统计图表、远程控制等功能,后台为 SQL Server 数据库,两市备份数据容量约为 4GB。

二、审计过程

(一)在线监控系统数据在现场环境执法中的利用情况

审计事项:资源环保审计/环境污染治理/污染源在线监控系统审计(新增)

1. 审计思路

利用污染源在线监控系统对污染源超标排放污染物进行报警的功能，将超标报警信息与现场环境执法情况（采集相同年度内环保部门处理处罚企业清册）进行比对，从而检查环保部门是否利用污染源在线监控系统数据进行现场环境执法。

2. 审计步骤

步骤一：连接污染源基本信息表和报警表，查询超标排放 COD（化学需氧量）的企业信息和报警信息。

（1）查询超标排放报警编号。

```
select [报警类型编号] into 超标编号 from [源_报警类型字典表] where [报警类型名称] = '超标'
```

（2）查询废水污染物（化学需氧量）代码。

```
select [污染物编码] into 化学需氧量代码 from [源_废水污染物代码表] where [名称] = '化学需氧量'
```

（3）筛选 2009 年 1 月至 5 月超标排放废水污染物（化学需氧量）企业信息、报警信息，执行结果如图 9-1 所示。

图 9-1

```
select [源_污染源基本信息表].[污染源编码],[源_污染源基本信息表].[污染源名称],[源_报警表].接受报警时间,[源_报警表].[接受报警日期],[源_报警表].报
```

警值 into 超标排污企业 from [源_污染源基本信息表] inner join [源_报警表] on [源_污染源基本信息表].[污染源编码] = [源_报警表].[污染源编号] where [源_报警表].因子名称 = "011" and [源_报警表].报警类型编号 = "1001" and [源_报警表].接受报警时间 between #2009/1/1# and #2009/5/31#

步骤二：将上述超标报警企业信息与行政处罚情况进行比对，审查环保部门是否对污染源在线监控超标报警的企业进行过行政处罚。

select * into 报警企业处罚表 from [源_行政处罚汇总表] inner join [超标排污企业] on [源_行政处罚汇总表].[被处罚相对人名称] = [超标排污企业].[污染源名称]

步骤三：将上述受到行政处罚的超标报警企业超标报警时间与行政处罚决定书中的检查时间对比，检查是否利用污染源在线监控超标报警数据进行行政处罚。执行结果如图 9-2 所示。

select * into 利用报警信息处罚表 from [报警企业处罚表] where [检查时间] = [接受报警日期]

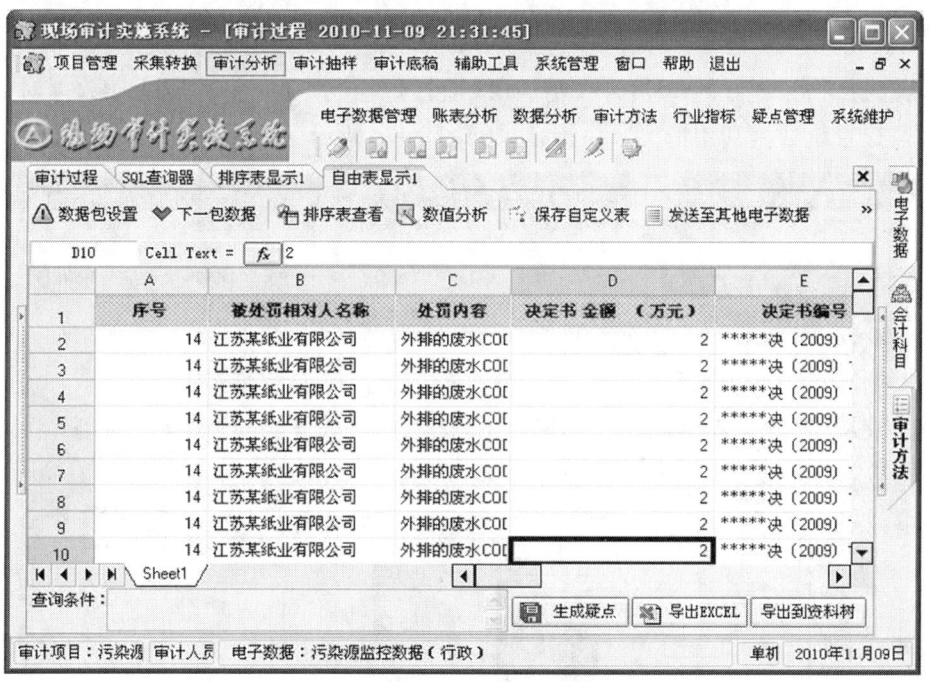

图 9-2

3. 审计结果

污染源在线监控系统数据未在现场环境执法中利用。

4. 应用 AO 功能点

本问题的分析使用了审计分析/数据分析/SQL 查询器等功能。

（二）在线监控系统数据在环境统计中的利用情况

审计事项：资源环保审计/环境污染治理/污染源在线监控系统审计（新增）

1. 审计思路

从环保部门环统系统中取得 2008 年环境统计数据，与在线监控系统数据进行比对，分析在线监控系统数据在环境统计中是否得到利用。

2. 审计步骤

步骤一：筛选 2008 年 1 月至 12 月 COD 总排放量数据不为零的情况，生成新表 COD 数据全。

```
select * from [源_'2008年在线监控系统数据'] where [企业代码] in (select [企业代码] from [源_'2008年在线监控系统数据'] where [cod月总排放量] < >0 group by [企业代码] having count( * ) =12)
```

步骤二：汇总每个企业 2008 年 COD 在线监控数据。

```
select[企业名称],sum([cod月总排放量]) as cod年数据 from [cod数据上报全] group by [企业名称]
```

步骤三：将整理好的 2008 年 COD 在线监控数据与 2008 年环境统计数据对比，分析在线监控系统数据利用情况，执行结果如图 9-3 所示。

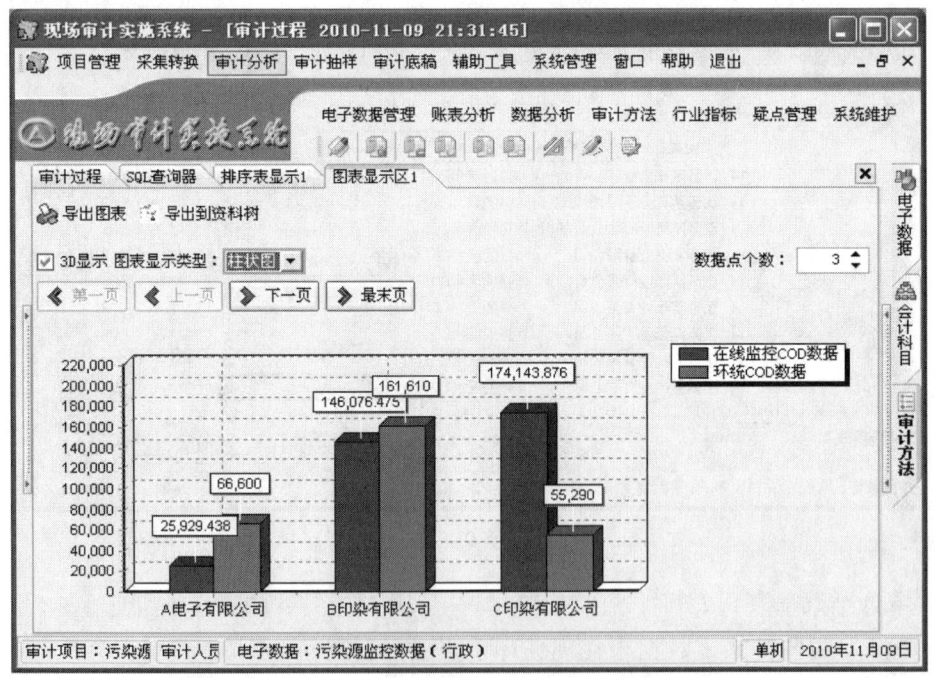

图 9-3

> select [2008年企业在线监控cod数据表].[企业名称],[2008年企业在线监控cod数据表].[cod年数据] as 在线监控cod数据,[源_'2008年环境统计表'].[化学需氧量] as 环统cod数据 from [2008年企业在线监控cod数据表] inner join [源_'2008年环境统计表'] on [2008年企业在线监控cod数据表].[企业名称]=[源_'2008年环境统计表'].[企业详细名称]

3. 审计结果

如图9-3，在线监控系统数据与环境统计数据存在较大差距，没有作为环境统计的依据。

4. 应用AO功能点

本问题的分析使用了审计分析/数据分析/SQL查询器；审计分析/数据分析/图表分析工具等功能。

(三) 在线监控系统数据在排污费征收中的利用情况

审计事项：资源环保审计/环境污染治理/污染源在线监控系统审计（新增）

1. 审计思路

从环保部门排污费征收系统中取得2008年排污费征收表，与在线监控系统数据进行比对，分析在线监控系统数据在排污费征收中是否得到利用。

2. 审计步骤

步骤一：将上述整理好的2008年企业在线监控COD数据表与2008年排污费征收数据对比，分析在线监控系统数据利用情况。执行结果如图9-4所示。

图9-4

> select [2008年企业在线监控cod数据表].[企业名称],[2008年企业在线监控cod数据表].[cod年数据] as 在线监控cod数据,[源_'2008年排污费征收表'].[cod]as 排污费征收cod数据 from [2008年企业在线监控cod数据表] inner join [源_'2008年排污费征收表'] on [2008年企业在线监控cod数据表].[企业名称] =[源_'2008年排污费征收表'].[单位名称]

3. 审计结果

如图9-4，在线监控系统数据与排污费征收数据存在较大差距，没有作为排污费征收的依据。

4. 应用AO功能点

本问题的分析使用了审计分析/数据分析/SQL查询器等功能。

（四）在线监控系统数据在排污许可证发放中的利用情况

审计事项：资源环保审计/环境污染治理/污染源在线监控系统审计（新增）

1. 审计思路

从环保部门取得2008年排污许可证发放数据表，与在线监控系统数据进行比对，分析在线监控系统数据在排污许可证发放中是否得到利用。

2. 审计步骤

步骤一：将上述整理好的2008年企业在线监控COD数据表与2008年排污许可证发放数据对比，分析在线监控系统数据利用情况。执行结果如图9-5所示。

图9-5

```
select [序号],[2008年企业在线监控cod数据表].[企业名称],[2008年企业在线监控cod数据表].[cod年数据] as 在线监控cod数据,[源_'2008年许可证发放表'].[cod审批量吨] as 许可证发放cod数据 from [2008年企业在线监控cod数据表] inner join [源_'2008年许可证发放表'] on [2008年企业在线监控cod数据表].[企业名称] = [源_'2008年许可证发放表'].[企业名称]
```

3. 审计结果

在线监控系统数据与排污许可证发放数据存在较大差距，没有作为排污许可证发放的依据。审计发现，污染源在线监控系统数据利用率低，尚未作为环保部门进行排污许可证发放、环境统计、排污费征收和现场环境执法等环境监督管理的依据。

针对上述问题，审计人员产生了疑问，污染源在线监控系统数据利用率低的原因又是什么呢？于是审计人员开动脑筋，想方设法，再次发挥 AO 强大的查询、筛选、比对分析优势，很快找出了制约系统发挥作用的原因，为太湖流域新的污染源在线监控系统建设提出了合理化建议。

4. 应用 AO 功能点

本问题的分析使用了审计分析/数据分析/SQL 查询器等功能。

（五）自动监控设备准确性不高

审计事项：资源环保审计/环境污染治理/污染源在线监控系统审计（新增）

1. 审计思路

排污企业自动监控设备是污染源在线监控系统的基础和核心，直接影响在线监控系统数据的准确性。审计人员从环境监测站取得 2008 年 1 至 4 季度比对监测数据，分析自动监控设备的准确性。

2. 审计步骤

步骤一：汇总 2008 年度 1 至 4 季度比对监测结果，执行结果如图 9-6 所示。

```
select * from [源_'2008年第一季度比对监测表']
union
select * from [源_'2008年第二季度比对监测表']
union
select * from [源_'2008年第三季度比对监测表']
union
select * from [源_'2008年第四季度比对监测表']
```

步骤二：分析比对监测结果及自动监控设备不准确的原因。

（1）求总次数。

```
select count(*) as 总次数 from [比对监测汇总表]
```

图 9 – 6

（2）查询比对监测结果，如图 9 – 7 所示。

select [结果], count(*) as 次数, count(*)/52 as 比率 from [比对监测汇总表] group by [结果]

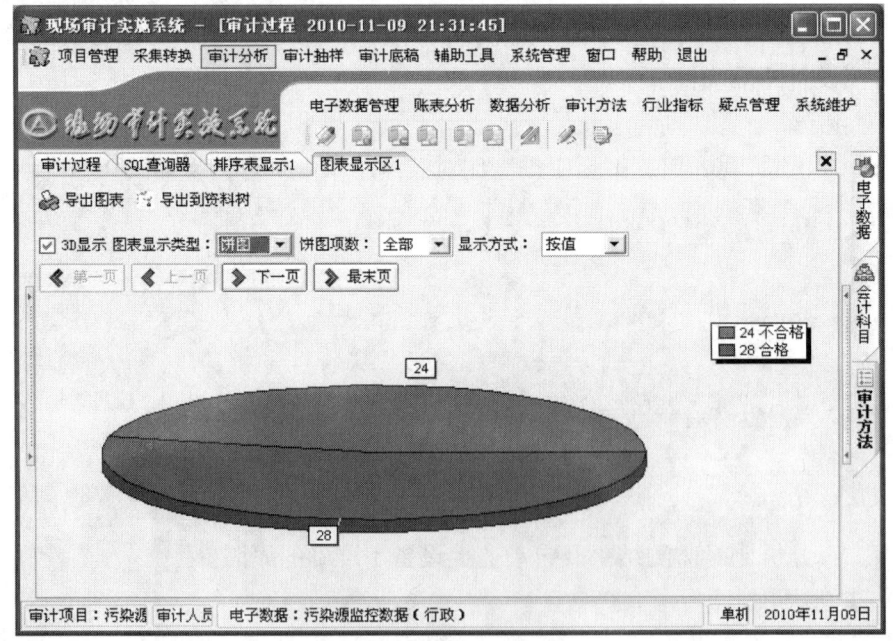

图 9 – 7

(3) 分析自动监控设备不合格的原因，如图 9-8 所示。

select [原因], count(*) as 次数, count(*)/24 as 比率 from [比对监测汇总表] where [结果] ='不合格' group by [原因]

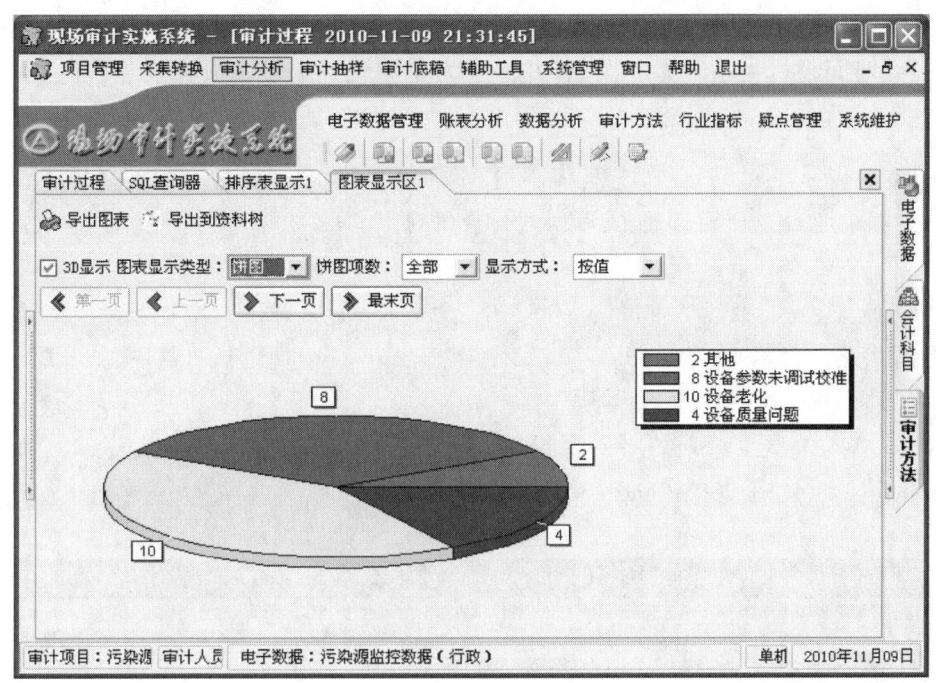

图 9-8

3. 审计结果

2008 年比对监测结果显示，COD 自动监控设备合格率仅为 54%，其中设备本身质量问题占 17%，设备老化未及时更新占 42%，设备参数未调试校准占 33%，其他占 8%。

4. 应用 AO 功能点

本问题的分析使用了审计分析/数据分析/SQL 查询器；审计分析/数据分析/图表分析工具等功能。

(六) 企业设备故障发生频繁

审计事项：资源环保审计/环境污染治理/污染源在线监控系统审计（新增）

1. 审计思路

污染源在线监控系统对设备发生故障具有报警的功能。环保部门工作人员发现在线监控系统发出故障报警信息后，应立即开具故障排除任务单，及时督促企业修复故障，确保数据的准确性。利用 AO 查询分析对比功能，分析企业故障的发生情况以及环保部门管理是否到位。

2. 审计步骤

步骤一：查询企业现场端设备故障发生总体情况。从污染源在线监控系统中取得数采仪表、设备表及仪器故障情况统计表，将三表关联，查询在线监控企业现场端设备2008年4月18日至2009年6月15日的故障发生时间、恢复时间以及故障持续时间（注：持续时间超过4小时算一次），并保存为企业现场端设备故障发生表。查询结果如图9-9所示。

select［源_数采仪表］.企业名称，［源_设备表］.仪器名称，［源_仪器故障表］.故障时间，［源_仪器故障表］.恢复时间，（［恢复时间］-［故障时间］）*24 as 故障持续时间

from （［源_仪器故障表］inner join ［源_设备表］on ［源_仪器故障表］.仪器编号=［源_设备表］.仪器编号）inner join ［源_数采仪表］on ［源_仪器故障表］.数采仪编号 = ［源_数采仪表］.数采仪编号

where （（（（［恢复时间］-［故障时间］）*24）>4）and （（［源_仪器故障表］.故障时间）between #4/18/2008# and #6/15/2009#））

图9-9

步骤二：对新生成的企业现场端设备故障发生表进行汇总、分组、排序，查询企业现场端设备故障发生总次数以及每个企业的故障发生次数，并降序排列。查询结果

如图 9-10、图 9-11 所示。

```
select count( * ) from [企业现场端设备故障发生表]
```

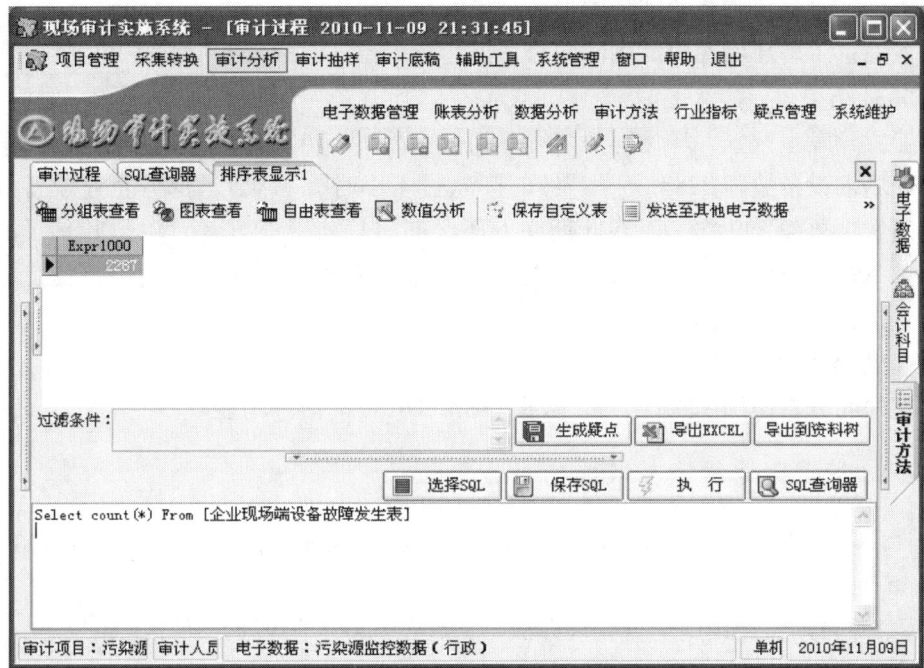

图 9-10

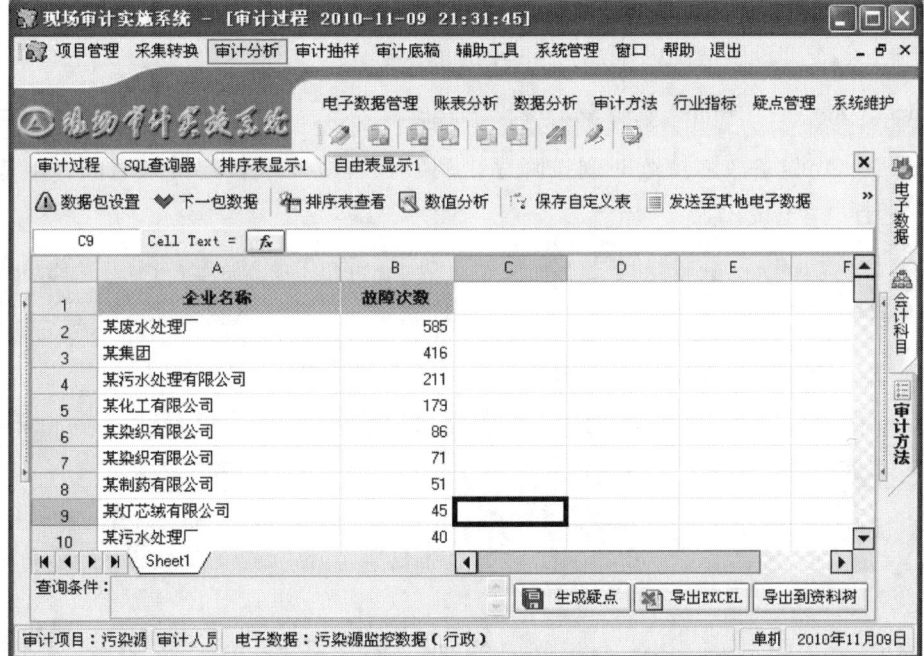

图 9-11

```
select [企业名称], count(*) as 故障次数 from [企业现场端设备故障发生表]
group by [企业名称] order by count(*) desc
```

将查询结果保存为企业现场端设备故障发生次数表。

步骤三：了解环保部门此期间向第三方运营单位开具故障排除任务单情况。

3. 审计结果

企业故障发生频繁，环保部门监管不到位。2008 年 4 月 18 日至 2009 年 6 月 15 日期间，现场端设备故障 2287 次（持续时间超过 4 小时算一次）。部分企业设备故障频发，最高发生故障 599 次。而在此期间，环保部门只向第三方运营单位开具了故障排除任务单 206 次。此外，监控系统中数个监测点出现"试剂用尽"的报警信息，使现场端设备正常运行受到影响。

4. 应用 AO 功能点

本问题的分析使用了审计分析/数据分析/SQL 查询器等功能。

（七）企业故障排除不及时

审计事项：资源环保审计/环境污染治理/污染源在线监控系统审计（新增）

1. 审计思路

《污染源自动监控设施运行管理办法》（环发〔2008〕6 号）第十五条规定："污染源自动监控设施的维修、更换，必须在 48 小时内恢复自动监控设施正常运行"。利用 AO 查询分析对比功能，审查企业故障的修复情况。

2. 审计步骤

步骤一：查询设备故障时间超过 48 小时的次数。

```
select count(*) from [企业现场端设备故障发生表] where [故障持续时间] > 48
```

步骤二：将设备故障持续时间按降序排列，查看故障最长的持续时间，生成企业故障持续时间降序表。

```
select * from [企业现场端设备故障发生表] where [故障持续时间] > 48 order by [故障持续时间] desc
```

步骤三：查询设备至审计时尚未修复情况，查询结果如图 9 - 12 所示。

```
select [源_数采仪表].企业名称, [源_设备表].仪器名称, [源_仪器故障表].故障时间, [源_仪器故障表].恢复时间
    from ([源_仪器故障表] inner join [源_设备表] on [源_仪器故障表].仪器编号 = [源_设备表].仪器编号) inner join [源_数采仪表] on [源_仪器故障表].数采仪编号 = [源_数采仪表].数采仪编号
    where [源_仪器故障表].故障时间 between #4/18/2008# and #6/15/2009# and [源_仪器故障表].恢复时间 is null
```

图 9-12

3. 审计结果

企业故障排除不及时。2008 年 4 月 18 日至 2009 年 6 月 15 日，企业设备故障超过 48 小时的共有 337 次；部分企业故障持续时间较长，最长时间达 4658 小时。同时，仍有 29 台监控设备至审计时尚未修复。

4. 应用 AO 功能点

本问题的分析使用了审计分析/数据分析/SQL 查询器等功能。

（八）自动监控数据不完整

审计事项：资源环保审计/环境污染治理/污染源在线监控系统审计（新增）

1. 审计思路

《污染源自动监控设施运行管理办法》（环发〔2008〕6 号）第十五条规定："设施不能正常运行期间，要采取人工采样监测的方式报送数据，数据报送每天不少于 4 次，间隔不得超过 6 小时。"审计人员拟查看在污染源在线监控系统没有数据的情况下，是否采用人工采样监测的方式报送数据。

2. 审计步骤

步骤一：查看 2008 年污染源在线监控系统中没有数据的情况，如图 9-13 所示。

select * from [源_'2008 年在线监控系统数据'] where [cod 月总排放量]=0

图 9-13

步骤二：调查了解企业没有上报数据时，是否采用人工采样监测方式报送数据。

3. 审计结果

在线监控系统无数据期间，企业并未按规定实施人工采样监测方式报送数据，形成了在线监控盲点，造成自动监控数据的不完整。此外，自动监控数据应用的前提条件是设备经过计量部门的强制检定和数据经过环保部门的有效性审核。但审计发现，这两项工作尚未全面推开。为此，审计建议逐步完善不合格设备淘汰更新机制，落实保障经费，确保验收不合格、不能通过强制检定与比对监测和不能正常运行的设备及时淘汰更新；加大监督管理力度，完善第三方运营工作机制；加强第三方运营监督考核，全面开展强制检定、比对监测和有效性审核工作；加强污染源在线监控技术和管理方面的人员培训，提高专业管理水平。

4. 应用 AO 功能点

本问题的分析使用了审计分析/数据分析/SQL 查询器等功能。

（九）新建污染源在线监控系统投资概算编制的准确性

审计事项：资源环保审计/环境污染治理/污染源在线监控系统审计（新增）

1. 审计思路

从环保部门取得新建污染源在线监控系统投资概算编制表，审查概算的准确性。

2. 审计步骤

步骤一：查询新系统概算编制中重复的企业情况，查询结果如图 9-14 所示。

select * from [源_重点污染源企业申报情况表] where [污染源企业名称] in (select [污染源企业名称] from [源_重点污染源企业申报情况表] group by [污染源企业名称] having count(*)>1) order by [污染源企业名称]

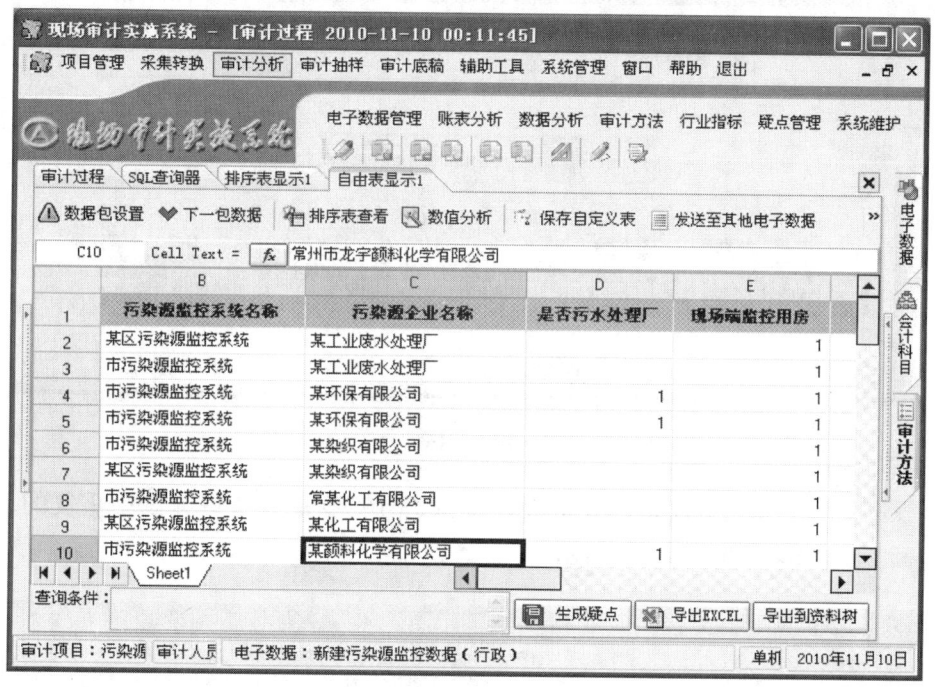

图 9-14

步骤二：计算新系统概算编制中重复的现场端设备数。

（1）查询新建系统概算编制中各企业的重复次数。

select [污染源企业名称], count(*) as 重复次数 from [源_重点污染源企业申报情况表] group by [污染源企业名称] having count(*)>1 order by [污染源企业名称]

（2）计算新建系统概算编制中重复的现场端设备数，计算结果如图 9-15 所示。

select sum([现场端监控用房])/2 as 现场端用房重复数, sum([cod])/2 as cod 重复数, sum([流量计])/2 as 流量计重复数, sum([数采仪])/2 as 数采仪重复数, sum([氨氮自动监测仪])/2 as 氨氮重复数, sum([总磷自动监测仪])/2 as 总磷重复数, sum([ph 计])/2 as ph 计重复数, sum([固定视频监控])/2 as 固定视频监控重复数, sum([转动视频监控])/2 as 转动视频监控重复数, sum([采样仪])/2 as 采样仪重复数, sum([电控阀门])/2 as 电控阀门重复数, sum([总铜在线监测仪])/2 as 总铜在线监测仪重复数 from [新系统申报表中重复企业情况]

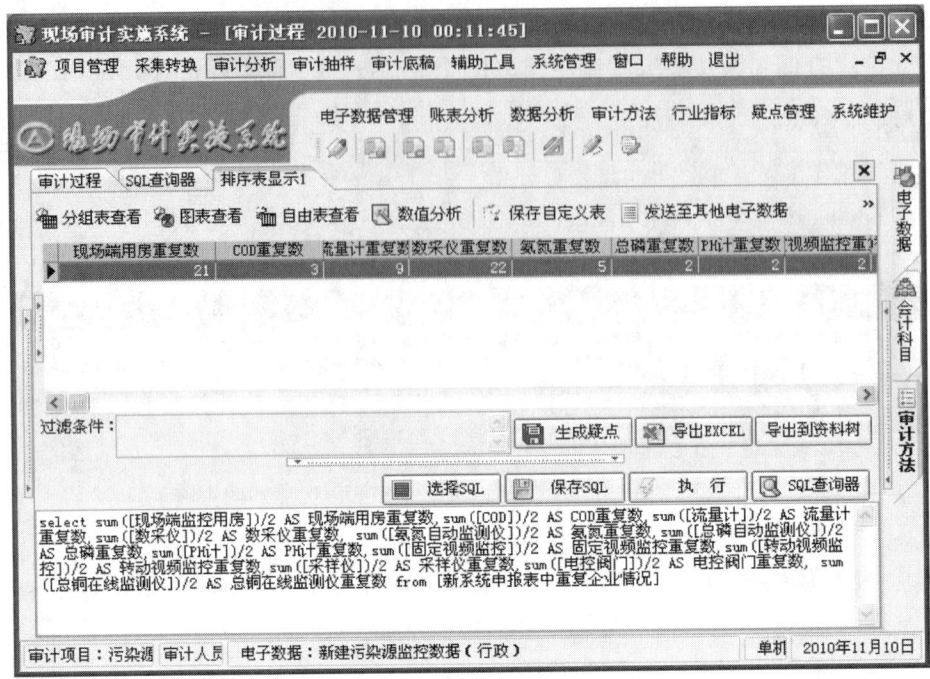

图 9-15

步骤三：将上述各类设备数分别乘以单价，计算新系统概算编制中重复的现场端设备金额。计算结果如图 9-16 所示。

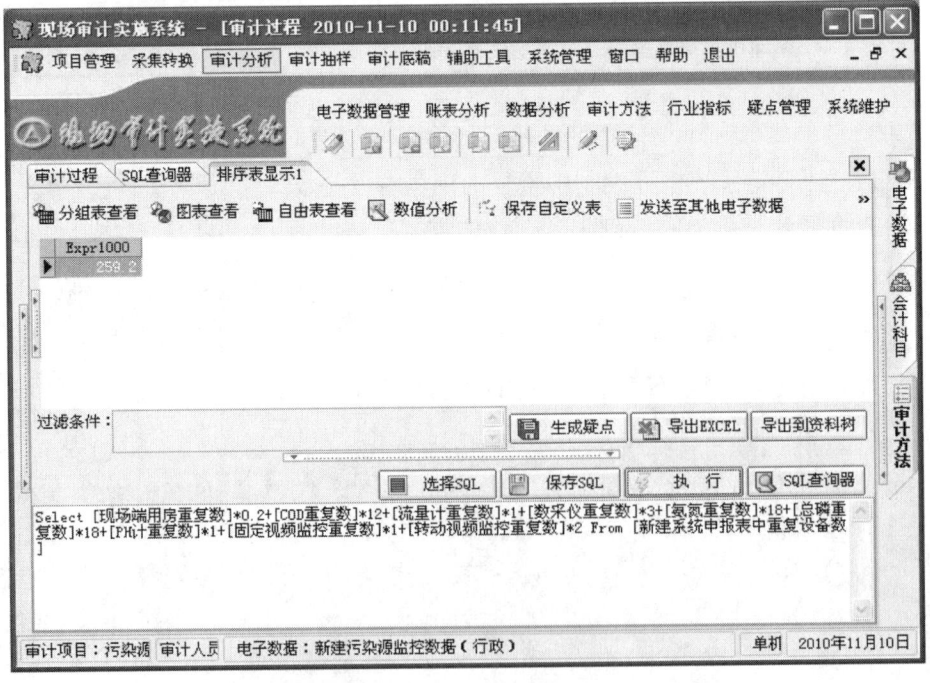

图 9-16

```
select [现场端用房重复数]*0.2+[cod重复数]*12+[流量计重复数]*1+[数
采仪重复数]*3+[氨氮重复数]*18+[总磷重复数]*18+[ph计重复数]*1+[固
定视频监控重复数]*1+[转动视频监控重复数]*2 from [新建系统申报表中重复设
备数]
```

3. 审计结果

新建系统投资概算编制不规范、不准确,22家重点污染源企业重复申报,涉及建设投资259.2万元。

4. 应用AO功能点

本问题的分析使用了审计分析/数据分析/SQL查询器等功能。

(十) 新系统与国控项目重复申报情况

审计事项:资源环保审计/环境污染治理/污染源在线监控系统审计(新增)

1. 审计思路

2007年,环保部统一实施了全国国控重点污染源自动监控能力建设项目(以下简称国控项目);2007年8月,省级上报建设方案并通过环保部论证;同年12月,省财政厅已下达了国控项目国家和省级财政补助资金。利用AO对比分析功能,查看新系统与国控项目重复的情况。

2. 审计步骤

步骤一:整理重点污染源企业申报表,将概算编制中重复的企业名单去除,生成新表。

```
select distinct [污染源企业名称],[是否污水处理厂],[现场端监控用房],[cod],
[流量计],[数采仪],[氨氮自动监测仪],[总磷自动监测仪],[ph计],[固定视频监
控],[转动视频监控],[采样仪],[电控阀门],[总铜在线监测仪] into [重点污染源企
业申报表] from [源_重点污染源企业申报情况表]
```

步骤二:从环保部门取得国控项目资料,汇总2007年国控项目名单。如图9-17所示。

```
select * from [源_A市国控污染源监控系统名单]
union
select * from [源_B市国控污染源监控系统名单]
union
select * from [源_C市国控污染源监控系统名单]
union
select * from [源_D市国控污染源监控系统名单]
```

union
select * from [源_E市国控污染源监控系统名单]

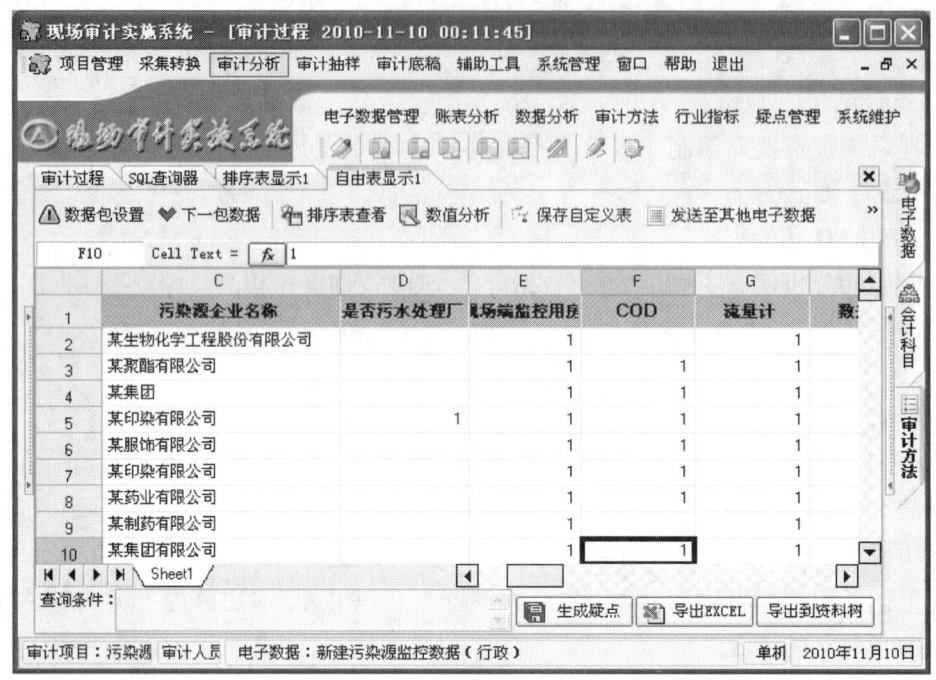

图 9-17

步骤三：将新系统申报表与国控项目比较，查询新系统重复申报情况。

（1）查询重复企业名单，如图 9-18 所示。

Select [重点污染源企业申报表整理].*
From [五市国控重点源名单汇总] inner join [重点污染源企业申报表整理] on [五市国控重点源名单汇总].[污染源企业名称] = [重点污染源企业申报表整理].[污染源企业名称]

（2）计算各类设备重复数。

select sum([现场端监控用房]) as 监控用房重复数, sum([cod]) as cod重复数, sum([流量计]) as 流量计重复数, sum([数采仪]) as 数采仪重复数, sum([氨氮自动监测仪]) as 氨氮重复数, sum([总磷自动监测仪]) as 总磷重复数 from [新建系统与国控项目重复名单]

（3）计算重复设备金额，执行结果如图 9-19 所示。

select [监控用房重复数]*0.2+[cod重复数]*12+[流量计重复数]*1+[数采仪重复数]*3+[氨氮重复数]*18+[总磷重复数]*18 from [新建系统与国控项目重复设备数]

图 9-18

图 9-19

（注：国控项目仅补助监控用房、COD、流量计、数采仪、氨氮自动监测仪、总磷自动监测仪。）

3. 审计结果

经查询，发现有 131 家重点污染源企业重复申报建设投资 2485 万元。

4. 应用 AO 功能点

本问题的分析使用了审计分析/数据分析/SQL 查询器等功能。

（十一）新系统与已建项目重复申报情况

审计事项：资源环保审计/环境污染治理/污染源在线监控系统审计（新增）

1. 审计思路

省环保厅编制的新系统初步设计报告报省发改委审批时，未反映已完投资情况。审计人员拟将新系统申报表与已经建设完成项目情况比较，查看是否存在已经建成的项目重复申报投资的问题。

2. 审计步骤

步骤一：取得已完成项目建设投资表，将新系统申报表与已完成项目建设投资表进行比对，生成新表，查询结果如图 9－20 所示。

```
select［重点污染源企业申报表整理］.*
from［源_现场端已建情况表］inner join［重点污染源企业申报表整理］on［源_现场端已建情况表］.［污染源企业名称］=［重点污染源企业申报表整理］.［污染源企业名称］
```

图 9－20

步骤二：计算重复设备数。

select sum([现场端监控用房]) as 现场端用房重复数,sum([cod]) as cod重复数,sum([流量计]) as 流量计重复数,sum([数采仪]) as 数采仪重复数,sum([氨氮自动监测仪]) as 氨氮重复数,sum([总磷自动监测仪]) as 总磷重复数,sum([ph计]) as ph计重复数,sum([固定视频监控]) as 固定视频监控重复数,sum([转动视频监控]) as 转动视频监控重复数,sum([采样仪]) as 采样仪重复数,sum([电控阀门]) as 电控阀门重复数, sum([总铜在线监测仪]) as 总铜在线监测仪重复数 from [新建系统申报与已建项目对比]

步骤三：计算重复设备金额，计算结果如图9-21所示。

select [现场端用房重复数]*0.2+[cod重复数]*12+[流量计重复数]*1+[数采仪重复数]*3+[氨氮重复数]*18+[总磷重复数]*18+[ph计重复数]*1+[固定视频监控重复数]*1+[转动视频监控重复数]*2 +[电控阀门重复数]*2 from [新建系统申报与已建项目重复设备数]

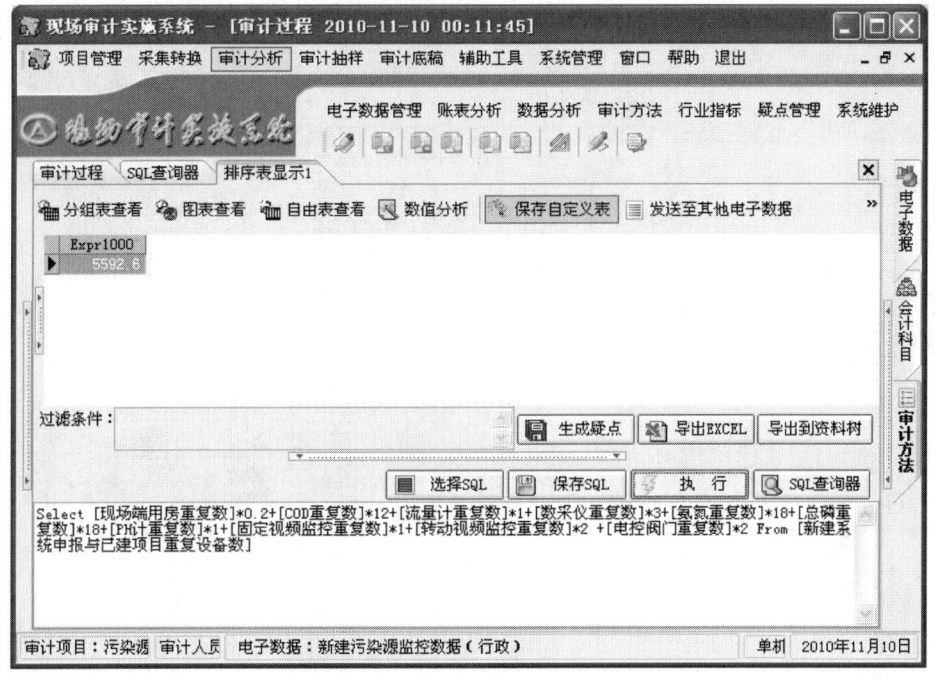

图9-21

3. 审计结果

省环保厅编制的新系统初步设计报告报省发改委审批时，已有3107.6万元（5592.6万元减去国控项目重复2485万元）污染源企业自动监控设备及用房建设投资已经完成。此外，审计还发现监控中心也存在重复申报的情况，为此，审计机关要求省环保厅应将编制概算中建设任务重复、重复申报、未如实申报取得的省级补助资金退回省财政。

4. 应用 AO 功能点

本问题的分析使用了审计分析/数据分析/SQL 查询器等功能。

三、点评

本实例采用事前审计和事后审计相结合的审计方法。事后审计关注现有污染源在线监控系统的运行绩效，大量运用对比分析法，利用 AO 的比对、筛选、查询、图表分析功能，从现场环境执法、环境统计、排污费征收、排污费许可证发放等多个方面，多角度对现有系统的运行效果进行评价，利用 AO 的强大功能探寻到制约污染源在线监控系统发挥作用的原因，提出了合理化建议。事前审计关注新系统的建设绩效，同样利用 AO 查询、筛选、比对、计算等功能，发现新系统建设投资概算存在不真实性、不准确性的问题。

（江苏省审计厅　陈晓红　郭建鑫　卢雅静）

实例十

利用 GPS 数据开展区域性大面积
支农项目计算机审计

一、项目背景

近几年在区域性大面积支农项目审计中，面对检查对象点多、线长、面广和缺乏操作性的特点，难以根据项目实际情况分析项目的真实性、合规性。为解决这一问题，在对某省支农专项资金审计调查中，审计组把如何掌握地理状况、测量实地面积、核实补贴依据作为审计的一项重要任务来完成。

某县退耕还林、退牧还草项目多数在中部干旱带实施，其年均降雨量小于 300 毫米，林地种植以柠条、花棒等低灌、草为主，而草原恢复也以柠条、花棒、沙打旺、甘草等草本植物为主，林地和草地之间没有明显界定特征。退耕还林项目由林业部门负责实施，退牧还草项目由农业部门负责实施，两个部门之间未建立沟通机制，退耕还林和退牧还草项目区域有可能存在交叉、重复。

经过调查，在我国农、林业部门广泛应用 GPS 技术进行定位和测量。GPS 卫星定位系统由 24 颗卫星构成，目前向民用开放，应用 GPS 定位仪，接收 3 颗以上的卫星信号就可以确定自己的经纬度。退耕还林实施前必须采用 GPS 坐标点绘图并量算面积，进行规划。验收时还要利用 GPS 定位技术进行面积测量，并记录退耕还林地名、编号、GPS 定位坐标、面积、造林类别等信息。退牧还草围栏工程验收时，利用 GPS 定位技术对围栏面积进行测量，并记录 GPS 定位坐标、绘制围栏图形。退耕还林与退牧还草项目在验收时，都利用 GPS 定位技术测量各自面积，详细记录了 GPS 坐标点数据。所不同的是，由于退耕还林每块区域面积相对较小，因此用一个坐标点表示，同时标注面积数；而退牧还草围栏区域用多个坐标点围成一个封闭的图形表示，同时也标注面积。

通过分析可以认定，如果退耕还林的 GPS 坐标点，落在退牧还草围栏区域各 GPS

坐标点围成的封闭图形范围之内，说明退耕还林和退牧还草项目区域重复，即一个地块上既享受了退耕还林补贴，又享受了退牧还草补贴。依次确定重复面积，计算获取的补贴。

二、审计过程

（一）一个地块上既享受了退耕还林补贴，又享受了退牧还草补贴

审计事项：资源环保审计/土地资源/土地资源状况

1. 审计思路

审计组确定了先分析，再对比，然后确定方法的审计思路，即分析退耕还林、退牧还草验收方法，对比设计、验收流程异同点，找出核实退耕还林和退牧还草项目区域重复、交叉的方法。

2. 审计步骤

核实该问题主要使用两张表，一是退耕还林完成情况表（简称LYGPS）。主要字段有：编号（bh），年份（nf），位置（wz），类型（type），面积（area），GPS点横坐标（x），GPS点纵坐标（y）。二是历年退牧还草围栏GPS坐标表，主要字段有：编号（bh），年份（nf），位置（wz），第一个GPS点横坐标（X1），第一个GPS点纵坐标（Y1），第二个GPS点横坐标（X2），第二个GPS点纵坐标（Y2），第三个GPS点横坐标（X3），第三个GPS点纵坐标（Y3），第四个GPS点横坐标（X4），第四个GPS点纵坐标（Y4）。

步骤一：坐标点排序。由于取得的退牧还草围栏GPS坐标点随机排列，为判断退耕还林GPS坐标点是否在退牧还草围栏四个GPS坐标点围成的闭合四边形（实际应用中为凸四边形）内，需要对退牧还草围栏GPS坐标表的四个点进行排序，使得第一点→第二点→第三点→第四点→第一点围成一个凸四边形，如图10-1所示。假定第一点不动，通过判断第一点和其他三个点组合形成的三个角度的余弦值对第二、第三、第四点进行排序。如果第二点、第三点和第一点形成的角度最大（即这个角度的余弦最小），则交换第三点和第四点，如图10-2所示，同理如果第三点、第四点和第一点形成的角度最大，则交换第三点和第二点（使用游标实现）。

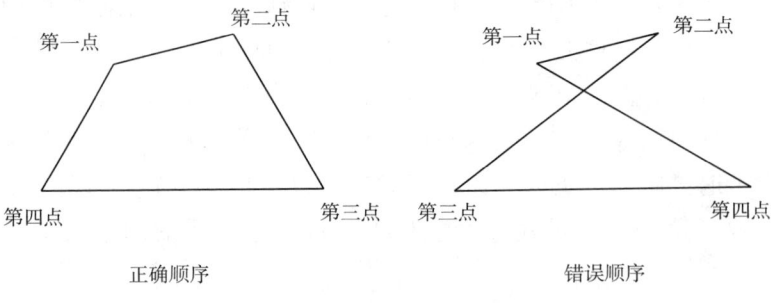

图10-1

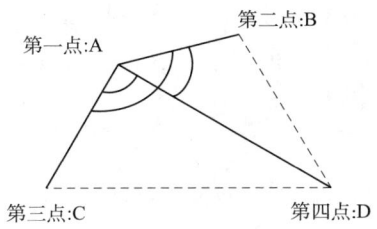

通过角度排序

图 10 - 2

分别用 A（x1，y1）、B（x2，y2）、C（x3，y3）、D（x4，y4）代表退牧还草四边形的第一、第二、第三、第四点，sqrt 代表开平方。求三个角度余弦的计算公式如下：

cos∠BAC =（(x1 - x3)² +（y1 - y3)² +（x1 - x2)² +（y1 - y2)² -（x2 - x3)² -（y2 - y3)²）÷（2 × sqrt（（(x1 - x3)² +（y1 - y3)²）×（(x1 - x2)² +（y1 - y2)²）））

cos∠BAD =（(x1 - x4)² +（y1 - y4)² +（x1 - x2)² +（y1 - y2)² -（x2 - x4)² -（y2 - y4)²）÷（2 × sqrt（（(x1 - x4)² +（y1 - y4)²）×（(x1 - x2)² +（y1 - y2)²）））

cos∠CAD =（(x1 - x4)² +（y1 - y4)² +（x1 - x3)² +（y1 - y3)² -（x3 - x4)² -（y3 - y4)²）÷（2 × sqrt（（(x1 - x4)² +（y1 - y4)²）×（(x1 - x3)² +（y1 - y3)²）））

如果（cos∠BAC < cos∠BAD）并且（cos∠BAC < cos∠CAD），交换 C、D，即将 x3↔x4 交换，y3↔y4 交换，如图 10 - 3 所示。

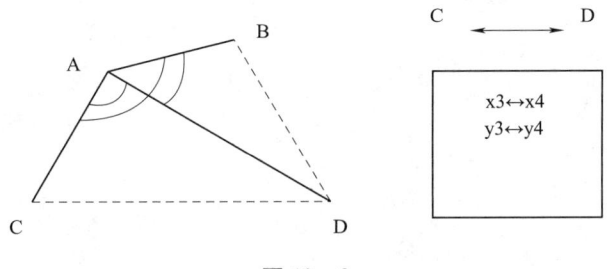

图 10 - 3

如果（cos∠CAD < cos∠BAD）并且（cos∠CAD < cos∠BAC），交换 B、C，即将 x2↔x3 交换，y2↔y3 交换，如图 10 - 4 所示。

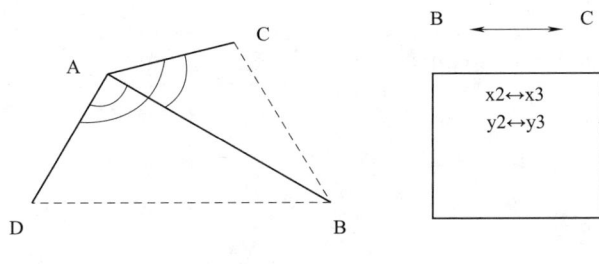

图 10 - 4

declare @bh int,@nf int, @wz char(80),@x1 int,@x2 int,@x3 int,@x4 int,@y1 int,@y2 int,@y3 int,@y4 int,@x int,@y int,@bac float,@bad float,@cad float

declare cy cursor for select * from　cygps

open cy

Fetch next from cy into　@bh,@nf,@wz,@x1,@y1,@x2,@y2,@x3,@y3,@x4,@y4

while @@fetch_status =0

begin

set @bac = (square(@x1 − @x3) + square(@y1 − @y3) + square(@x1 − @x2) + square(@y1 − @y2) − square(@x2 − @x3) − square(@y2 − @y3))/(2 * sqrt((square(@x1 − @x3) + square(@y1 − @y3)) * (square(@x1 − @x2) + square(@y1 − @y2))))

set @bad = (square(@x1 − @x4) + square(@y1 − @y4) + square(@x1 − @x2) + square(@y1 − @y2) − square(@x2 − @x4) − square(@y2 − @y4))/(2 * sqrt((square(@x1 − @x4) + square(@y1 − @y4)) * (square(@x1 − @x2) + square(@y1 − @y2))))

set @cad = (square(@x1 − @x4) + square(@y1 − @y4) + square(@x1 − @x3) + square(@y1 − @y3) − square(@x3 − @x4) − square(@y3 − @y4))/(2 * sqrt((square(@x1 − @x4) + square(@y1 − @y4)) * (square(@x1 − @x3) + square(@y1 − @y3))))

if (@bac < @bad) and (@bac < @cad)

begin

set @x = @x3

set @y = @y3

set @x3 = @x4

set @y3 = @y4

set @x4 = @x

set @y4 = @y

end

if (@cad < @bad) and (@cad < @bac)

begin

set @x = @x3

set @y = @y3

set @x3 = @x2

set @y3 = @y2

```
        set @ x2 = @ x
        set @ y2 = @ y
      end
    fetch next from cy into  @ bh, @ nf, @ wz, @ x1, @ y1, @ x2, @ y2, @ x3, @ y3, @ x4,
@ y4
    end
    close cy
    deallocate cy
```

执行结果如图 10 – 5 所示。

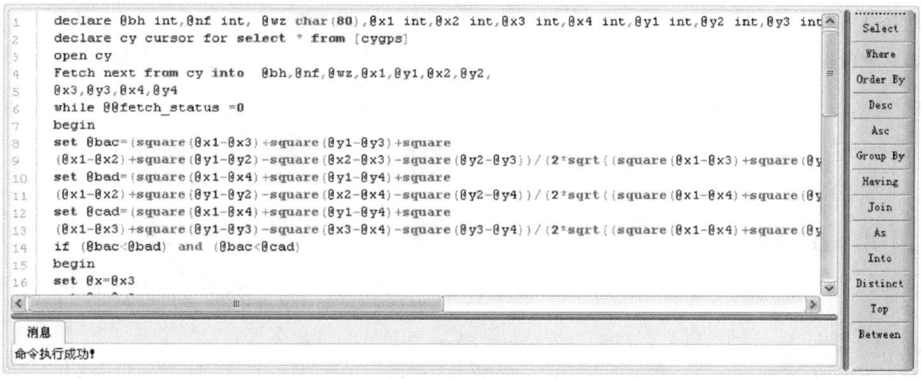

图 10 – 5

步骤二：确定重复记录。连接退耕还林完成情况表和退牧还草围栏 GPS 坐标表，用面积对比数学模型判断退耕还林坐标点是否在退牧还草围栏坐标点范围内。由于退耕还林区域用一个坐标点表示，如果该点和退牧还草围栏坐标点围成的四边形的四条边构成的四个三角形面积之和等于四边形的面积，则退耕还林坐标点在退牧还草四边形内，即确定退耕还林区域和退牧还草区域重复，否则不重复，如图 10 – 6 所示。

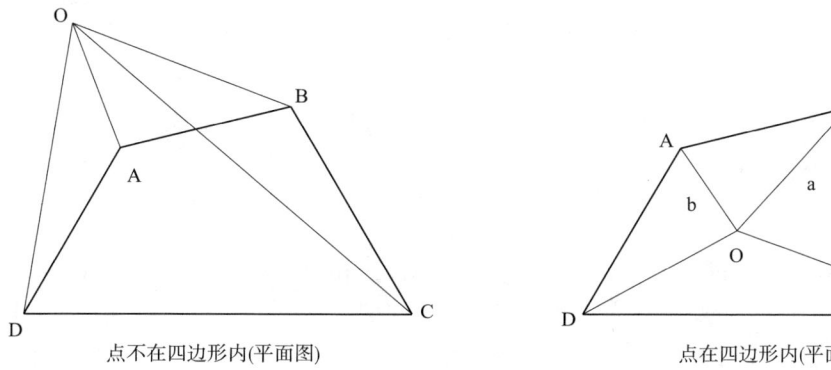

点不在四边形内(平面图)   点在四边形内(平面图)

图 10 – 6

分别用 A(x_1, y_1)、B(x_2, y_2)、C(x_3, y_3)、D(x_4, y_4)代表退牧还草四边形的第一、第二、第三、第四点，O(x, y)代表退耕还林的点。四边形的面积通过求两个三角形的面积实现。如果 $S\triangle AOB + S\triangle BOC + S\triangle COD + S\triangle DOA = S\triangle ABC + S\triangle ADC$，则 O 点在四边形 ABCD 内，如果等式不成立，则 O 点不在四边形 ABCD 内。筛选出区域重复的记录，形成"lccf"表。

用 sqrt 代表数学开平方，求 $S\triangle AOB$ 的公式推导如下：

$S\triangle AOB = 0.5 \times a \times b \times \sin\angle AOB$

因为：

$a = \text{sqrt}((x-x_2)^2 + (y-y_2)^2)$

$b = \text{sqrt}((x-x_1)^2 + (y-y_1)^2)$

$\sin\angle AOB = \text{sqrt}(1 - \cos^2 \angle AOB)$

$\cos\angle AOB = ((x-x_2)^2 + (y-y_2)^2 + (x-x_1)^2 + (y-y_1)^2 - (x_1-x_2)^2 - (y_1-y_2)^2) \div (2 \times \text{sqrt}((x-x_2)^2 + (y-y_2)^2) \times (x-x_1)^2 + (y-y_1)^2)))$

所以：

$S\triangle AOB = 0.25 \times \text{sqrt}(4 \times ((x-x_1)^2 + (y-y_1)^2) \times ((x-x_2)^2 + (y-y_2)^2) - ((x-x_1)^2 + (y-y_1)^2 + (x-x_2)^2 + (y-y_2)^2 - (x_1-x_2)^2 - (y_1-y_2)^2)^2)$

同理：

$S\triangle BOC = 0.25 \times \text{sqrt}(4 \times ((x-x_2)^2 + (y-y_2)^2) \times ((x-x_3)^2 + (y-y_3)^2) - ((x-x_2)^2 + (y-y_2)^2 + (x-x_3)^2 + (y-y_3)^2 - (x_2-x_3)^2 - (y_2-y_3)^2)^2)$

$S\triangle COD = 0.25 \times \text{sqrt}(4 \times ((x-x_3)^2 + (y-y_3)^2) \times ((x-x_4)^2 + (y-y_4)^2) - ((x-x_3)^2 + (y-y_3)^2 + (x-x_4)^2 + (y-y_4)^2 - (x_3-x_4)^2 - (y_3-y_4)^2)^2)$

$S\triangle DOA = 0.25 \times \text{sqrt}(4 \times ((x-x_4)^2 + (y-y_4)^2) \times ((x-x_1)^2 + (y-y_1)^2) - ((x-x_4)^2 + (y-y_4)^2 + (x-x_1)^2 + (y-y_1)^2 - (x_4-x_1)^2 - (y_4-y_1)^2)^2)$

$S\triangle ABC = 0.25 \times \text{sqrt}(4 \times ((x_1-x_3)^2 + (y_1-y_3)^2) \times ((x_1-x_2)^2 + (y_1-y_2)^2) - ((x_1-x_3)^2 + (y_1-y_3)^2 + (x_1-x_2)^2 + (y_1-y_2)^2 - (x_2-x_3)^2 - (y_2-y_3)^2)^2)$

$S\triangle ADC = 0.25 \times \text{sqrt}(4 \times ((x_1-x_3)^2 + (y_1-y_3)^2) \times ((x_1-x_4)^2 + (y_1-y_4)^2) - ((x_1-x_3)^2 + (y_1-y_3) + (x_1-x_4)^2 + (y_1-y_4)^2 - (x_3-x_4)^2 - (y_3-y_4)^2)^2)$

```
select a. bh bh_ly,a. nf nf_ly,a. wz wz_ly,area,x,y,type,b. bh bh_cy,b. nf nf_cy,b. wz wz_cy into lccf
   from lygps a join cygps b on
```

$$0.25 * sqrt(4 * (square(x1-x3) + square(y1-y3)) * (square(x1-x2) + square(y1-y2)) - square(square(x1-x3) + square(y1-y3) + square(x1-x2) + square(y1-y2) - square(x2-x3) - square(y2-y3))) + 0.25 * sqrt(4 * (square(x1-x3) + square(y1-y3)) * (square(x1-x4) + square(y1-y4)) - square(square(x1-x3) + square(y1-y3) + square(x1-x4) + square(y1-y4) - square(x3-x4) - square(y3-y4))) = 0.25 * sqrt(4 * (square(x-x1) + square(y-y1)) * (square(x-x2) + square(y-y2)) - square(square(x-x1) + square(y-y1) + square(x-x2) + square(y-y2) - square(x1-x2) - square(y1-y2))) + 0.25 * sqrt(4 * (square(x-x2) + square(y-y2)) * (square(x-x3) + square(y-y3)) - square(square(x-x2) + square(y-y2) + square(x-x3) + square(y-y3) - square(x2-x3) - square(y2-y3))) + 0.25 * sqrt(4 * (square(x-x3) + square(y-y3)) * (square(x-x4) + square(y-y4)) - square(square(x-x3) + square(y-y3) + square(x-x4) + square(y-y4) - square(x3-x4) - square(y3-y4))) + 0.25 * sqrt(4 * (square(x-x4) + square(y-y4)) * (square(x-x1) + square(y-y1)) - square(square(x-x4) + square(y-y4) + square(x-x1) + square(y-y1) - square(x4-x1) - square(y4-y1)))$$

执行结果如图 10-7 所示。

	bh_ly	nf_ly	z_ly	area	x	y	type	bh_cy	nf_cy	wz_cy
1	1444	2004	A地	1785	670616	4214082	还	4	2003	A地某村
2	1445	2004	A地	420	670601	4214126	还	4	2003	A地某村
3	1447	2004	B地	1980	671812	4213616	还	4	2003	B地某村
4	1448	2004	B地	375	671329	4212017	还	4	2003	B地某村
5	1428	2004	B地	345	668290	4204906	还	16	2003	B地某村
6	1432	2004	B地	8	667054	4205098	还	16	2003	B地某村
7	1433	2004	C地	10	666549	4205148	还	16	2003	C地某村
8	1465	2004	C地	225	657333	4204574	还	20	2003	C地某村
9	335	2003	C地	672	680420	4161525	退	126	2003	C地某村
10	336	2003	C地	1344	660420	4161525	还	126	2003	C地某村

图 10-7

步骤三：计算退耕还林和退牧还草重复面积和多享受的中央补助金额。

（1）对退耕还林和退牧还草重复表进行整理。由于有些退牧还草坐标点存在误差，可能发生一个退耕还林坐标点落在多个退牧还草围栏内的情况，这和实际情况不符。有些退耕还林面积数据为空，无法进行计算。因此需要对数据进行整理，剔除这些记录。为计算重复享受补助的金额，需要计算享受补助的年数，即从重复时起至审计年度的年数（字段名"ns"）。

Select bh_ly,nf_ly,z_ly,area,type,min(nf_cy) nf_cyzz into jssj from lccf where area is not null

group by bh_ly,nf_ly,z_ly,area,type order by bh_ly

select bh_ly,nf_ly,z_ly,nf_cyzz,type,area,ns = case when 2006 − nf_ly + 1 < = 2006 − nf_cyzz + 1 then 2006 − nf_ly + 1 else 2006 − nf_cyzz + 1 end into jsgd from jssj

(2) 计算重复地块自重复之日起，享受退牧还草现金补助金额（面积×年数×退牧还草补助标准），计算结果如图 10 − 8 所示。

select sum(area) mj,sum(ns * area * 4.95) je from jsgd

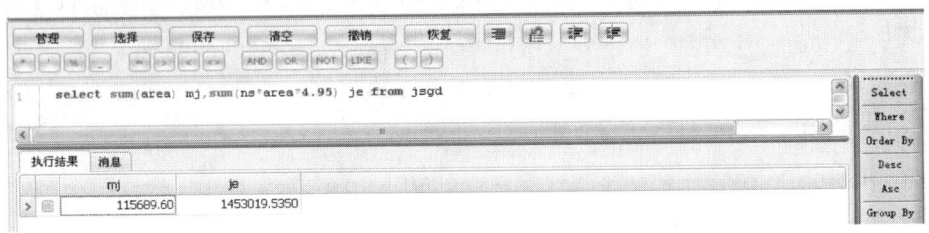

图 10 − 8

(3) 计算重复地块自重复之日起，享受退耕还林补助金额（面积×年数×退耕还林补助标准），计算结果如图 10 − 9 所示。

select type,sum(area),sum(case type when '退' then area * ns * 160 + 50 else area * 50 end) je from jsgd group by type

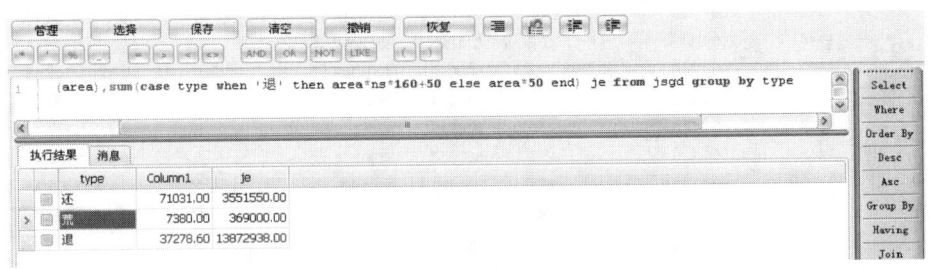

图 10 − 9

步骤四：现场核实。审计组利用 GPS 定位仪抽取部分重复地块进行现场复核，并将方法和结果交该县负责项目的林业局、畜牧局进行复核，确定了最终结果。

(4) AO 和 OA 交互的使用。

使用项目管理 − 交互管理 − 生成现场审计数据包模块，生成数据包，将生成的数据包上报 OA 系统至处长审查。处长登录 AO 系统，下载察看并反馈给审计人员。

3. 审计结果

审计发现，退耕还林与退牧还草围栏重复地块 302 个，面积 11.57 万亩，重复地块获得中央投资 1924 万元（其中，退牧还草补助资金 145 万元，退耕还林补助资金 1779 万元），多获得补助 421 万元。

4. 应用 AO 功能点

本事项的分析使用了审计分析/数据分析/SQL 查询器等功能。

三、点评

本实例将 AO2008 联网版和 GPS 业务数据相结合，通过建立面积对比数学模型，开展计算机审计，确定了项目区域是否重复的方法，解决了区域性大面积支农项目审计难题。项目实施中，我们在全面应用 AO 联机版系统各个模块的基础上，重点突出了对非财务数据的关联使用。充分应用 AO 联机版数据分析和处理的强大功能，使用了游标和部分复杂的数学函数等 AO 单机版不支持的功能，在未借助任何第三方软件的情况下，实现了复杂的数学模型。审计组应用 AO 联机版，利用 GPS 数据核实退耕还林和退牧还草项目区域重复的思路和方法，在国土资源、天保工程、农业综合开发等广泛应用 GPS 技术领域的审计项目中都有一定的推广应用价值。

（审计署驻西安特派员办事处　李建宁　李亚辉　袁章军　金　统）

实例十一

AO 在涉农专项资金审计中的应用

一、项目背景

随着党和国家对"三农"问题的日益重视,一系列支农惠农政策得以实施,财政涉农专项资金的规模不断加大,涉农专项资金审计也越来越重要。涉农专项资金与其他资金相比有着明显的不同:它的来源渠道多,主管部门多,涉及面广,地域分散,项目个数多,单个项目的资金量小,审计起来有时如大海捞针。

2007 年 6 月至 8 月,某审计机关对涉农专项资金进行了审计,被审计单位使用财政信息资源系统,主要包括项目库、指标库、政府采购等多个功能模块,采用 B/S 结构模式,后台数据库为 Oracle 9i。本次从中采集了 2006 年项目库和指标库数据 205MB,实际审查数据量 49.7MB。

二、审计过程

(一) 根据审计资金范围,确定审计资金量和具体项目

审计事项:资源环保审计/土地资源/专项资金

1. 审计思路

由于审计调查的资金范围广、项目类型多,包括新农村建设、支农政策、农业项目补助、农业综合开发和涉农水务建设 5 类资金 31 类项目。涉农资金来源渠道多,涉及多个主管部门,且项目分散、数量多,多数主管部门虽能提供资金规模,但难于提供准确金额、具体项目以及各区县的分配安排情况。然而,完整全面地掌握资金、项目的具体情况,是开展审计工作的必备条件。为此,审计人员借助 AO,从市财政项目库和预算指标库中快速、全面地获得了所需资料。另外,由于所获得的资料涵盖了与审计相关的几百张纸质指标单上的主要内容,使所有相关指标单的主要内容呈现于一

张简单的电子数据表上，极大地提高了审计工作效率。

2. 审计步骤

步骤一：根据各部门提供的涉农资金所属的科目名称，从市财政科目代码表中查询涉农资金对应的科目代码，如图11-1所示。

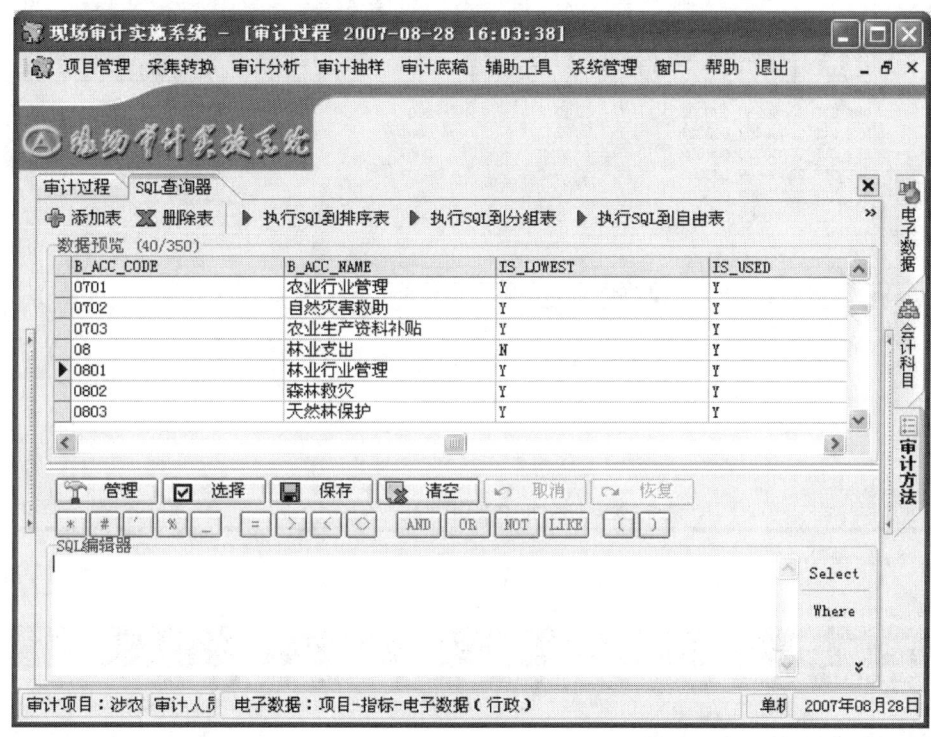

图 11-1

步骤二：根据涉农资金对应的科目代码，从市财政指标库中查询含有这些科目代码，并由市财政农业处下达的专项预算指标形成批复指标表，如图11-2所示。

select * into [批复指标] from [业务_源_bmys_bi_detail_add] where [file_no] like '%农%' and ([b_acc_code] like '0701%' or [b_acc_code] like '0708%' or [b_acc_code] like '0709%' or [b_acc_code] like '0904%' or [b_acc_code] like '61170%' or [b_acc_code] like '027901%') and [project_code] not like 'pxm%'

步骤三：根据市财政项目库中8区县对应的申报单位代码，从市财政项目库中查询这些区县申报的项目资料，形成申报项目表，如图11-3所示。

select * into [申报项目] from [业务_源_bmys_pz_project] where [pz_apply_co_code] like '605%' or [pz_apply_co_code] like '610%' or [pz_apply_co_code] like '611%' or [pz_apply_co_code] like '613%' or [pz_apply_co_code] like '614%' or [pz_apply_co_code] like '615%' or [pz_apply_co_code] like '616%' or [pz_apply_co_code] like '618%'

AO 资源环保审计应用实例

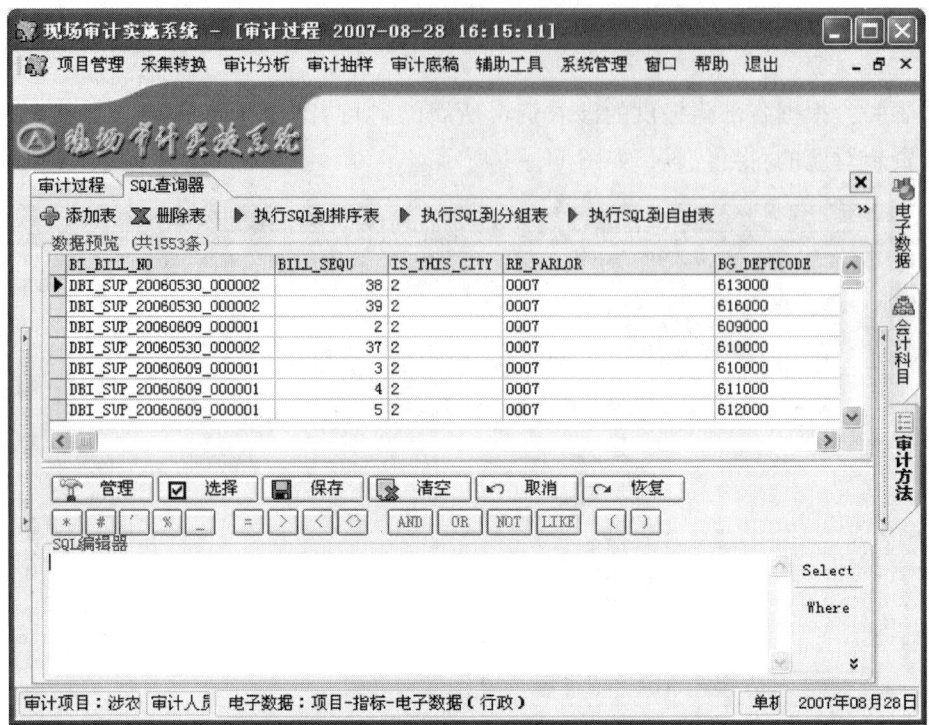

图 11-2

图 11-3

步骤四：分析项目库与指标库的项目代码对应关系。考虑到涉农专项必须进入市财政项目库管理，每一个预算指标都会对应项目库中的有关项目，通过浏览项目库和预算指标库的项目代码，分析发现两个库的项目代码之间存在对应关系，只是预算指标库的项目代码通常要比项目库的项目代码多几位，但存在一定的规律。

步骤五：建立预算指标与项目资料的对应关系。根据项目库和预算指标库之间对应的关系，查询8区县已下达预算指标的项目名称、项目单位、计划投资、评审结果、财政补助金额等资料，形成"项目－指标"表，如图11－4所示。

```
select [申报项目].*,[批复指标].* into [项目-指标] from [批复指标],[申报项目] where left([批复指标].[project_code],19) = [申报项目].[pz_project_code] or left([批复指标].[project_code],20) = [申报项目].[pz_project_code] or left([批复指标].[project_code],21) = [申报项目].[pz_project_code] or left([批复指标].[project_code],22) = [申报项目].[pz_project_code] or left([批复指标].[project_code],23) = [申报项目].[pz_project_code] or left([批复指标].[project_code],24) = [申报项目].[pz_project_code] or left([批复指标].[project_code],25) = [申报项目].[pz_project_code]
```

图 11－4

步骤六：筛选"项目－指标"表，获取8区县审计资金量和具体审计项目等资料。

考虑到本次审计不包括部分农委支农政策扶持的项目以及与小型农田水利等有关的项目，且通常一个指标文号对应一类资金，按照指标文号排序，对"项目-指标"表进行筛选，形成项目情况表。

步骤七：对经筛选后的项目情况表，按照申报单位代码分类汇总，获得各区县审计资金量和具体项目等资料。

3. 审计结果

通过 AO，从市财政 1.8 万余条指标记录和 1.4 万余条项目记录中，筛选出 8 区县属于审计范围的涉农项目 793 个，涉及市财政补助资金 15.58 亿元。

4. 应用 AO 功能点

本问题的分析主要使用了审计分析/数据分析/SQL 查询器功能。

（二）获取、归并项目申报资料，方便审计实施

审计事项：资源环保审计/土地资源/专项资金

1. 审计思路

由于涉农项目数量多，主管部门多，地域分散，各单位管理水平参差不齐，根据以前的审计经验，各单位很难提供真实、完整的项目申报材料，而这些申报材料又是审计人员对项目实施情况进行评价的重要依据。如果在审计实施之前就能掌握各项目的申报材料，将会极大地方便审计工作。为此，审计人员试图从市财政数据库中获取项目申报书。却发现许多项目无申报书。经了解，涉农项目是由不同部门批准的，部分申报单位为了省事，没将申报书作为附件载入市财政项目库。但是，申报理由是每个项目都需要输入的，申报理由中一般都会对项目申报书需要填报的主要内容进行说明，而且多数申报理由和申报书的内容一致，对项目计划实施内容和资金来源、支出情况等都会说明。因此，如果我们能获得每个项目的申报理由，也就等于获得了申报书的主要内容。于是，我们决定从市财政项目库中获取每个项目的申报理由。

利用项目代码的对应关系，获取了每个项目的申报理由，并与项目情况表原有的内容一起形成项目详细情况表。至此，审计人员可以随时查询到项目名称、项目单位、计划建设内容、进度、投资规模、资金来源、支出计划等项目信息，极大地方便了审计工作。

2. 审计步骤

步骤一：根据项目情况表和市财政项目库的项目代码对应关系，查询项目库中的申报理由和项目情况表中的相关内容，形成项目详细情况表。

```
select 项目情况表.*, bmys_pz_project.pz_creater_cause from bmys_pz_project, 项目情况表 where 项目情况表.pz_project_code
   like [bmys_pz_project].[pz_project_code]
```

步骤三：整理项目详细情况表，删除部分与审计工作无关的字段，并将字段名称改用中文标示。

步骤四：按照申报单位代码分类汇总，获取各区县审计项目的详细情况。

3. 审计结果

借助 AO，可以从市财政项目、指标库中获取每一个审计项目的详细资料，几乎涵盖了项目申报书和预算指标文中的全部主要内容，对提高审计工作效率、发现违规违纪问题都起到了很好的作用。

4. 应用 AO 功能点

本问题的分析主要使用了审计分析/数据分析/SQL 查询器功能。

（三）审查区县财政部门涉农资金收拨余情况，确定延伸调查单位

审计事项：资源环保审计/土地资源/专项资金

1. 审计思路

获得区县财政涉农资金收、拨情况是审计实施的基础，也是确定延伸调查单位的依据。由于区县每年的资金收、拨量很大，要完全按照本次调查的资金范围提供收、拨情况很困难。为此，审计人员借助 AO，利用区县财政指标明细账和上述已形成的各区县项目情况表，核实区县财政涉农资金收入核算的完整性和准确性，继而从区县指标明细账中筛选出审计调查范围的指标明细账，了解资金拨付情况，并进一步确定延伸调查单位。

2. 审计步骤

步骤一：将上述项目情况表导入 AO，按指标文号归并市财政下达区财政的指标金额，形成市财政拨款表，如图 11-5 所示。

```
select [file_no],sum([bi_sum]) as 市拨款金额  into 市财政拨款 from [业务_项目情况表]  where [pz_apply_co_code] like '613%' group by [file_no]
```

步骤二：将区财政指标明细表导入 AO，从中查询与项目情况表有相同预算文号的记录，并按照指标文号归并，得到区财政核算的市财政拨款情况，形成区财政核算收入表，如图 11-6 所示。

```
select [文号],sum([单据金额])/10000.0 as 区核算收入  into 区财政核算收入 from [业务_区财政指标明细] where (right([文号],5) in (select right([file_no],5) from [业务_项目情况表])) or (right([文号],4) in (select right([file_no],4) from [业务_项目情况表]) and right([文号],5) like '0%') and [文号] like '%京财农指%' group by [文号]
```

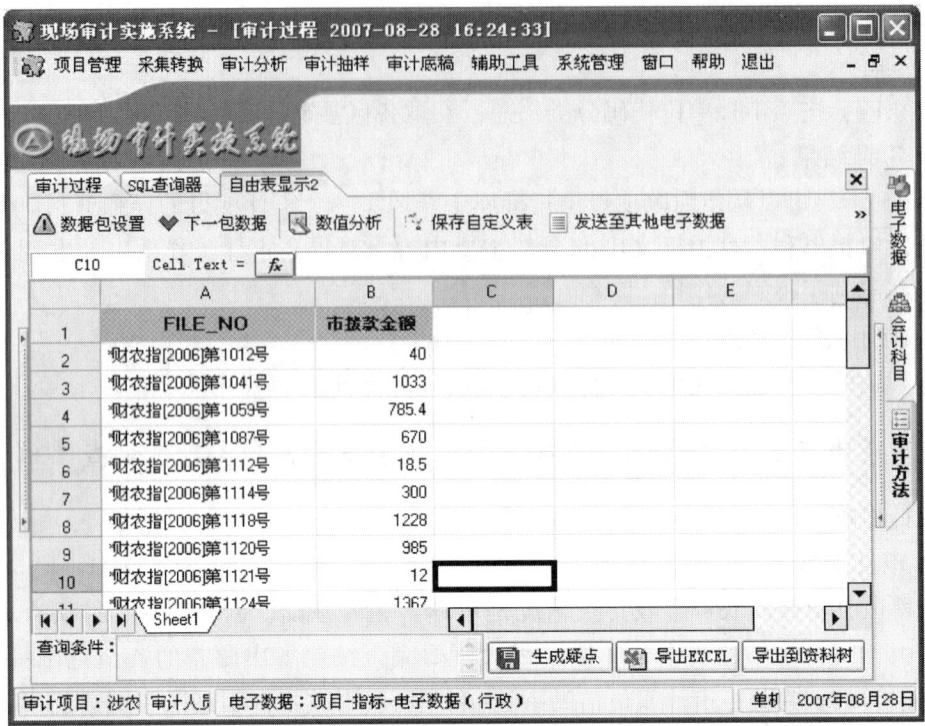

图 11-5

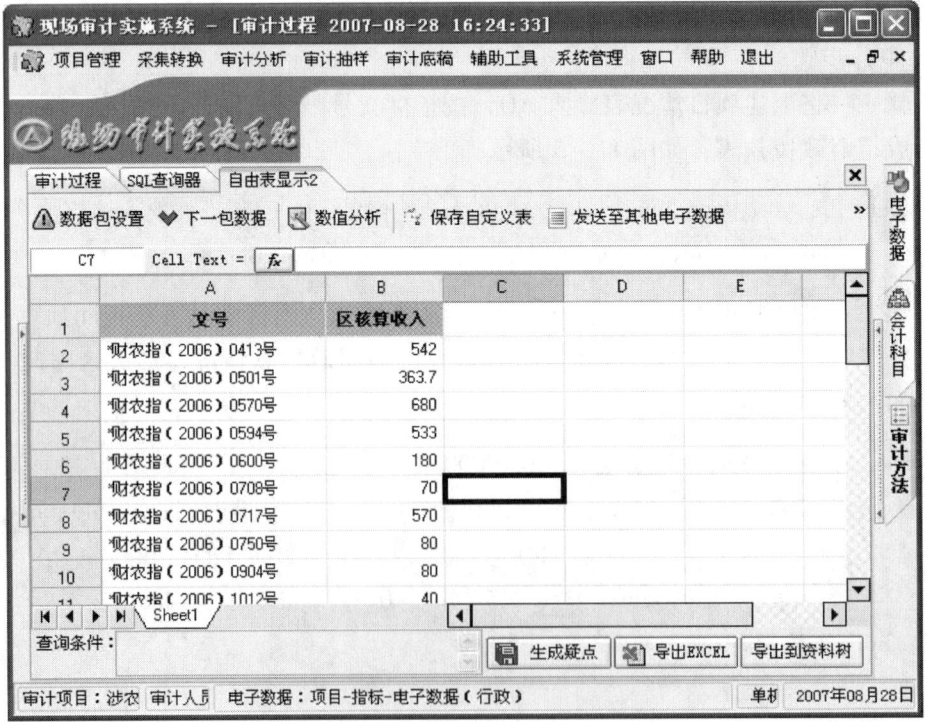

图 11-6

步骤三：核实区涉农资金收入是否完整、准确。以市财政预算指标文号为关键字，将市财政拨款表和区财政核算收入表连接（包括区财政核算收入表中未出现的指标文号），形成市财政拨款与区财政核算收入对比表，核对明细预算指标金额和汇总金额，如图11-7所示。

select * from [区财政核算收入],[市财政拨款] where (right([文号],5) like right([file_no],5) or (right([文号],4) like right([file_no],4) and right([文号],5) like '0%')) or (right([file_no],4) not in (select right([文号],4) from [区财政核算收入]))

图11-7

步骤四：从区财政指标明细表中筛选审计调查范围的指标收、拨记录，确定区财政涉农资金的收支余情况。

步骤五：按照收款部门和乡镇分类汇总，根据区财政下拨资金情况以及资金类型，形成项目分布表，确定延伸调查单位。

步骤六：分别按照延伸单位，形成含有项目名称、地点、资金拨付时间及金额等内容的延伸单位情况表，建立与按指标文号归集的项目详细情况表之间的连接，方便审计。

3. 审计结果

借助 AO，核实了区财政涉农资金的收、拨、余情况，并进一步确定了延伸调查单位，准备了与延伸项目有关的材料，为审计人员现场审计提供了极大的便利。

4. 应用 AO 功能点

本问题的分析主要使用了审计分析/数据分析/SQL 查询器功能。

（四）发现重复申报项目 38 个，涉及财政补助资金 7974 万元

审计事项：资源环保审计/土地资源/专项资金

1. 审计思路

由于涉农资金构成的多样性，各部门审定项目时缺乏沟通，给部分项目单位多渠道重复申报涉农资金提供了机会。为此，审计人员借助 AO，确定了存在重复申报的项目范围，并经延伸调查，落实了重复申报的具体项目，以下以某区为例进行分析。

2. 审计步骤

步骤一：从市财政项目、指标库中，查询市财政 2006 年已下达预算指标的某区所有项目的相关资料，形成某区全部项目详细情况表。与审计过程（一）的有关步骤类似，只是查询的范围包括市财政全部专项预算指标和某区申报的所有项目。具体程序包括：查询某区专项预算指标，查询某区申报的项目，建立项目与指标的对应关系，建立包含申报理由的某区全部项目详细情况表，如图 11-8 所示。

```
select * into [批复指标－某区] from [业务_源_bmys_bi_detail_add] where [project_code] not like 'pxm%'

select * into [申报项目－某区] from [业务_源_bmys_pz_project] where [pz_apply_co_code] like '613%'

select [申报项目－某区].*,[批复指标－某区].* into [项目－指标－某区] from [批复指标－某区],[申报项目－某区] where left([批复指标－某区].[project_code],19) = [申报项目－某区].[pz_project_code] or left([批复指标－某区].[project_code],20) = [申报项目－某区].[pz_project_code] or left([批复指标－某区].[project_code],21) = [申报项目－某区].[pz_project_code] or left([批复指标－某区].[project_code],22) = [申报项目－某区].[pz_project_code] or left([批复指标－某区].[project_code],23) = [申报项目－某区].[pz_project_code] or left([批复指标－某区].[project_code],24) = [申报项目－某区].[pz_project_code] or left([批复指标－某区].[project_code],25) = [申报项目－某区].[pz_project_code]
```

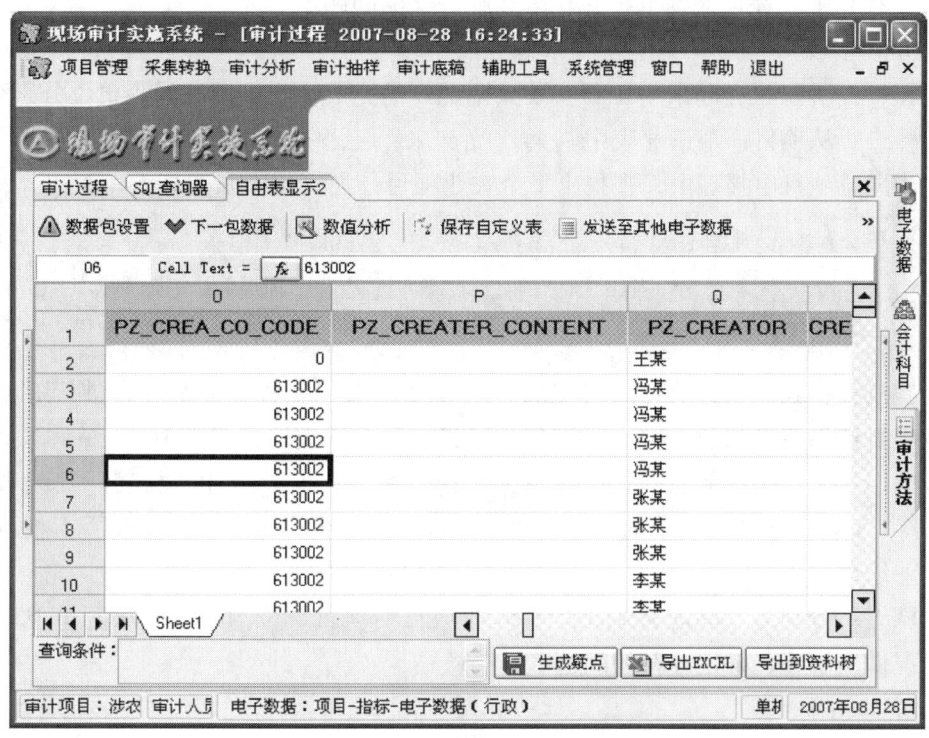

图 11-8

步骤二：按照项目名称、申报单位及计划总投资等内容进行排序，凭审计判断，确定可能存在重复申报的项目，如项目名称类似、申报单位相同或投资规模相近等。

步骤三：进一步浏览申报理由，根据项目地点、建设内容及建设进度等，确定存在重复申报的项目范围，形成疑点。

步骤四：延伸调查，落实疑点，确定存在的问题。

3. 审计结果

发现 8 区县 38 个项目重复申报，涉及财政补助资金 7974 万元。

4. 应用 AO 功能点

本问题的分析主要使用了审计分析/数据分析/SQL 查询器功能。

(五) 发现"亮起来"工程虚报业绩并获取奖励资金 210 万元

审计事项：资源环保审计/土地资源/专项资金

1. 审计思路

"亮起来"工程是 2006 年市政府折子工程，必须年底完成。但由于安装的太阳能灯数量大、地域广，审计难以认定其完成情况的真实性，存在虚报业绩的可能性较大。为此，将是否存在虚报业绩的问题，作为对"亮起来"工程的审计重点。通过借助 AO，发现了某区以当年其他项目计划建设范围内的和因道路施工未安装的太阳能灯一并作为"亮起来"完成业绩上报并获得奖励资金的问题。

2. 审计步骤

步骤一：获取"亮起来"工程安装太阳能灯的完成情况，并以村为单位分别列示。

步骤二：从项目详细情况表中查询"亮起来"工程以外含灯或太阳能的项目，通过进一步浏览项目申报理由，查找出1个农业项目计划安装太阳能灯。

```
select * from 项目详细情况 where ( 项目名称 like "*灯*" or 项目名称 like "*太阳能*" or 申报理由 like "*灯*" or 申报理由 like "*太阳能*") and 申报单位代码 like "613*"
```

步骤三：将农业项目的计划安装地点与"亮起来"工程完成情况表进行对比，发现农业项目计划建设的两个村均出现在"亮起来"工程完成情况表中。

步骤四：实地勘察上述两村，清点太阳能灯数量，发现上述两村实际安装数量与"亮起来"工程完成情况表中的数量一致。审计人员据此判断，"亮起来"工程可能存在虚报业绩情况。

步骤五：分别与"亮起来"工程和农业项目的项目单位沟通，要求两单位就审计取证情况做出解释，确定存在的问题。

3. 审计结果

通过AO的辅助，审计人员掌握了确凿的证据，在证据面前，两项目单位均承认，为了完成任务获取新农村建设奖励资金，"亮起来"工程项目单位将因公路施工未能安装的太阳能灯，按1:2的比例安装在了农业项目的计划安装村（款项由农业项目支付），而后将未安装的和在农业项目计划村安装的太阳能灯均作为"亮起来"已完工程上报，申请奖励资金。据此，审计人员查出了将"亮起来"工程外的132盏村路灯和尚未安装的66盏公路灯纳入工程业绩并以此获得210万元奖励资金的问题。

4. 应用AO功能点

本问题的分析主要使用了审计分析/数据分析/SQL查询器功能。

（六）发现设施农业项目虚报温室大棚完成面积3233.31亩，获取奖励资金333万元

审计事项：资源环保审计/土地资源/专项资金

1. 审计思路

从市农委了解到，设施农业奖励资金是对当年完成情况较好的区县进行奖励。在对某区的审计调查过程中，审计人员发现，该区仅完成当年任务的66%，却获得了333万元奖励资金，依据审计判断，很可能存在虚报业绩的情况，因此，我们要求被审计单位将其上报业绩的情况提供出来。但是，被审计单位一口咬定是上级部门通过航拍确定任务完成情况的，为此，审计人员要求上级部门提供各单位上报业绩的情况，但上级部门以主管人员调动工作为由，迟迟不肯提供。在这种情况下，审计人员利用AO

获得的奖励资金申报理由，查明了该区虚报任务完成情况的事实。

2. 审计步骤

步骤一：根据区农委提供的设施农业验收记录，分类、分镇、分村汇总，确定实际完成量。

步骤二：统计市级主管部门下达该区的任务量，计算设施农业任务完成率。

步骤三：查询该区获取设施农业奖励资金的项目情况，浏览申报理由，获取其列明的设施农业完成情况。

步骤四：将申报理由上列明的完成情况与审计统计的完成情况进行对比，确定存在的差异。

步骤五：询问被审计单位，了解发生差异的原因，确定存在的问题。

3. 审计结果

通过 AO 的帮助，获得了区农委为申请奖励资金上报的设施农业完成情况，在证据面前，区农委承认设施农业任务量是按建筑面积计算，但是由于完不成任务得不到奖励资金，就将建筑面积按照一定比例推算出占地面积，作为完成任务量上报，虚报 3233.31 亩，并因此获得奖励资金 333 万元。

4. 应用 AO 功能点

本问题的分析主要使用了审计分析/数据分析/SQL 查询器功能。

（七）统计分析项目投资规模、资金来源及财政资金分布状况

审计事项：资源环保审计/土地资源/专项资金

1. 审计思路

由于是对全市涉农资金的审计调查，需要对审计发现的问题进行分析、汇总，剖析问题产生的原因，没有相应的宏观数据做支撑是很难有说服力的。另外，由于涉及的项目多、单位多，参审人员多，审计人员取得的资料不够完整，个别数据的准确性也难以保证，完全依靠审计人员取得的资料进行统计分析存在风险。但是，AO 帮助获得的含有几十个要素的项目详细情况，源于市财政数据库，其数据完整，准确性也更高，给宏观的分析统计提供了条件。

2. 审计步骤

步骤一：根据审计过程（一）获得的项目基本情况，统计项目总个数、计划总投资、申报财政补助总金额、财政实际补助总金额等，如图 11-9 所示。

```
select count([项目名称]) as 项目总个数,sum([计划总投资]) as 项目单位计划总投资,sum([申请财政补助额]) as 申报财政补助总金额,sum([评审后项目总投资]) as 评审后项目计划总投资,sum([预算指标]) as 财政实际补助总金额,(项目单位计划总投资-申报财政补助总金额) as 项目单位计划自筹资金总额,财政实际补助总金额/评审后项目计划总投资 as 财政补助占计划总投资的比例 from [业务_8 区县项目详细情况]
```

AO 资源环保审计应用实例

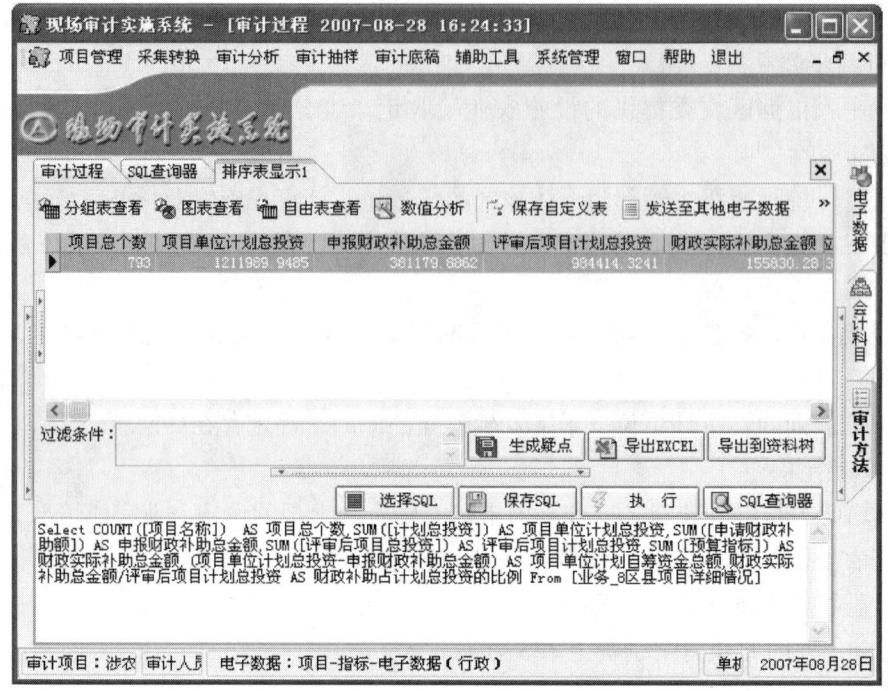

图 11-9

步骤二：运用 AO 的数值分析工具，对财政补助资金进行分层分析，获得财政补助资金的分布状况（全部资金和各类型资金分别进行）。如图 11-10、图 11-11 所示。

图 11-10

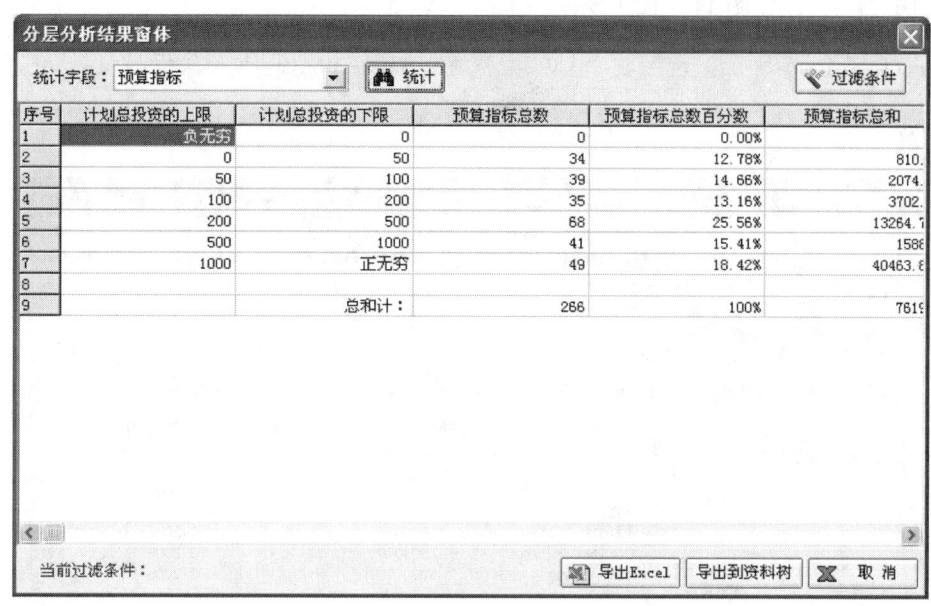

图 11-11

步骤三：对步骤二得到的资金分布状况按照资金类型汇总。

3. 审计结果

除市发改委安排的农业节水和污水治理项目外，其余 793 个项目计划总投资 984414.32 万元，财政实际补助 155830.28 万元，占计划总投资 15.83%。补助额在 200 万元以下的项目 568 个，占项目总数的 70.3%，最低的补助额仅为 0.8 万元，资金投向较为分散。其中，50 万元以下项目 153 个，50 至 100 万元项目 175 个，100 至 200 万元项目 240 个，200 至 500 万元项目 156 个，500 至 1000 万元项目 44 个，1000 万元及以上项目 25 个。

4. 应用 AO 功能点

本问题的分析使用了审计分析/数据分析/SQL 查询器；审计分析/数据分析/数值分析等功能。

（八）分析发现项目审批环节留有资金缺口

审计事项：资源环保审计/土地资源/专项资金

1. 审计思路

从审计调查结果看，部分涉农项目由于资金不够未能完成计划建设内容，许多项目单位抱怨上级主管部门评审项目不够严谨，未充分考虑项目单位的筹资能力。为了更好地反映此问题，我们通过 AO，重点对全额申请财政补助的项目资金审批情况进行了分析。

2. 审计步骤

步骤一：查询全额申请财政补助资金的项目（计划总投资与申请财政补助的差异

小于 0.01 万元),如图 11 – 12 所示。

select * from [业务_8 区县项目详细情况] where abs([计划总投资] – [申请财政补助额]) < 0.01

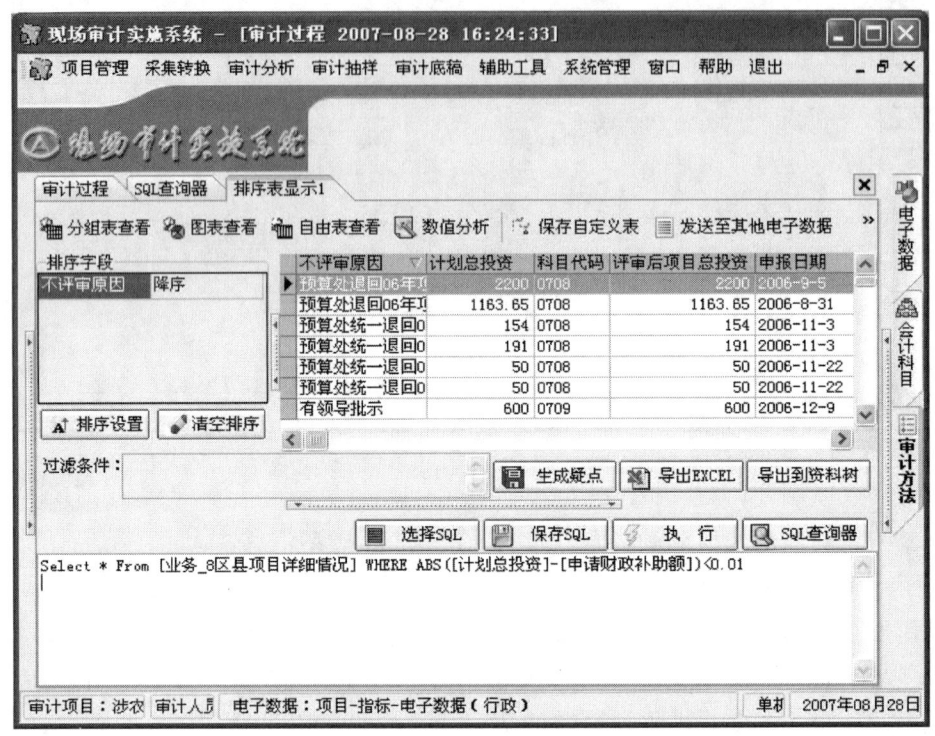

图 11 – 12

步骤二:剔除未经评审机构评审的项目。由于只有市财政和市农发办安排的项目全部经过评审机构的审批,故只保留这两类项目。

步骤三:统计分析项目申报总投资、申请财政补助总额、评审后项目总投资、实际财政补助总额、资金缺口等。

3. 审计结果

在市财政局和市农发办安排的涉农项目中,8 个区县有 64 个项目是申请财政全额投资的,申报计划总投资共计 39777.01 万元,市财政局评审后的计划总投资为 34318.88 万元,实际下达资金 12489 万元,资金缺口 21829.88 万元,占评审后计划总投资的 63.61%。市财政局在批复项目时,既未明确资金缺口的来源渠道,也未核减或变更项目的建设内容,势必影响项目预期目标的实现。

4. 应用 AO 功能点

本问题的分析主要使用了审计分析/数据分析/SQL 查询器功能。

三、点评

本实例借助 AO，利用财政信息资源系统后台数据，在审前确定审计范围、获取项目资料，审中发现问题、提高审计效率，审后分析资金结构、提供宏观数据等方面都取得了较好的效果，积累了良好的经验。同时，也为审计机关分享财政部门的信息化成果提供了一条新的途径。

（北京市审计局　丁正平）

实例十二

环保污水排污费征收审计

一、项目背景

在我国迅速推进的工业化和城市化进程中,自然资源的开发强度不断加大,污染物的排放量随之增多。这已成为各级党委、政府以及广大群众高度关注的一个现实问题。作为基层审计机关,我局创新环境审计工作,评价职能部门的履职情况及环保工作部分环节的得与失,以此更好地为各级党委、政府决策服务,为民生服务。根据"污染者付费"原则,向环境排放污染物的单位和个体生产经营者,按照国家的规定和标准,缴纳排污费。2010年5月至7月,某审计机关从多个部门获取业务数据,对环境监测报告、排污费征收范围、污水排放量、排污费计算及滞纳金收取等各个环节进行了全方位审查分析。

二、审计过程

(一) 环保排污费征收的完整性

审计事项:资源环保审计/环境污染治理/排污费收缴

1. 审计思路

检查环境监察大队是否将属于重点污染行业的企业纳入排污费征收的范围。主要通过对环境监察大队日常使用的"环保系统"的业务数据进行整理,生成2009年度排污费收费企业名单表,并整理环保开展的污染源普查信息,生成环保污染源普查企业表。将两者进行比对,查看环境监察大队是否对污水排放量大于零的普查企业开征排污费。

流程如图12-1所示。

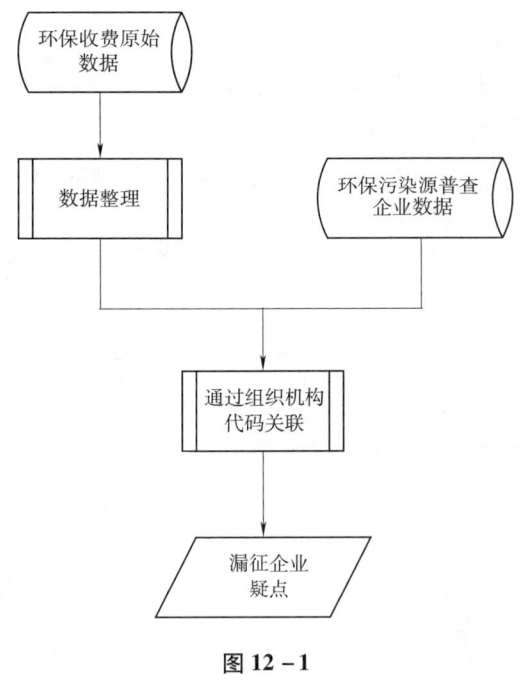

图 12-1

2. 审计步骤

步骤一：基础数据整理，生成 2009 年度排污费收费企业名单表。

ASL 语言如下：

```
var SqlStr;
begin
//整理污水排污费计费明细表
    Sqlstr:=' select * from [源_污水排污费计费明细表] where [数据类型]=21 ';
    CreateTempTable('污水排污费计费明细表',SqlStr);
//整理排污企业基本信息表
    Sqlstr:=' select  distinct a.* ,left([组织机构代码],8) + right([组织机构代码],1) as [组织机构代码2] from [源_排污企业基本信息表] a '
    +' inner join [源_污水排污费计费明细表] b on a.[企业id]=b.[企业id]';
    CreateTempTable('排污企业基本信息表',SqlStr);
end.
```

步骤二：整理环保开展的污染源普查信息，生成环保污染源普查企业表。将两者进行比对，查看环境监察大队是否对污水排放量大于 0 的普查企业开征排污费。

ASL 语言如下：

```
var SqlStr,cx,bz;
begin
```

```
//环保污染源普查企业表与实际征收企业比对
Sqlstr: =' select a.* from [源_环保污染源普查企业表] a  left join [排污企业基本
信息表] b on a.[组织机构代码]=b.[组织机构代码2]'
+' where [污水排放量]>0 and b.[组织机构代码2] is null';
Cx: = CreateQ(SqlStr, -1);
Bz: = Qeof(Cx);                              //判断是否为空
  while Bz <>1 do                            //循环开始直到Bz=1结束
  begin
AddTransRslt(Cx,'漏征疑点待落实');
//判断,成立插入未落实疑点临时表
    Bz: = Qmov(Cx,1);                        //下移一行
    Bz: = Qeof(Cx);                          //判断是否为空
  end;                                       //循环结束
    TransBatch(Cx,'漏征疑点');
end.
```

执行结果如图12-2所示。

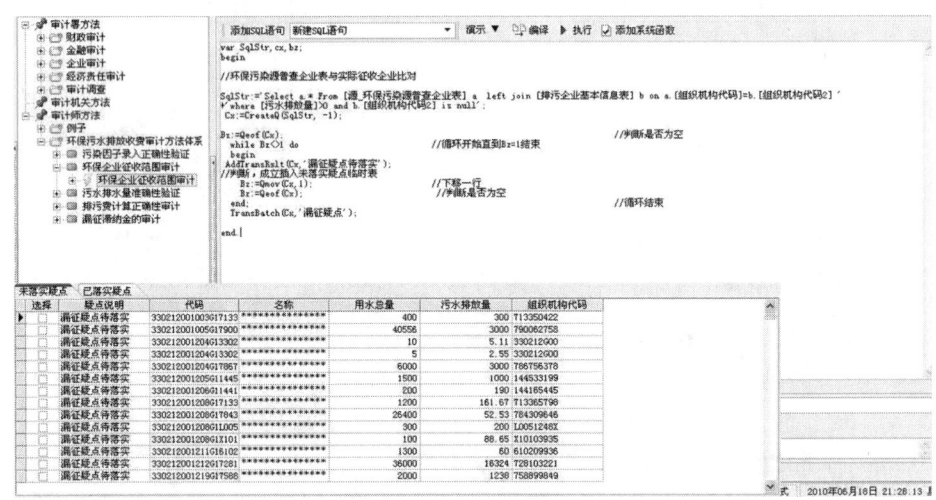

图12-2

步骤三：根据生成的审计疑点，进一步检查年工业废水排放量较大的企业中，至2009年底环境监察大队是否对其开征排污费。

3. 审计结果

排污费征收的范围不完整，大量的重点排污企业，未列入环境监察大队排污费征收的范围之内。通过区环保局提供的污染源普查信息，发现至2007年底，年工业废水

排放量在 1000 吨的 192 家企业中，尚有 107 家环境监察大队未对其开征排污费。

4. 应用 AO 功能点

本问题的分析主要使用了审计分析/审计方法/审计方法管理功能。

（二）环保污水排污费征收的准确性

1. 检查污染因子录入的准确性

审计事项：资源环保审计/环境污染治理/环保工作的基本情况

（1）审计思路

具体检查环境监察大队在排污费征收的过程中，是否按照环保监测站提供的污水监测报告真实、准确地录入污染因子。

流程如图 12-3 所示。

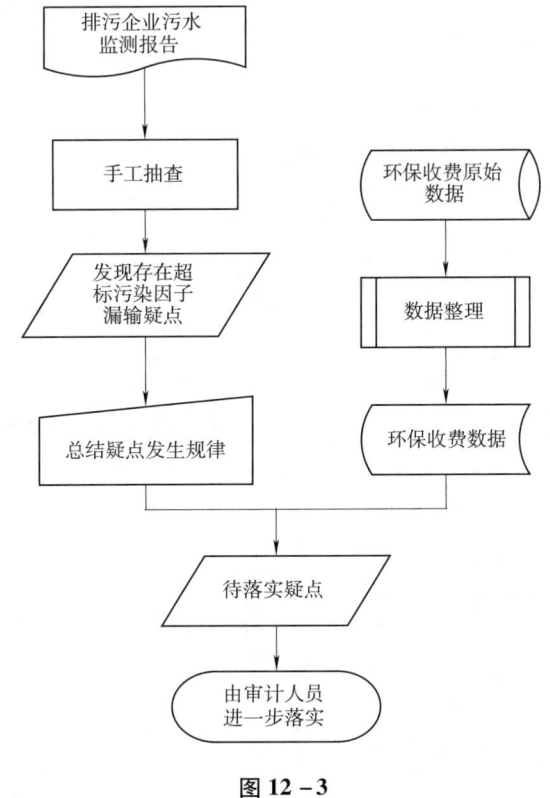

图 12-3

（2）审计步骤

步骤一：通过对环保系统的业务数据进行整理，按照本月费用比上月减少 30% 以上，且排污费金额在 500 元以上的条件筛选出记录。

ASL 语言如下：

```
var SqlStr,cx,bz;
begin
//本月污染因素汇总
    Sqlstr：='select [企业id],cstr([收费年份])+format(cstr([收费月份]),"00")
as 计费年月,count(1) as 记录数 ,sum([实际费用]) as [实际费用]'
 +' from [污水排污费计费明细表]'
 +' group by [企业id],cstr([收费年份])+format(cstr([收费月份]),"00")';
    CreateTempTable('本月污染因素汇总',SqlStr);
//上月污染因素汇总
    Sqlstr：='select [企业id],iif([收费月份]=1,cstr([收费年份]-1),cstr([收费
年份]))+format(iif([收费月份]=1,"12",cstr([收费月份]-1)),"00") as 计费年
月,count(1) as 记录数 ,sum([实际费用]) as [实际费用]'
 +' from [污水排污费计费明细表]'
 +' group by [企业id],iif([收费月份]=1,cstr([收费年份]-1),cstr([收费年
份]))+format(iif([收费月份]=1,"12",cstr([收费月份]-1)),"00")';
    CreateTempTable('上月污染因素汇总',SqlStr);
Sqlstr：='select t.*,c.[企业名称],c.[自定义编码] from '
 +' (select a.*,b.[记录数] as 上月记录数,b.[实际费用] as 上月实际费用
from [本月污染因素汇总] a inner join [上月污染因素汇总] b '
 +' on a.[企业id]=b.[企业id] and a.计费年月=b.计费年月'
 +' where a.[记录数]<=5 and a.[实际费用]<=b.[实际费用]*0.7 and a.[实
际费用]>0 and b.[实际费用]>500) t '
 +' left join [排污企业基本信息表] c on t.[企业id]=c.[企业id]';
    Cx：=CreateQ(SqlStr,-1);
    Bz：=Qeof(Cx);                          //判断是否为空
    while Bz<>1 do                          //循环开始直到 Bz=1 结束
    begin
AddTransRslt(Cx,'污染因子录入待落实');
//判断,成立插入未落实疑点临时表
       Bz：=Qmov(Cx,1);                     //下移一行
       Bz：=Qeof(Cx);                       //判断是否为空
    end;  //循环结束
    TransBatch(Cx,'污染因子录入疑点');
end.
```

执行结果如图 12-4 所示。

图 12-4

步骤二：以手工抽查的方式，核对环保系统数据与监测报告是否一致，是否存在超标污染因子漏输、错输等问题。通过抽查 2007—2009 年环保监测站提供的监测报告，可以发现环境监察大队是否根据监测报告的数据收取排污费。

（3）审计结果

对 2007 年至 2009 年期间的排污收费因子输入及计算结果情况进行了抽查，发现存在未根据监测数据收取排污费现象，审计抽查 80 份监测报告，有差异的为 12 份，其中少收 39977 元，多收 67989 元。另外，还发现对系统计算的某福利厂排污费计算结果进行修改的现象。该厂 2007 年 4 月 27 日因临时事故引起排污超标，于 5 月 27 日再次检测合格。大队经过集体讨论，同意只对其中两项指标（SS、COD）进行收费，但采用直接去掉系统产生的勾选项方式，操作程序不符合规定。

（4）应用 AO 功能点

本问题的分析主要使用了审计分析/审计方法/审计方法管理功能。

2. 检查污水排放量核定的准确性

审计事项：资源环保审计/环境污染治理/环保工作的基本情况

（1）审计思路

具体检查排污企业申报的用水量数据是否与各自来水厂获取的用水量数据一致。由于当年污水排放量的核定依据是根据排污企业申报的上年实际用水量，所以用水量以 2008 年数据作为比较对象。

流程如图 12-5 所示。

（2）审计步骤

步骤一：从自来水厂获取自来水厂销售明细表，主要包括购货方税号、自来水厂

AO 资源环保审计应用实例

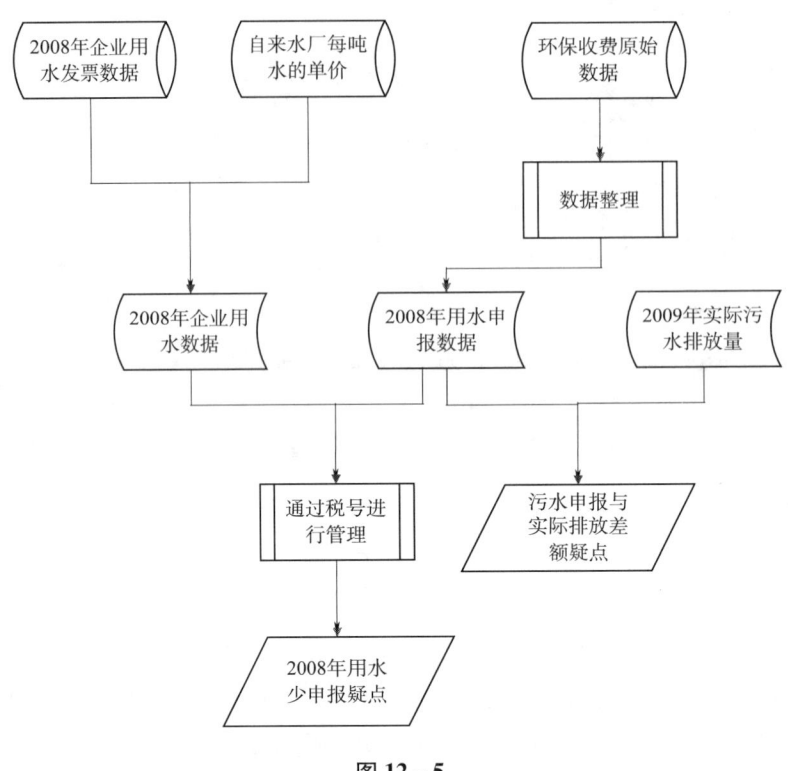

图 12-5

名称、开票日期和销售额字段,然后获取自来水厂的水费单价信息,通过关联比对得出企业的每月实际用水量信息。将排污企业向环境监察大队申报的用水量表与实际的污水排放量表进行关联,得出用水量与排污量有差异的疑点。

ASL 语言如下:

```
var SqlStr,cx,bz;
begin
//生成用水企业2008年用水量
  Sqlstr :=' select a. * ,a.[销售额]/b.[自来水单价] as 用水量 '
  +' from [源_自来水厂销售明细表] a inner join [源_自来水厂水费单价表] b on a.[自来水厂名称] = b.[自来水厂名称]'
  +' where [开票日期] > = #2008 -02 -01#';
   CreateTempTable('用水企业 2008 年用水量',SqlStr);
//以税号进行汇总,得出每家企业 2008 年的用水总量。
   Sqlstr :=' select [购货方税号],sum([用水量]) as 用水总量 '
  +' from [用水企业 2008 年用水量]'
  +' where [购货方税号] is not null '
```

+' group by [购货方税号]';
　　CreateTempTable('用水企业2008年用水汇总',SqlStr);
//对环保系统的排污企业用水情况表进行整理,将组织机构代码按照规则加工成
//排污企业税号。
　　Sqlstr:='select [单位名称],"330227 " + left([组织机构代码],8) + right([组织机构代码],1) as 税号,[2008年自来水用水量(万吨)] * 10000 as [2008年自来水用水量],[2008年总用水量(万吨)] * 10000 as [2008年总用水量]'
　　+' from [源_排污企业用水量表]';
　　CreateTempTable('排污企业2008年用水情况表',SqlStr);
//将用水企业2008年用水汇总与环保系统的排污企业2008年用水情况通过税号
//进行关联,得出2008年用水少申报疑点。
　　Sqlstr:='select a.*,b.[用水总量]　as 自来水厂取得用水总量,b.[用水总量] - a.[2008年自来水用水量] as 差额'
　　+' from [排污企业2008年用水情况表] a inner join [用水企业2008年用水汇总] b on a.[税号] = cstr(b.[购货方税号])'
　　+' where a.[2008年自来水用水量] < b.[用水总量]';

　　Cx: = CreateQ(SqlStr, -1);

　　Bz: = Qeof(Cx);   //判断是否为空
　　while Bz < >1 do   //循环开始直到Bz =1 结束
　　begin
　　AddTransRslt(Cx,'2008年用水少申报疑点待落实');
//判断,成立插入未落实疑点临时表
　　　　Bz: = Qmov(Cx,1);   //下移一行
　　　　Bz: = Qeof(Cx);   //判断是否为空
　　end;   //循环结束
　　TransBatch(Cx,'2008年用水少申报疑点');
//生成污水申报与实际排放差额疑点
　　Sqlstr:='select *,d.[2008年总用水量] - c.[污水排放量] as 差额 from '
　　+'(select b.[企业名称],sum([污水排放量]) as [污水排放量] from [源_污水排污费计费总表] a inner join [排污企业基本信息表] b'
　　+' on a.[企业id] = b.[企业id] where [数据类型] =21 and [收费年份] =2009 group by b.[企业名称]) c inner join [排污企业2008年用水情况表] d'

```
       +' on c.[企业名称] = d.[单位名称] where c.[污水排放量] < d.[2008年总用水
量]';
     Cx: = CreateQ(SqlStr, -1);
     Bz: = Qeof(Cx);                              //判断是否为空
       while Bz < >1 do                           //循环开始直到Bz = 1结束
       begin
     AddTransRslt(Cx,'污水申报与实际排放差额疑点待落实');
     //判断,成立插入未落实疑点临时表
         Bz: = Qmov(Cx,1);                        //下移一行
         Bz: = Qeof(Cx);                          //判断是否为空
       end;                                       //循环结束
     TransBatch(Cx,'污水申报与实际排放差额疑点');
     end.
```

执行结果如图12-6所示。

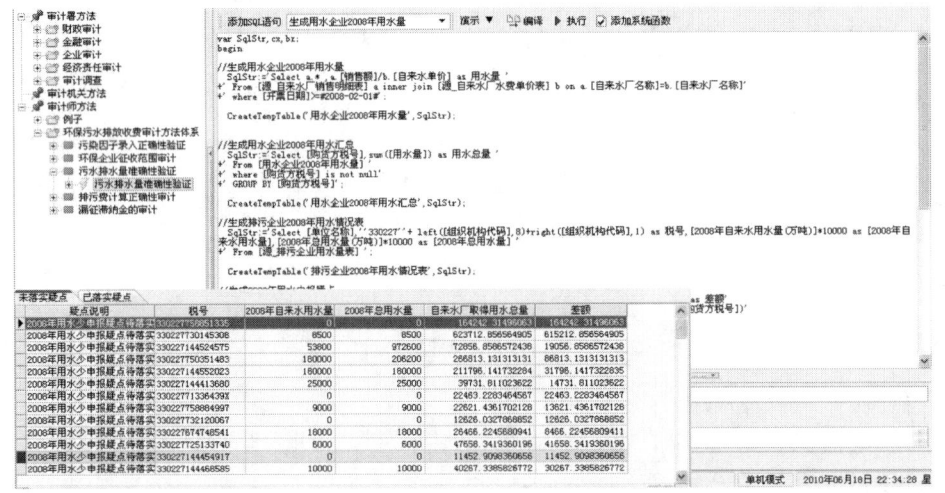

图12-6

步骤三：根据生成的用水量与排污量差额疑点表，采用环境监察大队的污水排放系数（即扣除生活用水等因素）乘以单位废水费用，再乘以少申报的自来水用水差额，可以发现环保系统中的排污企业因少申报而少收的排污费金额。

（3）审计结果

审计结论发现征收系统中的30家企业，2009年申报自来水用水量为1324118吨，而自来水厂反映企业实际用水量为2532600吨，差额为1208482吨。这30家企业因少申报而少收的排污费为563717元。

（4）应用 AO 功能点

本问题的分析主要使用了审计分析/审计方法/审计方法管理功能。

3. 检查污水排污费计算的准确性

审计事项：资源环保审计/环境污染治理/环境影响评价收费信息系统审计

（1）审计思路

具体检查环境监察大队是否按照相关规定的排污费收费项目、标准以及计算方法向排污企业征收排污费。根据排污费征收文件规定的公式，分别计算污染因子为 pH 值、色度和其他污染因子的应收污水排污费。根据理论收费与实际收费额差异在 10 元以上的条件，生成污水排污费计算差异表。

流程如图 12-7 所示。

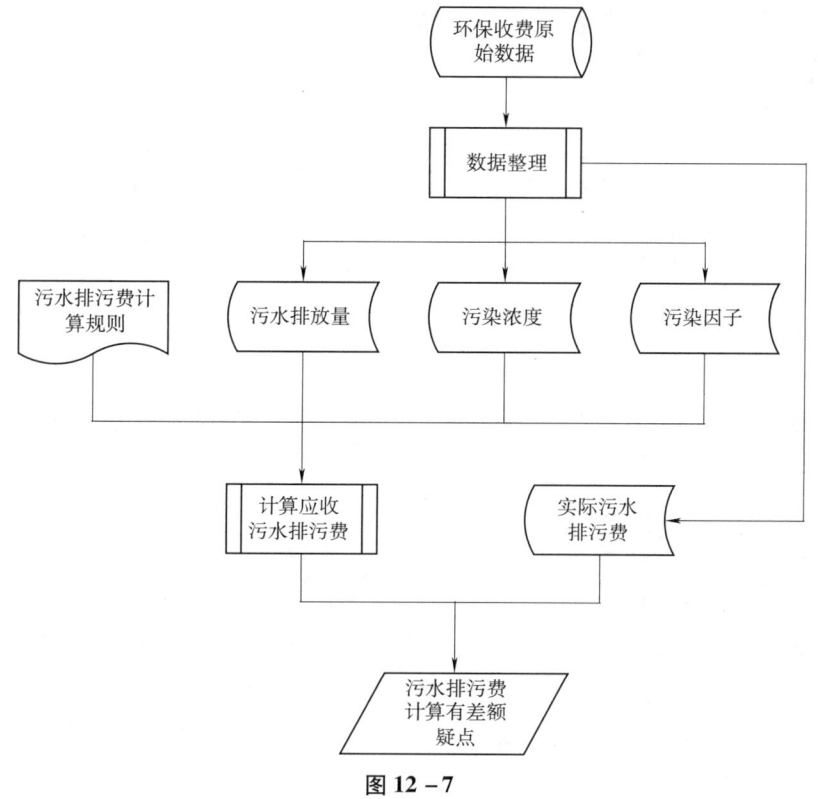

图 12-7

（2）审计步骤

步骤一：对环保收费数据进行整理，生成实际污水计费表。

ASL 语言如下：

```
var SqlStr,cx,bz;
begin
//生成污水排污费计费表
```

Sqlstr:='select d.[企业名称],d.[自定义编码],c.* from'
+'(select a.*,b.[污水排放量]'
+' from [污水排污费计费明细表] a inner join [源_污水排污费计费总表] b on a.[企业id]=b.[企业id] and a.[收费年份]=b.[收费年份] and a.[收费月份]=b.[收费月份]'
+' where b.[数据类型]=21) c left join [排污企业基本信息表] d on c.[企业id]=d.[企业id]';
CreateTempTable('污水排污费计费表',SqlStr);
//计算污染因子为ph值的应收污水排污费
Sqlstr:='select *,0 as 超标倍数,[污水排放量]*[单价]/0.06 as 应收污水排污费'
+' from [污水排污费计费表] where [污染因子代码]="001" and (([实际浓度]>=0 and [实际浓度]<1) or ([实际浓度]>13 and [实际浓度]<=14)) union'
+' select *,0 as 超标倍数,[污水排放量]*[单价]/0.125 as 应收污水排污费'
+' from [污水排污费计费表] where [污染因子代码]="001" and (([实际浓度]>=1 and [实际浓度]<2) or ([实际浓度]>12 and [实际浓度]<=13)) union'
+' select *,0 as 超标倍数,[污水排放量]*[单价]/0.25 as 应收污水排污费'
+' from [污水排污费计费表] where [污染因子代码]="001" and (([实际浓度]>=2 and [实际浓度]<3) or ([实际浓度]>11 and [实际浓度]<=12)) union'
+' select *,0 as 超标倍数,[污水排放量]*[单价]/0.5 as 应收污水排污费'
+' from [污水排污费计费表] where [污染因子代码]="001" and (([实际浓度]>=3 and [实际浓度]<4) or ([实际浓度]>10 and [实际浓度]<=11)) union'
+' select *,0 as 超标倍数,[污水排放量]*[单价]/1 as 应收污水排污费'
+' from [污水排污费计费表] where [污染因子代码]="001" and (([实际浓度]>=4 and [实际浓度]<5) or ([实际浓度]>9 and [实际浓度]<=10)) union'
+' select *,0 as 超标倍数,[污水排放量]*[单价]/5 as 应收污水排污费'
+' from [污水排污费计费表] where [污染因子代码]="001" and ([实际浓度]>=5 and [实际浓度]<6) ';
CreateTempTable('应收污水排污费计费表(PH)',SqlStr);
//计算污染因子为色度的应收污水排污费
Sqlstr:='select *,0 as 超标倍数,[污水排放量]/5*[单价]*iif([实际浓度]<=50,0,[实际浓度]/50-1) as 应收污水排污费'
+' from [污水排污费计费表] where [污染因子代码]="002"';
CreateTempTable('应收污水排污费计费表(色度)',SqlStr);
//计算其他污染因子的应收污水排污费

Sqlstr:='select * ,1 as 超标倍数,[污水排放量]*[实际浓度]*[单价]/([常量值]*1000) as 应收污水排污费'
　　+' from [污水排污费计费表] where [污染因子代码]<>"001" and [污染因子代码]<>"002" and [常量值]>0 and [标准浓度]=0 '
　　+' union all '
　　+' select * ,2 as 超标倍数,[污水排放量]*[实际浓度]*[单价]/([常量值]*1000)*2 as 应收污水排污费'
　　+' from [污水排污费计费表] where [污染因子代码]<>"001" and [污染因子代码]<>"002" and [常量值]>0 and [标准浓度]>0 and [收费年份]>=2009 and [实际浓度]/[标准浓度]>1 '
　　+' union all '
　　+' select * ,2 as 超标倍数,[污水排放量]*[实际浓度]*[单价]/([常量值]*1000)*2 as 应收污水排污费 '
　　+' from [污水排污费计费表] where [污染因子代码]<>"001" and [污染因子代码]<>"002" and [常量值]>0 and [标准浓度]>0 and [收费年份]<2009 and [实际浓度]/[标准浓度]>1 ' +' and [实际浓度]/[标准浓度]<=2 '
　　+' union all '
　　+' select * ,[实际浓度]/[标准浓度] as 超标倍数,[污水排放量]*[实际浓度]*[单价]/([常量值]*1000)*([实际浓度]/[标准浓度]) as 应收污水排污费 '
　　+' from [污水排污费计费表] where [污染因子代码]<>"001" and [污染因子代码]<>"002" and [常量值]>0 and [标准浓度]>0 and [收费年份]<2009 and [实际浓度]/[标准浓度]>2 '
　　+' union all '
　　+' select * ,[实际浓度]/[标准浓度] as 超标倍数,[污水排放量]*[实际浓度]*[单价]/([常量值]*1000) as 应收污水排污费'
　　+' from [污水排污费计费表] where [污染因子代码]<>"001" and [污染因子代码]<>"002" and [常量值]>0 and [标准浓度]>0 and [实际浓度]/[标准浓度]<1 ';
　　CreateTempTable('应收污水排污费计费表(其他)',SqlStr);
　　//生成污水排污费计算有差额的疑点(差额在10元以上)
　　Sqlstr:='select * from '
　　+' (select * from [应收污水排污费计费表(ph)]'
　　+' union all '
　　+' select * from [应收污水排污费计费表(色度)]'
　　+' union all '

```
+' select * from [应收污水排污费计费表(其他)]) t'
+' where abs([应收污水排污费]-[实际费用]) >=10 ';
Cx: = CreateQ(SqlStr, -1);
Bz: = Qeof(Cx);                              //判断是否为空
    while Bz < >1 do                          //循环开始直到 Bz=1 结束
    begin
AddTransRslt(Cx,'污水排污费计算有差额疑点待落实');
//判断,成立插入未落实疑点临时表
    Bz: = Qmov(Cx,1);                         //下移一行
    Bz: = Qeof(Cx);                           //判断是否为空
    end;                                      //循环结束
    TransBatch(Cx,'污水排污费计算有差额疑点');
end.
```

执行结果如图 12-8 所示。

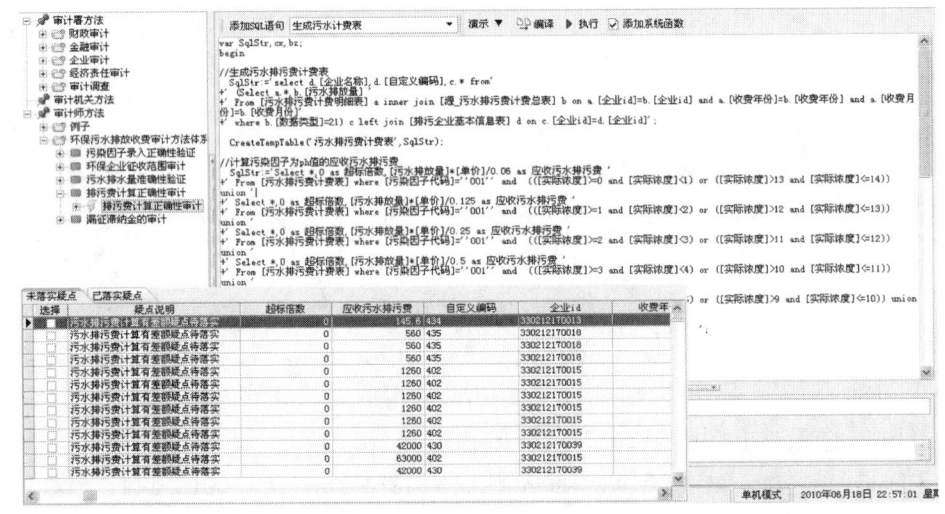

图 12-8

步骤二：根据生成的审计疑点，进行进一步细化分析，从而发现存在问题的具体环节。

(3) 审计结果

污水排污费的计算有误。根据排污收费的计算公式，对 2007 年至 2009 年应收的排污费重新进行了计算，审计发现由于征收系统不稳定、计算错误引起排污费少收的记录有 248 条，涉及 22 家企业，其中应收排污费为 1457886 元，已收排污费为 994021 元，差额为 463865 元。

（4）应用 AO 功能点

本问题的分析主要使用了审计分析/审计方法/审计方法管理功能。

（三）检查环保排污费征收的及时性

审计事项：资源环保审计/环境污染治理/排污费收缴

1. 审计思路

具体检查排污企业是否自接到排污费缴纳通知单之日起 7 日内缴纳排污费，环境监察大队是否及时向排污企业收取排污费。

流程如图 12-9 所示。

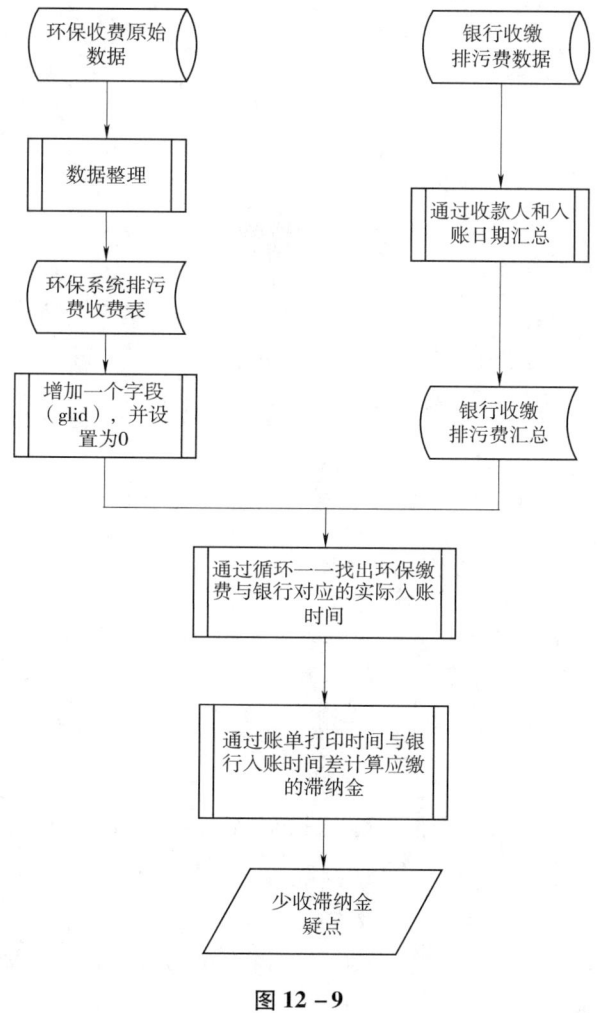

图 12-9

2. 审计步骤

步骤一：从某银行取得 2007 年至 2009 年各企业缴费的排污费数据，通过名称关联环保收费数据，获取相关记录。对环保收费数据进行整理，缴纳通知单的打印时间与银行实际到款时间进行比对，超过 7 日的，并匡算邮程 7 日，自逾期之日起按每日 2‰收取滞纳金，生成计算滞纳金金额表。

ASL 语言如下：

```
var SqlStr,cx,bz,a,b,qymc,dysj,dysj2,fy,id;
begin
//生产银行收缴排污费表汇总
   Sqlstr:='select [收款人],[入账日期],sum(金额) as 金额,0 as 是否关联'
+' from [源_银行收缴排污费表]'
+' where [入账标志]=2 or [入账标志]=3'
+' group by [收款人],[入账日期]';
   CreateTempTable('银行收缴排污费表汇总',SqlStr);
//增加 id 字段
   SqlStr:='Alter TABLE 银行收缴排污费表汇总 add COLUMN id COUNTER (1,1)';
   ExecuteUpdate(SqlStr);
//生成环保系统排污费收费表
   Sqlstr:='select a.*,b.[企业名称] from [源_环保系统排污费收费表] a inner join [源_排污企业基本信息表] b on a.[企业id]=b.[企业id]';
   CreateTempTable('环保系统排污费收费表',SqlStr);
//增加 id 字段
   SqlStr:='Alter TABLE [环保系统排污费收费表] add COLUMN glid int';
   ExecuteUpdate(SqlStr);
//设置 glid 为 0
   SqlStr:='update [环保系统排污费收费表] set glid=0';
   ExecuteUpdate(SqlStr);
//由于该步骤运行全部数据所需时间比较长，所以这里只是运行前 1000 条记录，大概需要 10 分钟。
   SqlStr:='select top 1000 [企业名称],format(dateadd("m",3,[打印时间]),"yyyymmdd") as 打印时间2,format([打印时间],"yyyymmdd") as 打印时间,cstr([费用]) as 费用'
+' from 环保系统排污费收费表  where glid =0 order by [企业名称],[打印时间]';
   a:=createq(SqlStr,-1);
   while b<>1 do
   begin
```

```
qymc:=QFDValue(b,'企业名称');
dysj:=QFDValue(b,'打印时间');
dysj2:=QFDValue(b,'打印时间2');
fy:=QFDValue(b,'费用');
SqlStr:='select  top 1 cstr(id) as id  from [银行收缴排污费表汇总] where [收款人]='+''''+qymc+''''+' and [金额]='+fy+' and [入账日期]>'+''''+dysj+''''+' and [入账日期]<'+''''+dysj2+''''+' and [是否关联]=0 order by [入账日期]';
Write(SqlStr);
cx:=createq(SqlStr,-1);
id:=QFDValue(cx,'id');
if RecordNum(cx) >0 then
begin
//Write(id);
SqlStr:='update [银行收缴排污费表汇总] set [是否关联]=1 where id ='+id;
ExecuteUpdate(SqlStr);
SqlStr:='update 环保系统排污费收费表 set glid ='+id+' where 企业名称='+''''+qymc+''''+' and format([打印时间],"yyyymmdd")='+''''+dysj+''''+' and 费用='+fy;
ExecuteUpdate(SqlStr);
end;
b:=Qmov(a,1);                           //下移一行
b:=Qeof(a);
end;
//计算银行实际缴费日期与催缴单打印日期的日期差
SqlStr:='select *,cdate(left(b.[入账日期],4)+"-"+right(left([入账日期],6),2)+"-"+right([入账日期],2))-a.[打印时间] as 日期差 '
+' from [环保系统排污费收费表] a inner join 银行收缴排污费表汇总 b on b.id=a.glid '
+' order by a. 企业名称,打印时间';
CreateTempTable('滞纳金日期表',SqlStr);
//计算滞纳金
SqlStr:='Select distinct [日期差],[企业id],[打印时间],[费用],[企业名称],iif([日期差]-14>0,([日期差]-14)*0.002*[费用],0) as 滞纳金 From [滞纳金日期表]'
+' where iif([日期差]-14>0,([日期差]-14)*0.002*[费用],0) >0';
```

```
    Cx: = CreateQ(SqlStr, -1);
    Bz: = Qeof(Cx);                       //判断是否为空
    while Bz < >1 do                      //循环开始直到 Bz = 1 结束
    begin
    AddTransRslt(Cx,'滞纳金疑点待落实');
    //判断,成立插入未落实疑点临时表
        Bz: = Qmov(Cx,1);                 //下移一行
        Bz: = Qeof(Cx);                   //判断是否为空
    end;                                  //循环结束
    TransBatch(Cx,'滞纳金疑点');
end.
```

执行结果如图 12 - 10 所示。

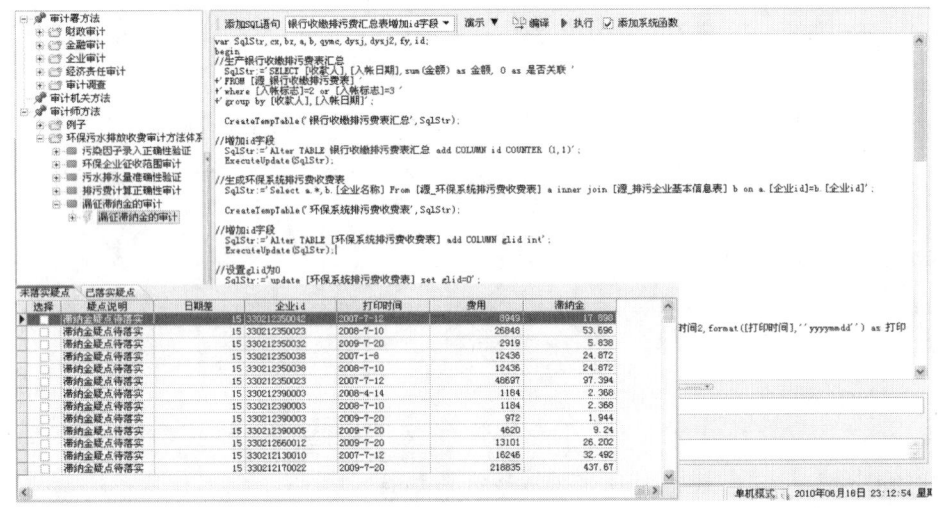

图 12 - 10

步骤二：根据生成的审计疑点，审计进一步检查滞纳金的分布情况，计算应收未收的滞纳金累计金额。

3. 审计结果

排污费收取不及时和滞纳金应收未收。发现有 770 条记录存在排污费收缴滞后现象，其中最长的为 495 天，应收未收的滞纳金累计为 286288 元。

4. 应用 AO 功能点

本问题的分析主要使用了审计分析/审计方法/审计方法管理功能。

（四）在资金绩效管理方面，分散式污水处理工程运行实效不够明显

审计事项：资源环保审计/环境污染治理/环保专项资金效益评价

1. 审计思路

从分散式污水处理工程的预算安排资金与实际支出比较，分析其资金绩效管理及工程运行实效。

2. 审计步骤

步骤一：利用 AO 查询 2008 年至 2009 年环保局本级账套中分散式污水处理工程补助款项的支付情况。

（1）查看 2008 年辅助账，分散式污水处理工程补助实际支出为 1233 万元。如图 12－11、图 12－12 所示。

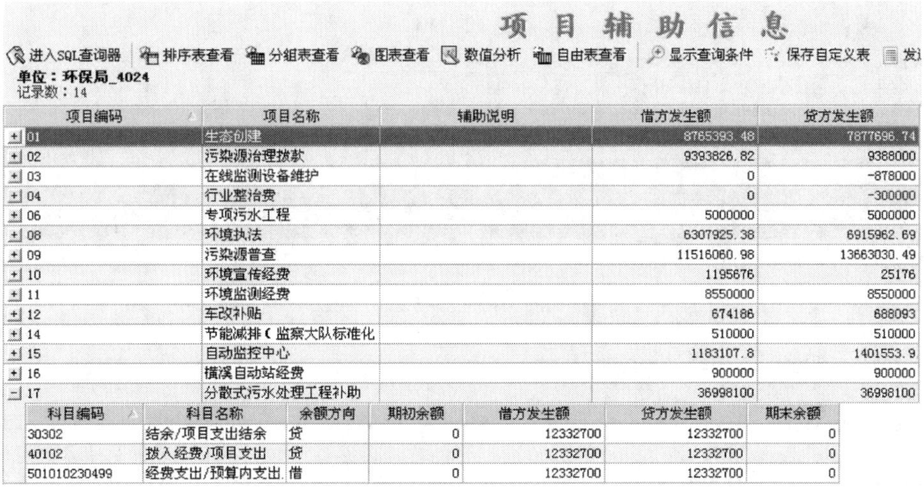

项目编码	项目名称	辅助说明	借方发生额	贷方发生额
01	生态创建		8765393.48	7877696.74
02	污染源治理拨款		9393826.82	9388000
03	在线监测设备维护		0	-878000
04	行业整治费		0	-300000
06	专项污水工程		5000000	5000000
08	环境执法		6307925.38	6915962.69
09	污染源普查		11516060.98	13663030.49
10	环境宣传经费		1195676	25176
11	环境监测经费		8550000	8550000
12	车改补贴		674186	688093
14	节能减排（监察大队标准化		510000	510000
15	自动监控中心		1183107.8	1401553.9
16	横溪自动站经费		900000	900000
17	分散式污水处理工程补助		36998100	36998100

科目编码	科目名称	余额方向	期初余额	借方发生额	贷方发生额	期末余额
30302	结余/项目支出结余	贷	0	12332700	12332700	0
40102	拨入经费/项目支出	贷	0	12332700	12332700	0
501010230499	经费支出/预算内支出.	借	0	12332700	12332700	0

图 12－11

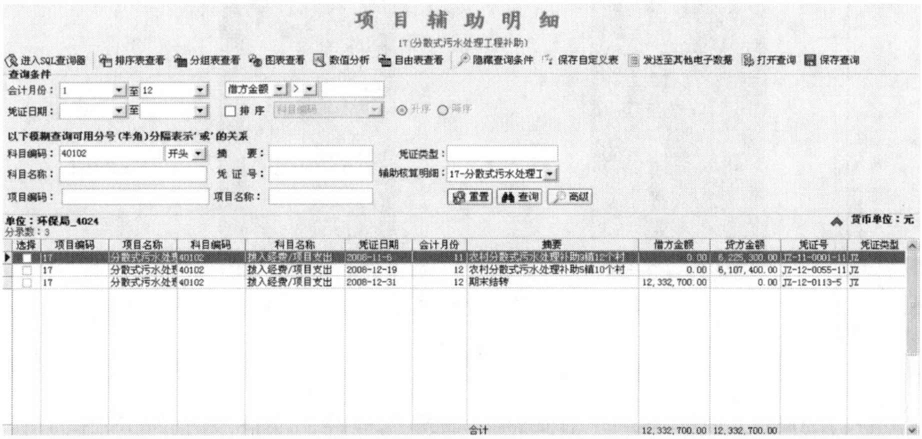

选择	项目编码	项目名称	科目编码	科目名称	凭证日期	会计月份	摘要	借方金额	贷方金额	凭证号	凭证类型
	17	分散式污水处理	40102	拨入经费/项目支出	2008-11-6	11	农村分散式污水处理补助[illegible]镇12个村	0.00	6,225,300.00	JZ-11-0001-11	JZ
	17	分散式污水处理	40102	拨入经费/项目支出	2008-12-19	12	农村分散式污水处理补助5镇10个村	0.00	6,107,400.00	JZ-12-0055-11	JZ
	17	分散式污水处理	40102	拨入经费/项目支出	2008-12-31	12	期末结转	12,332,700.00	0.00	JZ-12-0113-5	JZ
							合计	12,332,700.00	12,332,700.00		

图 12－12

同时，与科目明细账查询结果核对相符。如图 12 – 13 所示。

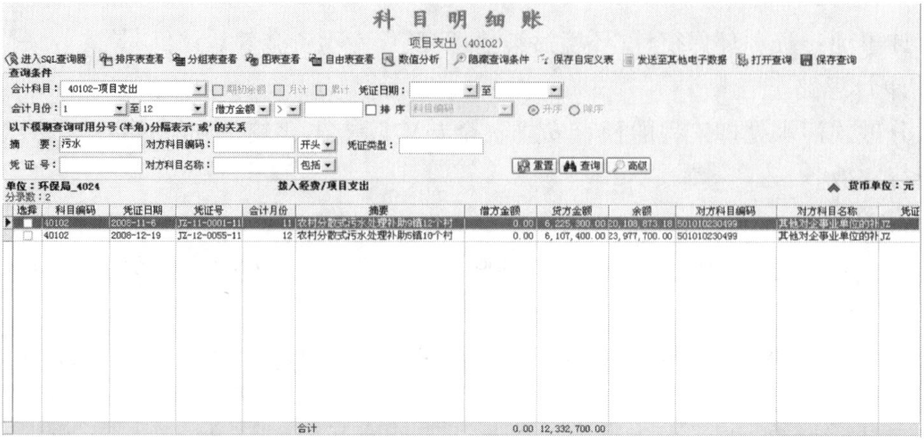

图 12 – 13

分组显示如图 12 – 14 所示。

图 12 – 14

图表显示如图 12 – 15 所示。

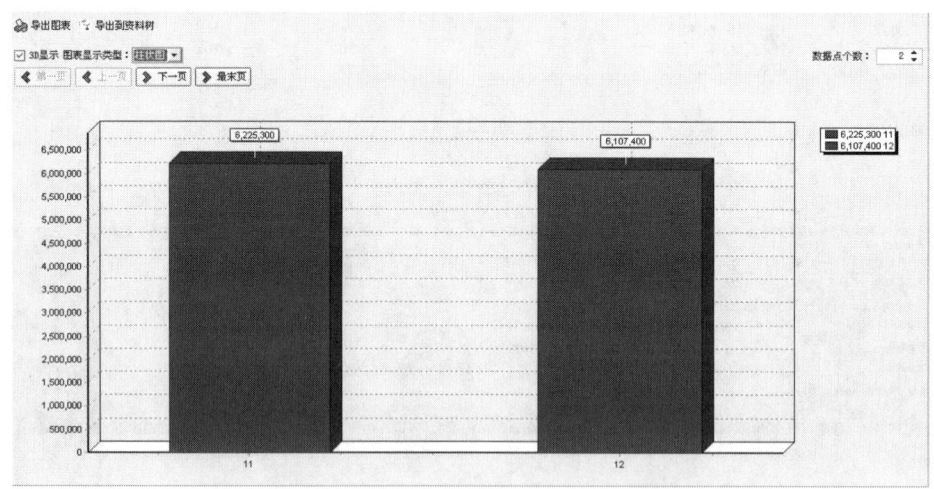

图 12 – 15

（2）查看 2009 年辅助账，分散式污水处理工程补助实际支出为 1883 万元。如图 12 – 16、图 12 – 17 所示。

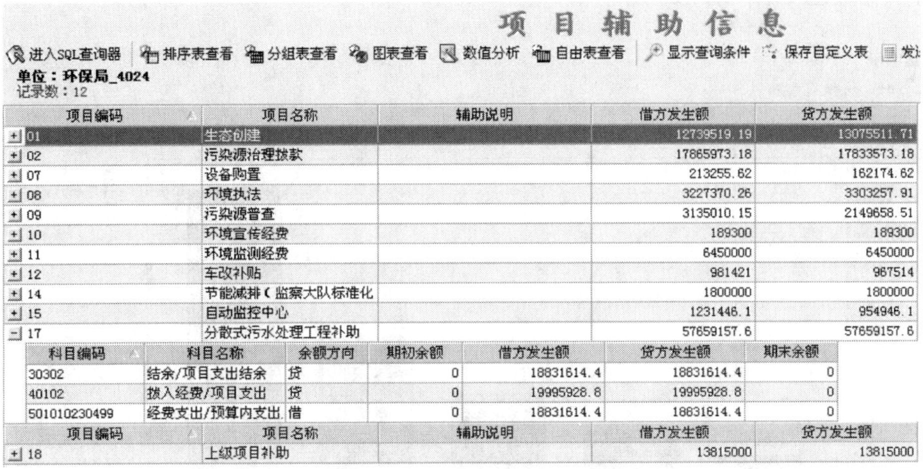

项目辅助信息

进入SQL查询器　排序表查看　分组表查看　图表查看　数值分析　自由表查看　显示查询条件　保存自定义表

单位：环保局_4024
记录数：12

项目编码	项目名称	辅助说明	借方发生额	贷方发生额
01	生态创建		12739519.19	13075511.71
02	污染源治理拔款		17865973.18	17833573.18
07	设备购置		213255.62	162174.62
08	环境执法		3227370.26	3303257.91
09	污染源普查		3135010.15	2149658.51
10	环境宣传经费		189300	189300
11	环境监测经费		6450000	6450000
12	车改补贴		981421	967514
14	节能减排（监察大队标准化		1800000	1800000
15	自动监控中心		1231446.1	954946.1
17	分散式污水处理工程补助		57659157.6	57659157.6

科目编码	科目名称	余额方向	期初余额	借方发生额	贷方发生额	期末余额
30302	结余/项目支出结余	贷	0	18831614.4	18831614.4	0
40102	拨入经费/项目支出	贷	0	19995928.8	19995928.8	0
501010230499	经费支出/预算内支出	借	0	18831614.4	18831614.4	0

项目编码	项目名称	辅助说明	借方发生额	贷方发生额
18	上级项目补助		13815000	13815000

图 12－16

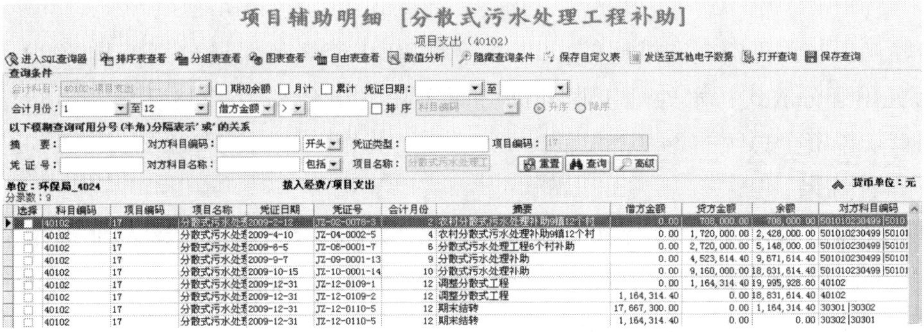

项目辅助明细［分散式污水处理工程补助］
项目支出（40102）

单位：环保局_4024　　拨入经费/项目支出　　货币单位：元
分录数：9

选择	科目编码	项目编码	项目名称	凭证日期	凭证号	会计月份	摘要	借方金额	贷方金额	余额	对方科目编码
	40102	17	分散式污水处理	2009-2-12	JZ-02-0078-3	2	农村分散式污水处理补助9镇12个村	0.00	708,000.00	708,000.00	501010230499|5010
	40102	17	分散式污水处理	2009-4-10	JZ-04-0002-5	4	农村分散式污水处理补助9镇12个村	0.00	1,720,000.00	2,428,000.00	501010230499|50101
	40102	17	分散式污水处理	2009-6-5	JZ-06-0001-7	6	分散式污水处理工程6个村补助	0.00	2,720,000.00	5,148,000.00	501010230499|50101
	40102	17	分散式污水处理	2009-9-7	JZ-09-0001-13	9	分散式污水处理补助	0.00	4,523,614.40	9,671,614.40	501010230499|50101
	40102	17	分散式污水处理	2009-10-15	JZ-10-0001-14	10	分散式污水处理补助	0.00	9,160,000.00	18,831,614.40	501010230499|50101
	40102	17	分散式污水处理	2009-12-31	JZ-12-0109-1	12	调整分散式工程	0.00	1,164,314.40	19,995,928.80	40102
	40102	17	分散式污水处理	2009-12-31	JZ-12-0109-2	12	调整分散式工程	1,164,314.40	0.00	18,831,614.40	40102
	40102	17	分散式污水处理	2009-12-31	JZ-12-0110-5	12	期末结转	17,667,300.00	0.00	1,164,314.40	30301|30302
	40102	17	分散式污水处理	2009-12-31	JZ-12-0110-5	12	期末结转	1,164,314.40	0.00	0.00	30302|30301

图 12－17

同时，与科目明细账查询结果核对相符。如图 12－18 所示。

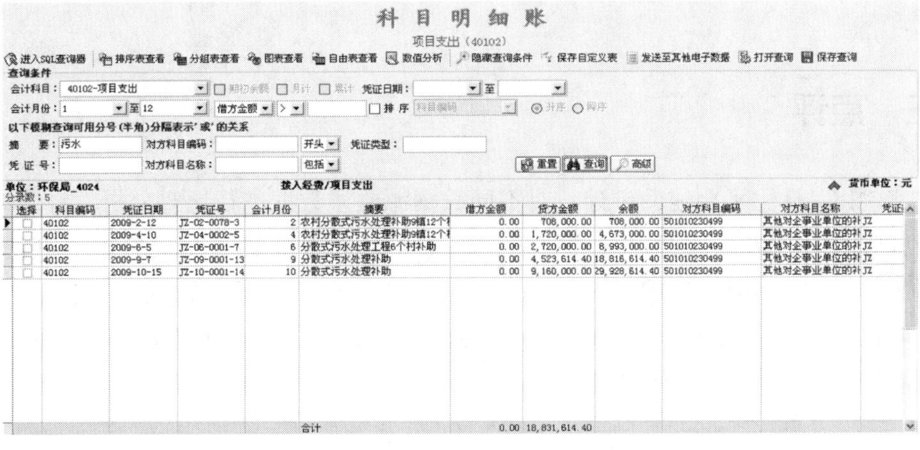

科目明细账
项目支出（40102）

单位：环保局_4024　　拨入经费/项目支出　　货币单位：元
分录数：5

选择	科目编码	凭证日期	凭证号	会计月份	摘要	借方金额	贷方金额	余额	对方科目编码	对方科目名称	凭证
	40102	2009-2-12	JZ-02-0078-3	2	农村分散式污水处理补助9镇12个	0.00	708,000.00	708,000.00	501010230499	其他对企事业单位的补	JZ
	40102	2009-4-10	JZ-04-0002-5	4	农村分散式污水处理补助9镇12个	0.00	1,720,000.00	4,673,000.00	501010230499	其他对企事业单位的补	JZ
	40102	2009-6-5	JZ-06-0001-7	6	分散式污水处理工程6个村补助	0.00	2,720,000.00	8,993,000.00	501010230499	其他对企事业单位的补	JZ
	40102	2009-9-7	JZ-09-0001-13	9	分散式污水处理补助	0.00	4,523,614.40	18,816,614.40	501010230499	其他对企事业单位的补	JZ
	40102	2009-10-15	JZ-10-0001-14	10	分散式污水处理补助	0.00	9,160,000.00	29,928,614.40	501010230499	其他对企事业单位的补	JZ
					合计	0.00	18,831,614.40				

图 12－18

用图表显示如图 12-19 所示。

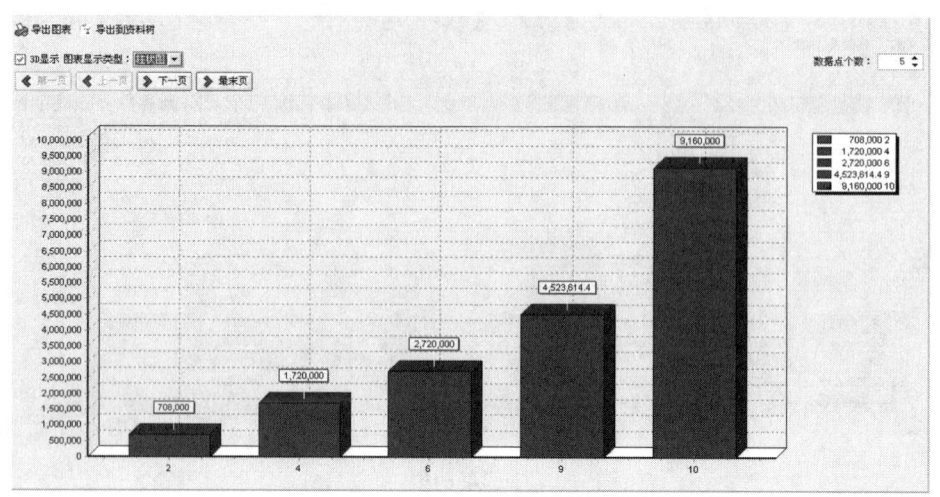

图 12-19

步骤二：与预算资金安排比较，2008 年和 2009 年区环保局分别安排 3000 万元和 6000 万元用于分散式污水处理工程补助，而实际支出分别为 1233 万元和 1883 万元，仅占预算安排资金总额的 34.62%。

3. 审计结果

分散式污水处理工程运行实效不够明显，实际支出仅占预算安排资金总额的 34.62%。并提出区环保局应加强工程技术力量，加大对分散式污水处理工程的指导力度，建立健全工程后续运行管理制度的建议。

4. 应用 AO 功能点

本问题的分析使用了审计分析/审计方法/审计方法管理；审计分析/审计数据/图表分析工具；审计分析/账表分析/科目明细账审查；审计分析/账表分析/辅助账审查等功能。

三、点评

本实例以 AO 主平台辅助审计，对不同数据源电子数据进行比对分析。针对产生的排污费征收和管理方面的疑点，确定延伸的重点，逐项落实，大大缩短了审计时间，提高了工作效率。利用 AO 编辑多个审计方法，揭示了污水排污费征收的完整性、准确性、及时性方面存在的问题，形成了一套污水排污费征收的审计方法体系，对今后开展同类项目审计具有一定的借鉴意义。

（浙江省宁波市鄞州区审计局　钱　璇　龚　健　宋月红　应　宏）

实例十三

AO 在污水泵站运行管理绩效审计中的应用

一、项目背景

2011年5月,某审计局参加了由区市政公用局主持召开的关于统一污水泵站管理方式的会议。会议材料显示,因历史等原因,目前该区投资建成使用的3个污水泵站,分别采用了3种不同的管理方式。会上,区市政公用局介绍了近年来泵站财务管理情况及对各泵站运行情况的考核结果,为了便于管理,提出统一泵站管理方式。与会部门各抒己见,有的认为事业单位管理方式内控严密,能切实履行政府职责;有的认为企业管理方式可以降低运行成本,经济效益高;有的认为委托企业管理能有效利用社会力量,减轻政府工作负担。但究竟哪一种管理方式更科学、更经济、更有效呢?相关部门莫衷一是。鉴于会上不能确定采取何种管理方式,区相关领导要求审计部门对泵站进行审计,摸清泵站管理状况和财务收支情况,为区领导和各部门决策提供准确、科学的依据。接到任务后,该审计局成立了审计组,对3个污水泵站的管理方式、财务收支规模、人员设备等情况开展了审前调查,发现虽然3个污水泵站采用不同的管理方式,但在财务管理上都有一个共同特点,即运行费用最终全部由财政负担。因此确定以资金和资产管理为重点,对3个泵站2008年至2010年运行成本进行绩效审计,彻底拨开污水泵站管理的"迷雾"。

二、审计过程

(一)收支合规合理性分析,初拨泵站管理"迷雾"

从收支合规性和合理性入手,审核财务管理的真实性,发现财政损失浪费547074.51元,初步拨开污水泵站管理的"迷雾"。总体审计思路如下。

首先,审核各泵站财务收入和支出的合规性。核对区市政公用局向各泵站拨款与泵站收入记录是否一致，审核收入的准确性；采用现场查看等方法核实泵站资产经营情况，审核收入的完整性。通过上述对收入的准确性和完整性审计，审核收入的合规性；采用票据真伪审查等方法，实质性测试区市政公用局和各泵站内部控制情况，审核支出的合规性。

其次，审核成本支出的合理性。泵站运行成本支出中，有的与污水处理量变动无关，金额相对固定不变；有的随污水处理量变动相应发生变化。因此，根据各类运行成本支出与污水处理量变化的相关程度，将泵站成本支出划分为固定成本和变动成本，在分析固定成本和变动成本构成的此基础上，采用因素分析、趋势分析、数学模型分析等不同的方法，审核支出的合理性。

最后，通过以上收入和支出合规性、合理性审计，揭露管理漏洞造成的财政损失和浪费金额。

流程如图 13-1 所示。

1. 审核污水泵站财务收支的合规性

审计事项：资源环保审计/环境污染治理/专项资金使用

（1）审计思路

各泵站管理单位提供的会计资料显示，除财政补助收入外，泵站没有其他收入。因此，核对区市政公用局拨付各泵站资金记录与各泵站收入记录是否一致，需审核各泵站收入的准确性。区市政公用局与2#和3#泵站管理单位签订的管理协议约定，泵站资产不得用于经营。各泵站除建有泵房外，还配有办公楼等附属设施，而且泵站占地较大，空地较多，泵站管理单位可能存在违反约定私自运用泵站资产获利的行为，因此还需审核泵站收入的完整性。

（2）审计步骤

步骤一：审核财政补助收入的准确性。进入 SQL 查询器界面，在会计数据中选择凭证库，点击右键，选择"执行排序分组表"，按照下图所示"查询向导"，审核凭证摘要中是否存在同时向两个以上泵站拨款的情况。

查询结果显示，摘要中没有同时支付两个以上泵站资金的情况。

步骤二：核对区市政公用局拨付各泵站资金记录与各泵站收入记录是否一致。

ASL 查询语句如下：

实例十三 AO 在污水泵站运行管理绩效审计中的应用

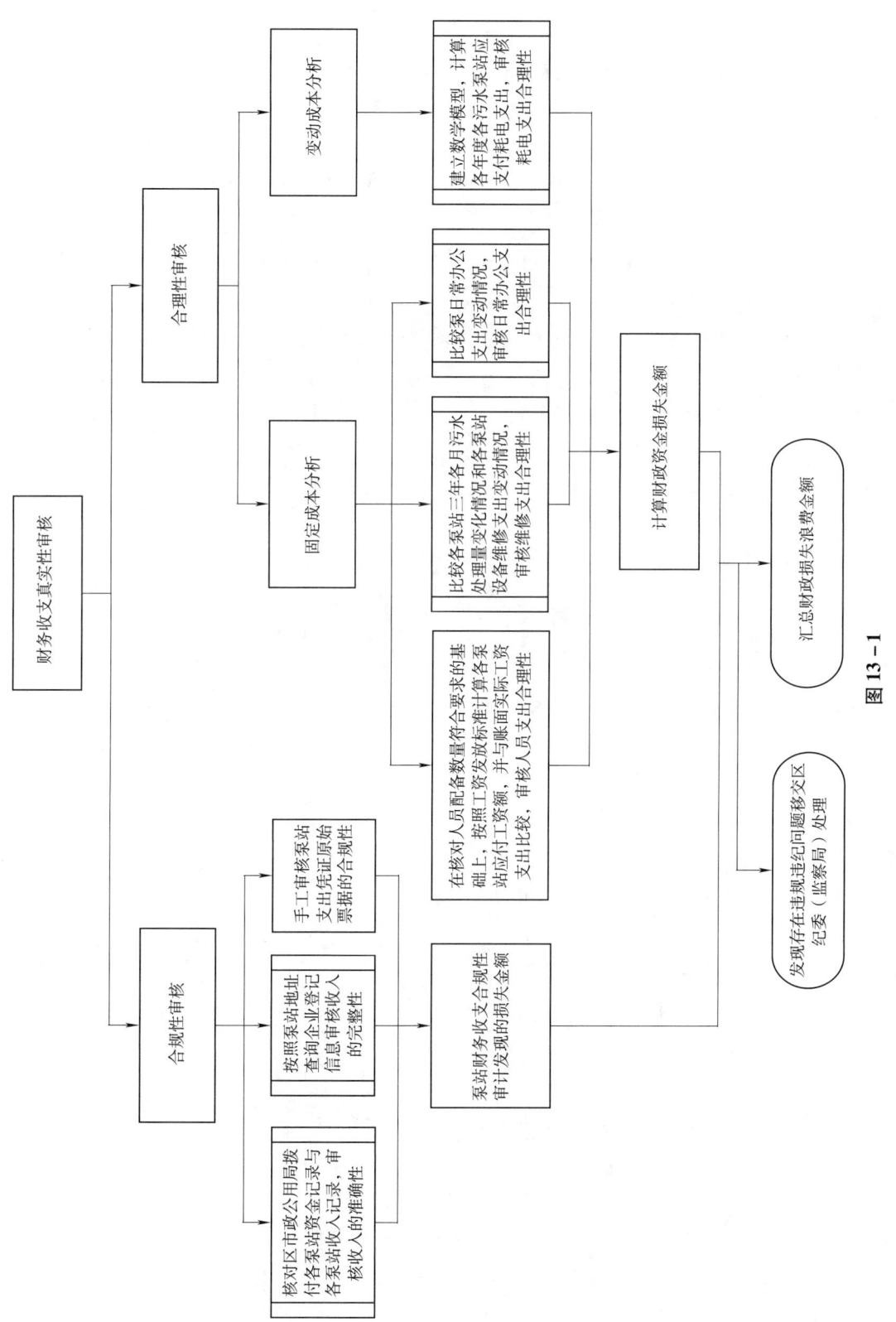

图 13－1

```
var
    SqlStr,ImgSqlStr,CurQuery,IsEmpty,TotalNumberInt;
begin
    //市政公用局拨款记录_中间表
    SqlStr:='SELECT *,"1#" AS 泵站名称 FROM [凭证库] WHERE 摘要 LIKE "%泵站%" AND 借方金额>0';
    CreateTempTable('市政公用局拨款记录_中间表',SqlStr);
    //加入泵站名称2#
    SqlStr:='UPDATE 市政公用局拨款记录_中间表 SET 泵站名称="2#" where 摘要 LIKE "%某地名%"';
    ExecuteUpdate(SqlStr);
        //加入泵站名称3#
    SqlStr:='UPDATE 市政公用局拨款记录_中间表 SET 泵站名称="3#" where 摘要 LIKE "%某市政%"';
    ExecuteUpdate(SqlStr);
    SqlStr:='SELECT A.泵站名称,凭证日期,借方金额 AS 市政公用局拨款,B.金额 AS 接到金额 FROM  市政公用局拨款记录_中间表 A INNER JOIN [各泵站财政补助收入表] B ON A.借方金额=B.金额 AND YEAR(时间)=YEAR(凭证日期) AND MONTH(时间)=MONTH(凭证日期)WHERE 借方金额<>B.金额';
    CurQuery:=createq(SqlStr,-1);
    IsEmpty:=Qeof(CurQuery);
    TotalNumberInt:=0;
    //生成疑点
    if RecordNum(CurQuery)>0 then
        begin
            repeat
                AddTransRslt(CurQuery,'收入准确性审核');
                IsEmpty:=Qmov(CurQuery,1);
                IsEmpty:=Qeof(CurQuery);
                TotalNumberInt:=TotalNumberInt+1;
            until IsEmpty=1;
            TransBatch(CurQuery,'收入准确性审核情况');
            ShowMsg('发现'+TotalNumberInt+'条收入存在差异情况,请到疑点库->业务数据疑点中查看!');
        end
```

```
    else
      begin
        ShowMsg('没有发现收入差异情况！');
      end;
  end.
```

查询结果表明，各泵站收入与财政拨款数一致。

步骤三：现场审核泵站资产设备管理情况，确定疑点。发现 2#泵站管理单位可能存在出租泵站用房的情况。

步骤四：联系工商部门和地税部门，获得企业注册信息，同时从区市政公用局获得各泵站地址。按照地址是否一致查询，审核企业登记信息中符合条件的企业。

```
select b.泵站名称,a.注册地址,企业名称,法人代表
  from [工商税务部门企业登记信息] a inner join [各泵站地址] b on a.注册地址 = b.地址
```

查询结果如图 13-2 所示。

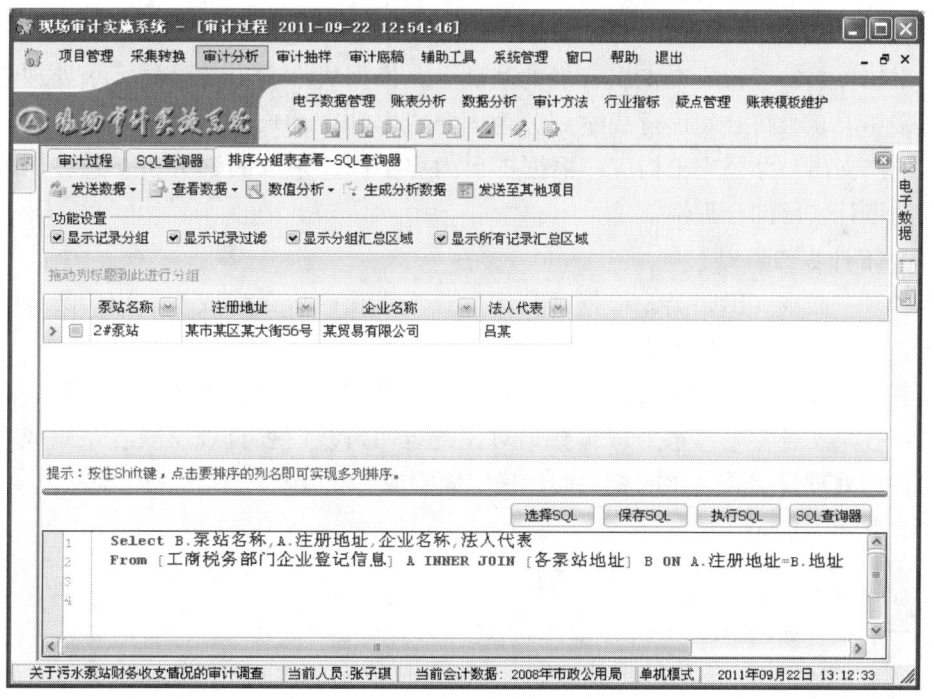

图 13-2

查询结果表明，某贸易有限公司注册地址位于 2#泵站。

步骤五：查阅工商和税务登记档案中，租房合同累计租金为 7.8 万元，租赁价格

远远低于周边办公房市场平均租赁价格。分析除违约租赁资产获取利益外，还可能存在违法行为。

步骤六：通过工商和地税部门联系租赁泵站用房企业的负责人，当面了解相关事项。该企业的确租赁2#泵站办公楼，但实际租金为20.4万元，远高于合同租金价格。审计组取得相关证据。

(3) 审计结果

面对审计人员取得的证据，2#泵站管理单位最终承认违约出租泵站用房，并采用签订"阴阳"合同的违法手段，隐瞒收入12.6万元，形成企业"小金库"的事实。因涉嫌经济违法行为，审计组将相关材料移交区纪委（区监察局）进行处理。另外，手工逐一审核3个泵站2008年至2010年支出凭证原始票据的真实性，验证区市政公用局和各泵站内控管理的有效性。审计结果表明，未发现不合规票据，支出合规。

(4) 应用AO功能点

本问题的分析使用了AO的审计分析/数据分析/SQL查询器；审计分析/审计方法/审计方法管理等功能。

2. 审核污水泵站支出的合理性

审计事项：资源环境审计/环境污染治理/专项资金使用

(1) 审计思路

在审核各泵站运行成本支出合规的基础上，根据成本支出与泵站污水处理量变化是否直接相关，可将泵站运行成本划分为固定成本和变动成本。固定成本由人员工资支出、维修支出和办公支出构成。根据支出内容不同，采取因素分析、趋势比较等不同的方法审计支出的合理性。

(2) 审计步骤

步骤一：成本支出归类。根据泵站运行成本支出内容，将成本支出归集为人员工资支出、办公支出、维护支出和电费支出四类。

步骤二：比较各类成本支出与污水处理量变动的相关性。将各泵站各年度成本支出数据与各泵站各年度污水处理量数据对比，运用折线图表直观反映各泵站成本支出项目与污水处理量增长变化的相关性，确定固定成本和变动成本构成内容。

ASL查询语句如下：

```
var
    SqlStr,ImgSqlStr,CurQuery,IsEmpty;
begin

    //建立 各泵站每年度成本支出情况_临时中间表
    SqlStr:='SELECT 泵站名称,年度,支出项目,ROUND(SUM(支出金额),2) AS 支出合计 FROM [各泵站运行支出表] GROUP BY 泵站名称,年度,支出项目';
```

CreateTempTable('各泵站每年度成本支出情况_临时中间表',SqlStr);

//建立 各泵站每年度成本支出情况_临时中间表
SqlStr: ='SELECT A.泵站名称,A.年度,办公支出,电费支出,人员工资,维修支出 FROM (SELECT 泵站名称,年度,办公支出=支出合计 FROM 各泵站每年度成本支出情况_临时中间表 WHERE 支出项目='+QuotedStr('办公支出')+') A INNER JOIN (SELECT 泵站名称,年度,电费支出=支出合计 FROM 各泵站每年度成本支出情况_临时中间表 WHERE 支出项目='+QuotedStr('电费支出')+') B ON A.泵站名称=B.泵站名称 AND A.年度=B.年度 INNER JOIN (SELECT 泵站名称,年度,人员工资=支出合计 FROM 各泵站每年度成本支出情况_临时中间表 WHERE 支出项目='+QuotedStr('人员工资')+') C ON A.泵站名称=C.泵站名称 AND A.年度=C.年度 INNER JOIN (SELECT 泵站名称,年度,维修支出=支出合计 FROM 各泵站每年度成本支出情况_临时中间表 WHERE 支出项目='+QuotedStr('维修支出')+') D ON A.泵站名称=D.泵站名称 AND A.年度=D.年度';
CreateTempTable('各泵站各年度成本支出情况_中间表',SqlStr);

//建立 各泵站每年度成本支出情况_临时中间表
SqlStr: ='SELECT * FROM (SELECT 泵站名称='+QuotedStr('1#')+',年度,ROUND(SUM([1#泵站污水处理量]),2) AS 污水处理量 FROM [各泵站污水处理量表] GROUP BY 年度 UNION SELECT 泵站名称='+QuotedStr('2#')+',年度,ROUND(SUM([2#泵站污水处理量]),2) AS 污水处理量 FROM [各泵站污水处理量表] GROUP BY 年度 UNION SELECT 泵站名称='+QuotedStr('3#')+',年度,ROUND(SUM([3#泵站污水处理量]),2) AS 污水处理量 FROM [各泵站污水处理量表] GROUP BY 年度) A';
CreateTempTable('各泵站各年度污水处理量_中间表',SqlStr);

SqlStr: ='SELECT A.泵站名称,A.年度,污水处理量,办公支出,电费支出,人员工资,维修支出 FROM 各泵站各年度成本支出情况_中间表 A INNER JOIN 各泵站各年度污水处理量_中间表 B ON A.泵站名称=B.泵站名称 AND A.年度=B.年度';

//图形线性图方式输出图表,直观反映各泵站成本支出项目与污水处理量增长变化的相关性
ImgSqlStr: =SqlStr+' WHERE A.泵站名称='+QuotedStr('1#');
ShowMsg('请您选择折线图方式查看,并根据每个图形判断成本支出项目与泵站潜水处理量的相关性,确定固定成本和变动成本!');

OPutChart(ImgSqlStr,'年度','办公支出,clblue;电费支出,clyellow;人员工资,clgreen;维修支出,clred;污水处理量,clPurple');

ImgSqlStr: = SqlStr +' WHERE A.泵站名称 =' + QuotedStr('2#');
OPutChart(ImgSqlStr,'年度','办公支出,clblue;电费支出,clyellow;人员工资,clgreen;维修支出,clred;污水处理量,clPurple');

ImgSqlStr: = SqlStr +' WHERE A.泵站名称 =' + QuotedStr('3#');
OPutChart(ImgSqlStr,'年度','办公支出,clblue;电费支出,clyellow;人员工资,clgreen;维修支出,clred;污水处理量,clPurple');

//根据以上分析,划分固定成本和变动成本,并生成相应中间表。
//建立 各泵站各年度固定成本_中间表
SqlStr: = 'SELECT 泵站名称,年度,办公支出,人员工资,维修支出 FROM 各泵站各年度成本支出情况_中间表';
CreateTempTable('各泵站各年度固定成本_中间表',SqlStr);

//建立 各泵站各年度变动成本_中间表
SqlStr: = 'SELECT 泵站名称,年度,电费支出 FROM 各泵站各年度成本支出情况_中间表';
CreateTempTable('各泵站各年度变动成本_中间表',SqlStr);

ShowMsg('固定成本、变动成本已划分完毕');

end.

1#泵站污水处理量与成本比较如图13-3所示。

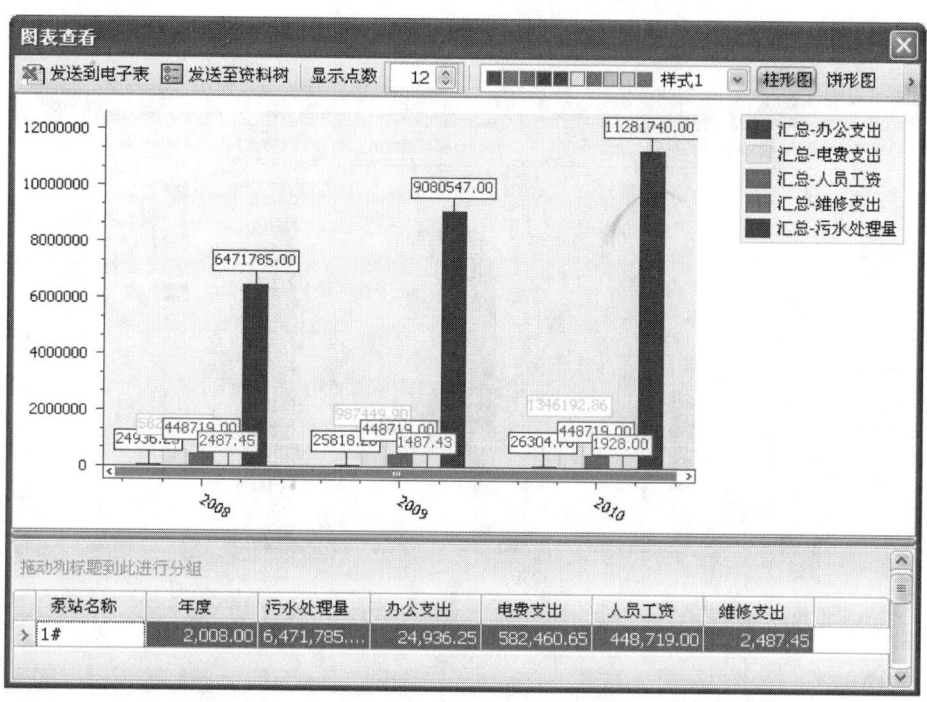

图 13-3

2#泵站污水处理量与成本比较如图 13-4 所示。

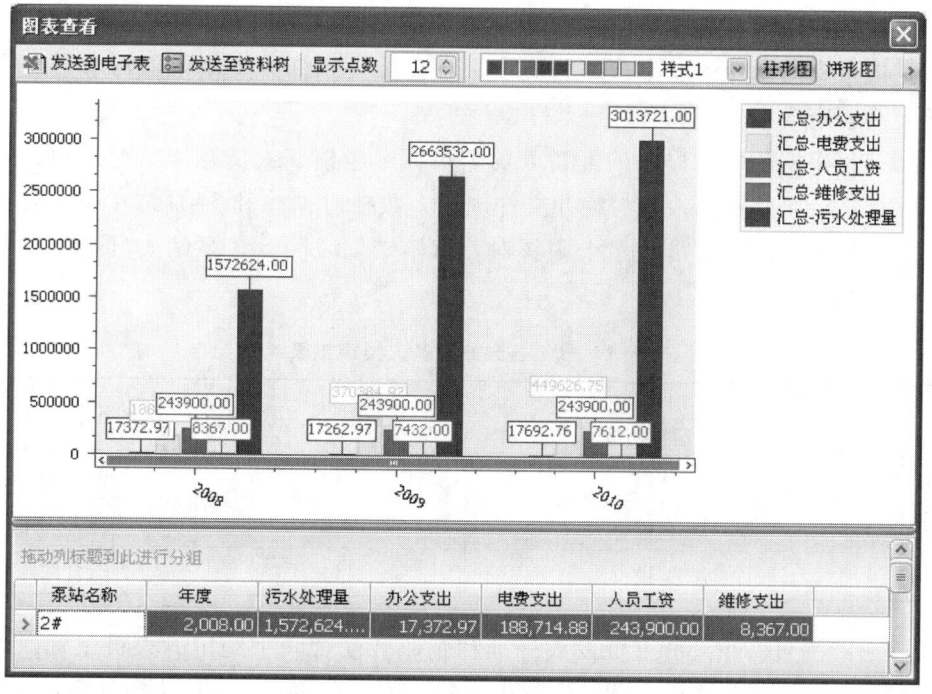

图 13-4

3#泵站污水处理量与成本比较如图 13-5 所示。

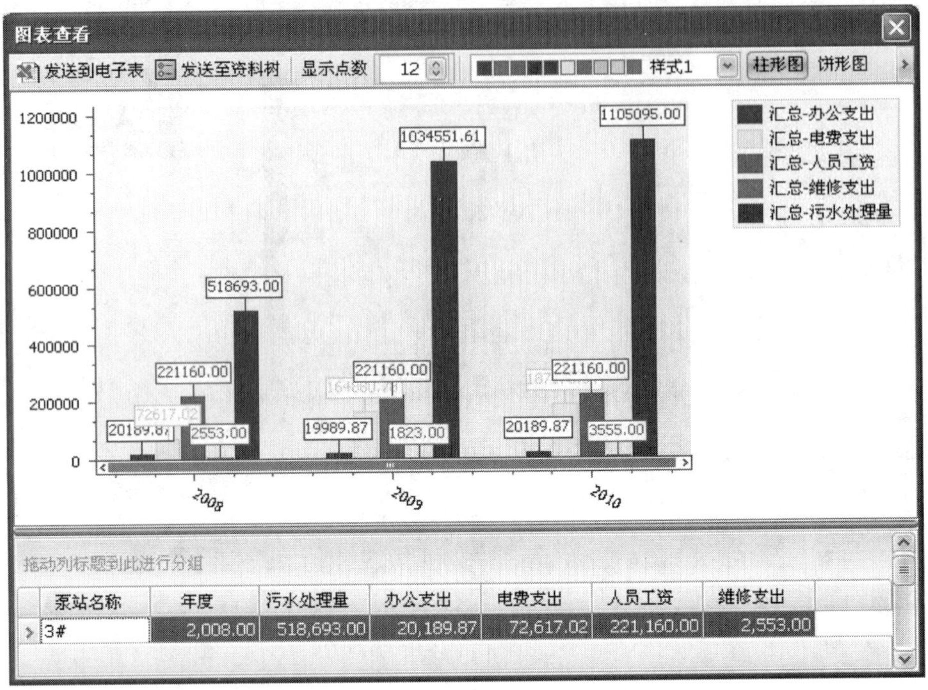

图 13-5

从上面各图可以直观地看到,设备耗电支出和污水处理量存在正比例变动关系,从而确定电费支出为变动成本;办公支出、人员工资和维修支出不随污水量变化而变动,确定为固定成本。

步骤三:根据各泵站提供的配备人员名单,实地核实人员在岗情况,确定人员配备的真实性。1#泵站在岗人数与编办文件规定人数核对,2#和 3#泵站在岗人数与签订的管理协议规定的配备人员数量上限核对。审核结果表明,各泵站人员配备数量符合规定。审核结果见表 13-1。

表 13-1 各泵站配备人员审核表

泵站名称	编办文件或 协议规定应配备人数	实际配备人数	审核结果
1#	14	14	符合要求
2#	最多 12 人	12	符合约定
3#	最多 12 人	11	符合约定

步骤四:按照事业人员工资发放标准和企业劳动合同中约定的人员工资,计算各泵站应付工资额,并与账面实际工资支出比较。若存在差异,确认为审计疑点。

ASL 查询语句如下:

```
var
    SqlStr,ImgSqlStr,CurQuery,IsEmpty,TotalNumberInt;
begin

    //计算各泵站应付工资
    SqlStr:='SELECT 泵站名称,SUM(工资标准*人数) AS 每月应付工资 FROM [各泵站人员工资水平] GROUP BY 泵站名称';
    CreateTempTable('各泵站应付工资_中间表',SqlStr);

    //计算各泵站每月实际工资支出
    SqlStr:='SELECT 泵站名称,年度,月份,支出金额 AS 每月实发工资 FROM [各泵站运行支出表] WHERE 支出项目="人员工资"';
    CreateTempTable('各泵站每月实际工资支出_中间表',SqlStr);

    SqlStr:='SELECT A.*,B.每月应付工资,A.每月实发工资-B.每月应付工资 AS 多付工资 FROM 各泵站每月实际工资支出_中间表 A INNER JOIN 各泵站应付工资_中间表 B ON A.泵站名称=B.泵站名称 WHERE A.每月实发工资<>B.每月应付工资';
    CurQuery:=createq(SqlStr,-1);
    IsEmpty:=Qeof(CurQuery);
    TotalNumberInt:=0;
    //生成疑点
    if RecordNum(CurQuery)>0 then
      begin
        repeat
           AddTransRslt(CurQuery,'人员工资支出差异');
           IsEmpty:=Qmov(CurQuery,1);
           IsEmpty:=Qeof(CurQuery);
           TotalNumberInt:=TotalNumberInt+1;
        until IsEmpty=1;
        TransBatch(CurQuery,'人员工资支出差异情况');
        ShowMsg('发现'+TotalNumberInt+'条人员工资支出存在差异情况,请到疑点库->业务数据疑点中查看!');
      end
    else
```

```
    begin
        ShowMsg('没有发现存在工资差异情况！');
    end;

end.
```

查询结果如图 13-6 所示。

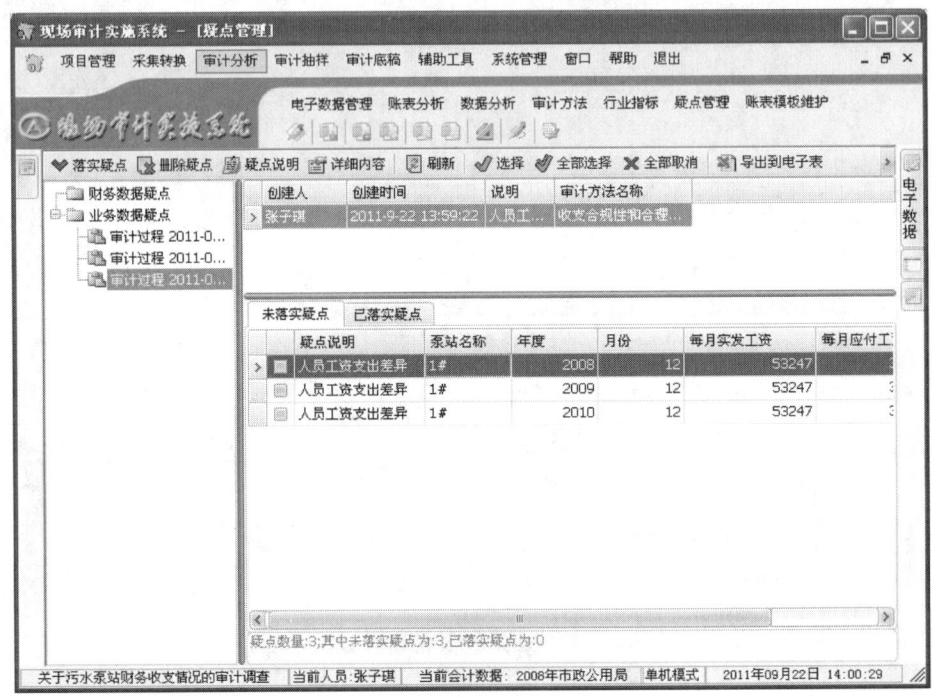

图 13-6

查询结果显示，1#泵站每年 12 月工资支出高于应付工资，确定为审计疑点。

步骤五：落实疑点。经进一步核实，由于计发双薪和年度考核奖造成 1#泵站工资支出的差异，属于正常工资支出，疑点排除。以上审计结果表明，各泵站人员工资支出合理。

步骤六：泵机及配套设施是污水泵站主要设备，更换泵机及配套设施易损零部件和机油是主要的维修事项。维修支出异常增高，应与设备出现重大故障相关。而设备故障必然造成污水处理量出现异常下降。因此，从污水处理量异常下降入手，确定设备是否发生事故维修，并与维修支出变动情况比较，确定支出的合理性。比较各泵站 3 年各月污水处理量变化情况，对出现异常下降的月份，调查是否与设备故障相关，并确定为审计疑点。

查询各泵站各年各月污水处理量变化情况，核实确定是否与设备运行相关。

ASL 查询语句如下：

```
var
    SqlStr,ImgSqlStr,CurQuery,IsEmpty;
begin
```

　　//图形线性图方式输出图表，直观反映各泵站每年度每月份污水处理量趋势，确定异常月份，重点关注

　　//1#

　　Imgsqlstr:='select a.月份,污水处理量1#_2008年,污水处理量1#_2009年,污水处理量1#_2010年 from（select 月份,[1#泵站污水处理量] as [污水处理量1#_2008年] from [各泵站污水处理量表] where 年度=2008）a inner join（select 月份,[1#泵站污水处理量] as [污水处理量1#_2009年] from [各泵站污水处理量表] where 年度=2009）b on a.月份=b.月份 inner join（select 月份,[1#泵站污水处理量] as [污水处理量1#_2010年] from [各泵站污水处理量表] where 年度=2010）c on a.月份=c.月份';

　　ShowMsg('请您选择折线图方式、去掉标签后查看，并根据每年度每月份污水处理量趋势，确定1#泵站污水处理量异常月份，重点关注！');

　　OPutChart（ImgSqlStr,'月份','污水处理量1#_2008年,clblue;污水处理量1#_2009年,clyellow;污水处理量1#_2010年,clgreen'）;

　　//2#

　　Imgsqlstr:='select a.月份,污水处理量2#_2008年,污水处理量2#_2009年,污水处理量2#_2010年 from（select 月份,[2#泵站污水处理量] as [污水处理量2#_2008年] from [各泵站污水处理量表] where 年度=2008）a inner join（select 月份,[2#泵站污水处理量] as [污水处理量2#_2009年] from [各泵站污水处理量表] where 年度=2009）b on a.月份=b.月份 inner join（select 月份,[2#泵站污水处理量] as [污水处理量2#_2010年] from [各泵站污水处理量表] where 年度=2010）c on a.月份=c.月份';

　　ShowMsg('请您选择折线图方式、去掉标签后查看，并根据每年度每月份污水处理量趋势，确定2#泵站污水处理量异常月份，重点关注！');

　　OPutChart（ImgSqlStr,'月份','污水处理量2#_2008年,clblue;污水处理量2#_2009年,clyellow;污水处理量2#_2010年,clgreen'）;

　　//3#

　　Imgsqlstr:='select a.月份,污水处理量3#_2008年,污水处理量3#_2009年,污

水处理量3#_2010年 from (select 月份,[3#泵站污水处理量] as [污水处理量3#_2008年] from [各泵站污水处理量表] where 年度 = 2008) a inner join (select 月份,[3#泵站污水处理量] as [污水处理量3#_2009年] from [各泵站污水处理量表] where 年度 = 2009) b on a. 月份 = b. 月份 inner join (select 月份,[3#泵站污水处理量] as [污水处理量3#_2010年] from [各泵站污水处理量表] where 年度 = 2010) c on a. 月份 = c. 月份';

  showmsg('请您选择折线图方式、去掉标签后查看,并根据每年度每月份污水处理量趋势,确定3#泵站污水处理量异常月份,重点关注!');
  OPutChart(ImgSqlStr,'月份','污水处理量3#_2008年,clblue;污水处理量3#_2009年,clyellow;污水处理量3#_2010年,clgreen');

  //图形线性图方式输出图表,直观反映各泵站每年度每月份维修费趋势,确定异常月份,重点关注
  //1#
  Imgsqlstr: = ' select a. 月份,维修支出2008年,维修支出2009年,维修支出2010年 from (select 月份,支出金额 as 维修支出2008年 from [各泵站运行支出表] where 泵站名称 = "1#" and 年度 = 2008 and 支出项目 = "维修支出") a inner join (select 月份,支出金额 as 维修支出2009年 from [各泵站运行支出表] where 泵站名称 = "1#" and 年度 = 2009 and 支出项目 = "维修支出") b on a. 月份 = b. 月份 inner join (select 月份,支出金额 as 维修支出2010年 from [各泵站运行支出表] where 泵站名称 = "1#" and 年度 = 2010 and 支出项目 = "维修支出") c on a. 月份 = c. 月份';
  ShowMsg('请您选择折线图方式、去掉标签后查看,并根据每年度每月份维修费趋势,确定1#泵站维修费异常月份,重点关注!');
  OPutChart(ImgSqlStr,'月份','维修支出2008年,clblue;维修支出2009年,clyellow;维修支出2010年,clgreen');

  //2#
  Imgsqlstr: = ' select a. 月份,维修支出2008年,维修支出2009年,维修支出2010年 from (select 月份,支出金额 as 维修支出2008年 from [各泵站运行支出表] where 泵站名称 = "2#" and 年度 = 2008 and 支出项目 = "维修支出") a inner join (select 月份,支出金额 as 维修支出2009年 from [各泵站运行支出表] where 泵站名称 = "2#" and 年度 = 2009 and 支出项目 = "维修支出") b on a. 月份 = b. 月份 inner join (select 月份,支出金额 as 维修支出2010年 from [各泵站运行支出表] where 泵站名称 = "2#" and 年度 = 2010 and 支出项目 = "维修支出") c on a. 月份 = c. 月份';
  ShowMsg('请您选择折线图方式、去掉标签后查看,并根据每年度每月份维修费

趋势,确定 2# 泵站维修费异常月份,重点关注!');

OPutChart(ImgSqlStr,'月份','维修支出 2008 年,clblue;维修支出 2009 年,clyellow;维修支出 2010 年,clgreen');

//3#

Imgsqlstr:='select a. 月份,维修支出 2008 年,维修支出 2009 年,维修支出 2010 年 from (select 月份,支出金额 as 维修支出 2008 年 from [各泵站运行支出表] where 泵站名称="3#" and 年度=2008 and 支出项目="维修支出") a inner join (select 月份,支出金额 as 维修支出 2009 年 from [各泵站运行支出表] where 泵站名称="3#" and 年度=2009 and 支出项目="维修支出") b on a. 月份=b. 月份 inner join (select 月份,支出金额 as 维修支出 2010 年 from [各泵站运行支出表] where 泵站名称="3#" and 年度=2010 and 支出项目="维修支出") c on a. 月份=c. 月份';

ShowMsg('请您选择折线图方式、去掉标签后查看,并根据每年度每月份维修费趋势,确定 3# 泵站维修费异常月份,重点关注!');

OPutChart(ImgSqlStr,'月份','维修支出 2008 年,clblue;维修支出 2009 年,clyellow;维修支出 2010 年,clgreen');

end.

步骤七:对执行结果进行核实,比较各泵站设备维修支出变动情况,对发生较大支出时间与较大维修时间比较。审计结果表明,设备维修支出合理。

步骤八:2#和 3#泵站日常办公支出,虽然管理单位单独设立账页反映,但可能存在企业将不属于泵站的支出计入其中的情况。比较 2#和 3#泵站 3 年日常办公支出变动情况,将异常情况作为审计疑点。

ASL 查询语句如下:

var
　　SqlStr,ImgSqlStr,CurQuery,IsEmpty;
begin

//图形线性图方式输出图表,直观反映各泵站每年度每月份日常经费趋势,确定其支出合理性,对异常月份进行重点关注

//1#泵站因采用独立核算模式,发生的支出不存在不应计入的费用,故此省略。

//2#

ImgSqlStr:='SELECT A. 月份,办公支出 2008 年,办公支出 2009 年,办公支出 2010 年 FROM (SELECT 月份,支出金额 AS 办公支出 2008 年 FROM [各泵站运行支出

表]WHERE 泵站名称="2#" AND 年度=2008 AND 支出项目="办公支出") A INNER JOIN (SELECT 月份,支出金额 AS 办公支出2009年 FROM [各泵站运行支出表] WHERE 泵站名称="2#" AND 年度=2009 AND 支出项目="办公支出") B ON A. 月份=B. 月份 INNER JOIN (SELECT 月份,支出金额 AS 办公支出2010年 FROM [各泵站运行支出表] WHERE 泵站名称="2#" AND 年度=2010 AND 支出项目="办公支出") C ON A. 月份=C. 月份';

ShowMsg('请您选择折线图方式、去掉标签后查看,并根据每年度每月份污水处理量趋势,确定2#泵站日常经费异常月份,重点关注!');

OPutChart (ImgSqlStr,'月份','办公支出2008年,clblue;办公支出2009年,clyellow;办公支出2010年,clgreen');

//3#

ImgSqlStr:='SELECT A. 月份,办公支出2008年,办公支出2009年,办公支出2010年 FROM (SELECT 月份,支出金额 AS 办公支出2008年 FROM [各泵站运行支出表]WHERE 泵站名称="3#" AND 年度=2008 AND 支出项目="办公支出") A INNER JOIN (SELECT 月份,支出金额 AS 办公支出2009年 FROM [各泵站运行支出表] WHERE 泵站名称="3#" AND 年度=2009 AND 支出项目="办公支出") B ON A. 月份=B. 月份 INNER JOIN (SELECT 月份,支出金额 AS 办公支出2010年 FROM [各泵站运行支出表]WHERE 泵站名称="3#" AND 年度=2010 AND 支出项目="办公支出") C ON A. 月份=C. 月份';

ShowMsg('请您选择折线图方式、去掉标签后查看,并根据每年度每月份污水处理量趋势,确定3#泵站日常经费异常月份,重点关注!');

OPutChart (ImgSqlStr,'月份','办公支出2008年,clblue;办公支出2009年,clyellow;办公支出2010年,clgreen');

end.

查询结果如图13-7、图13-8所示。

从图13-7可以看到,2#泵站2008年2月、6月、7月和2010年8月,支出偏高,确定为审计疑点。

从图13-8可以看到,3#泵站2008年1月、6月、9月、10月和2009年4月、7月、9月、11月以及2010年1月支出偏高,确定为审计疑点。

步骤九:落实审计疑点。经进一步审核相关日常支出票据发现,2#和3#泵站日常办公支出增长的主要原因是缴纳的垃圾清运费的增加造成的。泵站的垃圾主要是过滤污水产生的,与污水处理量相关。

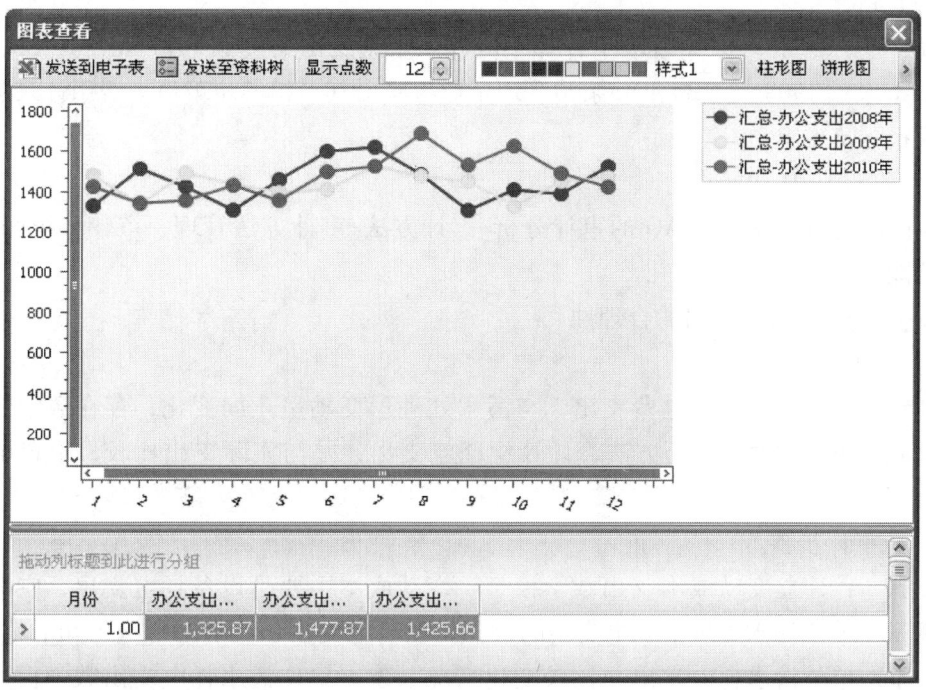

图 13-7

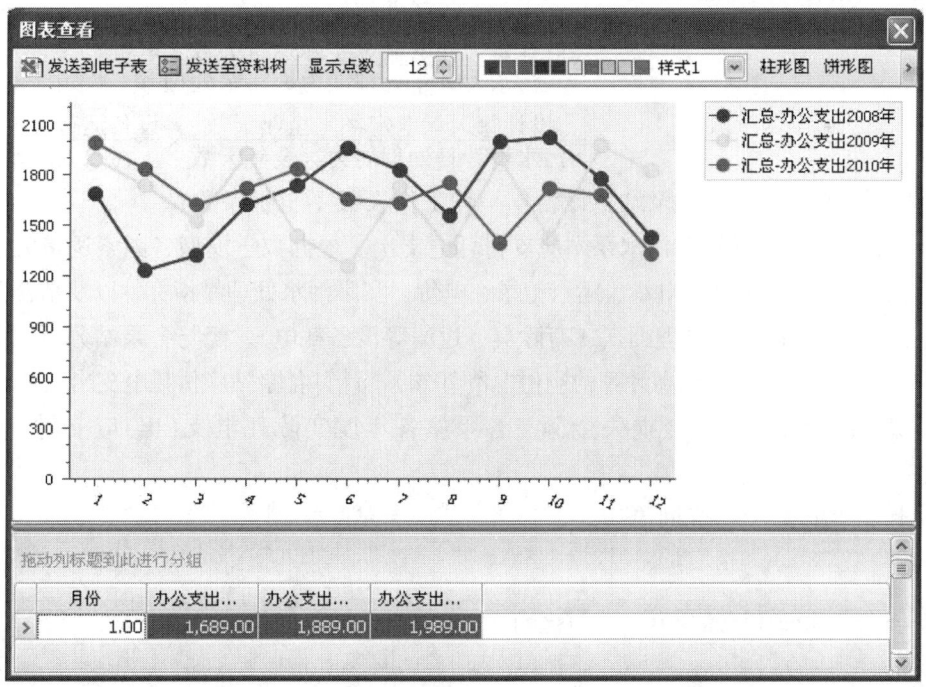

图 13-8

(3) 审计结果

经审核，2#和3#泵站垃圾量计算不应计入泵站支出的金额1987元，其中2#泵站79元，3#泵站1908元。2#和3#泵站管理企业将应由其承担的垃圾清运费用计入泵站成本，虚报财政支出。

(4) 应用AO功能点

本问题的分析使用了AO的审计分析/审计方法/审计方法管理；审计分析/疑点管理等功能。

3. 审核变动成本支出的合理性

(1) 审计思路

变动成本支出主要是电费支出，与污水处理量变动呈正向变化，存在数学逻辑关系。因此采用数学模型分析方法，计算应耗电支出，并与实际支出比较，审核电费支出的合理性。

(2) 审计步骤

步骤一：建立变动成本支出数学模型。变动成本主要是设备耗电支出，应等于污水处理量和单位污水处理量耗电支出的乘积。在耗电支出、污水处理量已知的情况下，计算各泵站单位污水耗电支出并比较变化情况。建立单位污水耗电支出数学模型，数学模型如下：

$$年度单位污水处理支出电费额 = \frac{年度实际耗电量 \times 电价}{年实际污水处理量}$$

$$= \frac{设计每天耗电额 \times 实际运行天数 \times 电价}{污水设计年处理能力 \times 污水处理率}$$

$$= \frac{设计每天耗电定额 \times 全年天数}{污水设计日处理能力 \times 全年天数} \times \frac{设备运行 \times 电价}{污水处理率}$$

（注：设备运行率 = 各泵站各设备年平均工作天数 ÷ 全年天数）

步骤二：计算各年度各污水泵站应支付耗电支出。根据数学模型各因素逻辑关系，按照各泵站设计能力、设计耗电量、运行记录、电价、实际污水处理量指标，以及结合泵站实际设备运行应考虑的其他合理因素（有除臭、过滤等设备耗电），经与各泵站分析，确定合理的耗电支出调整比例（调高计算的应付电费20%），计算各泵站应付耗电支出。

步骤三：计算财政资金损失金额。各泵站各年度实际耗电支出与应支付额比较，计算差额。

以上审计步骤ASL查询语句如下：

```
var
  SqlStr,ImgSqlStr,CurQuery,IsEmpty;
begin

  //建立 各泵站每年度成本支出情况_临时中间表
```

Sqlstr:='select 泵站名称,年度,支出项目,round(sum(支出金额),2) as 支出合计 from [各泵站运行支出表] group by 泵站名称,年度,支出项目';
CreateTempTable('各泵站每年度成本支出情况_临时中间表',SqlStr);

//建立 各泵站每年度成本支出情况_临时中间表
Sqlstr:='select a.泵站名称,a.年度,办公支出,电费支出,人员工资,维修支出 from (select 泵站名称,年度,办公支出=支出合计 from 各泵站每年度成本支出情况_临时中间表 where 支出项目='+quotedstr('办公支出')+') a inner join (select 泵站名称,年度,电费支出=支出合计 from 各泵站每年度成本支出情况_临时中间表 where 支出项目='+quotedstr('电费支出')+') b on a.泵站名称=b.泵站名称 and a.年度=b.年度 inner join (select 泵站名称,年度,人员工资=支出合计 from 各泵站每年度成本支出情况_临时中间表 where 支出项目='+quotedstr('人员工资')+') c on a.泵站名称=c.泵站名称 and a.年度=c.年度 inner join (select 泵站名称,年度,维修支出=支出合计 from 各泵站每年度成本支出情况_临时中间表 where 支出项目='+quotedstr('维修支出')+') d on a.泵站名称=d.泵站名称 and a.年度=d.年度';
CreateTempTable('各泵站各年度成本支出情况_中间表',SqlStr);

//建立 各泵站每年度成本支出情况_临时中间表
Sqlstr:='select * from (select 泵站名称='+quotedstr('1#')+',年度,round(sum([1#泵站污水处理量]),2) as 污水处理量 from [各泵站污水处理量表] group by 年度 union select 泵站名称='+quotedstr('2#')+',年度,round(sum([2#泵站污水处理量]),2) as 污水处理量 from [各泵站污水处理量表] group by 年度 union select 泵站名称='+quotedstr('3#')+',年度,round(sum([3#泵站污水处理量]),2) as 污水处理量 from [各泵站污水处理量表] group by 年度) a';
createtemptable('各泵站各年度污水处理量_中间表',sqlstr);

//建立 各泵站单位污水量实际平均耗电支出_临时中间表
Sqlstr:='select a.泵站名称,a.年度,round(电费支出/污水处理量,4) as 单位污水量实际平均耗电支出 from [各泵站各年度成本支出情况_中间表] a inner join [各泵站各年度污水处理量_中间表] b on a.泵站名称=b.泵站名称 and a.年度=b.年度';
CreateTempTable('各泵站单位污水量实际平均耗电支出_中间表',SqlStr);

//建立 各泵站定额耗电量_中间表

Sqlstr:='select 泵站名称,round([设计年运行耗电量(千瓦时)],4)/设备设计年污水处理量 as 泵站定额耗电量 from [各泵站设备和人员配备表]';
CreateTempTable('各泵站定额耗电量_中间表',SqlStr);

//建立 设备运行率_中间表
Sqlstr:='select 泵站名称,年度,round((sum(工作天数)/count(泵号)/case 年度 when 2008 then 366 else 365 end),4) as 设备运行率 from [泵站运行记录] group by 泵站名称,年度 ';
CreateTempTable('设备运行率_中间表',SqlStr);

//建立 污水处理率_中间表
Sqlstr:='select a.泵站名称,a.年度,round(a.污水处理量/b.设备设计年污水处理量,4) as 污水处理率 from [各泵站各年度污水处理量_中间表] a inner join [各泵站设备和人员配备表] b on a.泵站名称=b.泵站名称';
CreateTempTable('污水处理率_中间表',SqlStr);

//建立 单位污水处理应付电费_中间表
//Sqlstr:='select a.泵站名称,a.年度,round(泵站定额耗电量*设备运行率/污水处理率*(case a.年度 when 2008 then 0.7945 when 2009 then 0.8632 when 2010 then 1.0848 end),4) as 单位污水处理应付电费 from [污水处理率_中间表] a inner join [设备运行率_中间表] b on a.泵站名称=b.泵站名称 and a.年度=b.年度 inner join [各泵站定额耗电量_中间表] c on a.泵站名称=c.泵站名称';
Sqlstr:='select a.泵站名称,a.年度,round(泵站定额耗电量*设备运行率/污水处理率*电价,4) as 单位污水处理应付电费 from [污水处理率_中间表] a inner join [设备运行率_中间表] b on a.泵站名称=b.泵站名称 and a.年度=b.年度 inner join [各泵站定额耗电量_中间表] c on a.泵站名称=c.泵站名称 inner join 各年度电价表 d on a.年度=d.年度';
CreateTempTable('单位污水处理应付电费_中间表',SqlStr);

//建立 各泵站电费支出差异_中间表
Sqlstr:='select a.泵站名称,a.年度,round(单位污水量实际平均耗电支出-单位污水处理应付电费,4) as 差异,round((单位污水量实际平均耗电支出-单位污水处理应付电费)/单位污水处理应付电费,4) as 差异率 from [各泵站单位污水量实际平均耗电支出_中间表] a inner join [单位污水处理应付电费_中间表] b on a.泵站名称=b.泵站名称 and a.年度=b.年度 where round((单位污水量实际平均耗电支出-单位

污水处理应付电费)/单位污水处理应付电费,4)>0.2';
　　　　CreateTempTable('各泵站电费支出差异_中间表',SqlStr);
　　　　//将实付电价和应付电价差异写入疑点库
　　　　SqlStr:='SELECT * FROM 各泵站电费支出差异_中间表';
　　　　CurQuery:=createq(SqlStr,-1);
　　　　IsEmpty:=Qeof(CurQuery);
　　　　//生成疑点
　　　　if IsEmpty<>1 then
　　　　　　begin
　　　　　　　　repeat
　　　　　　　　　　AddTransRslt(CurQuery,'实付电价和应付电价差异');
　　　　　　　　　　IsEmpty:=Qmov(CurQuery,1);
　　　　　　　　　IsEmpty:=Qeof(CurQuery);
　　　　　　　　until IsEmpty=1;
　　　　　　　　TransBatch(CurQuery,'实付电价和应付电价差异情况');

　　　　　　　　ShowMsg('实付电价和应付电价差异情况,请到疑点库->业务数据疑点中查看!');

　　　　　　end;

　　//计算多申请财政资金金额
　　　　Sqlstr:='select a.泵站名称,a.年度,round((差异率-0.20)*单位污水处理应付电费*污水处理量,2) as 多申请财政资金金额 from [各泵站电费支出差异_中间表] a inner join [单位污水处理应付电费_中间表] b on a.泵站名称=b.泵站名称 and a.年度=b.年度 inner join [各泵站各年度污水处理量_中间表] c on a.泵站名称=c.泵站名称 and a.年度=c.年度';
　　　　CurQuery:=createq(SqlStr,-1);
　　　　IsEmpty:=Qeof(CurQuery);
　　　　//将多申请财政资金金额写入疑点库
　　　　if IsEmpty<>1 then
　　　　　　begin
　　　　　　　　repeat
　　　　　　　　　　AddTransRslt(CurQuery,'多申请财政资金金额');
　　　　　　　　　　IsEmpty:=Qmov(CurQuery,1);

```
            IsEmpty: = Qeof( CurQuery );
        until IsEmpty = 1;
        TransBatch( CurQuery,'多申请财政资金金额疑点');

            ShowMsg('多申请财政资金金额情况,请到疑点库 - >业务数据疑点
中查看!');

        end;

    end.
```

执行结果如图 13 - 9 所示。

图 13 - 9

查询结果表明,2#和 3#泵站的管理企业多申请耗电支出 341087.51 元。

(3) 审计结果

经落实,2#和 3#泵站管理单位将不属于泵站设备的耗电量计入泵站耗电成本中。综合以上对各泵站收入和支出合规性和合理性的审计,发现由于管理存在疏漏,造成财政损失 204000 元,财政浪费 343074.51 元。

（4）应用 AO 功能点

本问题的分析使用了 AO 的审计分析/审计方法/审计方法管理；审计分析/疑点管理等功能。

（二）综合评价泵站运行情况，呈现泵站管理"真容"

采用科学的绩效审计分析方法，从经济性、环境性和社会性三个方面评价泵站运行情况，最终呈现泵站运行管理"真容"。总体审计思路如下。

由于管理方式、设计规模、汇水区域不同等原因，若采用传统的总成本支出和单位成本支出等指标评价泵站运行管理情况，缺乏公正性和客观性，明显存在不足。因此，必须打破传统方法，采用符合实际并具备可比性指标进行分析比较，从经济性、环境性和社会性等方面，科学、客观、公正地进行绩效评价。

流程如图 13-10 所示。

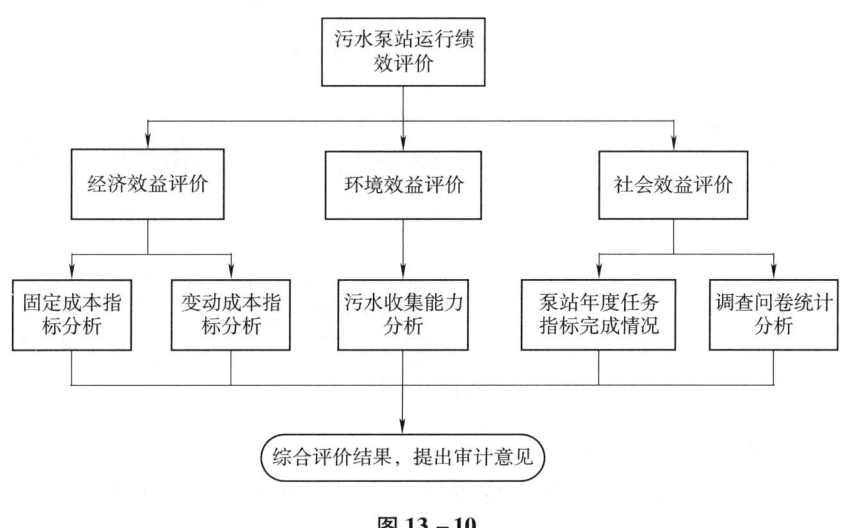

图 13-10

1. 经济效益分析

审计事项：资源环保审计/环境污染治理/环保专项资金效益评价

（1）审计思路

污水泵站是政府为社会提供的公共服务之一，因此，其经济效益分析围绕支出进行。主要思路是，采用指标类比的方法，对污水泵站固定成本和变动成本进行经济性分析。具体流程如图 13-11 所示。

（2）审计步骤

步骤一：确定固定成本经济性评价指标。

指标主要可分为两类：一是人员管理成本支出指标，主要有各泵站人均月工资支出和人均月办公经费支出；二是设备维修保养成本支出指标，主要有万吨污水处理维

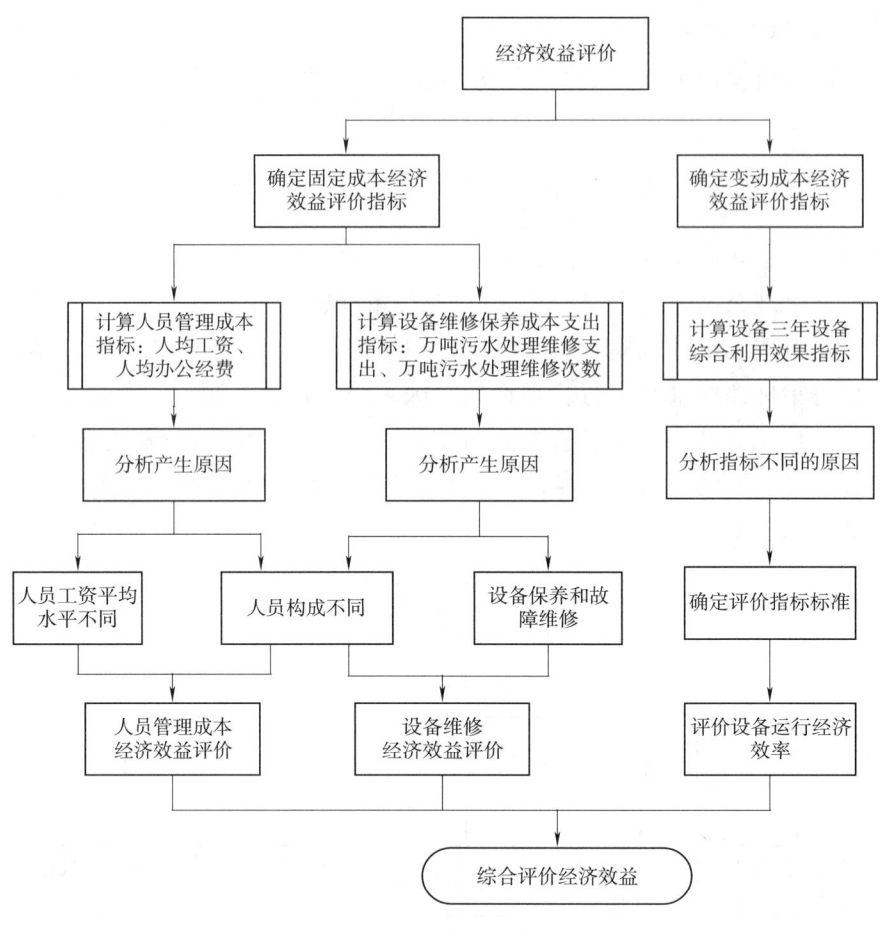

图 13-11

修支出和万吨污水处理设备维修次数。

步骤二：人员管理成本指标计算分析。计算人员管理成本支出指标，并以1#泵站支出数据为100%基数，计算其他泵站平均人均工资支出和办公经费支出结果，清晰显示各泵站人员管理指标情况。

ASL 语句如下：

```
var
    SqlStr,BenZhanName,JiZhunGongZi,JizhunBanGongFei,CurQuery,IsEmpty;
begin

    //建立 各泵站每年度成本支出情况_临时中间表
    sqlstr:='select a.泵站名称,人均月工资,'+quotedstr('100%')+' as 人均月工资
基准参照比,人均月办公费,'+quotedstr('100%')+' as 人均月办公费基准参照比 from
(select 泵站名称,avg(支出金额) as 人均年工资,round(avg(支出金额)/12,2) as 人均
```

月工资 from [各泵站运行支出表] where 支出项目 = ' + quotedstr('人员工资') + ' group by 泵站名称) a inner join (select 泵站名称, avg(支出金额) as 人均年办公费, round (avg(支出金额)/12,2) as 人均月办公费 from [各泵站运行支出表] where 支出项目 = ' + quotedstr('办公支出') + ' group by 泵站名称) b on a.泵站名称 = b.泵站名称';
　　CreateTempTable('人员管理成本指标分析_中间表', SqlStr);

　　ShowMsg('请输入基准参照泵站名称, 默认为1#! ');
　　BenZhanName: = NewRead('请输入参考的泵站名称');
　　if BenZhanName = '' then BenZhanName: = '1#';

　　SqlStr: = 'SELECT 人均月工资, 人均月办公费 FROM 人员管理成本指标分析_中间表 WHERE 泵站名称 = ' + QuotedStr(BenZhanName);
　　CurQuery: = createq(SqlStr, -1);
　　if (RecordNum(CurQuery) = 1) then
　　　begin
　　　　JiZhunGongZi: = QFDValue(CurQuery, '人均月工资');
　　　　JizhunBanGongFei: = QFDValue(CurQuery, '人均月办公费');
　　　　//如AO2011不能读取数据, 请在此赋值
　　　　//JiZhunGongZi: = 3116.1;
　　　　//JizhunBanGongFei: = 95.04;

　　　　//按照基准参照泵站更新所有数据
　　　　sqlstr: = 'update 人员管理成本指标分析_中间表 set 人均月工资基准参照比 = cast(round(人均月工资/' + jizhungongzi + ',2) * 100 as varchar) + ' + quotedstr('%') + ', 人均月办公费基准参照比 = cast(round(人均月办公费/' + jizhunbangongfei + ',2) * 100 as varchar) + ' + quotedstr('%');
　　　　ExecuteUpdate(SqlStr);

　　　　//结果写入疑点, 便于下步观察分析
　　　　SqlStr: = 'SELECT * FROM 人员管理成本指标分析_中间表';
　　　　CurQuery: = createq(SqlStr, -1);
　　　　IsEmpty: = Qeof(CurQuery);
　　　　//生成疑点
　　　　if IsEmpty < >1 then
　　　　　begin

```
        repeat
            AddTransRslt(CurQuery,'人员管理成本指标分析');
            IsEmpty: = Qmov(CurQuery,1);
            IsEmpty: = Qeof(CurQuery);
        until IsEmpty = 1;
            TransBatch(CurQuery,'人员管理成本指标分析');
        end;

        ShowMsg('人员管理成本指标分析情况,请到疑点库 - >业务数据疑点中查
看!');

    end

    else
        ShowMsg('找不到名称为' + BenZhanName +'的泵站,请重新运行本方法!');

end.
```

查询结果如图 13 - 12 所示。

图 13 - 12

查询结果表明，3#泵站人员工资最低，2#泵站人均办公费最低，1#泵站两项指标最高。

步骤三：分析人均工资差异的原因。1#泵站人均工资支出远远高于2#和3#泵站。造成这种情况的主要原因有两个：人员构成和工资标准。

ASL 查询语句如下：

```
var
    SqlStr,ImgSqlStr,CurQuery,IsEmpty,TotalNumberInt;

begin

    //分技术人员和其他人员计算各泵站人员工资情况,生成各泵站人员工资情况_中间表
    Sqlstr:='select 泵站名称,sum(工资标准*人数) as 工资合计,sum(人数) as 人数,case when 职称 is null then "其他人员" else "技术人员" end as 人员类别 from [各泵站人员工资水平] group by 泵站名称,case when 职称 is null then "其他人员" else "技术人员" end ';
    CreateTempTable('各泵站人员工资情况_中间表',SqlStr);

    //加入总人数,生成各泵站人员工资情况分析_中间表
    Sqlstr:='select a.*,总人数 from 各泵站人员工资情况_中间表 a inner join (select 泵站名称,sum(人数) as 总人数 from 各泵站人员工资情况_中间表 group by 泵站名称) b on a.泵站名称=b.泵站名称 ';
    CreateTempTable('各泵站人员工资情况分析_中间表',SqlStr);

    //分析影响人均工资因素
    Sqlstr:='select 泵站名称,人员类别,round(人数/总人数,2) as 所占比重,round(工资合计/人数,2) as 平均工资 from 各泵站人员工资情况分析_中间表 ';
    CurQuery:=createq(SqlStr,-1);
    IsEmpty:=Qeof(CurQuery);
    TotalNumberInt:=0;
    //生成疑点
    if RecordNum(CurQuery)>0 then
        begin
            repeat
                AddTransRslt(CurQuery,'影响人均工资因素');
```

```
            IsEmpty: = Qmov(CurQuery,1);
            IsEmpty: = Qeof(CurQuery);
        until IsEmpty = 1;
        TransBatch(CurQuery,'影响人均工资因素情况');
        ShowMsg('人均工资影响因素情况分析已完成,请到疑点库 - >业务数据疑
点中查看!');
            end;

    end.
```

查询结果如图 13 – 13 所示。

图 13 – 13

查询结果表明,1#泵站技术人员比重最高,且工资水平最高造成人均工资高;3#泵站主要是因工资标准低,造成人均工资最低。

进一步分析各泵站人员配备的合理性。经与本地区管理较规范的同等规模泵站人员配备情况比较,1#泵站人员构成符合管理需要,2#和3#泵站人员构成中,技术人员比重较低。比较结果如表 13 – 2 所示。

表 13-2　各泵站人员结构合理比较表

泵站名称	同等规模泵站合理应配备技术人员数量	实际配备技术人员数量	还应配备技术人员数量	人员构成合理性
1#	12	12	0	合理
2#	10	6	4	技术人员不足
3#	10	8	2	技术人员不足

步骤四：分析人均日常办公经费。从人均办公费支出计算结果看，2#泵站最低，3#泵站居中，1#泵站最高。主要是区市政公用局对各泵站办公费控制程度不同造成的。泵站主管部门对2#和3#泵站日常办公支出审核较严，对1#泵站控制相对较松。综上人员管理成本指标分析结果表明，在人员配备方面，1#泵站人员结构合理，2#和3#泵站技术人员配备较低，不利于泵站设备维护工作的开展；在日常经费控制发面，2#泵站控制优于其他泵站，内控管理较好。

步骤五：设备维修保养成本支出指标分析，计算各泵站万吨污水处理量维修支出和万吨污水处理量维修次数指标。

ASL 查询语句如下：

```
var
    SqlStr,CurQuery,IsEmpty;
begin
```

//建立 各泵站每年度成本支出情况_临时中间表

SqlStr: =' SELECT 泵站名称,年度,支出项目,ROUND(SUM(支出金额),2) AS 支出合计 FROM [各泵站运行支出表] GROUP BY 泵站名称,年度,支出项目';

CreateTempTable('各泵站每年度成本支出情况_临时中间表',SqlStr);

//建立 各泵站每年度成本支出情况_临时中间表

Sqlstr: =' select a. 泵站名称,a. 年度,办公支出,电费支出,人员工资,维修支出 from (select 泵站名称,年度,办公支出 = 支出合计 from 各泵站每年度成本支出情况_临时中间表 where 支出项目 ='+quotedstr('办公支出') +') a inner join (select 泵站名称,年度,电费支出 = 支出合计 from 各泵站每年度成本支出情况_临时中间表 where 支出项目 ='+quotedstr('电费支出') +') b on a. 泵站名称 = b. 泵站名称 and a. 年度 = b. 年度 inner join (select 泵站名称,年度,人员工资 = 支出合计 from 各泵站每年度成本支出情况_临时中间表 where 支出项目 ='+quotedstr('人员工资') +') c on a. 泵站名称 = c. 泵站名称 and a. 年度 = c. 年度 inner join (select 泵站名称,年度,维修支出 = 支出合计 from 各泵站每年度成本支出情况_临时中间表 where 支出项目 ='+quotedstr('维修支出') +') d on a. 泵站名称 = d. 泵站名称 and a. 年度 = d. 年度';

CreateTempTable('各泵站各年度成本支出情况_中间表',SqlStr);

//建立 各泵站每年度成本支出情况_临时中间表
Sqlstr: = ' select * from (select 泵站名称 =' + quotedstr('1#') +',年度,round(sum([1#泵站污水处理量]),2) as 污水处理量 from [各泵站污水处理量表] group by 年度 union select 泵站名称 =' + quotedstr('2#') +',年度,round(sum([2#泵站污水处理量]),2) as 污水处理量 from [各泵站污水处理量表] group by 年度 union select 泵站名称 =' + quotedstr('3#') +',年度,round(sum([3#泵站污水处理量]),2) as 污水处理量 from [各泵站污水处理量表] group by 年度) a';
CreateTempTable('各泵站各年度污水处理量_中间表',SqlStr);

//建立 各泵站每年度成本支出情况_临时中间表
Sqlstr: =' select a.泵站名称,round(sum(维修支出)/sum(污水处理量)*10000,4) as 万吨污水维修费,round(sum(故障维修次数)/sum(污水处理量)*10000,4) as 万吨污水维修次数 from [各泵站各年度成本支出情况_中间表] a inner join [各泵站各年度污水处理量_中间表] b on a.泵站名称=b.泵站名称 inner join [各泵站运行记录] c on a.泵站名称=c.泵站名称 group by a.泵站名称';
CurQuery: = createq(SqlStr, -1);
IsEmpty: = Qeof(CurQuery);
//生成疑点
if IsEmpty < >1 then
    begin
        repeat
            AddTransRslt(CurQuery,'万吨污水处理维修支出和维修次数');
            IsEmpty: = Qmov(CurQuery,1);
            IsEmpty: = Qeof(CurQuery);
        until IsEmpty =1;
        TransBatch(CurQuery,'万吨污水处理维修支出和维修次数结果表');
    end;

ShowMsg('万吨污水处理维修支出和维修次数分析情况,请到疑点库 - >业务数据疑点中查看!');

end.

查询结果如图 13-14 所示。

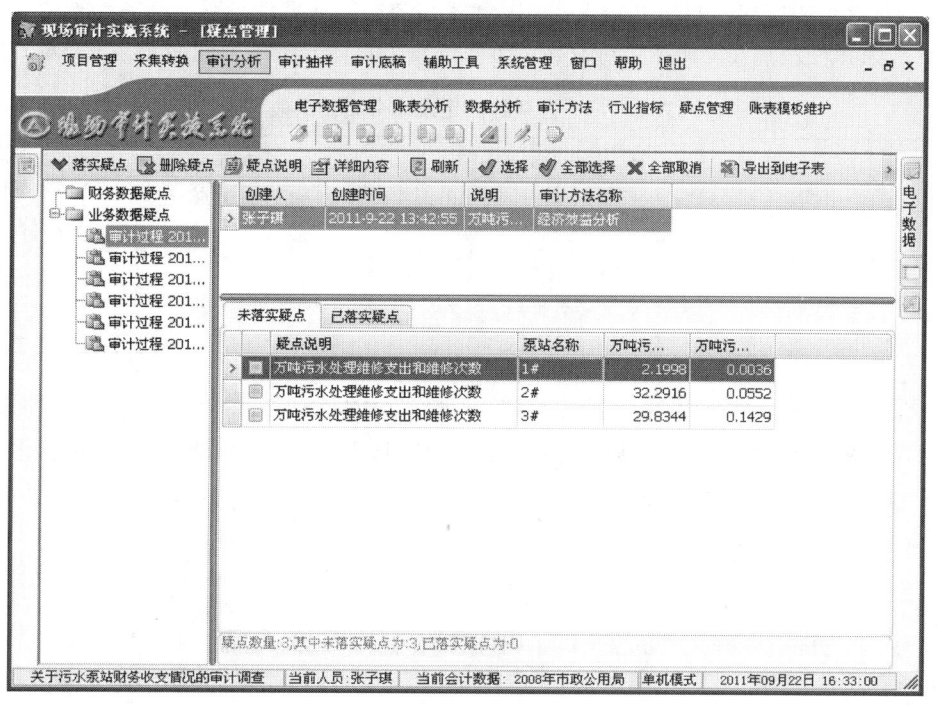

图 13-14

查询结果表明，1#泵站万吨维修费和维修次数最低，表明该泵站设备维修保养最好。

步骤六：分析各泵站指标差异产生的原因。

根据各泵站设备投入使用时间分析，正常情况下，设备使用时间越长，设备损耗越大，其维修费用相应越高。从提供的各泵站设备运行时间看，1#泵站设备已使用 14 年，运行时间最长，其维修支出应最高；2#泵站设备已使用 8 年，时间居中，其维修支出应居中；3#泵站设备才使用 3 年，属于新设备，其维修费用应最低。但实际计算结果与上述正常情况分析的结果恰恰相反。经实地查看和了解情况，审计组终于揭开了不正常的原因。造成这种不正常情况出现的主要原因有两个：

一是对设备保护措施是否到位。通过污水管线收集的污水中经常会夹杂一些较大的固体物，如果不预先进行清理，会造成设备的非正常停机，对设备造成损害。1#泵站采取在沉淀池内设立隔离栅栏，设专人定点清理较大固体物等有效措施，避免了非正常停机检修情况的出现。2#和 3#泵站缺乏这种有效保护措施，时常因较大固体物的堆积造成设备被迫停机维修，对设备运行带来损害。

二是对设备日常保养是否到位。从设备维护保养制度执行情况看，虽然各泵站都制定了设备保养制度，但从各泵站设备维护保养记录看，只有 1#泵站较严格地执行了制度，设备保养和维护到位，万吨维修次数最低；2#和 3#泵站，未按照制度规定执行，万吨污水维修次数分别是 1#泵站的 15 倍和 40 倍。

综合对设备运行指标的分析，1#泵站设备保养维护内部管理有效，支出最经济；2#和 3#设备维护保养较差，支出成本相对较高，经济性差。具体分析结果如表 13 - 3 所示。

表 13 - 3　各泵站固定成本分析结果表

泵站名称	设备已使用年限	正常设备维修保养费用支出结果	实际计算设备维修保养支出比较结果	设备维护保养比较结果
1#	14	最高	最低	最好
2#	8	居中	较高	较差
3#	3	最低	最高	最差

步骤七：计算各泵站 3 年设备运行率指标，分析各泵站设备运行成本管理变化趋势。计算各泵站各年最佳设备运行率指标，与实际指标比较，即设备综合利用指标，评价各泵站变动成本经济效益。

ASL 查询语句如下：

```
var
    SqlStr,ImgSqlStr,CurQuery,IsEmpty;
begin

//建立 设备运行率_中间表
Sqlstr: = ' select 泵站名称,年度,round((sum(工作天数)/count(泵号)/case 年度 when 2008 then 366 else 365 end),4) as 设备运行率 from [各泵站运行记录] group by 泵站名称,年度 ';
CreateTempTable('设备运行率_中间表',SqlStr);


//建立 各泵站每月污水处理量_中间表
Sqlstr: = ' select * from (select 泵站 = "1#",年度,月份,每月天数,[1#泵站污水处理量] as 污水处理量 from [各泵站污水处理量表] union select 泵站 = "2#",年度,月份,每月天数,[2#泵站污水处理量] as 污水处理量 from [各泵站污水处理量表] union select 泵站 = "3#",年度,月份,每月天数,[3#泵站污水处理量] as 污水处理量 from [各泵站污水处理量表]) a ';
CreateTempTable('各泵站每月污水处理量_中间表',SqlStr);

//计算每月平均每天平均污水处理量
Sqlstr: = ' select 泵站,年度,月份,每月天数,round(污水处理量/每月天数,2) as 每天平均污水处理量 from 各泵站每月污水处理量_中间表 ';
```

CreateTempTable('各泵站每月平均每天平均污水处理量_中间表',SqlStr);

//计算各泵站每天设计污水处理量
Sqlstr:='select 泵站名称,round(设备设计年污水处理量/case 泵站名称 when "1#" then 4 when "2#" then 3 when "3#" then 2 end/365,2) as 单位设备每天设计处理量 from [各泵站设备和人员配备表]';
CreateTempTable('各泵站每天设计污水处理量_中间表',SqlStr);

//计算各泵站每年理论所需泵机数量
Sqlstr:='select 泵站,年度,sum(ceiling(每天平均污水处理量/单位设备每天设计处理量)*每月天数) as 每年所需泵机数量 from 各泵站每月平均每天平均污水处理量_中间表 a inner join 各泵站每天设计污水处理量_中间表 b on a.泵站=b.泵站名称 group by 泵站,年度';
CreateTempTable('各泵站每年理论所需泵机数量_中间表',SqlStr);

//计算各泵站每年理论最佳设备运行率
Sqlstr:='select 泵站,年度,round(每年所需泵机数量/(case 泵站 when "1#" then 4 when "2#" then 3 when "3#" then 2 end)/365,2) as 最佳设备运行率 from 各泵站每年理论所需泵机数量_中间表';
CreateTempTable('每天平均污水处理量_中间表',SqlStr);

//计算备综合利用指数
Sqlstr:='select b.泵站,b.年度,设备运行率 as 实际设备运行率,最佳设备运行率,round(设备运行率/最佳设备运行率,2) as 设备综合利用指数 from 设备运行率_中间表 a inner join 每天平均污水处理量_中间表 b on a.泵站名称=b.泵站 and a.年度=b.年度';
CurQuery:=createq(SqlStr,-1);
IsEmpty:=Qeof(CurQuery);
//生成疑点
if RecordNum(CurQuery)>0 then
  begin
    repeat
      AddTransRslt(CurQuery,'设备综合利用指数');
      IsEmpty:=Qmov(CurQuery,1);

```
            IsEmpty: = Qeof(CurQuery);
        until IsEmpty = 1;
        TransBatch(CurQuery,'设备综合利用指数情况');
        ShowMsg('设备综合利用指数分析已完成,请到疑点库 - > 业务数据疑点中
查看!');
        end;

    end.
```

查询结果如图 13 - 15 所示。

图 13 - 15

查询结果表明,1#和2#泵站实际与最佳比值逐年下降,说明泵站设备调配能力逐年加强,变动成本支出经济性逐年提高。3#泵站实际和最佳比值逐年上涨,说明其变动成本经济性逐年下降。

(3) 审计结果

综合以上经济性分析,按照不同指标对比,各泵站运行成本经济性评价如表 13 - 4 所示。

表13-4 各泵站经济效益分析结果表

泵站名称	人均工资	人均经费	人员配备	设备维护	设备利用效果
1#	高	高	合理	好	好
2#	低	低	不合理	较好	较好
3#	低	中	不合理	差	差

(4) 应用AO功能点

本问题的分析使用了AO的审计分析/审计方法/审计方法管理；审计分析/疑点管理等功能。

2. 环境效益分析

审计事项：资源环保审计/环境污染治理/环保专项资金效益评价

(1) 审计思路

污水泵站是污水管线重要组成部分，其主要功能是将管线收集的不能直接流入污水处理厂的污水，经简易过滤、加压等处理，再排入污水处理厂进行水质净化，最终达标排放。因此，污水泵站环境效益审计思路主要是，计算相关指标，反映各泵站污水收集结果对环境保护的作用。

(2) 审计步骤

步骤一：计算各泵站污水处理能力与汇水区域供水量匹配情况。主要比较3年来，各泵站汇水区域供水量与泵站设计能力比较。计算结果如图13-16所示。

图13-16

计算结果表明，目前各泵站不仅能满足汇水区域内全部污水处理需要，1#泵站还剩余较大的处理能力，可满足今后一定时期的需要。

步骤二：计算各泵站3年污水收集率。计算结果如图13-17所示。

图 13-17

计算结果表明，各泵站污水收集率呈现逐步提高的趋势。

步骤三：建立数学模型，分析影响污水收集率变动的因素。影响污水收集率主要因素是管线收集污水的能力，其又受到管线覆盖率和管线利用率的制约。因此建立数学模型如下：

管线收集污水能力（污水收集率）＝管线覆盖率×管线利用率

计算结果如图13-18所示。

计算结果表明，1#泵站污水收集率逐年大幅提高的主要原因是管线使用效率逐年提高，说明污水管线建设投入使用情况良好；2#泵站污水收集率2009年大幅提高，2010年与2009年比基本持平，造成这种情况的原因是，随着某区城市化进程速度加快，该泵站汇水区域内的部分旧村改造建设工作完成，前期铺设的污水管线发挥作用，提高了管线收集能力，但还处于较低的水平，需要进一步提高管线使用效率；3#泵站污水收集率呈现2009大幅提高2010年又大幅下降的状况，出现上述情况的主要原因是，该泵站汇水区域内的部分农村社区排水未接入污水管线，2010年部分旧村进行拆迁改造，致使管线使用效率低造成的。

以上审计步骤所使用的ASL语句如下：

实例十三　AO 在污水泵站运行管理绩效审计中的应用

图 13 – 18

```
    var
        SqlStr,ImgSqlStr,CurQuery,IsEmpty,TotalNumberInt;
begin
```

//各泵站汇水区域供水量与泵站设计能力比较

Sqlstr: = ' select a. 泵站名称,round([2008 年]/设备设计年污水处理量,2) as [2008 年度负载率],round([2009 年]/设备设计年污水处理量,2) as [2009 年度负载率],round([2010 年]/设备设计年污水处理量,2) as [2010 年度负载率] from [各泵站汇水区域供水量] a inner join [各泵站设备和人员配备表] b on a. 泵站名称 = b. 泵站名称 ';

```
    CurQuery: = createq(SqlStr, -1);
    IsEmpty: = Qeof(CurQuery);
    TotalNumberInt: = 0;
//生成疑点
    if RecordNum(CurQuery) > 0 then
        begin
            repeat
```

```
        AddTransRslt(CurQuery,'各泵站汇水区域供水量与泵站设计能力比较');
        IsEmpty:=Qmov(CurQuery,1);
        IsEmpty:=Qeof(CurQuery);
    until IsEmpty=1;
    TransBatch(CurQuery,'各泵站汇水区域供水量与泵站设计能力比较情况');
    ShowMsg('各泵站汇水区域供水量与泵站设计能力比较情况已分析完毕,请到疑点库->业务数据疑点中查看!');
    end;

//各年度污水处理量合计,生成中间表
    Sqlstr:=' select 泵站,年度,round(sum(污水处理量),2) as 污水处理量 from (select * from (select 泵站="1#",年度,月份,[1#泵站污水处理量] as 污水处理量 from [各泵站污水处理量表] union select 泵站="2#",年度,月份,[2#泵站污水处理量] as 污水处理量 from [各泵站污水处理量表] union select 泵站="3#",年度,月份,[3#泵站污水处理量] as 污水处理量 from [各泵站污水处理量表]) a) a group by 泵站,年度';
    CreateTempTable('各年度污水处理量_中间表',SqlStr);

//区域供水量
    Sqlstr:=' select 泵站名称,年度,区域供水量 from (select 泵站名称,年度="2008",区域供水量=[2008年] from [各泵站汇水区域供水量] union select 泵站名称,年度="2009",区域供水量=[2009年] from [各泵站汇水区域供水量] union select 泵站名称,年度="2010",区域供水量=[2010年] from [各泵站汇水区域供水量]) b ';
    CreateTempTable('区域供水量_中间表',SqlStr);

//计算污水收集率,并生成临时表,后面使用
    SqlStr:='SELECT A.泵站,A.年度,污水处理量,区域供水量,ROUND(污水处理量/区域供水量,2) AS 污水收集率 FROM 各年度污水处理量_中间表 A INNER JOIN 区域供水量_中间表 B ON A.泵站=B.泵站名称 AND A.年度=B.年度';
    CreateTempTable('污水收集率_中间表',SqlStr);
    CurQuery:=createq(SqlStr,-1);
    IsEmpty:=Qeof(CurQuery);
//生成疑点
    if RecordNum(CurQuery)>0 then
        begin
        repeat
```

```
            AddTransRslt(CurQuery,'污水收集率');
            IsEmpty: = Qmov(CurQuery,1);
            IsEmpty: = Qeof(CurQuery);
         until IsEmpty = 1;
         TransBatch(CurQuery,'污水收集率');
         ShowMsg('污水收集率分析已完成,请到疑点库 – >业务数据疑点中查看！');
      end;


      //计算管线使用效率
      Sqlstr: =' select a.泵站名称,a.年度,污水管网覆盖率,污水收集率,round(污水
收集率/污水管网覆盖率,2) as 管线使用效率 from [各泵站汇水区域污水管网覆盖表]
a inner join 污水收集率_中间表 b on a.泵站名称 = b.泵站 and a.年度 = b.年度';
      CurQuery: = createq(SqlStr, – 1);
      IsEmpty: = Qeof(CurQuery);
      //生成疑点
      if RecordNum(CurQuery) > 0 then
         begin
            repeat
               AddTransRslt(CurQuery,'管线使用效率');
               IsEmpty: = Qmov(CurQuery,1);
               IsEmpty: = Qeof(CurQuery);
            until IsEmpty = 1;
            TransBatch(CurQuery,'管线使用效率');
            ShowMsg('管线使用效率分析已完成,请到疑点库 – >业务数据疑点中查
看！');
         end;

   end.
```

(3) 审计结果

综合上述分析,各污水泵站设计日处理能力完全能够满足需要。除1#泵站将汇水区域内的污水几乎全部收集外,2#和3#泵站污水收集率不高,主要原因是管线利用率低,铺设的管网未能充分发挥作用。

(4) 应用 AO 功能点

本问题的分析使用了 AO 的审计分析/审计方法/审计方法管理；审计分析/疑点管理等功能。

3. 社会效益分析

审计事项：资源环保审计/环境污染治理/环保专项资金效益评价

(1) 审计思路

分析社会效益的指标主要有年度考核任务指标完成情况和居民企业对污水管理问卷调查结果，通过上述指标完成情况和调查问卷统计结果，对泵站社会效益进行分析。

(2) 审计步骤

步骤一：审核各泵站考核任务指标实际完成情况。区市政公用局每年向各泵站下达考核任务，指标主要有污水处理量任务指标。计算指标完成情况。

ASL 语句如下：

```
var
    SqlStr,ImgSqlStr,CurQuery,IsEmpty,TotalNumberInt;
begin

    //各年度污水处理量合计,生成中间表
    Sqlstr:='select 泵站,年度,round(sum(污水处理量),2) as 污水处理量 from (select * from (select 泵站="1#",年度,月份,[1#泵站污水处理量] as 污水处理量 from [各泵站污水处理量表] union select 泵站="2#",年度,月份,[2#泵站污水处理量] as 污水处理量 from [各泵站污水处理量表] union select 泵站="3#",年度,月份,[3#泵站污水处理量] as 污水处理量 from [各泵站污水处理量表]) a) a group by 泵站,年度';
    CreateTempTable('各年度污水处理量_中间表',SqlStr);

    //任务完成情况
    Sqlstr:='select a.泵站名称,a.年度,right(污水处理量指标,len(污水处理量指标)-3) as 污水处理量指标,污水处理量,round(污水处理量/right(污水处理量指标,len(污水处理量指标)-3),2) as 任务完成情况 from [各泵站任务考核指标] a inner join 各年度污水处理量_中间表 b on a.泵站名称=b.泵站 and a.年度=b.年度';
    CurQuery:=createq(SqlStr,-1);
    IsEmpty:=Qeof(CurQuery);
    //生成疑点
    if RecordNum(CurQuery)>0 then
      begin
        repeat
```

```
            AddTransRslt(CurQuery,'任务完成情况');
            IsEmpty: = Qmov(CurQuery,1);
            IsEmpty: = Qeof(CurQuery);
        until IsEmpty =1;
        TransBatch(CurQuery,'任务完成情况');
        ShowMsg('任务完成情况分析已完成,请到疑点库 - >业务数据疑点中查
看!');
        end;

    end.
```

查询结果如图 13 – 19 所示。

图 13 – 19

查询结果表明,各泵站超额完成了考核任务,指标确定比较合理。

步骤二:分析居民和企业问卷调查结果。本次审计调查,走访了 3 个本站周边居民家庭,对泵站排污情况和对居民生活影响进行调查,发放调查问卷 42 份。调查问卷统计结果显示,1#泵站污水周边居民没有发现违规排污的情况,环境保护较好,2#和3#泵站存在将污水直排入海的情况,且对生活造成了一定的影响。经了解,造成直排的原因是设备维修无法处理全部污水,只能采取少量污水直排入海的方式。

（3）审计结果

审计结果表明，各泵站超额完成下达的污水处理任务指标，但2#和3#泵站由于设备维护不到位，出现污水直排的情况，对周边居民的生活造成一定的影响。

（4）应用AO功能点

本问题的分析使用了AO的审计分析/审计方法/审计方法管理；审计分析/疑点管理等功能。

三、点评

本实例充分利用2011版现场审计实施系统的强大数据查询和分析功能，在正确转换财务数据和业务数据基础上，根据被审计单位业务管理的特点，围绕财务收支合规性、合理性，结合业务数据变动情况，进行了有目的、有重点的筛选，使之自动生成疑点，并由疑点提供的线索，由浅入深，层层推进，逐步发现由于管理漏洞造成的财政损失浪费情况，起到了节约审计资源，提高审计效率和质量的效果。同时积极探索运用AO现场审计实施系统，针对不同的成本支出采取不同的绩效审计方法，对泵站运行成本进行绩效评价，取得良好的效果。

（山东省青岛市崂山区审计局　张子琪　高会伟　王　军　鸿　坚　杜长波）

实例十四

某市污水处理费征收审计中 ASL 方法的应用

一、项目背景

2008 年,审计机关在专项审计调查某市海河流域水污染防治绩效时,运用 AO 软件开展该市 2007 年度污水处理费征收情况审计,以全面了解污水处理费总体规模和管理使用情况,促进水污染防治工作的顺利实施。审前调查了解到,该市水务局为污水处理费执收单位,委托某自来水集团有限责任公司、节约用水管理中心等单位在收取自来水水费的同时代征污水处理费,由市政工程管理处排水收费管理所(以下简称收费管理所)负责汇总、管理。其中,自来水集团为征收污水处理费的主要单位,在对用户征收自来水水费的同时,代为征收污水处理费,每月将有关污水处理费的数据以光盘形式上报给收费管理所。收费管理所将其筛选有用字段进行汇总、统计,每年的数据都在 7GB 以上。审计人员从收费管理所服务器上下载 2007 年度原始数据 7.61GB。

二、审计过程

(一) 污水处理费欠费额真实性审计

审计事项:资源环保审计/环境污染治理/污水处理费收缴

1. 审计思路

收费管理所报表显示,自来水集团实际征收 67000.44 万元,有 5395.47 万元未能按时征收到位。收费管理所由此得出自来水集团应征收 72395.91 万元,征收率为 92.54%。审计人员发现自来水集团上报收费管理所的欠征额为根据各欠费用户累计欠费数汇总而成,存在少汇总、重复汇总等缺陷,应从实际用水量计算应征额和欠征额。

2. 审计步骤

步骤一：整理全市 8 个区水量累计库字段。分别修改 ljk1 至 ljk8 中的 yhb 字段，扩大字段长度，增加行政区区号。

ASL 脚本：

```
begin
    ExecuteUpdate(' update ［源_ljk1］ set ybh ="1" + ybh');
    //ybh(永编号)字段加入"1"、"2"…"8"以表示区号,下同。
    ExecuteUpdate(' update ［源_ljk2］ set ybh ="2" + ybh');
    ExecuteUpdate(' update ［源_ljk3］ set ybh ="3" + ybh');
    ExecuteUpdate(' update ［源_ljk4］ set ybh ="4" + ybh');
    ExecuteUpdate(' update ［源_ljk5］ set ybh ="5" + ybh');
    ExecuteUpdate(' update ［源_ljk6］ set ybh ="6" + ybh');
    ExecuteUpdate(' update ［源_ljk7］ set ybh ="7" + ybh');
    ExecuteUpdate(' update ［源_ljk8］ set ybh ="8" + ybh');
    write('修改完毕！');
end.
```

步骤二：合并全市 8 个区累计库［源_ljk1］～［源_ljk8］，生成一总表 ljktotal。

ASL 脚本：

```
var
    Total,a;
begin
    CreateTempTable(' ljktotal ',' select ybh,xfl,lsl,lzbsl from ［源_ljk1］');
//创建临时表,表名为 ljktotal。
    ExecuteUpdate(' insert into ljktotal select ybh,xfl,lsl,lzbsl from ［源_ljk2］');
//将 ljk2 插入 ljktotal。
    ExecuteUpdate(' insert into ljktotal select ybh,xfl,lsl,lzbsl from ［源_ljk3］');
//将 ljk3 插入 ljktotal。
    ExecuteUpdate(' insert into ljktotal select ybh,xfl,lsl,lzbsl from ［源_ljk4］');
//将 ljk4 插入 ljktotal。
    ExecuteUpdate(' insert into ljktotal select ybh,xfl,lsl,lzbsl from ［源_ljk5］');
//将 ljk5 插入 ljktotal。
    ExecuteUpdate(' insert into ljktotal select ybh,xfl,lsl,lzbsl from ［源_ljk6］');
//将 ljk6 插入 ljktotal。
    ExecuteUpdate(' insert into ljktotal select ybh,xfl,lsl,lzbsl from ［源_ljk7］');
```

//将 ljk7 插入 ljktotal。
        ExecuteUpdate('insert into ljktotal select ybh,xfl,lsl,lzbsl from [源_ljk8]');
//将 ljk8 插入 ljktotal。
        a:=CreateQ('select * from ljktotal',-1);
        Total:=RecordNum(a);
        write('全市水表总数为:',Total);   //输出结果。
    end.

步骤三：计算实际用水总量。
ASL 脚本：

    var
        CurrentQuery,ResultOfQuery;
    begin
        CurrentQuery:=CreateQ('select sum(lsl) as 累水量合计,sum(lzbsl) as 累总表水量合计,sum(lsl)-sum(lzbsl) as 实际用水总量 from ljktotal',-1);
        //利用 SQL 语句计算实际用水总量,其为累水量合计与累总表水量合计之差。其中,累总表水量代表某总表所含若干个分表,计算实际用水总量时重复计算,故而减去。
        ResultOfQuery:=QFDValue(CurrentQuery,'实际用水总量');
        //取查询结果中"实际用水总量"字段数值。
        write('实际用水总量为:',ResultOfQuery);
        //输出结果。
        AddTransRslt(CurrentQuery,'实际用水总量作为审计疑点!');
        //将结果输出到"未落实疑点临时表"中。
    end.

步骤四：计算分类水量。
ASL 脚本：

    var
        Total,IsEmpty,CurrentQuery;
    begin
        CreateTempTable('分类水量','select ljktotal.xfl as 小分类,[源_XFLK].xflm as 小分类名,sum(ljktotal.lsl) as 累水量,sum(ljktotal.lzbsl) as 累总表水量,sum(ljktotal.lsl)-sum(ljktotal.lzbsl) as 累实际水量 from ljktotal inner join [源_XFLK] on ljktotal.xfl=[源_XFLK].xfl group by ljktotal.xfl,[源_XFLK].xflm order by ljktotal.xfl');

```
    //创建临时表,表名为"分类水量",用于记录各类用水的水量。
    CurrentQuery: = CreateQ(' select 小分类,小分类名,累实际水量 from 分类水量',
-1);
    Total: = RecordNum(CurrentQuery);
    write('水的类别数为:',Total);
    //输出用水类别数。
    IsEmpty: = Qeof(CurrentQuery);
    //判断当前记录是否存在。
    if   IsEmpty < >1 then              //如果当前记录存在。
      begin
        repeat                          //重复执行 repeat...until 之间的语句。
          write('小分类:', QFDValue(CurrentQuery,'小分类'),',小分类名:',
QFDValue(CurrentQuery,'小分类名'),',累实际水量:', QFDValue(CurrentQuery,'累实际
水量'));        //取当前查询记录的字段值,并输出结果。
          IsEmpty: = Qmov(CurrentQuery,1);
          //变量返回下一条记录。
          IsEmpty: = Qeof(CurrentQuery);
          //判断当前记录是否存在。
        until IsEmpty =1;   //当记录不存在时,停止执行 repeat...until 之间的语句。
      end;
end.
```

步骤五:计算居民分类水量与单价。

ASL 脚本:

```
  var
    Total,IsEmpty,CurrentQuery;
  begin
    CreateTempTable('居民分类水量与单价',' select [源_XFLK].xfl as 小分类,[源_
XFLK].xflm as 小分类名,[源_XFLK].sfjg as 水费价格,分类水量.累实际水量 from
[源_XFLK] inner join 分类水量 on 分类水量.小分类 = [源_XFLK].xfl where 小分类
in ("01","06","60","61","62","63","64","65") ');
    //创建临时表,表名为"居民分类水量与单价",用于记录居民各类用水的水量与
单价。
    CurrentQuery: = CreateQ(' select 小分类,小分类名,累实际水量 from 居民分类水
量与单价', -1);
```

```
        Total: = RecordNum(CurrentQuery);
        write('居民用水类别数为:',Total);
        //输出居民用水类别数。
        IsEmpty: = Qeof(CurrentQuery);
        //判断当前记录是否存在。
        if   IsEmpty < >1 then                //如果当前记录存在。
          begin
            repeat                            //重复执行 repeat...until 之间的语句。
              write('小分类:',QFDValue(CurrentQuery,'小分类'),',小分类名:',
QFDValue(CurrentQuery,'小分类名'),',累实际水量:',QFDValue(CurrentQuery,'累实际水量'));
              //取当前查询记录的字段值,并输出结果。
              IsEmpty: = Qmov(CurrentQuery,1);
              //变量返回下一条记录。
              IsEmpty: = Qeof(CurrentQuery);
              //判断当前记录是否存在。
            until IsEmpty = 1;        //当记录不存在时,停止执行 repeat...until 之间的语句。
          end;
     end.
```

步骤六:计算非居民分类水量与单价。

ASL 脚本:

```
     var
        Total,IsEmpty,CurrentQuery;
     begin
        CreateTempTable('非居民分类水量与单价','select [源_XFLK].xfl as 小分类,[源_XFLK].xflm as 小分类名,[源_XFLK].sfjg as 水费价格,分类水量.累实际水量 from [源_XFLK] inner join 分类水量 on 分类水量.小分类 = [源_XFLK].xfl where 小分类 not in ("01","06","60","61","62","63","64","65")');
        //创建临时表,表名为"非居民分类水量与单价",用于记录非居民各类用水的水量与单价。
        CurrentQuery: = CreateQ('select 小分类,小分类名,累实际水量 from 非居民分类水量与单价', -1);
        Total: = RecordNum(CurrentQuery);
```

```
        write('非居民用水类别数为:',Total);
                        //输出非居民用水类别数。
        IsEmpty: = Qeof( CurrentQuery) ;
                        //判断当前记录是否存在。
        if  IsEmpty < >1 then              //如果当前记录存在。
            begin
              repeat                       //重复执行 repeat...until 之间的语句。
                 write('小分类:',QFDValue(CurrentQuery,'小分类'),',小分类名:',
QFDValue(CurrentQuery,'小分类名'),',累实际水量:',QFDValue(CurrentQuery,'累实际
水量'));         //取当前查询记录的字段值,并输出结果。
                 IsEmpty: = Qmov(CurrentQuery,1);
                        //变量返回下一条记录。
                 IsEmpty: = Qeof(CurrentQuery);
                        //判断当前记录是否存在。
              until IsEmpty =1;  //当记录不存在时,停止执行 repeat...until 之间的语句。
            end;
    end.
```

步骤七：计算居民总水量和居民应缴纳污水处理费、非居民总水量和非居民应缴纳污水处理费。

ASL 脚本：

```
var
    Total,IsEmpty,CurrentQuery;
begin
    CreateTempTable('污水处理费应缴额',' select sum(累实际水量) as 总水量,sum
(累实际水量) *0.9 as 应缴污水处理费 from 居民分类水量与单价 union select sum(累
实际水量) as 总水量,sum(累实际水量) *1.5 as 应缴污水处理费 from 非居民分类水
量与单价');           //创建临时表,表名为"污水处理费应缴额",用于记录居民与非居
民用水量和应缴纳污水处理费的金额。
    ExecuteUpdate('alter table 污水处理费应缴额 add column 类别 char(10)');
    CurrentQuery: = CreateQ(' select * from 污水处理费应缴额', -1);
    ExecuteUpdate('update 污水处理费应缴额 set 类别 ="居民" where 应缴污水处理
费/总水量 =0.9');
    ExecuteUpdate('update 污水处理费应缴额 set 类别 ="非居民" where 应缴污水处
理费/总水量 =1.5');
```

```
        Total: = RecordNum( CurrentQuery);
        write('记录数为:',Total);
        //输出非居民用水类别数。
        CurrentQuery: = CreateQ(' select  *  from 污水处理费应缴额', -1);
        OPutChart( CurrentQuery,'类别',总水量,clblue;应缴污水处理费,clred');
    AddTransRslt( CurrentQuery,'污水处理费应缴纳额作为审计疑点!');
        //将结果输出到"未落实疑点临时表"中。
end.
```

3. 审计结果

根据上述计算结果，该市 194 万个自来水水表用户分类为居民用户和其他用户，根据各自用水量 29342 万立方米、32483 万立方米和计征标准每立方米 0.90 元、1.50 元，分别计算得出 2007 年应征额为 75132.30 万元，实收额 67000.44 万元，欠征额 8131.86 万元，实际征收率为 89.16%，欠征率为 10.84%。自来水集团提供的污水处理费应征额、欠征额存在较大失误，分别少上报 2736.39 万元。

4. 应用 AO 功能点

本问题的分析使用了审计分析/审计方法/审计方法管理功能。

(二) 污水处理费征收完整性审计

审计事项：资源环保审计/环境污染治理/污水处理费收缴

1. 审计思路

由于污水处理费全额上缴市财政，自来水集团等代征单位仅收取一定比例的手续费，其征收积极性受到很大制约，可能会存在有意漏征行为，有必要对污水处理费征收完整性进行进一步核实。

2. 审计步骤

步骤一：对比自来水集团自来水水量数据与收费管理所汇总数据的一致性。

自来水集团自来水水量数据中 ljk1 ~ ljk7 分别代表该市 7 个区，ljk8 代表特殊机构区，而收费管理所提供的污水处理费数据库中表名称为"区"的表第 8 个区为"某区"，某区自来水公司为收费管理所汇总的代征单位之一。特殊机构区用水存在漏征现象。

步骤二：调查了解原因。

经进一步了解，该市污水处理费征收范围只笼统列举为机关、团体、部队、企事业单位以及个体工商户，对特殊机构和特殊性质用水未明确纳入列举的征收范围，自来水集团以仅对特殊机构收取了自来水水费，而未对其征收污水处理费，从而使特殊机构长期免交污水处理费。

步骤三：计算特殊机构应缴污水处理费水量与金额。

ASL 脚本：

```
var
    CurrentQuery;
begin
    CreateTempTable('特殊机构用水情况',' select [源_ljk8].ybh as 永编号,[源_XFLK].xflm as 小分类名,[源_ljk8].lsl as 累水量,[源_ljk8].lsl*1.5 as 污水处理费金额 from [源_ljk8] left outer join [源_XFLK] on [源_ljk8].xfl=[源_XFLK].xfl');
    //创建临时表,表名为特殊机构用水情况,用于记录各特殊机构用水量和应缴纳污水处理费金额。
    CurrentQuery:=CreateQ(' select sum(累水量) as 特殊机构用水量,sum(污水处理费金额) as 特殊机构应缴纳污水处理费金额 from 特殊机构用水情况',-1);
    //利用 SQL 语句读取记录,创建数据集,计算特殊机构总用水量和应缴纳污水处理费金额。
    write('特殊机构用水量为:',QFDValue(CurrentQuery,'特殊机构用水量'),'立方米,特殊机构应缴纳污水处理费金额为:',QFDValue(CurrentQuery,'特殊机构应缴纳污水处理费金额'),'元。');
end.
```

经计算，2007 年特殊机构用水 228 万立方米未缴纳污水处理费 342 万元。

3. 审计结果

2001 年至 2007 年，特殊机构共用水 1699.43 万立方米，按照其他用户污水处理费缴费标准计算，应缴未缴污水处理费 2106.14 万元。审计反映了该问题之后，特殊机构用水长期游离于污水处理费征收体系之外的现象将会有所改变。

4. 应用 AO 功能点

本问题的分析使用了审计分析/审计方法/审计方法管理功能。

（三）污水处理费征收准确性审计

审计事项：资源环保审计/环境污染治理/污水处理费收缴

1. 审计思路

根据该市发展和改革委员会《关于调整水价的通知》，城市居民生活用水自来水水费为 2.80 元/立方米，污水处理费为 0.90 元/立方米；行政事业、工商业、洗浴业等非居民用水自来水水费从 0.60 元/立方米至 60 元/立方米不等，污水处理费为 1.50 元/立方米。为确保征收标准的准确，核查自来水集团等代征单位有无降低征收标准，应按非居民标准征收自来水水费，而按居民标准征收污水处理费，致使少征污水处理费的情况，审计人员采取比较分析的方式，对比自来水集团自来水水量数据库与收费管理所污水处理费数据库。

2. 审计步骤

步骤一：从水费总库中生成居民用户表。

ASL 脚本：

```
begin
    CreateTempTable('水费居民表',' select ybh,lsl from ljktotal where xfl in ("01",
"06","16","17","27","60","61","62","63","64","65","80","90")');
end.
```

步骤二：从水费总库中生成非居民用户表。

ASL 脚本：

```
begin
    CreateTempTable('水费非居民表',' select ybh,lsl from ljktotal where xfl not in
("01","06","16","17","27","60","61","62","63","64","65","80","90")');
end.
```

步骤三：从污水处理费库中生成居民用户表。

ASL 脚本：

```
begin
    CreateTempTable('污水处理费居民表',' select 表,表名称,表地址,年收费额 from
[源_水表] where 类="B" or 类="D"');
end.
```

步骤四：从污水处理费库中生成非居民用户表。

ASL 脚本：

```
begin
    CreateTempTable('污水处理费非居民表',' select 表,表名称,表地址,年收费额
from [源_水表] where 类="A" or 类="C"');
end.
```

步骤五：查询污水处理费按居民收费而水费按非居民收费的表。

ASL 脚本：

```
var
    CurrentQuery;
begin
    CreateTempTable('污水处理费按居民收费而水费按非居民收费的表',' select 污水
处理费居民表.表,污水处理费居民表.表名称,污水处理费居民表.年收费额 from 污
水处理费居民表 join 水费非居民表 on 污水处理费居民表.表=水费非居民表.ybh');
end.
```

步骤六：计算污水处理费按居民收费而水费按非居民收费的表用户数与金额。
ASL 脚本：

```
var
    CurrentQuery,TotalWrongAmount;
begin
    CurrentQuery: = CreateQ(' select count(年收费额) as 错误收费记录数 from 污水处理费按居民收费而水费按非居民收费的表 where 年收费额 >0', -1);
    TotalWrongAmount: = QFDValue(CurrentQuery,'错误收费记录数');
    write('污水处理费按居民收费,而水费按非居民收费的表用户数为:',Total-WrongAmount,'。');
end.
```

3. 审计结果

结果显示，未发现自来水集团在征收污水处理费时存在污水处理费按居民收费而水费按非居民收费的情形。

4. 应用 AO 功能点

本问题的分析使用了审计分析/审计方法/审计方法管理功能。

三、点评

本实例对污水处理费征收的真实性、完整性和准确性进行了较为全面的审计，既掌握了污水处理费征收的总体情况，又发现了征收环节中存在的问题，具有借鉴意义。另外，将污水处理费审计中常用审计方法进行归纳总结，形成审计模型，并熟练使用 ASL 审计脚本语言，生成 AO 审计方法，实现了审计思路的自动审计。

（审计署驻郑州特派员办事处　郭　强）

实例十五

2012年某省节能减排专项资金审计

一、项目背景

2012年5月至9月,审计机关对某省2010年、2011年节能减排专项资金开展审计,审计人员充分发挥计算机审计的优势,从多个层面开展计算机审计。首先是对财政资金及项目明细进行了多角度分析,确定了重点延伸审计的资金类型、区域和项目,并为后续表格的填报提供了强大支撑;其次对节能汽车推广财政补助资金开展计算机审计,分三个层面对节能汽车申报数据的真实性进行了深入的分析判断,取得了一定的成果,也为后续项目全面推开——节能惠民产品推广财政补助资金计算机审计打下了坚实的基础;还尝试结合中小学布局审计调查项目,将节能减排项目中从环保部门取得的污染源数据与中小学布局数据结合分析,利用其包含的地理信息,查找潜在污染风险高的学校。

二、审计过程

(一)财政资金及项目的总体分析

审计事项:预算执行审计/专项资金/资金项目总体分析(新增)

1. 审计思路

节能减排资金虽然称为专项资金,但其实质并非一类严格意义上的专项资金,而是包含了超过50项与节能减排相关的专项资金的总体提法。本次对某省2010年至2011年节能减排资金进行审计,涉及的省级主管部门包括环保厅、经信委、发展改革委、财政厅、住建厅、科技厅、物价局、能源局和交通厅等,资金分布在全省几乎所有的县,非常分散。限于审计时间和力量,只能选择重点进行抽查,因此前期对资金和项目的全面把握和深入分析对项目的成败尤为关键,这也是大部分专项资金审计需要跨越的一步。在实践中，依托 AO 对财政资金和项目开展计算机总体分析和计算，不但为审计前期多角度分析选点提供了强大的支撑，也为后期资金项目报表的填报带来很大便利。

本事项所涉及数据如表 15-1 所示。

表 15-1 涉及数据表

序号	数据资料名称	结构化	非结构化	半结构化
1	文件汇总数据	√		
2	一般财政资金数据	√		
3	节能奖励资金数据	√		
4	减排专项资金数据	√		

（1）文件汇总数据：主要包括年度、中央文号、下达时间、项目、中央下拨金额、省财政下拨金额、下拨资金文号、下拨资金时间、科目、分类、备注、主管部门等要素。

（2）一般财政资金数据：主要包括文号、序号、市、区县、地区、承担单位、项目名称、项目类型、总投资额、财政金额、支出功能分类科目等要素。

（3）节能奖励资金数据：主要包括文号、序号、市、区县、地区、企业名称、项目实施内容、实施年限、计划节能量、实际节能量、奖励资金、预拨资金、清算资金、备注等要素。

（4）减排专项资金数据：主要包括文号、序号、市、区县、地区、项目类型、单位、中央补助、省级补助、补助合计等要素。

2. 审计步骤

步骤一：根据总体分析的需要，将数据进行整理创建中间表。

```
select * into z_资金总体分析 from (
   select 文号,序号,市,区县,项目名称,财政金额,支出功能分类科目 科目  from 一般财政资金
   union
   select 文号,序号,市,区县,企业名称 项目名称,case when 清算资金 is null then 预拨资金 else 清算资金 end 财政金额,'2111001 能源节约利用' 科目  from 节能奖励资金
   union
   select 文号,序号,市,区县,单位+项目类型 项目名称,中央补助 财政金额,'2111103 减排专项支出' 科目  from 减排专项资金 ) as b
```

步骤二：对资金及项目开展多角度总体分析，为审计选点和重点的确定提供支撑。

（1）对各类重点资金在各地市的分布进行统计计算，以确定重点延伸的地市以及

关注的重点资金。

```sql
    select a. * ,[2110301 大气],[2110302 水体],[2110304 固废化学品],[2110399 其他污染防治],[2110402 农村环境保护],[2111001 能源节约利用],[2111103 减排专项支出],[2111104 清洁生产专项支出],[2111201 可再生能源],[2111301 资源综合利用],[2140699 车辆购置税其他支出],[其他]
    from ( select distinct 市 from z_资金总体分析) a
    left outer join（select 市,sum(财政金额)[2110301 大气] from z_资金总体分析 where 科目='2110301 大气' group by 市) b on a. 市=b. 市
    left outer join（select 市,sum(财政金额)[2110302 水体] from z_资金总体分析 where 科目='2110302 水体' group by 市) c on a. 市=c. 市
    left outer join（select 市,sum(财政金额)[2110304 固废化学品] from z_资金总体分析 where 科目='2110304 固体废弃物与化学品' group by 市) d on a. 市=d. 市
    left outer join（select 市,sum(财政金额)[2110399 其他污染防治] from z_资金总体分析 where 科目='2110399 其他污染防治支出' group by 市) e on a. 市=e. 市
    left outer join（select 市,sum(财政金额)[2110402 农村环境保护] from z_资金总体分析 where 科目='2110402 农村环境保护' group by 市) f on a. 市=f. 市
    left outer join（select 市,sum(财政金额)[2111001 能源节约利用] from z_资金总体分析 where 科目='2111001 能源节约利用' group by 市) g on a. 市=g. 市
    left outer join（select 市,sum(财政金额)[2111103 减排专项支出] from z_资金总体分析 where 科目='2111103 减排专项支出' group by 市) h on a. 市=h. 市
    left outer join（select 市,sum(财政金额)[2111104 清洁生产专项支出] from z_资金总体分析 where 科目='2111104 清洁生产专项支出' group by 市) h2 on a. 市=h2. 市
    left outer join（select 市,sum(财政金额)[2111201 可再生能源] from z_资金总体分析 where 科目='2111201 可再生能源' group by 市) h3 on a. 市=h3. 市
    left outer join（select 市,sum(财政金额)[2111301 资源综合利用] from z_资金总体分析 where 科目='2111301 资源综合利用' group by 市) h4 on a. 市=h4. 市
    left outer join（select 市,sum(财政金额)[2140699 车辆购置税其他支出] from z_资金总体分析 where 科目='2140699 车辆购置税其他支出' group by 市) h5 on a. 市=h5. 市
    left outer join（select 市,sum(财政金额)[其他] from z_资金总体分析 where 科目 in ('2160299 其他商业物流事务支出','2200205 海洋环境保护与监测') group by 市) h6 on a. 市=h6. 市
```

（2）筛选某一地市的项目清单,为延伸核实做准备。

```sql
select distinct b.分类,b.年度,区县,财政金额,项目名称,a.文号,a.序号,b.主管部门
from z_资金总体分析 a inner join 文件汇总 b
on charindex(a.文号,b.下拨资金文号)>0
where 市 in ('某市','省本级')
order by 分类,年度,财政金额 desc
```

（3）筛选涉及某一主管部门的项目明细，为各审计小组明确分工负责的内容。

```sql
select distinct b.中央文号,b.分类,a.* from z_资金总体分析 a inner join 文件汇总 b on a.文号=b.下拨资金文号
where 主管部门 like '%发%' or 主管部门 like '%能源%'
```

步骤三：统计资金及项目情况。由于发展改革委主管的预算内基建支出项目与其他项目管理方式上不一致，因此要进行单独统计。

（1）计算除发改口各类资金的总额。

```sql
select a.*,中央资金2010,下拨资金2010,中央资金2011,下拨资金2011 from
(select distinct 科目,分类 from 文件汇总) a
left outer join
(select 科目,分类,sum(中央下拨金额) 中央资金2010,sum(省财政下拨金额) 下拨资金2010 from 文件汇总
where 年度=2010 group by 科目,分类) b
on a.科目=b.科目 and a.分类=b.分类
left outer join
(select 科目,分类,sum(中央下拨金额) 中央资金2011,sum(省财政下拨金额) 下拨资金2011 from 文件汇总
where 年度=2011 group by 科目,分类) c
on a.科目=c.科目 and a.分类=c.分类
order by a.科目,a.分类
```

（2）计算发改口各类资金的总额，包括十大重点节能工程、循环经济和资源节约重大示范项目、重点工业污染治理项目三大类，由于省财政下拨与中央下达一致，以省下拨明细数据为基础进行统计。

```sql
select 年度,支出功能分类科目,sum(财政金额) 财政补助资金 from 一般财政资金 a inner join
(select 年度,下拨资金文号 from 文件汇总
where 科目 like '309%' and 分类 is null) b
```

```sql
on a.文号 = b.下拨资金文号
group by 年度,支出功能分类科目
order by 年度,支出功能分类科目
```

(3) 计算除发改口各类资金涉及的项目数。

```sql
select 科目,分类,sum(项目数) 项目数量 from
(select distinct 科目,项目数,分类 from (
select 文号,count(*) 项目数 from z_资金总体分析
group by 文号) a inner join 文件汇总 b
on charindex(文号,下拨资金文号)>0) a
group by 科目,分类
order by 科目,分类
```

(4) 计算发改口各类资金涉及的项目数。

```sql
select 支出功能分类科目,count(*) 项目数量 from 一般财政资金 a inner join
(select 年度,下拨资金文号 from 文件汇总
where 科目 like '309%' and 分类 is null) b
on a.文号 = b.下拨资金文号
group by 支出功能分类科目
order by 支出功能分类科目
```

(5) 计算除发改口各分类项目涉及的区县数。

```sql
select a.科目,a.分类,区县数,区县数2010,区县数2011 from
(select distinct 科目,分类 from 文件汇总) a
left outer join
(select 科目,分类,count(*) 区县数2010 from
(select distinct 年度,市,区县,b.科目,分类 from z_资金总体分析 c inner join 文件汇总 b
on charindex(文号,下拨资金文号)>0) d
where 年度=2010 group by 分类,科目) e
on a.科目 = e.科目 and a.分类 = e.分类
left outer join
(Select 科目,分类,count(*) 区县数2011 from
(Select distinct 年度,市,区县,b.科目,分类 from Z_资金总体分析 c inner join 文件汇总 b
on charindex(文号,下拨资金文号)>0) d
```

where 年度 =2011 group by 分类,科目) g
on a. 科目 =g. 科目 and a. 分类 =g. 分类
left outer join
(Select 科目,分类,count(*) 区县数 from
(Select distinct 市,区县,b. 科目,分类 from Z_资金总体分析 c inner join 文件汇总 b
on charindex(文号,下拨资金文号) >0) d
group by 分类,科目) f
on a. 科目 =f. 科目 and a. 分类 =f. 分类

(6) 计算除发改口各分类项目涉及的市数。

select a. 科目,a. 分类,市数,市数 2010,市数 2011 from
(select distinct 科目,分类 from 文件汇总) a
left outer join
(select 科目,分类,count(*) 市数 2010 from
(select distinct 年度,市,b. 科目,分类 from z_资金总体分析 c inner join 文件汇总 b
on charindex(文号,下拨资金文号) >0) d
where 年度 =2010 group by 分类,科目) e
on a. 科目 =e. 科目 and a. 分类 =e. 分类
left outer join
(select 科目,分类,count(*) 市数 2011 from
(select distinct 年度,市,b. 科目,分类 from z_资金总体分析 c inner join 文件汇总 b
on charindex(文号,下拨资金文号) >0) d
where 年度 =2011 group by 分类,科目) g
on a. 科目 =g. 科目 and a. 分类 =g. 分类
left outer join
(select 科目,分类,count(*) 市数 from
(select distinct 市,b. 科目,分类 from z_资金总体分析 c
inner join 文件汇总 b
on charindex(文号,下拨资金文号) >0) d
group by 分类,科目) f
on a. 科目 =f. 科目 and a. 分类 =f. 分类

(7) 计算 2010 年发改口各分类项目涉及的区县数。

select 科目,count(*) 区县数 2010 from (
select distinct 年度,left(支出功能分类科目,5) 科目,市,区县 from 一般财政资金 a
inner join

```
(select 年度,下拨资金文号 from 文件汇总
where 科目 like '309%' and 分类 is null) b
on a.文号 = b.下拨资金文号) d where 年度 = 2010
group by 科目 order by 科目
```

(8) 计算2011年发改口各分类项目涉及的区县数。

```
select 科目,count(*) 区县数2011 from (
select distinct 年度,left(支出功能分类科目,5) 科目,市,区县 from 一般财政资金 a inner join
(select 年度,下拨资金文号 from 文件汇总
where 科目 like '309%' and 分类 is null) b
on a.文号 = b.下拨资金文号) d where 年度 = 2011
group by 科目 order by 科目
```

(9) 计算2010年发改口各分类项目涉及的市数。

```
select 科目,count(*) 市数2010 from (
select distinct 年度,left(支出功能分类科目,5) 科目,市 from 一般财政资金 a inner join
(select 年度,下拨资金文号 from 文件汇总
where 科目 like '309%' and 分类 is null) b
on a.文号 = b.下拨资金文号) d where 年度 = 2010
group by 科目 order by 科目
```

(10) 计算2011年发改口各分类项目涉及的市数。

```
select 科目,count(*) 市数2011 from (
select distinct 年度,left(支出功能分类科目,5) 科目,市 from 一般财政资金 a inner join
(select 年度,下拨资金文号 from 文件汇总
where 科目 like '309%' and 分类 is null) b
on a.文号 = b.下拨资金文号) d where 年度 = 2011
group by 科目 order by 科目
```

(11) 计算发改口各分类项目涉及的区县总数。

```
select 科目,count(*) 区县数 from (
select distinct left(支出功能分类科目,5) 科目,市,区县 from 一般财政资金 a inner join
(select 下拨资金文号 from 文件汇总
```

> where 科目 like '309%' and 分类 is null) b
> on a. 文号 = b. 下拨资金文号) d group by 科目 order by 科目

（12）计算发改口各分类项目涉及的市总数。

> select 科目,count(*) 市数 from (
> select distinct left(支出功能分类科目,5) 科目,市 from 一般财政资金 a inner join
> (select 下拨资金文号 from 文件汇总
> where 科目 like '309%' and 分类 is null) b
> on a. 文号 = b. 下拨资金文号) d group by 科目 order by 科目

（13）计算项目涉及的市县总数。

> select count(*) 总区县数 from (
> select distinct 市,区县 from z_资金总体分析) a

3. 审计结果

虽然前期的总体分析不可能直接查出重大违规问题，但通过计算机审计分析确定重点地区和重点资金，与整个项目的成功密切相关。应该说，此项目取得成功，也离不开前期大量的分析工作。

4. 应用AO功能点

本问题的分析使用了审计分析/数据分析/SQL 查询器等功能。

（二）节能汽车推广财政补助资金审计数据分析

审计事项：预算执行审计/专项资金/弄虚作假套取资金

1. 审计思路

根据节能汽车补贴的政策，其核心目标有两个：有效扩大内需特别是消费需求和提高终端用能产品能源效率。从这两点目标看，只要汽车厂家确实在规定时间内销售了节能汽车，就应该得到补贴资金，政策的目标也能实现。审计需要做的就是确认申报材料中每一辆汽车是真实存在的，并且在其销售时已经纳入节能汽车目录。

要实现这个目标，我们可以分三个层面进行比较核实。

第一，由于申报材料本身就包含车辆买卖双方及车辆的许多信息，因此首先我们可以从申报材料对其真实性进行一些分析判断；第二，由于汽车生产厂家和经销商对于节能汽车补贴的意图是不一致的，对于汽车生产厂家来说，更看重的是借此机会增加销售，扩大在汽车市场的影响和份额，而对于经销商来说，拿到补贴就意味着直接增加利润，因此，企业往往没有与经销商合谋作假的动机，可以尝试用企业自身的数据和经销商申报的数据进行比较，分析其申报数据的真实性；第三，由于汽车是一类比较特殊的商品，从厂家生产出来到消费者将其开上马路，有大量严格管理的中间环节、期间留下的数据都可以让我们印证申报数据的真实性,如国税局的机动车销售统一发票数据、车辆购置税数据、保险公司的投保数据和机动车登记信息。

综上所述,审计人员从三个层面对节能汽车申报数据的真实性进行分析:一是基于节能汽车申报数据本身判断申报信息的真实性;二是通过厂家的生产和销售数据判断节能汽车申报型号和销售时间的真实性;三是通过税务部门、车管部门等提供的车辆购置税、机动车销售统一发票、机动车登记信息等相关外部数据判断节能汽车及其销售的真实性。

本事项所涉及数据如表15-2所示。

表15-2 涉及数据表

序号	数据资料名称	结构化	非结构化	半结构化
1	节能汽车申报明细	√		
2	国税局车购税征缴数据	√		
3	生产厂家销售明细数据	√		
4	节能汽车目录	√		

(1) 节能汽车申报明细:主要包括申报年月、序号、消费者名称、消费者联系人、消费者联系电话、消费者详细地址、消费者行政区划代码、销售时间、销售车辆通用名称、销售车辆型号、车辆识别代号、车辆牌照号码、厂商指导价、销售价格、发票号、终端经销商名称、经销商联系人、经销商联系电话、经销商详细地址等要素。

(2) 国税局车购税征缴数据:主要包括数据来源、车架号、计税价格、车辆销售价格、税率、纳税额、税款征收时间、完税凭证号码等要素。

(3) 生产厂家销售明细数据:主要包括车辆识别代号、发货日期、销售日期、车辆型号、经销商代码、经销商名称等要素。

(4) 节能汽车目录:主要包括销售车辆通用名称、销售车辆型号、批次、推广日期等要素。

2. 审计步骤

步骤一:根据分析的需要,将数据进行整理。

(1) 合并厂家销售明细数据并导入分析数据库。

```
select * into f_厂家销售明细 from (
select vlvin1 + vlvin2 车辆识别代号,left(vlrdy2,4) +'-'+ substring(vlrdy2,5,2) +
'-'+ right(vlrdy2,2) 发货日期,
case when len(vlrtdy) =6 then left(vlrtdy,4) +'-'+ substring(vlrtdy,5,2) +'-'+
right(vlrtdy,2) else null end 销售日期,wc0010 车辆型号,vldelr 经销商代码,f9 经销商名称 from 厂家销售明细
union all
```

> select vlvin1 + vlvin2 车辆识别代号,left(vlrdy2,4) +'-' + substring(vlrdy2,5,2) + '-' + right(vlrdy2,2) 发货日期,
> case when len(vlrtdy) =6 then left(vlrtdy,4) +'-' + substring(vlrtdy,5,2) +'-' + right(vlrtdy,2) else null end 销售日期,[a] 车辆型号,vldelr 经销商代码,null 经销商名称 from 厂家销售明细补充) a

（2）将国税车购税明细数据导入分析数据库。

> select 数据来源,车架号,计税价格,车辆销售价格,税率,纳税额,税款征收时间,完税凭证号码 into f_国税车购税明细
> from 国税车购税明细

（3）将节能汽车目录数据导入分析数据库。

> select 销售车辆通用名称,销售车辆型号,批次,推广日期
> into f_节能汽车目录 from 节能汽车目录

（4）将节能汽车申报数据导入分析数据库并增加疑点类型字段,用于标记分析的结果。

> select 申报年月,序号,消费者名称,消费者联系人,消费者联系电话,消费者详细地址,消费者行政区划代码,消费者行政区划名称,销售时间,销售车辆通用名称,销售车辆型号,车辆识别代号,车辆牌照号码,厂商指导价,销售价格,发票号,终端经销商名称,经销商联系人,经销商联系电话,经销商详细地址,经销商行政区划代码,经销商行政区划名称,备注,cast('' as nvarchar(16)) 疑点类型
> into f_节能汽车申报明细 from 节能汽车申报明细

步骤二：根据车辆识别代号编码规则，找出不符合规则的申报记录，并在申报记录（F_节能汽车申报明细）中的疑点类型字段进行标注。

首先初始化疑点类型字段。

> update f_节能汽车申报明细 set 疑点类型 = null

（1）筛选车辆识别代号长度不符的记录。根据编码规则，车辆识别代号为17位字符串。

> update f_节能汽车申报明细 set 疑点类型 ='车辆识别代号长度不符' where len(车辆识别代号) < >17 and 疑点类型 is null

（2）筛选校验码不符合规则的申报记录。

根据编码规则，车辆识别代号的第9位为校验位，其数值根据其余16位每一位的对应值乘以该位的加权系数后相加之和除以11的余数。由于 AO 的查询分析器和 ASL 语言均不支持在后台数据库中创建 SQL 自定义函数，因此我们首先在业务数据常规数

据整理模块中建立自定义函数［dbo］．［ID_Check］，用于检验交易码的正确性。

```sql
create function [dbo].[id_check] (@id_no varchar(50))
returns varchar(8)
as
begin
    declare @i as int
    declare @s_id as varchar(50)
    declare @s_result as varchar(8)
    declare @i_sum as bigint
    declare @s_check as varchar(1)
    declare @i_check as int
    set @s_id = ltrim(rtrim(@ID_No))
    if len(@s_id) <> 17
        set @s_result = '假'
    else
    begin
        --判定主体
            set @i = 1
            set @i_sum = 0
            while @i <= 17
            begin
                set @s_check = substring(@ID_No,@i,1)
                if @s_check between '0' and '9'
                    set @i_check = ascii(@s_check) - 48
                else
                    begin
                        set @s_check = upper(@s_check)
                        if @s_check between 'A' and 'H'
                            set @i_check = ascii(@s_check) - 64
                        else
                        if @s_check between 'J' and 'N'
                            set @i_check = ascii(@s_check) - 73
                        else
                        if @s_check between 'S' and 'Z'
                            set @i_check = ascii(@s_check) - 82
```

```
            else
                if @s_check = 'P'
                    set @i_check = 7
                else
                    if @s_check = 'R'
                        set @i_check = 9
        end
        if @i < 8
            set @i_sum = @i_sum + @i_check * (9 - @i)
        else
            begin
                if @i = 8
                    set @i_sum = @i_sum + @i_check * 10
                else
                    if @i > 9
                        set @i_sum = @i_sum + @i_check * (19 - @i)
            end
        set @i = @i + 1
    end
    set @i_sum = @i_sum % 11
    if @i_sum = 10
        set @s_check = 'X'
    else
        set @s_check = cast(@i_sum as char)
    if substring(@ID_No,9,1) = @s_check
        set @s_result = '真'
    else
        set @s_result = '假'
end
return(@s_result)
end
```

然后，利用该函数对申报记录进行筛选。

```
update f_节能汽车申报明细 set 疑点类型 ='校验码不符' where dbo.id_check(车辆识别代号) ='假' and 疑点类型 is null
```

(3) 筛选车辆识别代号装配工厂代码不符的记录。根据该汽车生产公司的实际情况，该公司所有汽车的装配工厂均为 0。

update f_节能汽车申报明细 set 疑点类型 ='装配工厂代码不符' where substring(车辆识别代号,11,1) not in ('0','o') and 疑点类型 is null

(4) 筛选车辆识别代号制造厂代码不符的记录。根据编码规则，车辆识别代号前三位为"世界制造厂识别代号"（WMI），经国家发展改革委产业政策司批准，该公司的 WMI 编码为 L＊＊。

update f_节能汽车申报明细 set 疑点类型 ='前 4 位不符' where 车辆识别代号 not like 'l＊＊%' and 疑点类型 is null

(5) 筛选车辆识别代号品牌系列编码不符的记录。根据编码规则，车辆识别代号第四位为车辆品牌/系列，该公司能获得节能汽车补助车型只包括 G、E、H、D 四种型号。

update f_节能汽车申报明细 set 疑点类型 ='前 4 位不符' where substring(车辆识别代号,4,1) not in ('g','e','h','d') and 疑点类型 is null

(6) 筛选车辆排量编码不符的记录。根据节能汽车补助相关办法，排量 1.6 升及以下的车型才能申请节能补贴，根据公司编码规则，1.6 升及以下排量车型的车辆识别代号第八位为 1、2、8、9、A、C、D。

update f_节能汽车申报明细 set 疑点类型 ='排量位编码不符' where upper(substring(车辆识别代号,8,1)) not in ('1','2','8','9','a','c','d') and 疑点类型 is null

(7) 统计各类疑点记录的数量。

select 疑点类型,count(＊) 疑点记录数 from f_节能汽车申报明细 where not (疑点类型 is null) group by 疑点类型

结果如图 15-1 所示。

疑点类型	疑点记录数
车辆识别代码长度不符	86
排量位编码不符	6
品牌系列编码不符	3
校验码不符	944
制造厂代码不符	2

图 15-1

步骤二：对符合编码规则的车辆识别代号，找出重复申报的申报记录。

利用重号分析功能，将过滤条件设定为"疑点类型 is null"，统计字段设定为"车辆识别代号"，结果图 15-2 所示。

select * from f_节能汽车申报明细 where 车辆识别代号 in (select 车辆识别代号 from f_节能汽车申报明细 where 疑点类型 is null group by 车辆识别代号 having count (*)>1) and 疑点类型 is null order by 车辆识别代号

图 15 – 2

将重复申报车辆的申报记录导出交由被审计单位核实。

步骤三：结合经过整理的厂家销售数据（F_厂家销售明细），排查申报表中修改车辆型号、销售日期等情况。

（1）一是以厂家数据为依据，匹配车辆识别代码，查找申报数据中实际车型不在推广目录的申报信息。

select b.车辆型号 实际型号,a.* from f_节能汽车申报明细 a inner join f_厂家销售明细 b on a.车辆识别代号 = b.车辆识别代号 where b.车辆型号 not in (select 销售车辆型号 from f_节能汽车目录) order by a.终端经销商名称

（2）以厂家数据为依据，匹配车辆识别代码，查找实际车型虽在推广目录，但其销售时间早于推广开始日期的申报信息。

select b.车辆型号 实际型号,推广日期,a.* from f_节能汽车申报明细 a inner join f_厂家销售明细 b on a.车辆识别代号 = b.车辆识别代号 inner join f_节能汽车目录 c on b.车辆型号 = c.销售车辆型号 where a.销售时间 < 推广日期 order by a.终端经销商名称

步骤四：通过税务部门提供的车辆购置税数据判断节能汽车及其销售的真实性，并剔除疑点。

（1）查询无车购税记录的销售明细。根据规定，纳税人购置应税车辆，应当向车辆登记注册地的主管税务机关申报纳税，且纳税为机动车登记的必要前置条件。因此我们可以将申报材料中该地牌照的车辆识别号与该省车购税征缴记录中的车架号匹配，查找无车辆购置税征缴记录的申报数据，作为下一步延伸核实的重点。

```sql
select a.* from f_节能汽车申报明细 a left outer join
(select * from f_国税车购税明细 where 数据来源 ='1') b
on a.车辆识别代号 = b.车架号
where a.车辆牌照号码 like '某%' and b.车架号 is null
order by 终端经销商名称
```

（2）查询销售两个月后才缴纳车辆购置税的申报记录。根据规定，纳税人购买自用应税车辆的，应当自购买之日起60日内申报纳税。可通过将申报材料中该地牌照的车辆识别号与该省车购税征缴记录中的车架号匹配，查询车辆购置税征缴时间晚于销售时间超过60天的申报数据，作为下一步延伸核实的重点。

```sql
select a.*,计税价格,税率,纳税额,税款征收时间,完税凭证号码 from f_节能汽车申报明细 a inner join (select * from f_国税车购税明细 where 数据来源 ='1') b
on a.车辆识别代号 = b.车架号
where datediff(day,a.销售时间,b.税款征收时间) > 92
order by 终端经销商名称
```

（3）查询缴纳车辆购置税时间早于销售时间的记录。由于缴纳车辆购置税必须提供销售发票，因此其时间不可能早于销售发票开具时间，因此我们通过将申报材料中该地牌照的车辆识别号与该省车购税征缴记录中的车架号匹配，查询车辆购置税征缴时间早于销售时间的申报数据，作为下一步延伸核实的重点。

```sql
select a.*,计税价格,税率,纳税额,税款征收时间,完税凭证号码 from f_节能汽车申报明细 a inner join (select * from f_国税车购税明细 where 数据来源 ='1') b
on a.车辆识别代号 = b.车架号
where 销售时间 > 税款征收时间
order by 终端经销商名称
```

3. 审计结果

经过上述数据分析，审计发现公司上报的节能汽车数据中，有591辆汽车不符合申报要求，其中，567辆实际车型不属于节能汽车推广目录，而申报资料则修改为符合推广目录；18 辆实际车型符合推广目录，但销售时间早于相应车型推广起始日，申报时则作为推广日期较前批次车型申报；6 辆重复申报两次。另有 955 辆汽车车辆识别代号填报错误。审计最终落实问题如下：部分经销商违规获得中央节能汽车推广补贴资金 174.3 万元。2010 年至 2011 年，某汽车有限公司把关不严，上海某汽车贸易有限公司通过人为修改 291 辆已售车辆型号，骗取中央节能汽车推广补贴资金 87.3 万元；某汽车销售有限公司等经销商将 290 辆不符合补助条件的汽车上报，违规获得中央节能汽车推广补贴资金 87 万元。部分经销商未执行价外补贴政策销售节能汽车，并因此少计缴增值税。2010 年至 2011 年，某汽车公司 3 家经销商将 1001 辆节能汽车按直接扣除财政补贴额度后的价格销售并开具发票，占 3 家公司申报并通过审核节能汽车总数 4400 辆的 22.75%。截至 2012 年 8 月底，尚有 311 辆少计销售收入，少计缴增值税 15.86 万元。

4. 应用 AO 功能点

本问题的分析使用了审计分析/数据分析/SQL 查询器；审计分析/数据分析/数值分析等功能。

（三）节能空调业务数据分析

审计事项：预算执行审计/专项资金/弄虚作假套取资金

1. 审计思路

2009 年起，国家财政投入大量资金，用于推广节能惠民产品，节能空调是其中很重要的一项内容，资金量仅次于节能汽车。相对于节能汽车，其销售及后续环节比较简单，因此监管也更难。在审计工作中，审计人员总结出一套相对简单，但切实可行的审计方法。首先针对申报数据筛选出销售量比较大的经销商，然后从经销商的系统里提取其实际销售的数据，将两者比较，查找其中的差异，从而落实空调厂家多申报节能空调销售数量以骗取中央补助资金的问题。

本事项所涉及数据如表 15-3 所示。

表 15-3 涉及数据表

序号	数据资料名称	结构化	非结构化	半结构化
1	节能空调申报数据	√		
2	经销商实际销售空调数据	√		

（1）节能空调申报数据：包括序号、推广企业、上报年度、上报月份、购买者名称、购买者电话、产品型号、室内机序列号、室外机序列号、销售单价、销售时间、发票号、销售商名称、销售商地址、销售商联系人、销售商联系电话、安装详细地址、安装地址所在地区、安装时间、用户类别、销售类型等数据元素。

（2）经销商实际销售空调统计数据：主要包括型号、销售数量等数据元素。

2. 审计步骤

步骤一：对厂家申报的节能空调推广数据进行统计分析，筛选出推广量比较大的空调销售商。

> select 销售商名称,count(*) 销售数量 from 新科空调上报数据明细 group by 销售商名称 order by count(*) desc

查询结果如图 15-3 所示。

销售商名称	销售数量
北京A公司	4655
北京A公司售后服务中心	4140
宁波B公司	3265
常州C公司	2821
广州D公司	2422
上海E公司	2298
沈阳F公司	2159
南通G公司	1578
北京H公司	1423

图 15-3

结果显示，销售量最大的几家销售商中，多次出现 A 公司。

步骤二：延伸 A 公司，取得指定时间内全国所有 A 公司门店销售的各型号新科空调统计数据，通过型号与申报数据中 A 公司销售的数量进行比较，计算出各型号节能空调多申报的数量，并将计算结果数据保存到"A 公司销售与申报比较表"。

> select a.*,b.*,申报销售数量-a公司销售数量 多申报数量
> into a 公司销售与申报比较表
> from (select a 公司型号,sum(销售数量) a 公司销售数量 from
> (select left(型号,case when charindex('(',型号)>0 then charindex('(',型号)-1 else len(型号) end) as a 公司型号,销售数量 from [a 公司销售 0906~1005]) c group by a 公司型号) a
> inner join (select 申报型号,count(*) 申报销售数量 from
> (select *,left(产品型号,case when charindex('(',产品型号)>0 then charindex('(',产品型号)-1 else len(产品型号) end) as 申报型号 from 新科空调上报数据明细) d
> where 销售商名称 like '%a 公司%' group by 申报型号) b
> on charindex(b.申报型号,a.a 公司型号)>0
> order by 申报型号 desc

步骤三：将比较表交由被审计单位核实，对多申报的数量进行统计，并进行相关的取证工作。

```
select sum(申报销售数量) 申报总量, sum(A 公司销售数量) 实际销售总量, sum
(多申报数量) 多申报总量 from A 公司销售与申报比较表
```

3. 审计结果

使用上述方法进行分析，审计人员发现该企业在申报 2009 年 6 月至 2010 年 5 月节能空调销售数据时，多申报了 24534 台。

经过进一步核实，审计最终落实该企业在上述批次节能空调申报中多申报 24706 台，相应骗取资金 1203.14 万元。采用同样的办法对该企业 2010 年 6 月至 2011 年 5 月节能空调中央补助资金申报情况进行审计，最终落实该企业虚报节能空调推广数据，骗取中央财政补助资金 1609.17 万元的重大违法违规事实。

4. 应用 AO 功能点

本问题的分析使用了审计分析/数据分析/SQL 查询器等功能。

（四）污染源数据与中小学布局数据结合分析

审计事项：预算执行审计/专项资金/管理不规范

1. 审计思路

根据相关法规，学校选址不应与集贸市场，娱乐场所，生产、经营、贮藏有毒有害危险品、易燃易爆物品的场所，噪音等污染源，医院太平间，殡仪馆，消防站等不利于学生学习、身心健康和危及学生安全的场所毗邻。

在本项目实施过程中，我们了解到审计署行政事业审计司组织相关特派办开展中小学布局审计调查项目，就考虑借助节能减排资金审计项目中从环保部门取得的污染源数据，与中小学的位置信息相匹配，查找受污染风险比较高的学校，并进行延伸核实。

本事项所涉及数据如表 15 - 4 所示。

表 15 - 4 涉及数据表

序号	数据资料名称	结构化	非结构化	半结构化
1	义务教育学校信息	√		
2	污水处理厂监控企业数据	√		
3	废气排放监控企业数据	√		
4	废水排放监控企业数据	√		

（1）义务教育学校信息：包括县行政代码、学校类型、学校名称、学校代码、学校机构举办者、学校机构驻地城乡类型、经度、经度 - 度、经度 - 分、经度 - 秒、纬度、纬度 - 度、纬度 - 分、纬度 - 秒等数据元素。

（2）污水处理厂监控企业数据：包括编码、名称、行政区编码、行政区、地址、法人代码、法人、电话、邮箱、经度、纬度等数据元素。

（3）废气排放监控企业数据：包括行政区编码、名称、企业编码、企业名称、地址、法人、联系电话、经度、纬度等数据元素。

（4）废水排放监控企业数据：包括行政区编码、名称、企业编码、企业名称、地址、法人、联系电话、经度、纬度等数据元素。

2. 审计步骤

正常情况下，如果要评估污染源对环境的影响，需要借助专业软件，综合考虑当地的气候、水系、污染物排放浓度和排放量等因素，建立污染物扩散模型，然后对特定地物的影响情况进行计算和评估。由于审计人员缺乏相关的专业知识，而且要实现审计目标也不需要如此精确的计算，因此仅以污染源跟学校间的距离作为唯一因素进行非常简单的测算。

步骤一：计算废气排放监控企业与学校间的距离。

对于地表给定经纬度坐标两点间的距离，如果对于精度要求比较高，那么必须借助地理信息系统软件，选定合适的模型和投影系统进行专业计算。而本案例仅做简单测算，因此假定地球为规则球体进行计算。

考虑到距离过远的情况下我们可以忽略污染影响，因此仅考虑学校和废气排放企业间经度差和维度差均小于1度的情况，以下对废水排放监控企业以及污水处理厂监控企业均做同样限定。

```
select a. 学校名称, a. 学校代码, a. 经度 as 学校经度, a. 纬度 as 学校纬度, b. 企业名称, b. 地址 as 企业地址, b. 经度 as 企业经度, b. 纬度 as 企业纬度, 6378140 * acos(1 - (power((sin((90 - a. 纬度) * pi()/180) * cos(a. 经度 * pi()/180) - sin((90 - b. 纬度) * pi()/180) * cos(b. 经度 * pi()/180)),2) + power((sin((90 - a. 纬度) * pi()/180) * sin(a. 经度 * pi()/180) - sin((90 - b. 纬度) * pi()/180) * sin(b. 经度 * pi()/180)),2) + power((cos((90 - a. 纬度) * pi()/180) - cos((90 - b. 纬度) * pi()/180)),2))/2) as 距离
into 废气对学校影响 from 义务教育学校 a join 废气排放监控企业 b on abs(a. 经度 - b. 经度) <=1 and abs(a. 纬度 - b. 纬度) <=1
```

步骤二：计算废水排放监控企业与学校间的距离。

```
select a. 学校名称, a. 学校代码, a. 经度 学校经度, a. 纬度 学校纬度, b. 企业名称, b. 地址 企业地址, b. 经度 企业经度, b. 纬度 企业纬度, 6378140 * acos(1 - (power((sin((90 - a. 纬度) * pi()/180) * cos(a. 经度 * pi()/180) - sin((90 - b. 纬度) * pi()/180) * cos(b. 经度 * pi()/180)),2) + power((sin((90 - a. 纬度) * pi()/180) * sin(a. 经度 * pi()/180) - sin((90 - b. 纬度) * pi()/180) * sin(b. 经度 * pi()/180)),2) + power((cos((90 - a. 纬度) * pi()/180) - cos((90 - b. 纬度) * pi()/180)),2))/2) as 距离
```

into 废水对学校影响 from 义务教育学校 a join 废水排放监控企业 b on abs(a. 经度 - b. 经度) <= 1 and abs(a. 纬度 - b. 纬度) <= 1

步骤三：计算污水处理厂监控企业与学校间的距离。

select a. 学校名称, a. 学校代码, a. 经度 as 学校经度, a. 纬度 as 学校纬度, b. 名称 企业名称, b. 地址 as 企业地址, b. 经度 as 企业经度, b. 纬度 as 企业纬度, 6378140 * acos(1 - (power((sin((90 - a. 纬度) * pi()/180) * cos(a. 经度 * pi()/180) - sin((90 - b. 纬度) * pi()/180) * cos(b. 经度 * pi()/180)), 2) + power((sin((90 - a. 纬度) * pi()/180) * sin(a. 经度 * pi()/180) - sin((90 - b. 纬度) * pi()/180) * sin(b. 经度 * pi()/180)), 2) + power((cos((90 - a. 纬度) * pi()/180) - cos((90 - b. 纬度) * pi()/180)), 2))/2) as 距离 into 污水厂对学校影响

from 义务教育学校 a join 污水处理厂监控企业 b

on abs(a. 经度 - b. 经度) <= 1 and abs(a. 纬度 - b. 纬度) <= 1

步骤四：计算三种污染源对学校的污染因子以及综合污染因子。由于专业知识所限及审计要求不高，本案例中仅以最简单的方法测算污染源对学校的影响：对污水厂，考虑3公里之内的情况，污染因子确定为"2公里/距离"；对于废水排放监控企业，考虑2公里之内的情况，污染因子确定为"1公里/距离"；对于废气排放监控企业，考虑5公里之内的情况，污染因子确定为"3公里/距离"。以上述三个污染因子之和作为综合污染因子。

select a. 学校名称, a. 学校代码, 废水污染因子, 废气污染因子, 污水厂污染因子, case when 废水污染因子 is null then 0 else 废水污染因子 end + case when 废气污染因子 is null then 0 else 废气污染因子 end + case when 污水厂污染因子 is null then 0 else 污水厂污染因子 end 综合污染因子

into 学校污染因子分析

from 义务教育学校 a left outer join

(select 学校名称, sum(2000/距离) 污水厂污染因子 from 污水厂对学校影响 where 距离 < 3000 group by 学校名称) b

on a. 学校名称 = b. 学校名称

left outer join

(select 学校名称, sum(1000/距离) 废水污染因子 from 废水对学校影响 where 距离 < 2000 group by 学校名称) c

on a. 学校名称 = c. 学校名称

left outer join

(select 学校名称, sum(3000/距离) 废气污染因子 from 废气对学校影响 where 距离 < 5000 group by 学校名称) d

on a. 学校名称 = d. 学校名称

步骤五：查询综合污染因子较高的学校，作为延伸重点。

```
select top 5 * from 学校污染因子分析 order by 综合污染因子 desc
```

3. 审计结果

通过上述分析发现，某中学的污染指数最高。学校附近共有3个污染源区，尤其是其中一处垃圾堆积场位于学校东北方向，直线距离为不到1公里处。通过审计延伸，并和学校师生座谈，审计人员了解到目前该中学校区内有时能闻到臭鸡蛋气味。老师反映，学校的毕业学生中，存在因体检肝肺指标不合格导致未能参军的情况。此外，垃圾堆积场也对学校环境造成了负面影响。现场调查发现，部分生活垃圾焚烧时产生大量刺激性气味，弥漫在学校空气中，人体感觉较差。

4. 应用AO功能点

本问题的分析使用了审计分析/数据分析/SQL查询器等功能。

三、点评

本实例主要包含了以下几个创新：一是在资金项目比较分散的专项资金审计中，尝试利用财政、环保等主管部门提供的数据开展总体分析，实现重点延伸地市、重点资金、重点项目确定的科学有效，并为整个项目的成功筑牢了基础；二是在节能资金审计领域首开先河，取得了较好的计算机审计成果，对节能汽车的审计方法在较大范围交流并得到推广；三是对节能空调开展的计算机审计取得重大成果，计算机审计分析出的结果成为上报重要审计情况的核心内容；四是思路开阔，突破了项目界限，利用两个项目各自的数据管理分析，取得了较好的效果。

（审计署驻南京特派员办事处　余向阳　宋秀辉　鄢　璐　杨海荣）

实例十六

某区退耕还林资金审计

一、项目背景

退耕还林工程是党中央、国务院对我国近年来自然灾害频发、生态环境日趋恶化的严峻现实而做出的改善生态环境的重大举措,并且对带动农业产业结构调整,增加农民收入,推动社会、经济发展,具有良好的促进作用。该项工程是 1998 年大水之后的第二年,国家开始在延安等西部地区试点实施,后逐步向云、贵、鄂等省市推进,实施范围逐年扩大。国家对退耕还林面积实行退耕还林资金和粮食补贴制度,即按照核定的退耕地还林面积,国家在一定期限内无偿向退耕还林者提供适当的补助粮食、种苗造林费和现金(生活费)补助。其中,长江流域及南方地区,每亩退耕地每年补助粮食(原粮)150 公斤(后来改为以实物折款支付现金,即按每公斤 1.4 元折价计算,每亩每年支付粮食补助 210 元),现金补助 20 元;补助期限为:还生态林的至少补助 8 年,还经济林的补助 5 年,还草的补助 2 年。同时,对每亩退耕地和宜林荒山荒地还一次性补助种苗造林费 50 元。2007 年,根据《中华人民共和国审计法》的规定和年初审计工作安排,该区审计局组成审计组对全区 2003 至 2006 年度退耕林工程和资金管理、使用情况进行了审计。

二、审计过程

(一)退耕还林资金流向及管理的合规性审计

主要是通过以现金方式发放农户退耕还林补助的"2003 年验收合格名单"与"2004 年验收合格名单表"进行对比分析,审查村(组)退耕还林面积变更情况,以此为重点进行延伸调查,审计是否存在虚报冒领或抵扣的现象。

审计事项:资源环保审计/生态环境保护/退耕还林及巩固退耕还林成果项目建设

管理情况

1. 审计思路

由于退耕还林面积按林种分为生态林和经济林，分别享受 8 年和 5 年的退耕还林粮食和生活补助，因而 2003 年确定的退耕还林面积除未验收合格面积外，在以后年度应保持不变；同时了解到 2003 年退耕还林补贴资金全部以现金形式发放，而 2004 年退耕还林补贴资金大部分以"一折通"形式发放，退耕还林资金被挤占、挪用的可能性较小，因此审计组确定将 2003 年、2004 年验收合格退耕还林数据进行对比分析，重点审计 2003 年以现金形式发放的退耕还林补助资金有无抵扣等不符合政策规定的问题。

首先，将从被审计单位取得的"2003 年工程检查表"及"2004 年工程检查表"数据予以标准化、合并整理后，导入 AO；其次，利用 AO 中查询功能，编写 SQL 语句进行关联查询；最后，将查询数据从 AO 导出后作为重点进行延伸审计调查。

2. 审计步骤

步骤一：数据导入及标准化。

将区退耕还林领导小组提供的 2003 年至 2005 年工程检查表纸质资料和电子数据资料进行核对，由于 3 年的工程检查表分别以乡镇街名义进行验收，其验收合格表无全区汇总数，因此审计人员将其电子数据进行整理，汇总成"2003 年验收合格名单""2004 年验收合格名单表"及"2005 年验收合格表"（该表在以后的审计中使用）3 张表，并作为业务数据导入 AO 中，形成与上同名的 3 张表格。

步骤二：审计组将"2003 年验收合格名单"与"2004 年验收合格名单表"对比分析，审查退耕还林面积变更情况。

在 AO 的"SQL 编辑器"中编写语句，利用"统一编号"予以关联，进行筛选对比，生成"2004 年退耕还林面积变更明细表"。

```
CREATE VIEW 2004 年退耕还林面积变更明细表 as
    SELECT [业务_2004 年验收合格名单表].[统一编号],[业务_2004 年验收合格名单表].[合格证编号],[业务_2004 年验收合格名单表].[村名],[业务_2004 年验收合格名单表].[合格面积],[业务_2004 年验收合格名单表].[林种],[业务_2004 年验收合格名单表].[乡镇]
    FROM [业务_2004 年验收合格名单表] LEFT JOIN [业务_2003 年验收合格名单]
ON [业务_2004 年验收合格名单表].[统一编号]=[业务_2003 年验收合格名单].[统一编号]
    WHERE ([业务_2003 年验收合格名单].[统一编号] IS NULL)
```

步骤三：对生成的"2004 年退耕还林面积变更明细表"进行汇总分析，运用 AO 的"SQL 编辑器"编写语句，筛选出变更数额较大的乡镇村组进行重点延伸调查。

```
create view 2004 年村组变更面积汇总表 as
SELECT [2004 年退耕还林面积变更明细表].[村名], sum([2004 年退耕还林面
积变更明细表].[合格面积]) AS [村组变更面积小计]
FROM [2004 年退耕还林面积变更明细表]
GROUP BY [2004 年退耕还林面积变更明细表].[村名]
```

3. 审计结果

通过延伸审计发现,少数乡镇和村(组)将2003年农户退耕还林补助抵扣原欠缴农业税136603元,不符合政策规定。

4. 应用 AO 功能点

本问题的分析主要使用了审计分析/数据分析/SQL 查询器功能。

(二) 退耕还林资金监管有效性审计

通过对区退耕办出具的验收合格名单与财政所资金发放表对比分析,审查各乡镇(街)财政所是否按时发放退耕还林资金,对退耕还林户的退耕还林面积、验收和资金补助发放等情况是否公示公开,财政监管是否到位。

审计事项:资源环保审计/生态环境保护/ 退耕还林及巩固退耕还林成果项目建设管理情况

1. 审计思路

结合对各乡镇(街)财政所退耕还林资金发放和档案资料及时合规性审计,对财政所退耕还林资金发放表收集和汇总,再与区退耕办提供的2003年至2005年各乡镇(街)退耕还林验收表进行对比分析,查找是否存在差异,并作为重点进行延伸调查。通过分析发现,由于大部分财政所是依据退耕办提供的验收合格名单发放退耕还林资金,个别财政所有调整退耕还林农户名单的现象,因此,审计组确定对有调整退耕还林面积的财政所资金发放表与区退耕办验收合格面积表进行对比分析,查核是否有不符合政策的退耕还林事项等问题。

2. 审计步骤

步骤一:将某镇财政所"2003年至2005年退耕还林资金财政发放表"的数据进行整理及标准化后,利用 AO 的"业务数据采集"将上述表导入,形成与上同名的分年度3张表格。

步骤二:将区退耕办提供的某镇2003年至2005年验收合格表的数据进行整理及标准化后,利用 AO 的"业务数据采集"将上述表导入,形成与上同名的分年度3张表格。

步骤三:鉴于以上两类表均缺少如"农户身份证号"等类型的唯一编码,审计组通过分析,确定以"姓名"这一非唯一字段进行模糊查询,并结合各村(组)退耕还林面积的大小分析异常,再重点进行实地走访调查的方式。在 AO 的"SQL 编辑器"

中编写语句,按年度将"某镇验收合格表"和"某镇退耕还林资金财政发放表"以字段"姓名"关联且"姓名"非空值为条件进行模糊筛选,生成"2003年某镇财政发放与验收差异表"。

```
create view 2003年某镇财政发放与验收差异表 as
SELECT [业务_某镇2003年退耕资金财政发放表].[村名],[业务_某镇2003年退耕资金财政发放表].[姓名],[业务_某镇2003年退耕资金财政发放表].[合格面积],[业务_某镇2003年退耕资金财政发放表].[林种],[业务_某镇2003年退耕资金财政发放表].[乡镇]
FROM [业务_某镇2003年退耕资金财政发放表] LEFT JOIN [业务_2003年某镇验收合格表] ON [业务_某镇2003年退耕资金财政发放表].[姓名] = [业务_2003年某镇验收合格表].[姓名]
WHERE ([业务_2003年某镇验收合格表].[姓名] Is Null)
```

同理,生成2004年和2005年某镇财政发放面积与验收合格面积差异表。

3. 审计结果

通过延伸调查发现,该镇将未承包到户的集体土地以部分村民的名义上报退耕还林面积227.2亩,区退耕办验收后,按村上报退耕还林户姓名核发验收合格证,但财政所监管不到位,将虚假发放表入账,而实际以汤某等人的名义发放退耕还林补助156768元(实际发放表账外保存),用于某村日常开支。且退耕还林公示公开信息不完整,仅对涉及本村的享受退耕还林面积较小的农户予以公示公开,而对于退耕还林大户或不是本村村民的承包面积未予公示。

重复上述过程,生成其他12个乡镇(街)分年度的3张中间表,进行分析和延伸调查,发现也存在类似问题。

4. 应用AO功能点

本问题的分析主要使用了审计分析/数据分析/SQL查询器功能。

(三) 退耕还林大户真实性审计

通过筛选出全区退耕还林大户,与村干部及林业系统人员进行关联,审查村干部和林业系统人员退耕还林和荒山造林面积是否真实,有无林业系统、财政系统及村组干部因占有知晓退耕还林政策、任务分解及工程验收等信息优势,虚报退耕还林面积套取资金;或村干部利用上报退耕还林面积的权力虚报冒领退耕还林资金等问题。

审计事项:资源环保审计/生态环境保护/退耕还林及巩固退耕还林成果项目建设管理情况

1. 审计思路

根据《退耕还林条例》规定及相关政策法规的规定,退耕还林面积自次年起每年需经林业部门验收合格后,由财政部门按年度发放退耕还林粮食补助和生活补助。因此利用区退耕办提供"2003年至2005年工程检查表""2005年工程检查表"和"2003年至2005年荒山造林验收合格表"整理后形成"2005年验收合格表""2005年新增退耕还林面积验收合格表""2003至2005荒山造林汇总表"及林业部门提供的"林业系统干部花名册"、财政部门提供的"区村干部花名册"全部导入AO中，利用AO中查询功能，编写SQL语句进行关联查询；将查询数据从AO导出后作为重点进行延伸审计调查。

2. 审计步骤

步骤一：利用从区退耕办取得的相关电子表格整理汇总为"2005年验收合格表""2005年新增退耕还林面积验收合格表"和"2003至2005荒山造林汇总表"导入AO中。

步骤二：由于AO不识别"Transform"命令，可先将"2005年验收合格表""2005年新增退耕还林面积验收合格表"和"2003至2005荒山造林汇总表"在Access中进行处理，以乡镇和姓名进行归集，汇总出各村（组）中退耕还林户实际退耕还林面积和荒山造林面积（一个农户往往有多块非连片的退耕还林面积，以"小班号"为区分），再导入AO中，生成"2005年验收合格分组汇总表""2005年新增合格面积分组汇总表"和"2003至2005荒山造林分组汇总表"。

```
transform sum([合格面积])
select [乡镇街],[姓名],sum([合格面积]) as [总计 合格面积]
from [业务_2003至2005荒山造林汇总表]
group by [乡镇街],[姓名]
pivot [村名]


transform sum([业务_2005年验收合格表].合格面积) as 合格面积之总计
select [业务_2005年验收合格表].乡镇,[业务_2005年验收合格表].姓名,sum([业务_2005年验收合格表].合格面积) as [总计 合格面积]
from [业务_2005年验收合格表]
group by [业务_2005年验收合格表].乡镇,[业务_2005年验收合格表].姓名
pivot [业务_2005年验收合格表].村名
```

2005年新增合格面积分组汇总表SQL语句同上。

步骤三：在AO的"SQL编辑器"中编写语句，筛选出退耕还林面积大于15亩、荒山造林面积大于100亩的退耕还林大户，生成"2005年退耕还林大户""2005年新增退耕大户表"及"2003至2005荒山造林大于100亩表"。

```
create view 2005年退耕还林大户 as
select [乡镇],[村名],[姓名],[合格面积之sum] from [业务_2005年验收合格分组汇总表] where [合格面积之sum] > 15
```

```
create view 2005年新增退耕大户表 as
select [乡镇街],[姓名],[村名],[合格面积之sum] from [业务_2005年新增合格面积分组汇总表] where [合格面积之sum]>15
```

```
create view 2003至2005荒山造林大于100亩表 as
select [乡镇街],[姓名],[村名],[合格面积之sum] from [业务_2003至2005荒山造林分组汇总表] where [合格面积之sum]>100
```

步骤四：将从区林业部门取得的"林业系统干部花名册"和区财政部门取得的"区村干部花名册"全部导入AO中，生成与上同名的2张表格。

步骤五：鉴于以上生成的退耕还林，以及荒山造林大户明细表和"林业系统干部花名册""区村干部花名册"均缺少如"人员身份证号"等类型的唯一编码，审计组通过分析，仍确定以"姓名"这一非唯一字段进行模糊查询，再结合到各村（组）走访调查和审计林业站、财政所账务的方式，进行核实和确认。在AO的"SQL编辑器"中编写语句，将"林业系统干部花名册"和"区村干部花名册"与"2005年退耕还林大户""2005年新增退耕大户表"及"2003至2005荒山造林大于100亩表"分别以字段"姓名"关联，生成"村干部2003年退耕面积明细""村干部2005年新增面积""村干部荒山造林面积""林业干部2003年退耕还林面积""林业干部2005年新增面积"和"林业干部荒山造林面积"6张表，对上述表中筛选出的林业干部和村干部退耕还林面积作为重点进行延伸审计调查。

```
create view 村干部2003年退耕面积明细 as
select [乡镇街名称],[村组名称],[村干部名称],[姓名],[合格面积之sum]
from [业务_区村干部花名册] right join [2005年退耕还林大户] on [业务_区村干部花名册].村干部名称 = [2005年退耕还林大户].姓名
```

```
create view 村干部2005年新增面积 as
select [乡镇街名称],[村组名称],[村干部名称],[姓名],[合格面积之sum]
from [业务_区村干部花名册] right join [2005年新增退耕大户表] on [业务_区村干部花名册].[村干部名称] = [2005年新增退耕大户表].姓名
```

```
create view 村干部荒山造林面积 as
select [乡镇街名称],[村组名称],[村干部名称],[姓名],[合格面积之sum]
from [业务_区村干部花名册] right join [2003至2005荒山造林大于100亩表] on [业务_区村干部花名册].[村干部名称] = [2003至2005荒山造林大于100亩表].姓名
```

```sql
create view 林业干部2003年退耕还林面积 as
select [林业干部姓名],[职务],[姓名],[合格面积之sum]
from [业务_林业系统干部花名册] right join [2005年退耕还林大户] on [业务_林业系统干部花名册].林业干部姓名 = [2005年退耕还林大户].姓名

create view 林业干部2005年新增面积 as
select [林业干部姓名],[职务],[姓名],[合格面积之sum],[乡镇街]
from [业务_林业系统干部花名册] right join [2005年新增退耕大户表] on [业务_林业系统干部花名册].林业干部姓名 = [2005年新增退耕大户表].姓名

create view 林业干部荒山造林面积 as
select [林业干部姓名],[职务],[姓名],[合格面积之sum],[乡镇街]
from [业务_林业系统干部花名册] right join [2003至2005荒山造林大于100亩表] on [业务_林业系统干部花名册].林业干部姓名 = [2003至2005荒山造林大于100亩表].姓名
```

同理，可筛选出财政所干部、职工退耕还林和荒山造林面积情况表。

3. 审计结果

通过延伸调查查明，一是区林业局某生态园林公司将其安山镇的林业基地，以某村部分村民的名义上报退耕还林面积400亩，套取退耕还林资金128020元；二是部分乡镇林业站违规操作，虚报荒山造林面积2005亩，套取荒山造林补助资金100250元；三是林业系统、村干部及财政所工作人员合伙承包村（组）林场或村（组）未承包到户的集体土地退耕还林984.3亩，多享受补助324269元；四是个别乡镇以林业站人员名义为企业上报退耕还林面积90亩，多享受补助62100元；五是部分乡镇村组干部利用职务之便，虚报面积或多报冒领套取退耕还林补助32838元。

4. 应用AO功能点

本问题的分析主要使用了审计分析/数据分析/SQL查询器功能。

（四）退耕还林政策执行符合性审计

通过将筛选出的全区退耕还林大户表，与农户第二轮土地承包经营面积对比分析，审查退耕还林大户补助享受标准和条件是否符合国家相关政策的规定，退耕还林计划的分解是否公平、公正、公开。

审计事项：资源环保审计/生态环境保护/ 退耕还林及巩固退耕还林成果项目建设管理情况

1. 审计思路

根据退耕还林政策规定，尚未承包到户的和休耕的坡耕地退耕还林的，以及纳入退耕还林规划的宜林荒山荒地造林，只享受种苗造林补助费。审计组将从经管部门取得的"第二轮土地面积承包表"导入 AO 中，利用 AO 中的查询功能，编写 SQL 语句与已筛选的退耕还林大户表进行关联查询，将查询数据从 AO 导出后作为重点进行延伸审计调查，审查退耕还林政策的执行是否与中央精神相一致。

2. 审计步骤

步骤一：将从区经管部门取得的"第二轮土地承包面积表"导入 AO 中，形成与之同名的业务表。

步骤二：鉴于经管部门提供的第二轮土地承包表与退耕还林大户明细表、新增合格面积退耕还林大户明细表缺少如"农户身份证号"等类型的唯一编码，审计组通过分析，仍然确定以"姓名"这一非唯一字段进行模糊查询，并结合各村（组）退耕还林面积的大小分析异常，再重点进行实地走访调查。将"第二轮土地承包面积表"与在 AO 中筛选生成的"2005 年退耕还林大户""2005 年新增退耕大户表"以字段"姓名"关联，同时将土地承包经营面积与合格面积对比分析，计算出差额数，分别生成"2003 年退耕还林面积与承包面积对比表""2005 年新增面积与承包面积对比表"，并以此作为重点进行延伸审计调查，审查退耕还林大户差额面积的土地性质和土地流转手续。

```
create view 2003 年退耕面积与承包面积对比表 as
select [乡镇街],[土地承包人姓名],[土地承包经营面积],[姓名],[合格面积之sum],[备注],([土地承包经营面积]-[合格面积之sum]) as 承包面积和退耕面积差额
from [业务_第二轮土地承包面积表] right join [2005 年退耕还林大户] on [业务_第二轮土地承包面积表].[土地承包人姓名]=[2005 年退耕还林大户].姓名

create view 2005 年新增面积与承包面积对比表 as
select [乡镇代码][业务_第二轮土地承包面积表],[土地承包人姓名],[土地承包经营面积],[备注],[姓名],[合格面积之 sum],([土地承包经营面积]-[合格面积之sum]) as 承包面积和退耕还林面积差额
from [业务_第二轮土地承包面积表] right join [2005 年新增退耕大户表] on [业务_第二轮土地承包面积表].[土地承包人姓名]=[2005 年新增退耕大户表].姓名
```

3. 审计结果

通过延伸审计调查发现，一是 10 个乡镇（街）98 户退耕还林面积 2344.8 亩，不符合全额享受退耕还林补助政策，而多领取退耕还林粮食和生活补助 1015994 元；二是 5 个乡镇（街）87 户退耕还林土地未进行合法流转，手续不完备，涉及面积 2218.62 亩；三是区退耕办根据上级部门有关"新增退耕还林单户面积不得超过 30 亩"的规定，要求 11 个乡镇（街）退耕还林大户采取化整为零的方式上报面积，即将退耕

还林大户面积分别经亲戚、朋友或村民的名义申报验收，而退耕还林补助则由退耕还林大户领取，人为造成资金发放表与实际领款人不一致，也掩盖了事实真相。

4. 应用 AO 功能点

本问题的分析主要使用了审计分析/数据分析/SQL 查询器功能。

三、点评

本实例充分运用 AO 对大数据量进行分析、筛选、对比和查询的功能，有效地将林业部门多年度、多乡镇（街）退耕还林数据，荒山造林数据和乡镇（街）二轮土地延包数据与财政部门跨科室的退耕还林粮食补助、生活补助、种苗补助的拨付数据，以及乡镇（街）财政所相关项目补助的支付数据进行整合，从整体上分析了全区退耕还林政策执行的正确性和有效性，有理有据地系统揭示了退耕还林工程建设、资金管理和项目实施过程中出现的政策执行偏差。

（湖北省武汉市江夏区审计局　陈雪刚　肖　力）

实例十七

某省财政支农资金专项审计调查

一、项目背景

根据审计署 2008 年度审计项目计划,审计机关于 2008 年 3 月至 9 月,对某省 2006 年至 2007 年财政支农资金进行了专项审计调查。重点调查了财政支农资金的投入、分配、管理和使用,以及国家重大支农政策目标的实现情况。农资综合直补政策是指在现行粮食直补制度基础上,对种粮农民因柴油、化肥、农药等农业生产资料增支实行的综合性直接补贴政策。依据《财政部关于做好 2007 年对种粮农民农资综合直补工作的通知》的规定,从 2007 年开始,中央财政进一步完善对种粮农民直接补贴政策的目标和导向,重点鼓励多产粮、多调粮、产好粮,以更好地促进粮食生产和农民增收,确保国家粮食安全。

在抽查某县时发现,该县农资综合补贴核定标准是以 2001 年农业税改时各乡镇上报的农业税计税面积为基础,具体汇总审核由农林部门负责,各乡镇村逐层填报,财政部门依据农林部门的汇总结果,直接发放给每个农户。由于该县属于花卉之乡,土地流转种植花卉比较普遍,大部土地都改种了花卉等其他经济作物。因而,这次延伸审计的工作重心就是核实种粮农资综合补贴发放的真实性,审查有无超范围发放农资综合补贴的问题。

劳动力转移培训券是发放给农村劳动力参加短期非农职业技能培训的代金学费补助凭证,是定点培训机构完成培训和转移就业任务后向财政部门申报财政补助资金的报销凭证。培训券补助对象为省级财政资金补助地区和老区农村常住户口,在劳动年龄内、有就业能力和培训就业愿望,参加短期非农职业技能培训并转移就业的农民。审计组针对某区劳动力培训券的发放数据,建立了审计分析模型,并实时加以灵活运用,取得事半功倍的效果。

二、审计过程

（一）农资综合补贴延伸审计

1. 计税面积与补贴实际发放面积对比分析

审计事项：资源环保审计/土地资源/支农专项资金（新增）

（1）审计思路

一般来说，财政部门应该严格按照农林部门核准的计税面积发放农资综合补贴，审计需要验证其发放的具体情况，查看有无错发、漏发、误发的情况，以确保补贴实实在在公平发放到每个农户手中。

（2）审计步骤

步骤一：由于农林部门提供的2001年计税面积台账，没有乡镇字段，所以需要在四乡镇2001年计税面积表中增加字段"乡镇"，并赋值为乡镇的名称。

```
alter table 源_A镇计税面积 add 乡镇 nvarchar(20);
update 源_A镇计税面积 set 乡镇='A镇';
alter table 源_B镇计税面积 add 乡镇 nvarchar(20);
update 源_B镇计税面积 set 乡镇='B镇';
alter table 源_C镇计税面积 add 乡镇 nvarchar(20);
update 源_C镇计税面积 set 乡镇='C镇';
alter table 源_D镇计税面积 add 乡镇 nvarchar(20);
update 源_D镇计税面积 set 乡镇='D镇';
```

步骤二：由于各乡镇填报的各农户种粮面积台账，没有乡镇字段，所以需要在四乡镇农户种粮面积表中增加字段"乡镇"，并赋值为乡镇的名称。

```
alter table 源_A镇种粮面积 add 乡镇 nvarchar(20);
update 源_A镇种粮面积 set 乡镇='A镇';
alter table 源_B镇种粮面积 add 乡镇 nvarchar(20);
update 源_B镇种粮面积 set 乡镇='B镇';
alter table 源_C镇种粮面积 add 乡镇 nvarchar(20);
update 源_C镇种粮面积 set 乡镇='C镇';
alter table 源_D镇种粮面积 add 乡镇 nvarchar(20);
update 源_D镇种粮面积 set 乡镇='D镇';
```

步骤三：将2007年度四乡镇农资综合补贴发放数据合并，形成"补贴发放汇总"表。

```
select * from 源_A 镇补贴发放
union select * from 源_B 镇补贴发放
union select * from 源_C 镇补贴发放
union select * from 源_D 镇补贴发放;
```

步骤四：将农林部门审核过的四乡镇各农户计税面积数据合并，形成"计税面积汇总"表。

```
select * from 源_A 镇计税面积
union select * from 源_B 镇计税面积
union select * from 源_C 镇计税面积
union select * from 源_D 镇计税面积;
```

步骤五：将四乡镇自行填报的各农户种粮面积数据合并，形成"种粮面积汇总"表。

```
select * from 源_A 镇种粮面积
union select * from 源_B 镇种粮面积
union select * from 源_C 镇种粮面积
union select * from 源_D 镇种粮面积;
```

步骤六：将农林部门核准的各乡镇总计税面积与财政部门实际发放各乡镇的总补贴面积进行对比，总体上把握补贴发放情况。

```
select a. 乡镇,a. 计税面积,b. 补贴面积,b. 补贴面积 - a. 计税面积 as 差额
from (select 乡镇,sum([2001 年计税面积]) as 计税面积 from 计税面积汇总
GROUP BY 乡镇) a
    inner join (select 乡镇,sum([补贴面积]) as 补贴面积 from 补贴发放汇总 GROUP
BY 乡镇) b
    on a. 乡镇 = b. 乡镇
```

执行结果如图 17-1 所示。

发现 C 镇发放的补贴面积比计税面积多 128.70 亩。

步骤七：进一步核实，找出发放补贴面积多于或少于计税面积的具体农户（取补贴面积与计税面积差额的绝对值超过 0.001 亩的农户作为延伸对象），确定线索，为下一步延伸做准备。

```
select a. 乡镇,a. 用户编号,a. 户名,a. [2001 年计税面积],b. 补贴面积,b. 补贴
面积 - a. [2001 年计税面积] as 差额
    from 计税面积汇总 a inner join 补贴发放汇总 b
    on a. 乡镇 = b. 乡镇 and a. 用户编号 = b. 用户编号 and a. 户名 = b. 户名
    where abs(b. 补贴面积 - a. [2001 年计税面积]) > 0.001;
```

图 17-1

执行结果如图 17-2 所示。

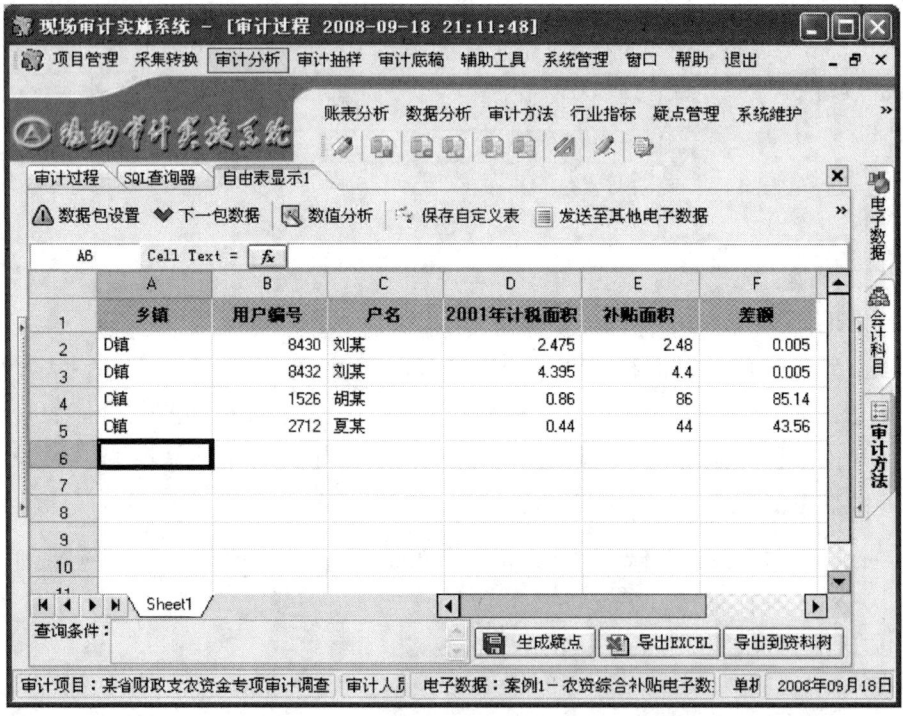

图 17-2

(3) 审计结果

2007 年，某县财政局在发放农资综合补贴时，由于手工录入的原因，出现了误操作，将 C 镇村农户胡某和夏某的补贴面积录错，合计多发放 128.70 亩的补贴。经延伸取证，该两农户补贴已经发放到位，补贴款已经打入两人的"一折通"中，两农户并没有支取。县财政局对审计结果非常重视，并及时制定了整改措施，审计取得良好效果。

(4) 应用 AO 功能点

本问题的分析使用了审计分析/数据分析/SQL 查询器等功能。

2. 计算花卉面积审计分析

审计事项：资源环保审计/土地资源/支农专项资金（新增）

(1) 审计思路

经延伸了解，A 镇等四乡镇大片种植花卉苗木，土地流转现象普遍，除少数低洼或高地上种植水稻和小麦外，其余土地几乎种植的均是花卉，审计一时无法统计出具体的花卉面积，但各乡镇有各农户种植水稻和小麦的面积台账。因此，根据从各乡镇统计上来的各农户种植水稻和小麦的面积，结合财政部门核准的农资综合补贴发放面积，就可以算出各农户享受农资综合补贴的花卉面积数。

(2) 审计步骤

步骤一：汇总四乡镇种粮面积与补贴发放面积，得出每个乡镇享受农资综合补贴的花卉种植面积数。

```
select a. 乡镇,a. 补贴面积,b. 种粮面积,a. 补贴面积 - b. 种粮面积 as 差额
from ( select 乡镇,sum( 补贴面积) as 补贴面积 from 补贴发放汇总 GROUP BY 乡镇) a
inner join ( select 乡镇,sum( 水稻面积 + 小麦面积) as 种粮面积 from 种粮面积汇总 GROUP BY 乡镇) b
on a. 乡镇 = b. 乡镇
```

执行结果如图 17-3 所示。

2007 年某县 A 镇超范围对花卉种植面积发放农资综合补贴 1.70 万亩，按照每亩 30 元的补贴标准，合计多发放农资综合补贴额 51.00 万元；B 镇超范围对花卉种植面积发放农资综合补贴 3 万亩，按照每亩 30 元的补贴标准，合计多发放农资综合补贴额 90.00 万元；C 镇超范围对花卉种植面积发放农资综合补贴 1.33 万亩，按照每亩 30 元的补贴标准，合计多发放农资综合补贴额 39.90 万元；D 镇超范围对花卉种植面积发放农资综合补贴 0.82 万亩，按照每亩 30 元的补贴标准，合计多发放农资综合补贴额 24.60 万元。

经汇总，2007 年 A 镇、B 镇、C 镇、D 镇四乡镇超范围对花卉种植面积发放农资综合补贴 6.85 万亩，按照每亩 30 元的补贴标准，合计多发放农资综合补贴额 205.50 万元。

图 17－3

步骤二：进一步核实，找出各农户多享受农资综合补贴的具体种植花卉面积，作为延伸对象，确定线索，为下一步延伸做准备。

> select a. 乡镇, a. 用户编号, a. 户名, a. 补贴面积, b. 水稻面积 + b. 小麦面积 as 种粮面积, a. 补贴面积 － b. 水稻面积 － b. 小麦面积 as 差额
> from 补贴发放汇总 a inner join 种粮面积汇总 b
> on a. 乡镇 = b. 乡镇 and a. 用户编号 = b. 用户编号 and a. 户名 = b. 户名
> where abs(a. 补贴面积 － b. 水稻面积 － b. 小麦面积) > 1
> order by abs(a. 补贴面积 － b. 水稻面积 － b. 小麦面积) desc

执行结果如图 17－4 所示。

如图 17－4 所示，2007 年，某县 A 镇等四乡镇合计有 501 户农户种植花卉面积享受农资综合补贴的亩数超过了 1 亩。

（3）审计结果

根据上述审计分析结果，审计调查组迅速扩大成果，在调查分析粮食作物与花卉等经济作物的成本和效益的基础上，得出如下结论：农资成本增长较快，粮食价格上涨缓慢，种粮农资综合补贴演变为种地补贴，这些因素极大地影响了农民种粮积极性。

据此，审计调查组及时编写了审计信息，并将其作为审计调查报告反映的重要内

图 17-4

容，揭示现行农资综合直补政策存在的缺陷，提出完善种粮补贴政策的建议。审计建议得到了省人民政府的积极采纳，于 2008 年下半年提高了对农民直接补贴的标准。

(4) 应用 AO 功能点

本问题的分析使用了审计分析/数据分析/SQL 查询器等功能。

(二) 某区农村劳动力培训延伸审计调查

1. 培训机构培训业务范围审计分析

审计事项：资源环保审计/土地资源/农村劳动力调查（新增）

(1) 审计思路

农村劳动力转移培训是一件农民直接受益的大好事，可以加快农村劳动力内转外输，而能够举办农村劳动力培训的机构其培训业务范围是不能随意更改的。

(2) 审计步骤

步骤一：由于 2007 年培训券的发放数据中，没有培训学校字段，所以需要在培训券发放表中增加字段"培训学校"，并赋值为各培训机构的名称。

```
alter table [源_07 百星扶贫] add 培训学校 nvarchar(50);
update [源_07 百星扶贫] set 培训学校 ='百星';
alter table [源_07 城中普通] add 培训学校 nvarchar(50);
```

update［源_07 城中普通］set 培训学校 ='城中';
alter table［源_07 第二职业中学普通］add 培训学校 nvarchar(50);
update［源_07 第二职业中学普通］set 培训学校 ='第二职业中学';
alter table［源_07 丁嘴顺成普通］add 培训学校 nvarchar(50);
update［源_07 丁嘴顺成普通］set 培训学校 ='丁嘴顺成';
alter table［源_07 华东汽车普通］add 培训学校 nvarchar(50);
update［源_07 华东汽车普通］set 培训学校 ='华东汽车';
alter table［源_07 华艳扶贫］add 培训学校 nvarchar(50);
update［源_07 华艳扶贫］set 培训学校 ='华艳';
alter table［源_07 华艳普通］add 培训学校 nvarchar(50);
update［源_07 华艳普通］set 培训学校 ='华艳';
alter table［源_07 金莎扶贫］add 培训学校 nvarchar(50);
update［源_07 金莎扶贫］set 培训学校 ='金莎';
alter table［源_07 金莎普通］add 培训学校 nvarchar(50);
update［源_07 金莎普通］set 培训学校 ='金莎';
alter table［源_07 京沪扶贫］add 培训学校 nvarchar(50);
update［源_07 京沪扶贫］set 培训学校 ='京沪';
alter table［源_07 京沪普通］add 培训学校 nvarchar(50);
update［源_07 京沪普通］set 培训学校 ='京沪';
alter table［源_07 农广校扶贫］add 培训学校 nvarchar(50);
update［源_07 农广校扶贫］set 培训学校 ='农广校';
alter table［源_07 培训中心普通］add 培训学校 nvarchar(50);
update［源_07 培训中心普通］set 培训学校 ='培训中心';
alter table［源_07 商贸职业普通］add 培训学校 nvarchar(50);
update［源_07 商贸职业普通］set 培训学校 ='商贸职业';
alter table［源_07 圣苑普通］add 培训学校 nvarchar(50);
update［源_07 圣苑普通］set 培训学校 ='圣苑';
alter table［源_07 圣苑扶贫］add 培训学校 nvarchar(50);
update［源_07 圣苑扶贫］set 培训学校 ='圣苑';
alter table［源_07 曙光普通］add 培训学校 nvarchar(50);
update［源_07 曙光普通］set 培训学校 ='曙光';
alter table［源_07 曙光扶贫］add 培训学校 nvarchar(50);
update［源_07 曙光扶贫］set 培训学校 ='曙光';
alter table［源_07 新世纪扶贫］add 培训学校 nvarchar(50);
update［源_07 新世纪扶贫］set 培训学校 ='新世纪';

```sql
alter table [源_07 新世纪普通] add 培训学校 nvarchar(50);
update [源_07 新世纪普通] set 培训学校='新世纪';
alter table [源_07 鑫想扶贫] add 培训学校 nvarchar(50);
update [源_07 鑫想扶贫] set 培训学校='鑫想';
alter table [源_07 兴龙扶贫] add 培训学校 nvarchar(50);
update [源_07 兴龙扶贫] set 培训学校='兴龙';
alter table [源_07 兴龙普通] add 培训学校 nvarchar(50);
update [源_07 兴龙普通] set 培训学校='兴龙';
alter table [源_07 兴业扶贫] add 培训学校 nvarchar(50);
update [源_07 兴业扶贫] set 培训学校='兴业';
alter table [源_07 兴业普通] add 培训学校 nvarchar(50);
update [源_07 兴业普通] set 培训学校='兴业';
alter table [源_07 振华普通] add 培训学校 nvarchar(50);
update [源_07 振华普通] set 培训学校='振华';
alter table [源_07 职教中心扶贫] add 培训学校 nvarchar(50);
update [源_07 职教中心扶贫] set 培训学校='职教中心';
alter table [源_07 珠江扶贫] add 培训学校 nvarchar(50);
update [源_07 珠江扶贫] set 培训学校='珠江';
alter table [源_07 珠江普通] add 培训学校 nvarchar(50);
update [源_07 珠江普通] set 培训学校='珠江';
```

步骤二：将2006年度各培训机构发放的扶贫券情况整合在一起，建立基础性审计中间表"扶贫06"。

```sql
select * from [源_06 百星(扶贫)]
union all select * from [源_06 华艳(扶贫)]
union all select * from [源_06 曙光(扶贫)]
union all select * from [源_06 职教(扶贫)]
union all select * from [源_06 珠江(扶贫)];
```

步骤三：将2006年度各培训机构发放的普通培训券情况整合在一起，建立基础性审计中间表"普通06"。

```sql
select * from [源_06 百星(省里)]
union all select * from [源_06 百星(省券)]
union all select * from [源_06 城中(普通)]
union all select * from [源_06 华艳(省里)]
union all select * from [源_06 华艳(省券)]
```

union all select * from [源_06 商贸技校(省券)]
union all select * from [源_06 圣达(省券)]
union all select * from [源_06 圣苑(省里)]
union all select * from [源_06 曙光(省里)]
union all select * from [源_06 曙光(省券)]
union all select * from [源_06 天湖(省券)]
union all select * from [源_06 新世纪(省券]
union all select * from [源_06 新世纪培训省券]
union all select * from [源_06 兴龙(省券)]
union all select * from [源_06 兴业(省里)]
union all select * from [源_06 振华(省券)]
union all select * from [源_06 职中(普通)]
union all select * from [源_06 珠江(扶贫)]
union all select * from [源_06 珠江(省券)];

步骤四：将2006年度各培训机构发放的宿豫区自行配套的普通培训券情况整合在一起，建立基础性审计中间表"区里06"。

select * from [源_06 华艳(区里)]
union all select * from [源_06 加恒(区里)]
union all select * from [源_06 金莎(区里)]
union all select * from [源_06 就业培训中心(区里)]
union all select * from [源_06 鑫想(区里)]
union all select * from [源_06 职教中心(区里)];

步骤五：将2007年度各培训机构发放的扶贫券情况整合在一起，建立基础性审计中间表"扶贫07"。

select * from [源_07 百星扶贫]
union all select * from [源_07 华艳扶贫]
union all select * from [源_07 金莎扶贫]
union all select * from [源_07 京沪扶贫]
union all select * from [源_07 农广校扶贫]
union all select * from [源_07 圣苑扶贫]
union all select * from [源_07 曙光扶贫]
union all select * from [源_07 新世纪扶贫]
union all select * from [源_07 鑫想扶贫]
union all select * from [源_07 兴龙扶贫]

```
union all select * from [源_07 兴业扶贫]
union all select * from [源_07 职教中心扶贫]
union all select * from [源_07 珠江扶贫];
```

步骤六：将2007年度各培训机构发放的普通培训券情况整合在一起，建立基础性审计中间表"普通07"。

```
select * from [源_07 城中普通]
union all select * from [源_07 第二职业中学普通]
union all select * from [源_07 丁嘴顺成普通]
union all select * from [源_07 华东汽车普通]
union all select * from [源_07 华艳普通]
union all select * from [源_07 金莎普通]
union all select * from [源_07 京沪普通]
union all select * from [源_07 培训中心普通]
union all select * from [源_07 商贸职业普通]
union all select * from [源_07 圣苑普通]
union all select * from [源_07 曙光普通]
union all select * from [源_07 新世纪普通]
union all select * from [源_07 兴龙普通]
union all select * from [源_07 兴业普通]
union all select * from [源_07 振华普通]
union all select * from [源_07 珠江普通];
```

步骤七：依据培训机构的招标投标资料，核查同一培训机构2006年至2007年培训的业务范围有无变化。

```
SELECT DISTINCT 源_培训机构投标情况.*
FROM 源_培训机构投标情况 INNER JOIN 源_培训机构投标情况 源_培训机构投标情况_1
    ON (源_培训机构投标情况.培训机构 = 源_培训机构投标情况_1.培训机构)
    AND (源_培训机构投标情况.业务范围 <> 源_培训机构投标情况_1.业务范围);
```

执行结果如图17-5所示。

发现A职业学校2007年的培训业务范围增加了数控车工专业；B职业培训学校的业务培训范围增加了电脑专业。经延伸调阅两培训机构的2007年的办学许可证生增加

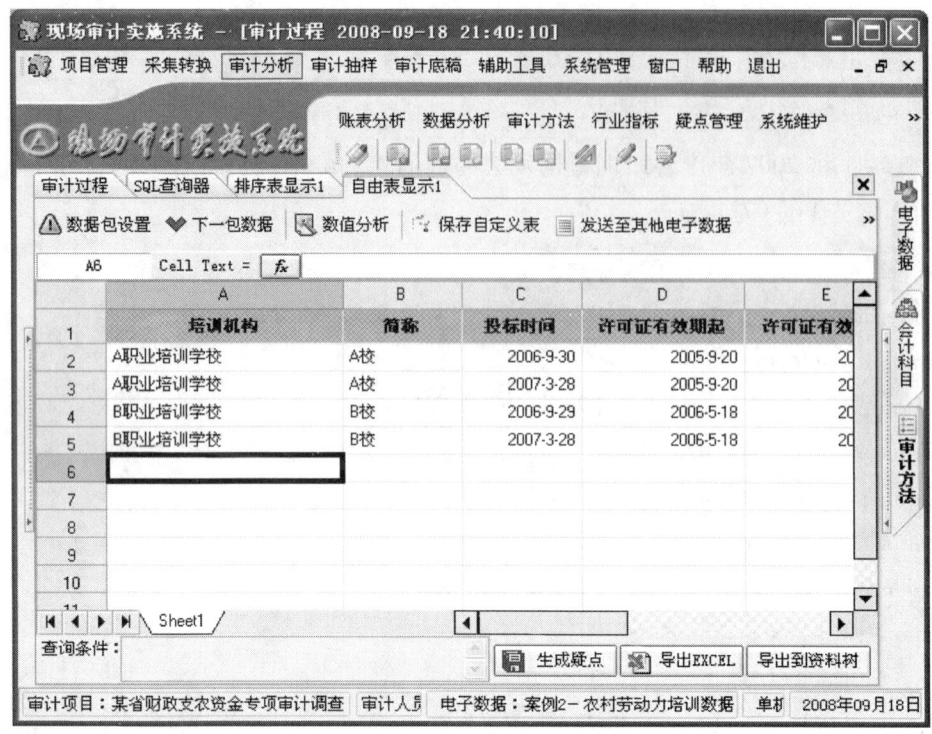

图 17-5

的专业是弄虚作假、人为伪造,办学许可证上没有关于该专业的培训许可。

步骤八:得到 A 职业学校电脑专业和 B 职业培训学校数控车工专业 2007 年合计培训学员数以及领用培训券金额。

```
select 培训学校,培训内容,'扶贫券' as 培训券,
    count( * ) as 人数,sum(补助金额) as 培训券额
from 扶贫07
where (培训学校 =' B ' and 培训内容 ='计算机') or
    (培训学校 =' A ' and 培训内容 ='数车')
group by 培训学校,培训内容
union
select 培训学校,培训内容,'普通券' as 培训券,
    count( * ) as 人数,sum(补助金额) as 培训券额
from 普通07
where (培训学校 =' B ' and 培训内容 ='计算机') or
    (培训学校 =' A ' and 培训内容 ='数车')
group by 培训学校,培训内容;
```

执行结果如图 17-6 所示。

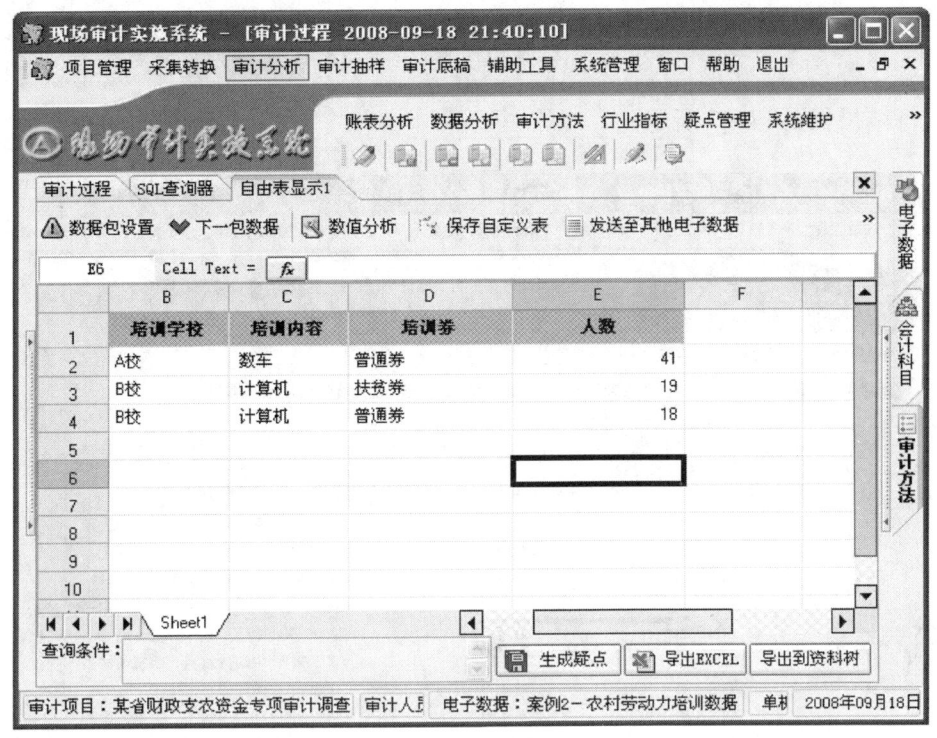

图 17-6

(3) 审计结果

2007 年，B 职业培训学校电脑专业共培训 37 人，实际领用各种农村劳动力转移培训券 9300 元，其中使用省级农村劳动力转移培训券 3600 元，培训电脑专业人员 18 人；使用省级农村劳动力转移扶贫券 5700 元，培训电脑专业人员 19 人。而 A 职业培训学校数控车工专业共培训 41 人，实际领用省级农村劳动力转移培训券 24600 元。

(4) 应用 AO 功能点

本问题的分析使用了审计分析/数据分析/SQL 查询器等功能。

2. 培训机构资质审查审计分析

审计事项：资源环保审计/土地资源/农村劳动力调查（新增）

(1) 审计思路

能够举办农村劳动力培训的机构应具有一定的资质要求，其办学许可证应该合规合法。

(2) 审计步骤

步骤一：依据培训机构的招标投标资料，核查 2006 年至 2007 年各培训机构的许可证有效情况，如果某培训机构的办学许可证的有效截止日期在投标时间之前，则该许可证是过期证件，即该培训机构不再具有办学资格。

```
select 源_培训机构投标情况.*
from 源_培训机构投标情况
where 源_培训机构投标情况.投标时间 > 源_培训机构投标情况.许可证有效期止;
```

执行结果如图 17-7 所示。

图 17-7

在 2006 年中标培训机构的投标书中，有 9 家培训机构的办学许可证已经过期，不再具有办学资格；在 2007 年中标培训机构的投标书中，有 8 家培训机构的办学许可证已经过期，不再具有办学资格。

（3）审计结果

通过对上述查询结果逐笔核实，计算得出上述培训机构 2006 年至 2007 年合计培训学员 4147 人次，领用培训券 135.84 万元。

（4）应用 AO 功能点

本问题的分析使用了审计分析/数据分析/SQL 查询器等功能。

3. 外地农村劳动力享受本地培训券审计分析

审计事项：资源环保审计/土地资源/农村劳动力调查（新增）

（1）审计思路

某省人民政府办公厅《关于印发〈促进农村劳务输出培训省级补助资金管理办法

（试行）〉的通知》明确规定，农村劳务输出培训省级资金补助对象是对某些贫困县财政转移支付及老区农民接受职业技能培训应交的培训经费给予补贴。因此，需要核查在参加培训的农村劳动力中是否存在扩大补助范围，补助不符合条件的学员的情况。而培训券发放表中，每个参加培训的农村劳动力都有身份证号码和姓名。这样，通过身份证号码的前2位即可排查出外地农村劳动力。

（2）审计步骤

步骤一：通过身份证号码的前2位排查出外地农村劳动力，查询结果如图17-8所示。

```
select 姓名,身份证,培训券金额 from 扶贫06 where 身份证 not like '%32%'
union
select 姓名,身份证,培训券金额 from 区里06 where 身份证 not like '%32%'
union
select 姓名,身份证,培训券金额 from 普通06 where 身份证 not like '%32%'
union
select 姓名,身份证,补助金额 as 培训券金额 from 普通07 where 身份证 not like '%32%'
union
select 姓名,身份证,补助金额 as 培训券金额 from 扶贫07 where 身份证 not like '%32%';
```

图 17-8

(3) 审计结果

通过对上述查询结果逐笔核实,某区 2006 年至 2007 年培训外省劳动力 76 人次。

(4) 应用 AO 功能点

本问题的分析使用了审计分析/数据分析/SQL 查询器等功能。

4. 农村劳动力一年内多次领取培训券审计分析

审计事项:资源环保审计/土地资源/农村劳动力调查(新增)

(1) 审计思路

依据相关规定,一个农村劳动力每年只能领取一次培训券。

(2) 审计步骤

步骤一:核查 2006 年农村劳动力人员多次领取培训券情况,执行结果如图 17-9 所示。

图 17-9

```
select count( * ) as 培训次数,姓名,身份证
from (
select 姓名,身份证,'扶贫06' as 来源   from 扶贫06
union
select 姓名,身份证,'区里06' as 来源 from 区里06
union
```

```
select 姓名,身份证,'普通06' as 来源 from 普通06)
group by 姓名,身份证
having   count(*)>1
order by count(*);
```

结果显示,2006年存在大量多次领取培训券情况。

步骤二:核查2007年农村劳动力人员多次领取培训券情况,执行结果如图17-10所示。

```
select count(*) as 培训次数,姓名,身份证
from (
select 姓名,身份证,'扶贫07' as 来源 from 扶贫07
union
select 姓名,身份证,'普通07' as 来源   from 普通07)
group by 姓名,身份证
having   count(*)>1
order by count(*);
```

图17-10

结果显示，2007 年仍然存在多次领取培训券情况，但较 2006 年人数明显减少。

（3）审计结果

通过对上述查询结果逐笔核实，2006 年，某区有 110 个农村劳动力多次享受农村劳动力转移培训，并领用农村劳动力转移培训券，其中享受 2 次培训的有 98 人，享受 3 次培训的有 12 人。2007 年，该区有 74 个农村劳动力多次享受农村劳动力转移培训，并领用农村劳动力转移培训券，其中享受 2 次培训的有 72 人，享受 3 次培训的有 2 人。

（4）应用 AO 功能点

本问题的分析使用了审计分析/数据分析/SQL 查询器等功能。

三、点评

本实例充分运用 AO 软件的强大分析功能，通过建立计面积与补贴实际发放面积对比分析、计算花卉面积审计分析等模型对农资补贴进行了审计；通过建立培训机构培训业务范围审计分析、培训机构资质审查审计分析等模型对农村劳动力培训进行了审计调查，取得了一定的审计成果，对同类审计有一定的借鉴意义。

（审计署驻南京特派员办事处　何　瑗　章伟伟）

实例十八

AO 在林业专项资金审计调查中的应用

一、项目背景

随着我国经济的快速发展，人民生活水平得到大幅度提高，与此同时，周边生态环境也在逐渐恶化，公众对环境绿化的重视也越来越高，国家对林业的重视程度也在逐渐加深，保护环境已是刻不容缓。近几年，各级政府为加快生态文明建设，对林业的财政投入不断加大。通过实施一系列荒山绿化、退耕还果、绿色通道、沙化土地治理、水系生态绿化和绿化示范村镇建设等重点工程，较前几年相比，生态环境已得到明显改善，林业产业蓬勃发展，促进了农业结构调整、新农村建设和农民增收，为改善生态环境做出了突出贡献。

审计机关通过审计调查，摸清了某市林业专项资金的投入、分配、管理、使用和效益情况，评价了林业专项资金使用的经济性、效率性、效果性，揭示了项目和资金存在的问题，从深层次分析问题产生的原因，有针对性地提出了审计建议，以此促进相关单位规范项目和资金的使用管理，促进各项政策落实，促进项目和资金如期发挥效益，加快该市林业事业的发展，推进节约型社会、生态文明社会的建设。

二、审计过程

（一）项目支出预算明显超过实际需求

审计事项：资源环保审计/生态环境保护/林业工程资金管理使用情况

1. 审计思路

审计人员从市林业局发展规划处获取该市部分区县 2009 年至 2011 年"造林绿化行动"项目的申报资料（包括项目建设单位申报的施工面积、申报苗木款、整地费、栽植费等投资额明细资料）、项目批复资料（主要是项目审批单位批复项目施工面积、批复项目投资额及明细），从延伸审计调查的县（市）、区获取项目最终验收结算的详细资料（主要是每家施工单位实际完成施工面积和实际完成投资额），分别制作成项目申报表、项目批复表、项目批复明细表、项目实际完成投资表 4 张表格。通过上述环节的对比分析，检查县区配套的资金是否如期配套到位，市级以上财政资金是否如期发挥使用效益；如未发挥效益，分析问题产生的原因，进一步得出审计结论，具体涉及 4 个项目。

流程如图 18-1 所示。

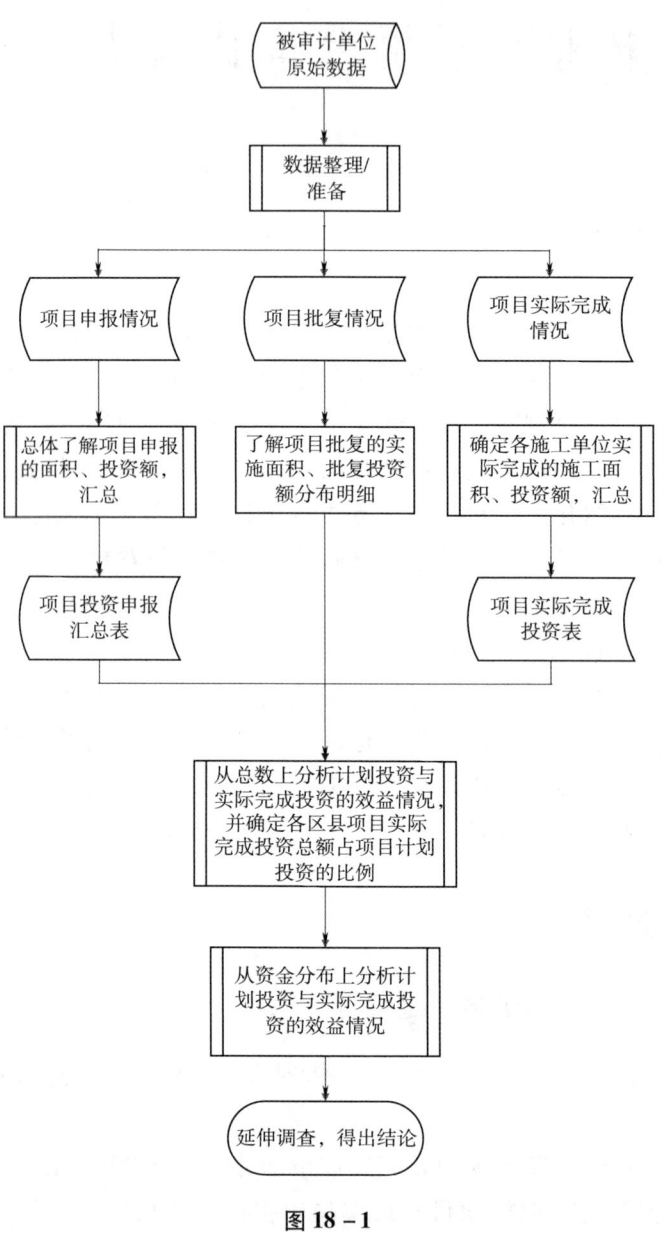

图 18-1

2. 审计步骤

步骤一：项目申报情况整理。

分别对某市林业局、某区林业局、某区农发局提供的项目申报资料进行整理、分析，分别显示出每家项目建设单位申报的施工面积和投资额，形成可供数据分析的二维表，保存为"项目申报表"，执行结果如图18－2所示。

图 18－2

编写 SQL 语句，通过计算机语言对该表进行计算、汇总，得出各区县 2009 年至 2011 年每年项目的申报总面积、申报投资总额，利用"生成新表"的功能，生成新表，将查询结果保存为各区县申报汇总表，执行结果如图 18－3 所示。

select 年份,sum(申报面积) 申报面积,sum(苗木款) + sum(整地费) + sum(栽植费) + sum(管护费) + sum(预备费) as 申报投资总额 into 某市申报汇总表 from 某市申报 group by 年份 order by 年份

select 年份,sum(申报面积) 申报面积,sum(苗木款) + sum(整地费) + sum(栽植费) + sum(管护费) + sum(预备费) as 申报投资总额 into 某区申报汇总表 from 某区申报 group by 年份 order by 年份

select 年份,sum(申报面积) 申报面积,sum(苗木款) + sum(整地费) + sum(栽植费) + sum(管护费) + sum(预备费) as 申报投资总额 into 某区荒山绿化申报汇总表 from 某区荒山绿化申报 group by 年份 order by 年份

> select 年份,sum(申报面积) 申报面积,sum(苗木款) + sum(整地费) + sum(栽植费) + sum(管护费) + sum(预备费) as 申报投资总额 into 某区某高速申报汇总表 from 某区某高速申报 group by 年份 order by 年份

图 18 - 3

步骤二：项目批复情况整理。

分别对某市林业局、某区林业局、某区农发局提供的项目批复资料进行整理、分析，获取每个项目 2009 年至 2011 年每年的批复面积、批复投资额等有关数据，形成可供数据对比、分析的二维表，取名"项目批复表"，执行结果如图 18 - 4 所示。

编写 SQL 语句，分别显示出上述 3 家单位"造林绿化行动荒山绿化""造林绿化行动某高速"项目各年度批复的施工面积和投资总额。

> select 年份,批复面积,批复投资额 from 某市批复
> select 年份,批复面积,批复投资额 from 某区批复
> select 年份,批复面积,批复投资额 from 某区荒山绿化批复
> select 年份,批复面积,批复投资额 from 某区某高速批复

步骤三：项目批复明细情况整理。

分别对某市林业局、某区林业局、某区农发局提供的项目批复情况进行明细化，获取每个项目计划投资的资金分布明细，包括批复面积，中央、省级、市级、县级、

图 18-4

自筹各部分明细金额，形成可供数据对比、分析的二维表，取名"项目批复明细表"，编写 SQL 语句，分别显示出上述 3 家单位"造林绿化行动荒山绿化""造林绿化行动某高速"项目的批复面积、批复投资额分布明细，执行结果如图 18-5 所示。

> select 年份,批复面积,中央,省级,市级,县级,自筹 from [某市批复明细] order by 年份
>
> select 年份,批复面积,中央,省级,市级,县级,自筹 from [某区批复明细] order by 年份
>
> select 年份,批复面积,中央,省级,市级,县级,自筹 from [某区荒山绿化批复明细] order by 年份
>
> select 年份,批复面积,中央,省级,市级,县级,自筹 from [某区某高速批复明细] order by 年份

步骤四：项目完成投资情况整理。

分别对某市林业局、某区林业局、某区农发局提供的项目实际完成投资情况进行整理，显示出各区县每年各家施工单位每个项目实际完成面积和工程结算值。形成可供数据分析的二维表，取名"项目实际完成投资表"，执行结果如图 18-6 所示。

编写 SQL 语句，通过 sql 语言对该表进行计算、汇总，将金额单位换算成万元，分别计算出上述 3 家单位 2009 年至 2011 年"造林绿化行动荒山绿化"、2009 年至 2010

图 18-5

图 18-6

年"造林绿化行动某高速"项目实际完成总面积、工程结算总值,利用"生成新表"功能,生成新表,将查询结果保存为各区县项目实际完成总投资汇总表,执行结果如图 18-7 所示。

select 年份,sum(实际完成面积)实际完成总面积,cast(Sum(工程结算值)/10000 as decimal(12,2))工程结算总值 into 某市完成总投资 from [某市完成投资] group by 年份 order by 年份

select 年份,sum(实际完成面积)实际完成总面积,cast(Sum(工程结算值)/10000 as decimal(12,2)) 工程结算总值 into 某区完成总投资 from [某区完成投资] group by 年份 order by 年份

select 年份,sum(实际完成面积)实际完成总面积,cast(Sum(工程结算值)/10000 as decimal(12,2)) 工程结算总值 into 某区荒山绿化完成总投资 from [某区荒山绿化完成投资] group by 年份 order by 年份

select 年份,sum(实际完成面积)实际完成总面积,cast(Sum(工程结算值)/10000 as decimal(12,2)) 工程结算总值 into 某区某高速完成总投资 from [某区某高速完成投资] group by 年份 order by 年份

图 18-7

步骤五:计算、分析项目完成投资占计划投资的比例。

编写 SQL 语句,将上述 3 家单位"项目批复表""项目实际完成情况汇总表"通

过计算机语言进行链接,利用"生成新表"功能,生成新表,将查询结果保存为结论表,用以确定各区县实际投资占计划投资的比例,从比例上分析林业项目资金的效益情况,执行结果如图18-8所示。

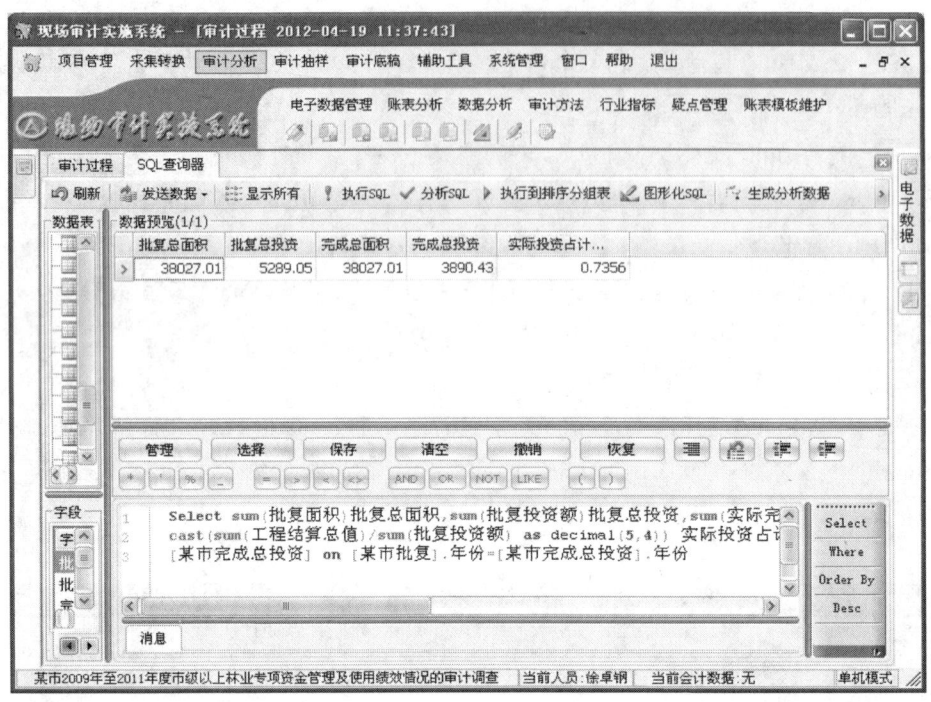

图 18-8

　　select sum(批复面积)批复总面积,sum(批复投资额)批复总投资,sum(实际完成总面积)完成总面积,sum(工程结算总值)完成总投资,cast(sum(工程结算总值)/sum(批复投资额) as decimal(5,4)) 实际投资占计划投资的比例 into 结论1 from [某市批复] join [某市完成总投资] on [某市批复].年份=[某市完成总投资].年份

　　select sum(批复面积)批复总面积,sum(批复投资额)批复总投资,sum(实际完成总面积)完成总面积,sum(工程结算总值)完成总投资,cast(sum(工程结算总值)/sum(批复投资额) as decimal(5,4)) 实际投资占计划投资的比例 into 结论2 from [某区批复] join [某区完成总投资] on [某区批复].年份=[某区完成总投资].年份

　　select sum(批复面积)批复总面积,sum(批复投资额)批复总投资,sum(实际完成总面积)完成总面积,sum(工程结算总值)完成总投资,cast(sum(工程结算总值)/sum(批复投资额) as decimal(5,4)) 实际投资占计划投资的比例 into 结论3 from [某区荒山绿化批复] join [某区荒山绿化完成总投资] on [某区荒山绿化批复].年份=[某区荒山绿化完成总投资].年份

　　select sum(批复面积)批复总面积,sum(批复投资额)批复总投资,sum(实际完成总

面积)完成总面积,sum(工程结算总值)完成总投资,cast(sum(工程结算总值)/sum(批复投资额) as decimal(5,4)) 实际投资占计划投资的比例 into 结论4 from [某区某高速批复] join [某区某高速完成总投资] on [某区某高速批复].年份=[某区某高速完成总投资].年份

步骤六：市级以上投资发挥效益情况。

编写SQL语句，将上述3家单位"项目批复明细表""项目实际完成情况汇总表"通过sql语言进行链接，审核在县级配套和自筹资金未到位的情况下，从金额上比较、分析项目计划投资与实际完成投资的情况，执行结果如图18-9所示，用以判断市级以上财政资金是否如期发挥效益。

select sum(中央)+sum(省级)+sum(市级)市级以上批复投资,sum(工程结算总值)实际完成投资,cast(sum(中央)+sum(省级)+sum(市级)-sum(工程结算总值) as decimal(5,2)) 余款 from 某市批复明细 join 某市完成总投资 on 某市批复明细.年份=某市完成总投资.年份

select sum(中央)+sum(省级)+sum(市级)市级以上批复投资,sum(工程结算总值)实际完成投资,cast(sum(中央)+sum(省级)+sum(市级)-sum(工程结算总值) as decimal(5,2)) 余款 from 某区批复明细 join 某区完成总投资 on 某区批复明细.年份=某区完成总投资.年份

select sum(中央)+sum(省级)+sum(市级)市级以上批复投资,sum(工程结算总值)实际完成投资,cast(sum(中央)+sum(省级)+sum(市级)-sum(工程结算总值) as decimal(5,2)) 余款 from 某区荒山绿化批复明细 join 某区荒山绿化完成总投资 on 某区荒山绿化批复明细.年份=某区荒山绿化完成总投资.年份

select sum(中央)+sum(省级)+sum(市级)市级以上批复投资,sum(工程结算总值)实际完成投资,cast(sum(中央)+sum(省级)+sum(市级)-sum(工程结算总值) as decimal(5,2)) 余款 from 某区某高速批复明细 join 某区某高速完成总投资 on 某区某高速批复明细.年份=某区某高速完成总投资.年份

3. 审计结果

某区林业局2009年至2011年"造林绿化行动荒山绿化"项目计划投资额9784.60万元，实际完成投资8077.79万元，占项目计划投资82.56%。某区农发局2009年至2011年"造林绿化行动荒山绿化"项目计划投资额3882.26万元，实际完成投资3022.94万元，占项目计划投资额77.86%；该局2009年至2010年"造林绿化行动某高速绿化"项目计划投资额4102.10万元，实际完成投资2035.84万元，占项目计划投资额49.63%。某市林业局2009年至2011年"造林绿化行动荒山绿化"项目计划投资额5289.05万元，实际完成投资3890.43万元，占项目计划投资额73.56%。

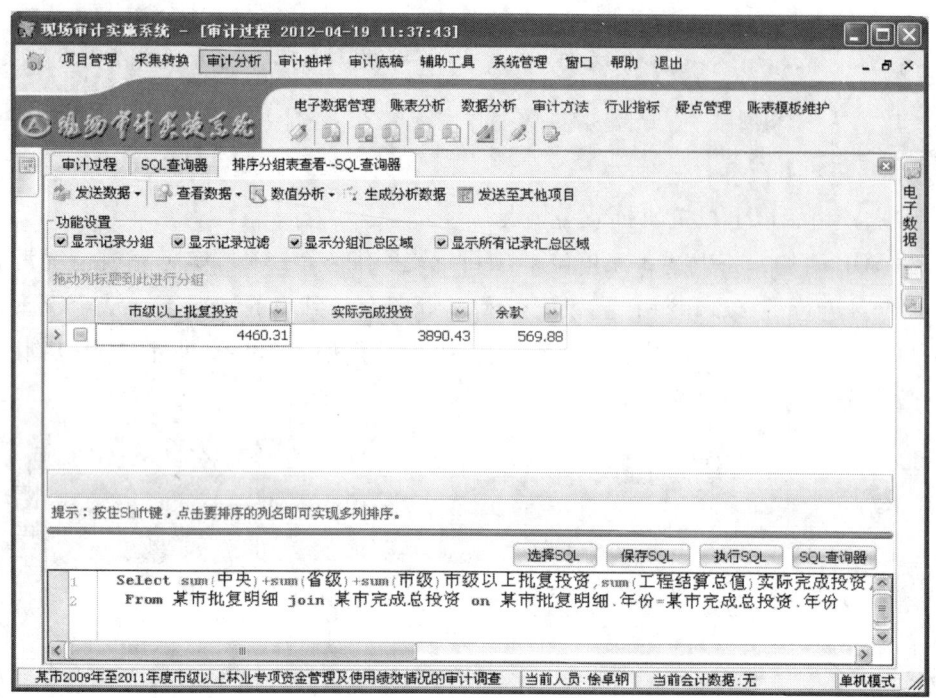

图 18-9

4. 应用 AO 功能点

本事项的分析使用了审计分析/数据分析/SQL 查询器等功能。

(二)林业资金未及时拨付。

审计事项:资源环保审计/生态环境保护/林业工程资金管理使用情况

1. 审计思路

截至 2011 年 11 月底,某市 2009 年至 2011 年"造林绿化行动"等 3 个项目已竣工,根据施工合同有关条款约定:按项目结算值的 20% 计算并扣除项目质保金,项目质保金于项目竣工验收后 1 至 2 年内付清;苗木款则于项目竣工验收时一次性付清。有的区县在签合同时将苗木款与工程款一并结算,有的则将苗木款单独结算。对比项目结算资料,结合各区县与施工单位签订合同的相关条款,扣除项目质保金后,计算出应付数,对比项目建设单位实际付款情况,计算出应付未付工程款的金额,涉及 3 家单位、4 个项目和工程结算值、工程应付款、工程已付款 3 张表格。

流程如图 18-10 所示。

2. 审计步骤

步骤一:工程结算情况。

分别对某市林业局、某市国有苗圃、某区农发局提供的工程结算资料进行整理、分析,得出每年度各家施工单位完成的工程结算值,形成可供数据分析的二维表,取

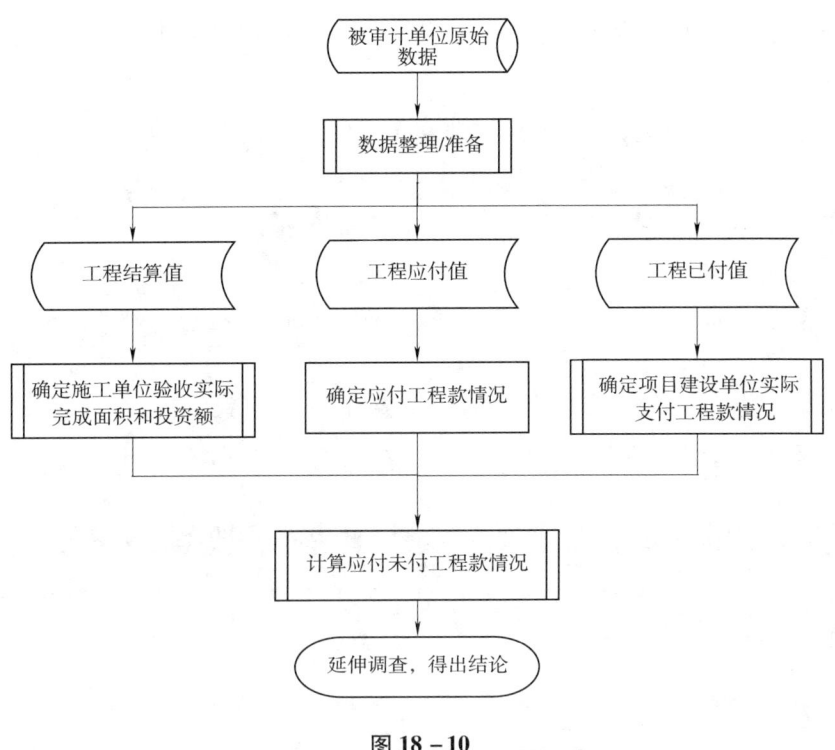

图 18－10

名"工程结算值",执行结果如图 18－11 所示。

图 18－11

编写 SQL 语句，将工程结算值按年度进行汇总，得出各年度工程结算总值，执行结果如图 18-12 所示。

select 年份,sum(工程结算值) 工程结算总值 from 某市林业局结算值 group by 年份 order by 年份

select 年份,sum(工程结算值) 工程结算总值 from 某市国有苗圃结算值 group by 年份 order by 年份

select 年份,sum(工程结算值) 工程结算总值 from 某区农发局荒山绿化结算值 group by 年份 order by 年份

select 年份,sum(工程结算值) 工程结算总值 from 某区农发局某高速结算值 group by 年份 order by 年份

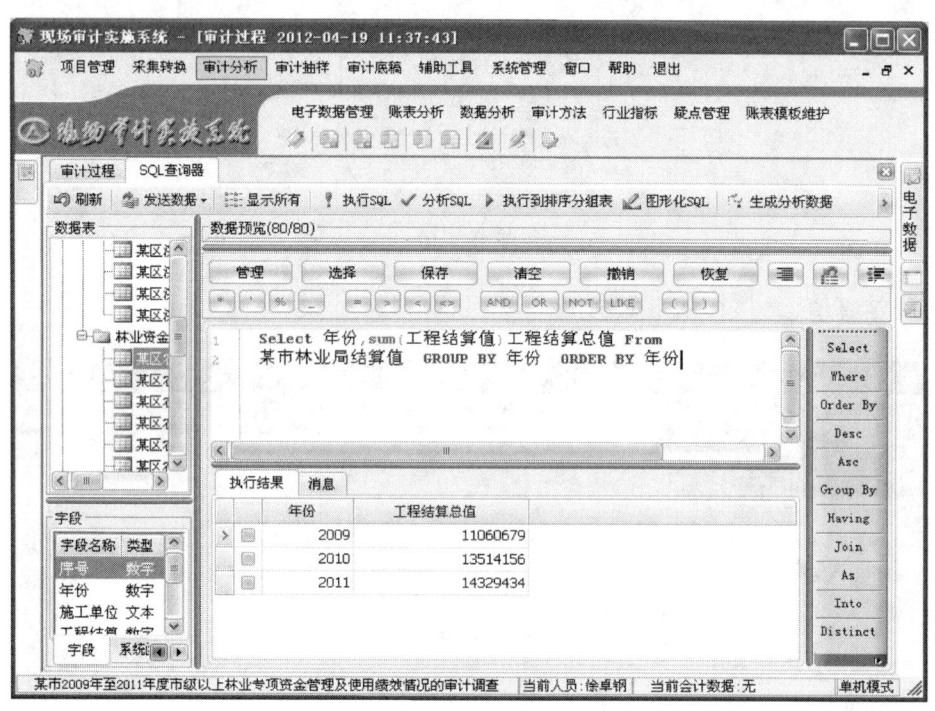

图 18-12

步骤二：工程款应付情况。

分别对某市林业局、某市国有苗圃、某区农发局提供的工程应付款资料进行整理、分析，结合每家施工单位的工程结算值，加上审核施工合同相关条款，计算得出每年每家施工单位的应付款，形成可供数据对比、分析的二维表，取名"工程应付款"，执行结果如图 18-13 所示。

编写 SQL 语句，将工程应付款按年度进行汇总，得出各年度的年度应付总值，执行结果如图 18-14 所示。

图 18-13

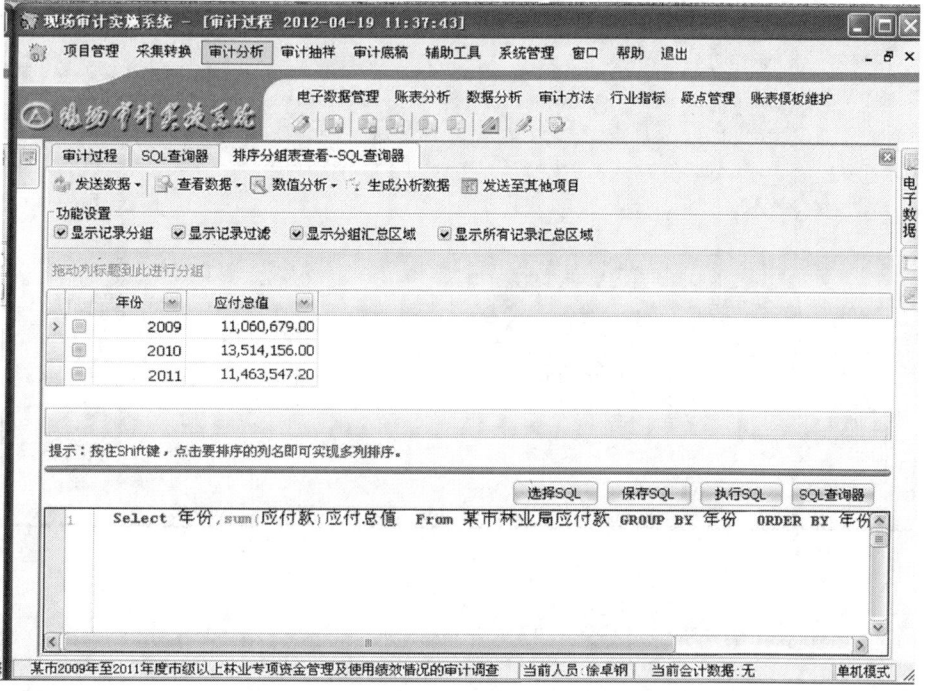

图 18-14

select 年份,sum(应付款)应付总值 from 某市林业局应付款 group by 年份 order by 年份

select 年份,sum(应付款)应付总值 from 某市国有苗圃应付款 group by 年份 order by 年份

select 年份,sum(应付款)应付总值 from 某区农发局荒山绿化应付款 group by 年份 order by 年份

select 年份,sum(应付款)应付总值 from 某区农发局某高速应付款 group by 年份 order by 年份

步骤三：工程款已付情况。

分别对某市林业局、某市国有苗圃、某区农发局提供的工程已付款情况进行整理、分析，结合对项目建设单位各年度的财务账、会计凭证进行审计，得出每年度各家施工单位的已付款，形成可供数据对比、分析的二维表，取名"工程已付款"。

编写SQL语句，将工程已付款按年度进行汇总，得出各年度年度已付总值，执行结果如图18-15所示。

图18-15

select 年份,sum(已付款)已付总值 from 某市林业局已付款 group by 年份 order by 年份

select 年份,sum(已付款)已付总值 from 某市国有苗圃已付款 group by 年份 order by 年份

```
select 年份,sum(已付款) 已付总值 from 某区农发局荒山绿化已付款 group by 年份 order by 年份
select 年份,sum(已付款) 已付总值 from 某区农发局某高速已付款 group by 年份 order by 年份
```

步骤四：工程款应付未付情况。编写 SQL 语句，将上述 3 张表格"工程结算值""工程应付款"和"工程已付款"通过计算机语言进行链接、核对、汇总，分别计算出每个项目工程结算值、工程款应付值及工程已付值，利用"生成新表"功能，生成新表，将查询结果保存为对比表，执行结果如图 18-16 所示，便于分析审核林业专项资金是否按计划拨付。

```
select sum(工程结算值) 结算总值,sum(应付款) 应付总额,sum(已付款) 已付总额,cast(sum(应付款) - sum(已付款) as decimal(12,2)) 未付总额 into 对比表1 from [某市林业局结算值] join [某市林业局应付款] on [某市林业局结算值].序号=[某市林业局应付款].序号 join [某市林业局已付款] on [某市林业局结算值].序号=[某市林业局已付款].序号

select sum(工程结算值) 结算总值,sum(应付款) 应付总额,sum(已付款) 已付总额,cast(sum(应付款) - sum(已付款) as decimal(12,2)) 未付总额 into 对比表2 from 某市国有苗圃结算值 join 某市国有苗圃应付款 on 某市国有苗圃结算值.序号=某市国有苗圃应付款.序号 join 某市国有苗圃已付款 on 某市国有苗圃结算值.序号=某市国有苗圃已付款.序号

select sum(工程结算值) 结算总值,sum(应付款) 应付总额,sum(已付款) 已付总额,cast(sum(应付款) - sum(已付款) as decimal(12,2)) 未付总额 into 对比表3 from 某区农发局荒山绿化结算值 join 某区农发局荒山绿化应付款 on 某区农发局荒山绿化结算值.序号=某区农发局荒山绿化应付款.序号 join 某区农发局荒山绿化已付款 on 某区农发局荒山绿化结算值.序号=某区农发局荒山绿化已付款.序号

select sum(工程结算值) 结算总值,sum(应付款) 应付总额,sum(已付款) 已付总额,cast(sum(应付款) - sum(已付款) as decimal(12,2)) 未付总额 into 对比表4 from 某区农发局某高速结算值 join 某区农发局某高速应付款 on 某区农发局某高速结算值.序号=某区农发局某高速应付款.序号 join 某区农发局某高速已付款 on 某区农发局某高速结算值.序号=某区农发局某高速已付款.序号
```

通过对比分析发现：项目建设单位为了自身利益，想出种种理由和借口，延迟支付施工单位的工程款，比如有的项目施工到一定时期后，先按合同金额的 40% 计算，支付一期工程款；工程验收后，再按验收值的 40% 计算，支付二期工程款；验收期满一年后再支付剩余的 20%。或者以验收时部分苗木成活率不高的缘故拒绝按结算值支付工程款，等等。这样算来，无形中侵害了施工单位的利益。

AO 资源环保审计应用实例

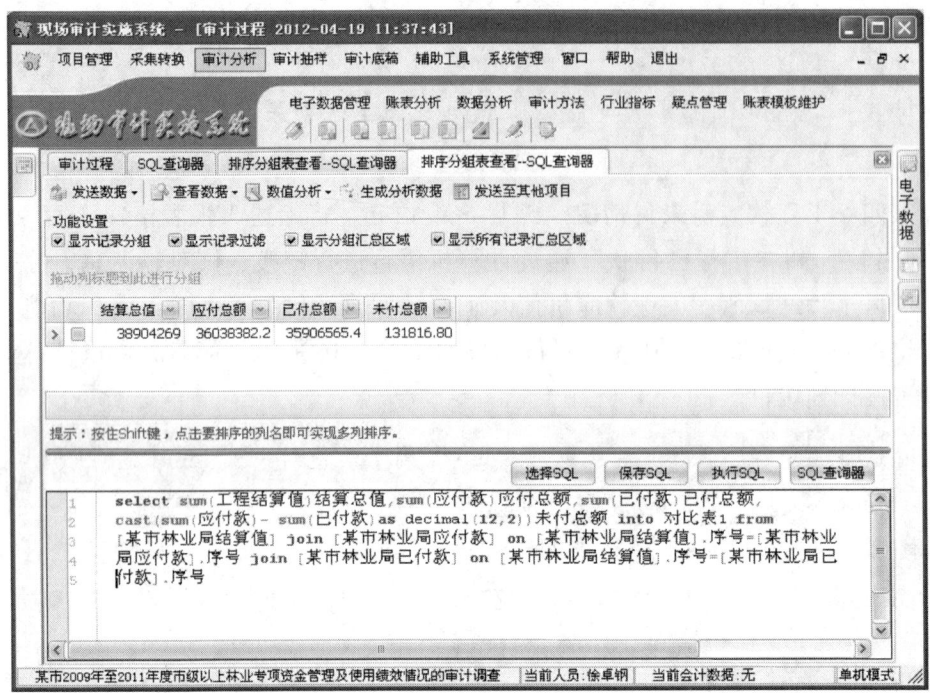

图 18-16

3. 审计结果

（1）某区农发局未及时支付项目资金 29.59 万元。一是 2011 年"造林绿化行动荒山绿化"项目，已于 2011 年 11 月竣工并通过验收，实际到位资金 704.26 万元，按合同约定，该局应支付 2 家施工单位 117.66 万元，已支付 106.19 万元，其余 11.47 万元未支付。二是 2010 年"造林绿化行动某高速绿化"项目，已于 2010 年 11 月已竣工并通过验收，实际到位资金 2230 万元，按合同约定，该局应支付某施工单位 130.68 万元，已支付 112.56 万元，其余 18.12 万元未支付。

（2）2010 年 2 月，某市国有苗圃收到某市林业局拨入"某高速公路两侧深度绿化"项目资金 58.31 万元。该项目已于 2010 年 1 月竣工，按合同约定，该单位应支付某镇林业站 49.70 万元，已支付 34.91 万元，其余 14.79 万元未支付。

（3）某市林业局截至 2011 年 12 月，收到上级拨入 2009 年至 2011 年"造林绿化行动荒山绿化"项目资金 4515.87 万元。该项目已于 2011 年 11 月底竣工验收，按合同约定，应支付 4 家施工单位 161.27 万元，已支付 148.09 万元，其余 13.18 万元未支付。

4. 应用 AO 功能点

本事项的分析使用了审计分析/数据分析/SQL 查询器等功能。

三、点评

本实例通过多 AO 的单表链接、增加新列及生成新表等功能对业务数据加以处理、分析，最终反映出林业项目资金收支存的全貌，打破了单一作战的瓶颈，使审计组能够从总体上把握项目和资金的情况，实现了从总体到单一再到总体的质的飞跃，实现了全面审计，直击问题的所在，也突出了重点、节约了资源，提高了工作效率。

（山东省济南市审计局 徐卓钢）

实例十九

突出重点，为环保专项资金保驾护航

一、项目背景

环境保护局，作为政府组成部门，承担全市防治污染和其他公害、保护和改善生活环境与生态环境、污染治理资金拨付等工作，负责环保专项资金管理和使用。根据规定，2012年4月至5月，某市审计局组织精兵强将对市环保局局长进行了离任经济责任审计，重点关注环保专项资金的使用情况，为环保专项资金的专款专用保驾护航。本项目审计目标为：一是对领导干部任职期间履行经济责任情况做出客观公正的评价，促进领导干部勤政廉政，全面履行职责；二是为市委、市政府及组织人事部门考核、任用干部提供依据；三是如实反映和揭示审计中发现的问题，依法做出处理，促进被审计单位和被审计人员依法行政，加强管理，提高资金使用效益。

二、审计过程

（一）市环保局挤占挪用环保专项资金

审计事项：预算执行审计/环境污染治理/专项资金使用

1. 审计思路

由于环保专项资金存在特定属性，即专项用于环境治理过程中。根据以往审计经验，环保专项资金管理和使用部门往往不能够秉持专款专用原则，因此形成挤占挪用专项资金的问题。审计组要牢牢把握专项资金流向，确定环保专项资金的使用是否合规，必须从专项资金支出账簿开始追查，首先检查账面列支途径，然后进一步询问相关人员，或者进行外部调查等，确认是否存在主观故意挤占挪用环保专项资金的问题。

2. 审计步骤

步骤一：科目余额及发生明细审查。通过【账表分析】-【科目明细账审查】检查科目发生汇总金额，重点关注专项资金支出情况，进而通过【会计科目审查】功能浏览发生额明细。经检查发现，一是市环保局提供的专项资金电子账簿没有记入年初余额；二是电子账簿中只设置了一级科目，没有设置下级科目；三是根据摘要判断，专项资金支出中存在招待、奖金、差旅、工资和摘要仅为"付费用"的未知项目支出。如图 19-1、图 19-2 所示。

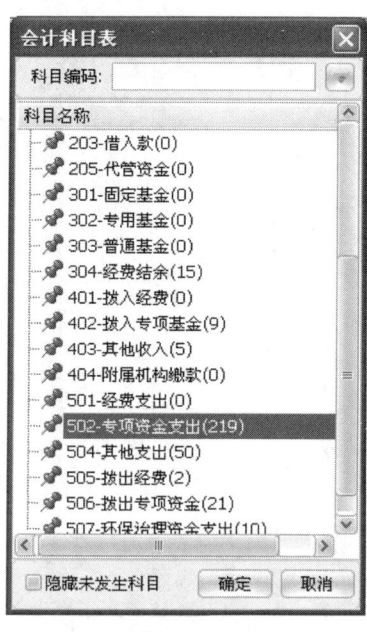

图 19-1

图 19-2

步骤二：通过编写计算机审计方法对账面反映的支出情况进行审查。由于账内没有设置支出明细科目，审查过程中主要以摘要作为支出项目进行区分，查询出福利支出、奖金支出和招待支出等金额，并通过柱形图进行分析。

计算机审计方法流程如图 19-3 所示。

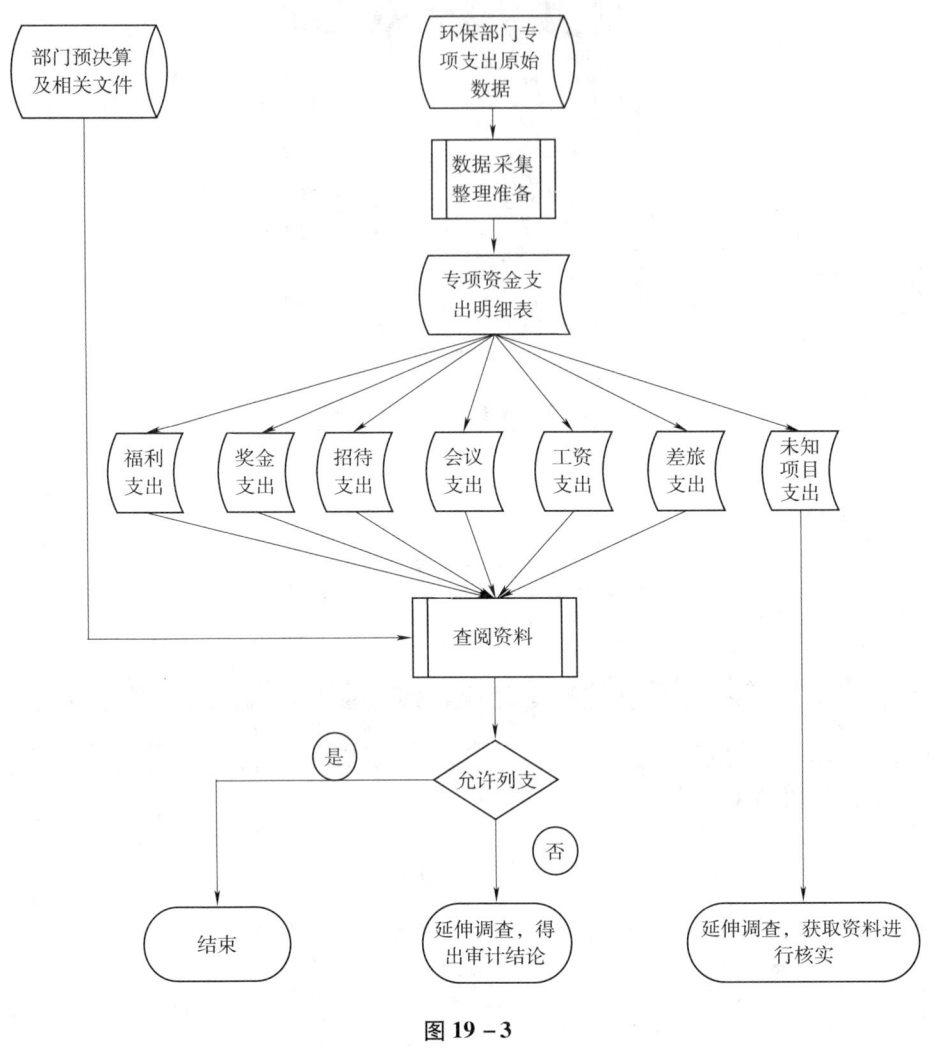

图 19-3

ASL 方法语言如下：

```
//对凭证库进行检索,截取部分字段,生成专项资金支出明细表
var SqlStr;
    begin
        Sqlstr:='select 凭证日期,凭证号,科目编码,科目名称,摘要,借方金额,电子数据名称 from 凭证库 where 电子数据名称 like "2011年专项资金账簿" and 科目编码 like "502%" and 借方金额 <>0';
```

```
            ShowMsg('生成的 SQL 语句为:' + sqlstr);
            CreateTempTable('专项资金支出明细表', SqlStr);
    end.

//从专项资金支出明细表中检索出"福利"支出明细,插入疑点库

var sqlstr, isempty, curnum, CurQuery;
    begin
        Sqlstr: =' select * from 专项资金支出明细表 where 摘要 like "%福%利%"';
        CurQuery: = createq(SqlStr, -1);
        IsEmpty: = qeof(CurQuery);
        If IsEmpty#1 then
            begin
                Repeat
                    CurNum: = qfdvalue(CurQuery, '借方金额');
                    AddTransRslt(CurQuery,'环保专项支付福利疑点');
                    IsEmpty: = qmov(CurQuery,1);
                    IsEmpty: = qeof(CurQuery);
                until IsEmpty = 1;
                    TransBatch(CurQuery,'环保专项支付福利疑点结果');
                    ShowMsg('环保专项支付福利费明细疑点成功插入');
            end;
    end.

//从专项资金支出明细表中检索出"奖励"支出明细,插入疑点库

var sqlstr, isempty, curnum, CurQuery;
    begin
        Sqlstr: =' select * from 专项资金支出明细表 where 摘要 like "%奖%"';
        CurQuery: = createq(SqlStr, -1);
        IsEmpty: = qeof(CurQuery);
        If IsEmpty#1 then
            begin
                Repeat
                    CurNum: = qfdvalue(CurQuery, '借方金额');
```

```
                AddTransRslt(CurQuery,'环保专项支付奖金疑点');
                    IsEmpty: = qmov(CurQuery,1);
                    IsEmpty: = qeof(CurQuery);
                until IsEmpty = 1;
                    TransBatch(CurQuery,'环保专项支付奖金疑点结果');
                ShowMsg('环保专项支付奖金明细疑点成功插入');
            end;
    end.

//从专项资金支出明细表中检索出"招待"支出明细,插入疑点库

var sqlstr, isempty, curnum, CurQuery;
    begin
        Sqlstr: =' select * from 专项资金支出明细表 where 摘要   like "% 招 % 待 %"';
        CurQuery: = createq(SqlStr, -1);
        IsEmpty: = qeof(CurQuery);
            If IsEmpty#1 then
                begin
                    Repeat
                        CurNum: = qfdvalue(CurQuery , '借方金额');
                        AddTransRslt(CurQuery,'环保专项支付招待费疑点');
                        IsEmpty: = qmov(CurQuery,1);
                        IsEmpty: = qeof(CurQuery);
                    until IsEmpty = 1;
                        TransBatch(CurQuery,'环保专项支付招待费疑点结果');
                    ShowMsg('环保专项支付招待费明细疑点成功插入');
                end;
            end.

//从专项资金支出明细表中检索出"会议"支出明细,插入疑点库

var sqlstr, isempty, curnum, CurQuery;
    begin
        Sqlstr: =' select * from 专项资金支出明细表 where 摘要   like "% 会 % 议 %"';
        CurQuery: = createq(SqlStr, -1);
```

```
            IsEmpty: = qeof(CurQuery);
        If IsEmpty#1 then
            begin
                Repeat
                    CurNum: = qfdvalue(CurQuery,'借方金额');
                    AddTransRslt(CurQuery,'环保专项支付会议费疑点');
                        IsEmpty: = qmov(CurQuery,1);
                        IsEmpty: = qeof(CurQuery);
                    until IsEmpty = 1;
                    TransBatch(CurQuery,'环保专项支付会议费疑点结果');
                    ShowMsg('环保专项支付会议费明细疑点成功插入');
                end;
    end.
```

//从专项资金支出明细表中检索出"工资"支出明细,插入疑点库

```
var sqlstr, isempty,curnum, CurQuery;
    begin
        Sqlstr: = 'select * from 专项资金支出明细表 where 摘要 like "%工%资%"';
        CurQuery: = createq(SqlStr, -1);
            IsEmpty: = qeof(CurQuery);
        If IsEmpty#1 then
            begin
                Repeat
                    CurNum: = qfdvalue(CurQuery,'借方金额');
                    AddTransRslt(CurQuery,'环保专项支付临时工工资疑点');
                        IsEmpty: = qmov(CurQuery,1);
                        IsEmpty: = qeof(CurQuery);
                    until IsEmpty = 1;
                    TransBatch(CurQuery,'环保专项支付临时工工资疑点结果');
                    ShowMsg('环保专项支付临时工工资明细疑点成功插入');
                end;
    end.
```

//从专项资金支出明细表中检索出"差旅"支出明细,插入疑点库

```
var sqlstr, isempty, curnum, CurQuery;
    begin
      Sqlstr:='select * from 专项资金支出明细表 where 摘要 like "%差%旅%"';
        CurQuery:=createq(SqlStr,-1);
          IsEmpty:=qeof(CurQuery);
            If IsEmpty#1 then
              begin
                Repeat
                  CurNum:=qfdvalue(CurQuery,'借方金额');
                  AddTransRslt(CurQuery,'环保专项支付差旅费疑点');
                    IsEmpty:=qmov(CurQuery,1);
                    IsEmpty:=qeof(CurQuery);
                until IsEmpty=1;
                  TransBatch(CurQuery,'环保专项支付差旅费疑点结果');
                  ShowMsg('环保专项支付差旅费疑点成功插入');
              end;
    end.
```

//从专项资金支出明细表中检索出未知项目支出明细,插入疑点库

```
var sqlstr, isempty, curnum, CurQuery;
    begin
      Sqlstr:='select 凭证日期,凭证号,科目编码,科目名称,摘要,借方金额 from 专项资金支出明细表 where 科目编码 like "502" and 摘要 like "%费用%" and 借方金额 <>0';
          CurQuery:=createq(SqlStr,-1);
          IsEmpty:=qeof(CurQuery);
            If IsEmpty#1 then
              begin
                Repeat
                  CurNum:=qfdvalue(CurQuery,'借方金额');
                  AddTransRslt(CurQuery,'环保专项支出中未知项目疑点');
                    IsEmpty:=qmov(CurQuery,1);
                    IsEmpty:=qeof(CurQuery);
                until IsEmpty=1;
```

```
                    TransBatch(CurQuery,'环保专项支出中未知项目疑点结果');
                    ShowMsg('环保专项支出中未知项目疑点成功插入');
                end;
        end.

//从专项资金支出明细表中汇总和支出项目发生金额,通过过程调用,生成柱形图

var
SqlStr,CurQuery,SqlStr1,SqlStr2,SqlStr3,SqlStr4,SqlStr5,SqlStr6,SqlStr7;
    procedure  zct;
        begin
        Sqlstr1 : = ' select "差旅费支出" as [支出类型],sum(借方金额) as [支出金额] from 专项资金支出明细表 where 摘要  like "%差%旅%"';
            Sqlstr2 : = ' select "福利费支出" as [支出类型],sum(借方金额) as [支出金额] from 专项资金支出明细表 where 摘要  like "%福%利%"';
            Sqlstr3 : = ' select "奖金支出" as [支出类型],sum(借方金额) as [支出金额] from 专项资金支出明细表 where 摘要  like "%奖%"';
            Sqlstr4 : = ' select "招待费支出" as [支出类型],sum(借方金额) as [支出金额] from 专项资金支出明细表 where 摘要  like "%招%待%"';
            Sqlstr5 : = ' select "招待费支出" as [支出类型],sum(借方金额) as [支出金额] from 专项资金支出明细表 where 摘要  like "%会%议%"';
            Sqlstr6 : = ' select "工资支出" as [支出类型],sum(借方金额) as [支出金额] from 专项资金支出明细表 where 摘要  like "%工%资%"';
            Sqlstr7 : = ' select "未知项目支出" as [支出类型],sum(借方金额) as [支出金额] from 专项资金支出明细表 where 摘要  like "%费用%"';
            Sqlstr : = sqlstr1 + ' union ' + sqlstr2 + ' union ' + sqlstr3 + ' union ' + sqlstr4 + ' union ' + sqlstr5 + ' union ' + sqlstr6 + ' union ' + sqlstr7;
            CurQuery : = createq(SqlStr, -1);
                OPutChart(CurQuery,'支出类型','支出金额,clred;');
        end;
    begin
        showmsg('生成专项资金分项支出柱状图');
            call zct;
        showmsg('经进一步获取资料进行核实,确认问题金额')
        end.
```

执行结果如图 19-4 所示。

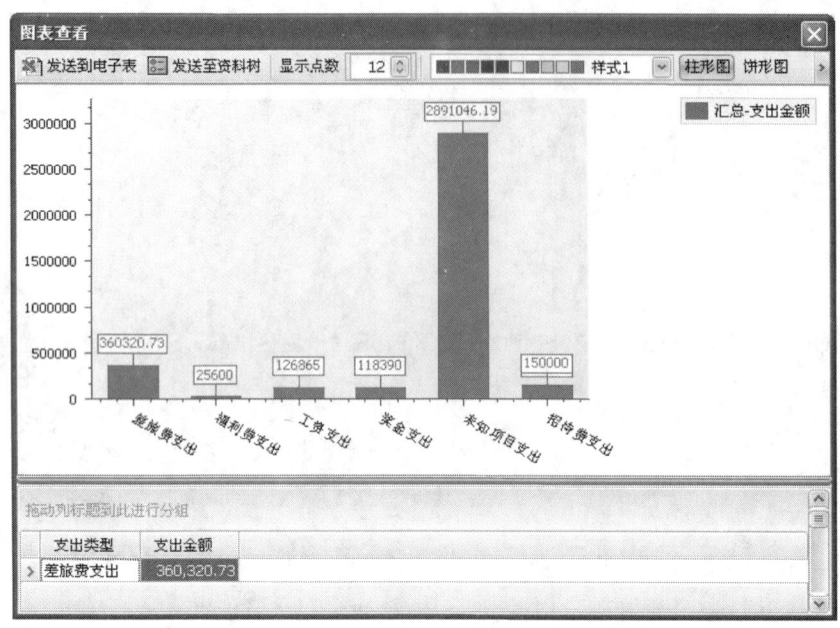

图 19-4

步骤三：询问有关人员，并进一步索取数据。根据上一步骤结果，打开【疑点管理】，环保专项支出中未知项目疑点结果显示，摘要分为"费用"和"付费用"两种，如图 19-5 所示，但都无法得知支出具体项目，因此审计组决定询问有关人员，要求被审计单位继续提供有关资料。

图 19-5

步骤四：对市环保局提供的专项支出明细表进行整理，并作为业务数据采集到 AO 中进行分析。

```
//将空值列填充为'金额'作为标示
update 专项支出明细表 set f18 ='金额'
//汇总各项目支出金额,并生成新表单独存储
//查询奖金支出
select f18 as '项目',sum(金额) as 奖金
into 专项支出汇总表 2
from 专项支出明细表
    where 摘要 like '%奖%'
group by f18
    //查询招待费支出
select f18 as '项目',sum(金额) as 招待费
into 专项支出汇总表 3
from 专项支出明细表
where 摘要 like '%招待%'
group by f18
//查询福利费支出
    select f18 as '项目',sum(金额) as 福利费
into 专项支出汇总表 4
    from 专项支出明细表
where 摘要 like '%福利%' or 摘要 like '%米%' or 摘要 like '%豆油%'
group by f18
//将上述查询结果合并,执行到分组排序表
select a.*,b.奖金,c.招待费,d.福利费
from 专项支出汇总表 1 a
join 专项支出汇总表 2 b on a.项目=b.项目
join 专项支出汇总表 3 c on a.项目=c.项目
join 专项支出汇总表 4 d on a.项目=d.项目
```

执行结果如图 19-6 所示。

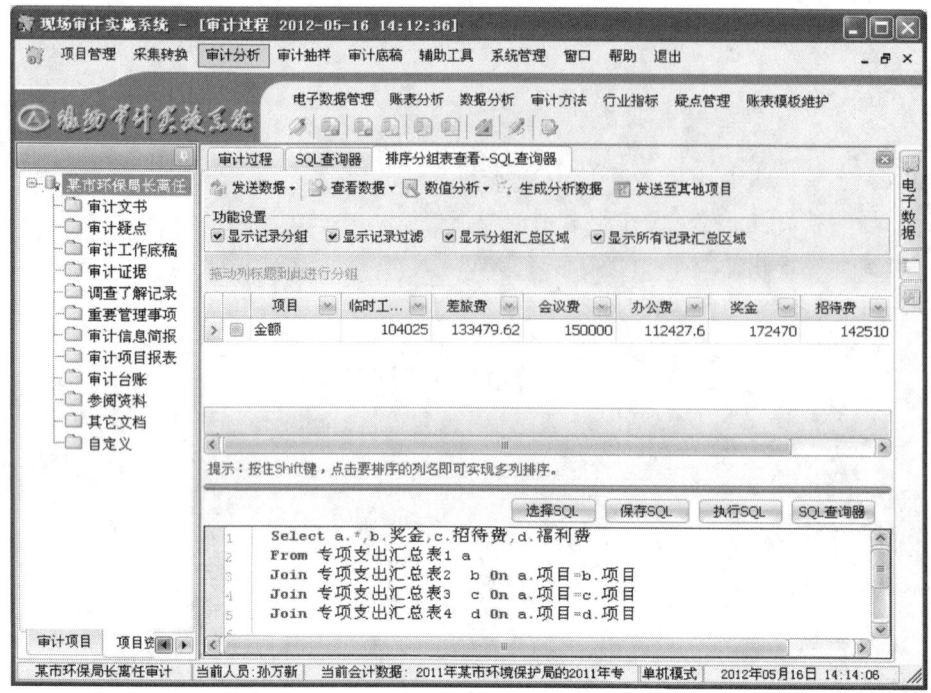

图 19-6

用图表显示如图 19-7 所示。

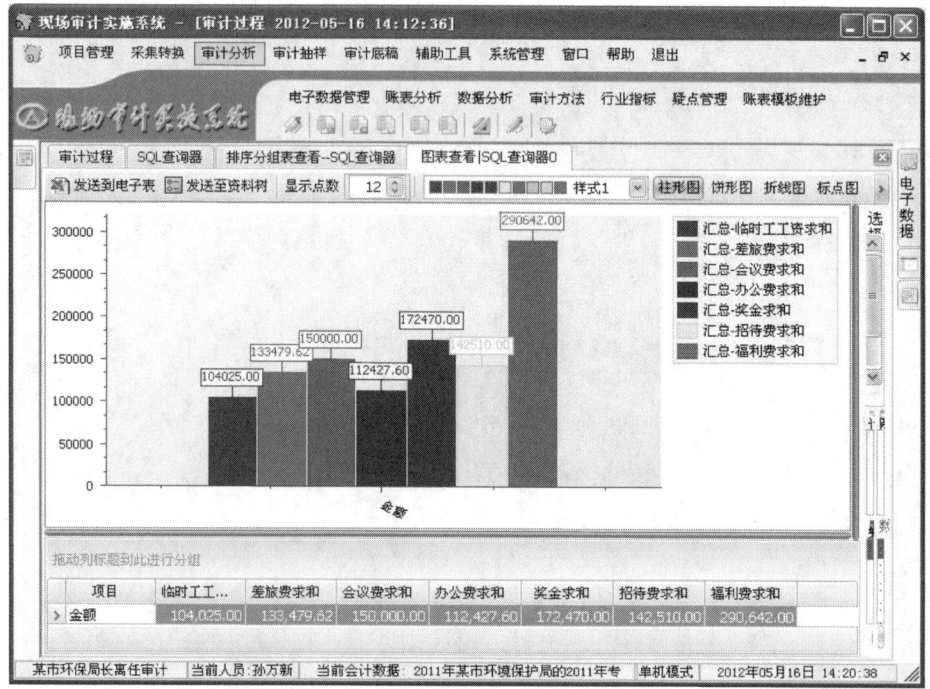

图 19-7

3. 审计结果

通过进一步与市环保局沟通核实，确定局机关挤占环保专项资金 149 万元。其中，福利费支出 36 万元，奖金支出 17 万元，招待费支出 13 万元，会议费支出 15 万元，临时工工资支出 10 万元，差旅费支出 14 万元，补助支出 14 万元。审计组责令市环保局将上述资金归还原渠道。

4. 应用 AO 功能点

本问题的分析使用了审计分析/数据分析/会计科目审查；审计分析/数据分析/SQL查询器；审计分析/数据分析/图表分析工具；审计分析/疑点管理；审计分析/审计方法/审计方法管理等功能。

(二) 拨出专项资金被挤占挪用

审计事项：预算执行审计/环境污染治理/专项资金使用

1. 审计思路

经过调查了解，环保局每年收到财政部门拨入的环保专项资金后，并不全部由机关使用，而是将部分资金拨给所属事业单位使用。由于市环保局机关存在挤占挪用专项资金的情况，所属事业单位是否能够做到专款专用要画上个大问号。审计组决定对拨出的专项资金管理和使用情况进行延伸，检查支出是否符合规定。

2. 审计步骤

步骤一：检查拨出专项资金明细账，如图 19－8 所示，进一步索取资料。由于账簿中没有列出下级科目，因此仍然无法区分资金去向，要求市环保局提供拨出专项资金明细表。

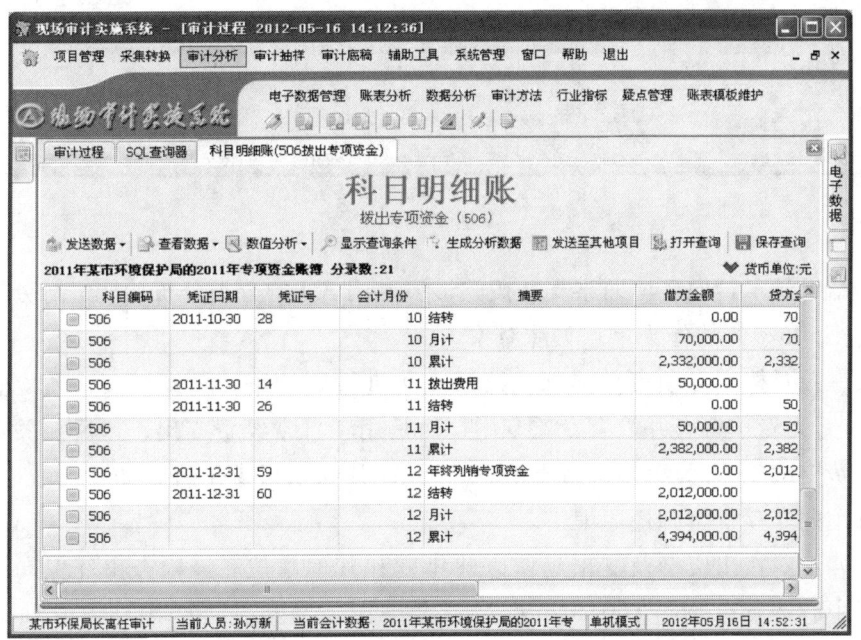

图 19－8

步骤二：对拨出专项资金数据进行检索。市环保局提供了"2011年拨出专项资金明细表"，通过 SQL 查询器编写 SQL 语句，对 2011 年专项支出进行分组汇总查询。查询结果如图 19-9 所示。

```
select 收款单位,sum(金额)    as 拨出金额
from [2011年拨出专项明细表]
where 收款单位 is not null
group by 收款单位
order by sum(金额)    desc
```

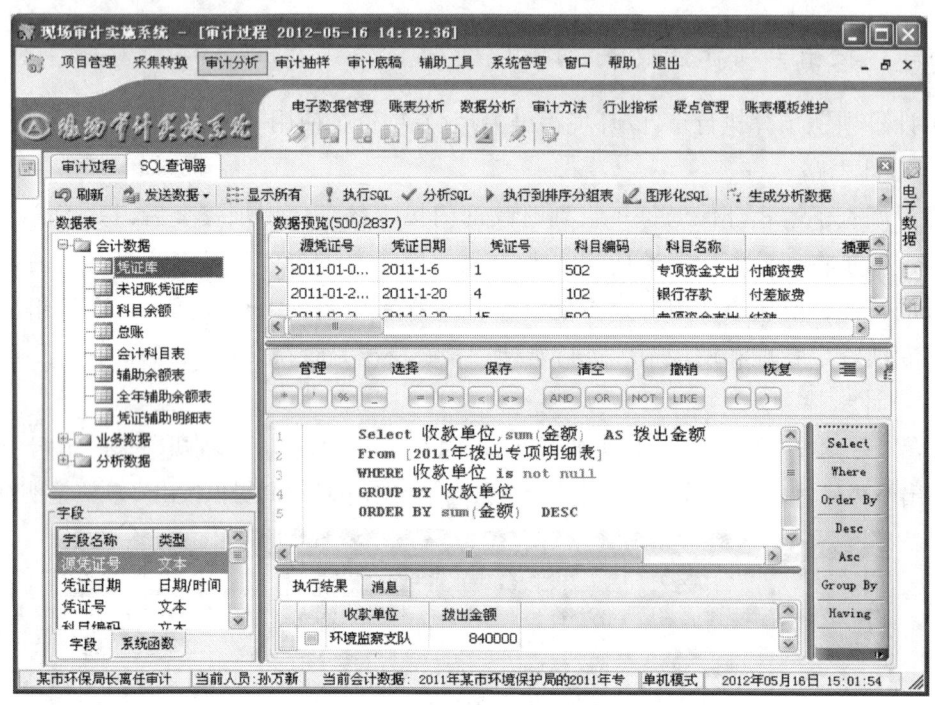

图 19-9

查询结果显示，向环境监察支队拨款最多，用 AO 的分类分析功能进行分析，发现其占比达 41.75%，故作为重点关注对象。

步骤三：对拨出专项资金向环境监察支队进行延伸审计。经核实，环境监察支队收到的 84 万元专项资金并没有专款专用，而是用于日常经费支出，违反相关规定。其中，交通费支出 48 万元，招待费支出 10 万元，其他项目支出合计 26 万元。审计组责令其将挪用的专项资金归还原渠道。

步骤四：对拨出资金及支出延伸以前年度和其他单位。经检查市环保局所属单位——评估中心账簿，通过其固定资产及资金来源，判断是否挪用环保专项资金购置资产。

```
select top 10 年 as 年份,固定资产名称,数量,单价,借方 as 金额,规格和型号 from 评估中心固定资产明细表
where 固定资产名称 is not null
order by 借方 desc
```

执行结果如图 19 – 10 所示。

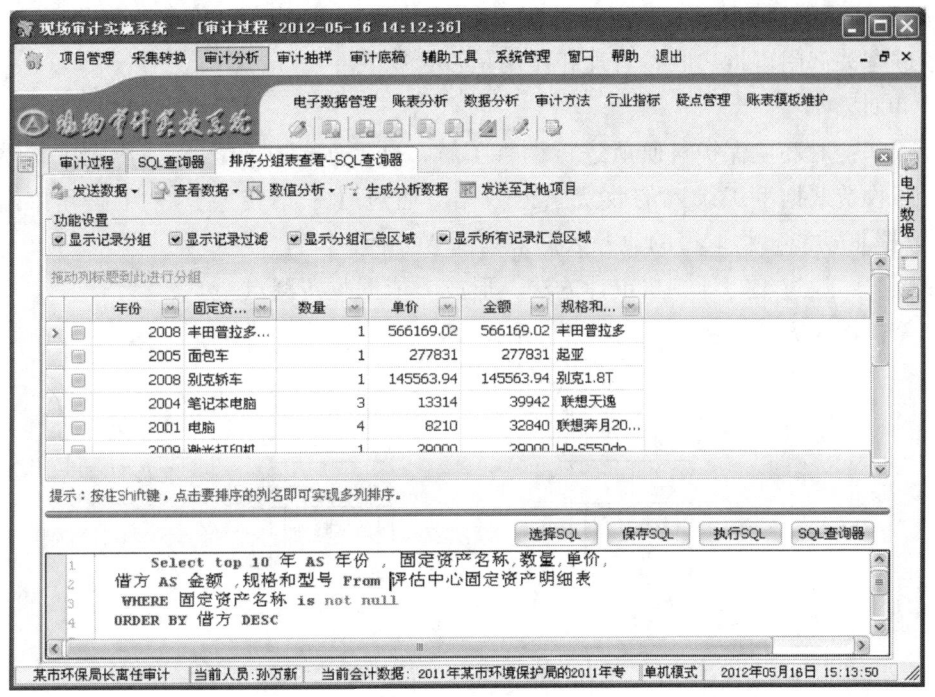

图 19 – 10

3. 审计结果

进一步检查评估中心账簿及相关凭证，经核实确定挪用环保专项资金购车。其中，丰田普拉多用 2007 年拨入的环境污染源普查专项资金 60 万元购入，出厂价 52 万元；别克轿车用 2008 年拨入的环境污染源普查专项资金 41 万元购入，出厂价 13 万元。上述购车提供省控办批复文件，审计组责令将占用的专项资金归还原渠道。

4. 应用 AO 功能点

本问题的分析使用了审计分析/数据分析/科目明细账审查；审计分析/数据分析/SQL 查询器等功能。

（三）无依据收取环境影响评价费

审计事项：经济责任审计/预算执行和其他财政财务收支情况/非税收入管理情况

1. 审计思路

根据《财政部、国家计委关于同意将建设项目环境影响评价费转为经营服务性收费管理的复函》（财综〔2001〕54号）的要求，建设项目环境影响评价费不再作为行政事业性收费管理，而转为经营服务性收费由价格主管部门进行管理。这意味着自2002年起，环境影响评价工作已经市场化，不应由行政部分负责实施。经调查了解，市环保局环境评价费收取业务由所属的环境保护科研所执行。审计组就收费事项重点关注环境科研所的情况，检查其是否存在继续收取环境影响评价费，如果继续收取，是否经过有关部门审批，收费管理和使用是否合规。

2. 审计步骤

步骤一：对环境保护科研所进行调查了解，并要求提供收取环境影响评价费明细表和按照收费票据手工录入的收费票据数据。通过【采集转换】-【业务数据】-【采集数据】功能，将取得的业务数据采集到 AO 中。

步骤二：通过编写计算机审计方法，形成无依据收费疑点。

计算机审计方法流程如图 19-11 所示。

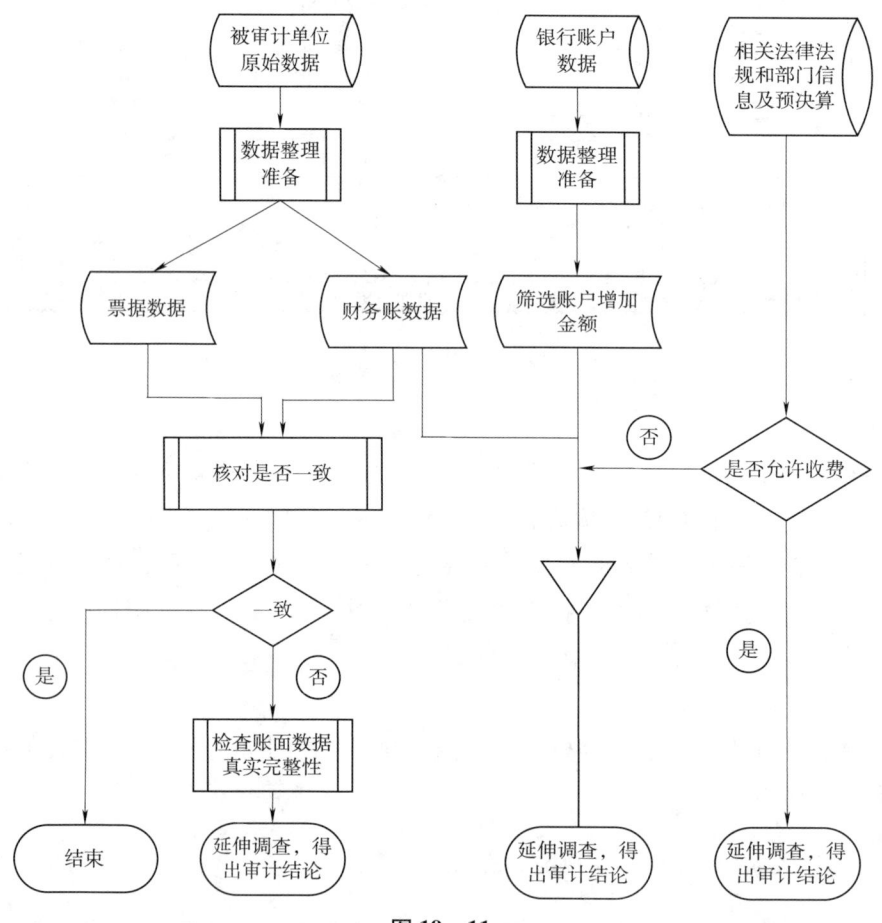

图 19-11

ASL 方法语言如下：

```
//汇总收费明细账数据,形成中间表。
var SqlStr;
    begin
        Sqlstr:='select right(摘要,3)  as 项目名称,sum(贷方)  as 收费总额  from 两年合并收费账  group by right(摘要,3)';
        ShowMsg('生成的 SQL 语句为:' + sqlstr);
        CreateTempTable('账面金额汇总', SqlStr);
    end.


//汇总收费票据数据,形成中间表。
var SqlStr;
    begin
        Sqlstr:='select 收费项目,sum(收费金额)  as 收费金额  from 环评费收费票据数据  group by 收费项目';
        ShowMsg('生成的 SQL 语句为:' + sqlstr);
        CreateTempTable('票据金额汇总', SqlStr);
    end.

//账面与票据数据汇总金额差异值,形成中间表。
var SqlStr,sqlstr1,sqlstr2;
    begin
        Sqlstr:='select 收费总额 as 账面金额,(select  收费金额  from 票据金额汇总) as 票据金额 from 账面金额汇总 ';
        ShowMsg('生成的 SQL 语句为:' + sqlstr);
        CreateTempTable('账面与票据金额合并', SqlStr);
        sqlstr1:='select (账面金额-票据金额) as 差额 from 账面与票据金额合并';
        ShowMsg('生成的 SQL 语句为:' + sqlstr1);
        CreateTempTable('账面与票据金额差异额', SqlStr1);
        Sqlstr2:='select  (case  差额 when 0 then null else 1 end) as 差额 from 账面与票据金额差异额';
        ShowMsg('生成的 SQL 语句为:' + sqlstr2);
        CreateTempTable('账面与票据金额差异值', SqlStr2);
    end.
```

//判断差异值是否为零,如果不为零,插入疑点库。
var SqlStr,SqlStr1,curquery,isempty;
   begin
      Sqlstr:='select 差额 from 账面与票据金额差异值';
      curquery:=createq(SqlStr,-1);
      isempty:=qeof(curquery);
         if isempty=1 then
            begin
               transbatch(curquery,'账面与实际收取存在差额');
            end
         else
            Sqlstr1:='select * from 两年合并收费账 where 贷方<>0';
            ShowMsg('生成的SQL语句为:'+ sqlstr);
            CreateTempTable('前两年收费明细表',SqlStr);
   end.

//将2007年至2008年账面收费明细插入疑点库。
var sqlstr, isempty,curnum, CurQuery;
   begin
      Sqlstr:='select * from 两年合并收费账 where 贷方<>0';
      CurQuery:=createq(SqlStr,-1);
      IsEmpty:=qeof(CurQuery);
         if IsEmpty#1 then
            begin
            Repeat
               CurNum:=qfdvalue(CurQuery,'贷方');
                  AddTransRslt(CurQuery,'无依据收费疑点');
                  IsEmpty:=qmov(CurQuery,1);
                  IsEmpty:=qeof(CurQuery);
            until IsEmpty=1;
               TransBatch(CurQuery,'无依据收费疑点结果');
               ShowMsg('2007年至2008年无依据收费明细疑点成功插入');
            end;
   end.

//索取2009年及之后的银行数据。
begin
    ShowMsg('取得2009-2010年收费账户银行对账单数据');
end.

//将获取的银行数据汇总金额插入疑点库。

```
var sqlstr, isempty, curnum, CurQuery;
   begin
       Sqlstr:='select sum(贷方发生额) as 金额 from 收费账户对账单数据 where 贷方发生额 >1000 and left(交易日期,4)<=2010';
       CurQuery:=createq(SqlStr,-1);
       IsEmpty:=qeof(CurQuery);
          if IsEmpty#1 then
             begin
                repeat
                   CurNum:=qfdvalue(CurQuery,'金额');
                   AddTransRslt(CurQuery,'无依据收费疑点');
                   IsEmpty:=qmov(CurQuery,1);
                   IsEmpty:=qeof(CurQuery);
                until IsEmpty=1;
                TransBatch(CurQuery,'无依据收费疑点结果');
                ShowMsg('2009年至2010年无依据收费总额疑点成功插入');
             end;
   end.
```

执行结果如图19-12所示。

3. 审计结果

经核实确定市环保局所属的环境保护研究所无依据收取环境影响评价费合计426万元，存入到财政专户内使用。

除了上述实例反映的问题，审计还查出违规出借环保专项资金、占用基本建设资金、违规列支汽车费用等违纪违规和招待费超支、工程长期挂账等管理核算问题。

4. 应用AO功能点

本问题的分析使用了审计分析/审计方法/审计方法管理；审计分析/疑点管理等功能。

图 19-12

三、点评

本实例利用 AO 软件提供的审计方法管理、图表分析工具等功能对某环保局挤占挪用环保资金、拨出专项资金挤占挪用等问题进行了分析。多视角、多层次展现问题,促进了被审计单位和被审计人员依法行政,加强管理,提高资金使用效益。

(黑龙江省齐齐哈尔市审计局　谭　玲　武良忠　孙万新)

实例二十

AO在节能减排专项资金审计中的应用

一、项目背景

节能减排是贯彻节约资源和保护环境基本国策的重要举措。为了督促地方政府及其有关部门和企业认真履行节能减排责任与义务，严格执行国家政策法规，积极开展节能减排工作，全面推进生态文明建设，审计署于2012年5月开始对10个省（直辖市、自治区）2010年至2011年中央和省级财政安排的节能减排专项资金的分配、管理和使用以及节能减排政策执行等情况进行了审计。

本次审计以科学发展观为指导，秉持科学的审计理念，依据《国务院节能减排综合性工作方案》，按照"摸清基本情况、揭露发现问题、分析问题原因、促进政策落实、完善制度机制"的工作思路，以地方政府（省级和抽审县级，下同）及相关主管部门为主要审计对象，同时延伸审计了节能减排专项资金涉及的89个单位和114个项目，以落实节能减排政策法规和使用节能减排专项资金情况为切入点，摸清各地节能减排资金的拨付、下达和使用情况，揭示地方政府及相关主管部门和企业在履行节能减排责任、落实节能减排政策法规、管理和使用节能减排专项资金等方面存在的突出问题，从政策、制度、体制、管理等方面分析产生问题的原因，提出调整产业结构、抑制产能过剩、淘汰落后产能、降低能源消耗、促进主要污染物减排、加强资金管理和完善政策法规等方面的意见与建议。

二、审计过程

（一）自动监控系统超标数据处理有效性审计

审计事项：资源环保审计/环境污染治理/污染源自动监控系统信息系统审计（新增）

1. 审计思路

近年来,各地环保部门通过建设自动监控系统,实现了污染物排放的远程化、实时化、数字化监督,为企业排污行为监管和环境安全保障提供了有力手段。自动监控系统建设投入巨大,据不完全统计,某省仅2007年建设该系统就投入资金3.8亿。因此,自动监控系统不但要"建好",更要"用好",环保部门在环境监管的过程中应切实有效地运用自动监控系统,及时对系统产生的污染物排放超标信息核实处理,充分发挥自动监控系统的有效性和效益性,才能真正实现环境监管的信息化。

某省自动监控系统由省环境监控中心进行系统维护与日常巡检,并将超标数据定期以工作联系单的形式报送至省环境稽查总队,由环境稽查部门进行进一步的核实处理。环境监测机构负责定期对污染源进行监督性监测,出具季度监督性监测报告。审计利用自动监控系统基本信息与站点监测数据,结合工作联系单与监督性监测报告,发现部分站点告警功能缺失,部分长期超标企业数据未得到有效处理的现象,揭示系统监督性功能有效性低的问题,实现审计目标。

2. 审计步骤

步骤一:数据采集与整理,从自动监控系统数据库中整理出所有监控站点基本信息与污染物排放值数据,生成自动监控系统基本信息表与站点排放数据表。

步骤二:通过分析系统基本信息表,查找排放标准字段为空的站点,无排放标准的站点未设置预警阈值、告警阈值等监督性指标,对于污染物超标排放数据无法产生报警指示,并生成"无排放标准站点列表"中间表。

```
select * into 无排放标准站点列表 from [站点基础信息]
where 排放标准 is null
```

步骤三:分析步骤二结果中站点的污染物排放数据。

(1) 查找步骤二结果中站点的排放数据,生成"无排放标准站点排放数据表"中间表。

```
select * into 无排放标准站点排放数据表
from [站点排放数据表]
where 组织机构代码 in
(select 组织机构代码 from 无排放标准站点列表)
```

(2) 根据步骤二结果中企业的排放去向、纳污区域、所属行业等信息,在《污水综合排放标准》(GB 8978-1996)查找出企业应执行的排污标准。组织机构代码为72641448-0的企业化学需氧量COD应执行150mg/L排放标准;组织机构代码为68312595-2的企业化学需氧量COD应执行60mg/L排放标准。并且更新"无排放标准站点列表",填入排放标准信息。

```
update 无排放标准站点列表
set 排放标准 = 150
where 组织机构代码 = '72641448 - 0'

update 无排放标准站点列表
set 排放标准 = 60
where 组织机构代码 = '68312595 - 2'
```

(3) 为"无排放标准站点列表"增加三列,分别为监测时间点数、超标时间点数、超标时间比例。

```
alter table 无排放标准站点列表
add 监测时间点数 int

alter table 无排放标准站点列表
add 超标时间点数 int

alter table 无排放标准站点列表
add 超标时间比例 float
```

(4) 根据"无排放标准站点排放数据表",统计出两家企业的监测时间点数、超标时间点数、超标时间比例,并且将统计出的值写入"无排放标准站点列表"。

```
declare @ 无排放标准站点代码 varchar(50) ,@ 排放标准 int
declare C1 cursor
for
select 组织机构代码,排放标准 from 无排放标准站点列表
open C1
fetch next from C1 into @ 无排放标准站点代码,@ 排放标准
while @@fetch_status = 0
begin
update 无排放标准站点列表
set 监测时间点数 =
( select count( * ) from  无排放标准站点排放数据表
group by 组织机构代码
having 组织机构代码 = @ 无排放标准站点代码)
where 组织机构代码 = @ 无排放标准站点代码
```

```
update 无排放标准站点列表
set 超标时间点数 =
( select count( * ) from  无排放标准站点排放数据表
where 化学需氧量 > @排放标准
group by 组织机构代码
having 组织机构代码 = @无排放标准站点代码
)
where 组织机构代码 = @无排放标准站点代码


update 无排放标准站点列表
set 超标时间比例 =
超标时间点数 * 1.0/监测时间点数
where 组织机构代码 = @无排放标准站点代码


fetch next from C1 into @无排放标准站点代码,@排放标准
end
close C1
deallocate C1
```

（5）统计两家企业超标中长时间超标行为的企业，将超标时间比例超过50%的企业信息生成"超时间超标站点"中间表。

```
select * into 超时间超标站点 from 无排放标准站点列表
where 超标时间比例 > 0.5
```

步骤四：查看该企业的长期超标信息是否反映在工作联系单中。分析发现，监控中心未将该企业的超标信息反馈至环境稽查部门，监管存在漏洞。

```
select * from [工作联系单]
where 站位名称 in
( select 企业名称 from 超时间超标站点)
```

步骤五：查看监督性监测报告中该企业的排放情况。分析发现，该企业监督性监测结果超标，确实存在超排行为。执行结果如图20-1所示。

```
select * from [监督性监测报告]
where 详细名称 in
( select 企业名称 from 超时间超标站点)
and 监测结果 = '超标'
```

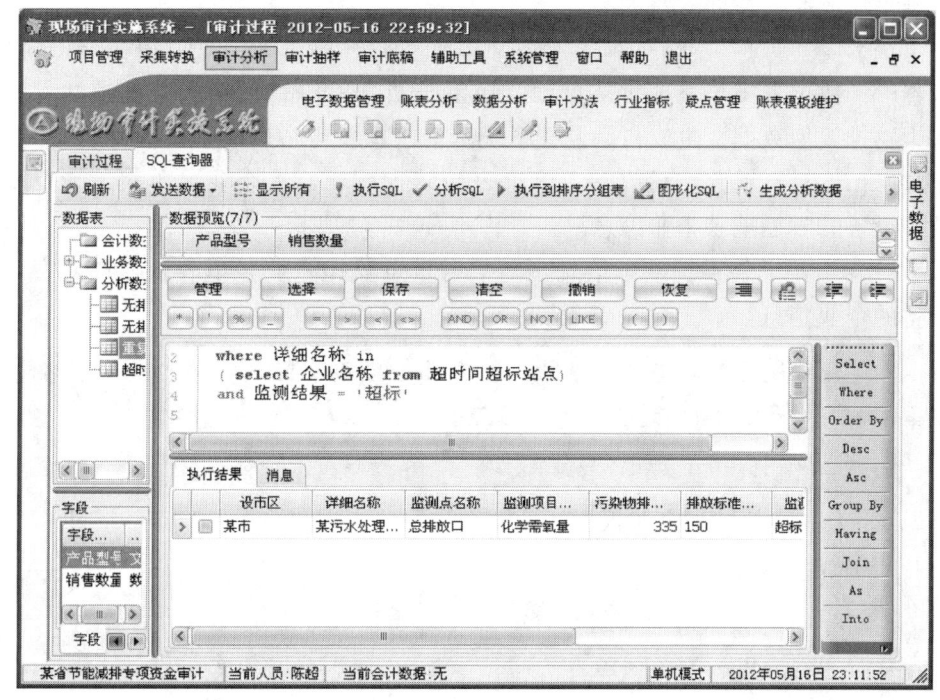

图 20-1

3. 审计结果

审计发现，自动监控系统存在部分监控站点告警功能缺失、超标数据未进行处理等问题，自动监控系统的监控功能形同虚设，系统的有效性与效益性较低。通过对自动监控系统基础信息与排放监测数据进行分析，结合环境管理部门的业务流转文件与监测报告，跟踪系统的数据流与业务流，对自动监控系统超标数据处理的有效性进行检查，揭示了部分监控站点报警功能缺失，长期超标数据未得到处理的问题。该问题在信息系统审计专题报告中予以反映。

4. 应用 AO 功能点

本问题的分析使用了审计分析/数据分析/SQL 查询器等功能。

（二）自动监控系统建设运行指标评价

审计事项：资源环保审计/环境污染治理/污染源自动监控系统信息系统审计（新增）

1. 审计思路

自动监控系统是实现污染物排放的远程化、实时化、数字化监督的有效手段。对自动监控系统建设运行管理的情况根据已有政策要求进行量化指标评价，是衡量该系统安全性、可靠性、经济性的必要手段。某省环保部门已发布文件，要求该省自动监控系统需覆盖全部省级重点污染源，站点联网率需高于 90%。因此，审计以系统覆盖率、站点联网率作为评价自动监控系统建设运行情况的指标，分析该系统建设运行情况是否满足环境监督管理的要求。

2. 审计步骤

步骤一：数据采集与整理，从自动监控系统数据库中整理出所有监控站点基本信息与污染物排放值数据，生成自动监控系统基本信息表与站点排放数据表。

步骤二：比对自动监控系统基本信息表与某省重点监控企业名单表，筛查未安装自动监控设备的省控重点企业信息。

（1）比对自动监控系统基本信息表与某省重点监控企业名单表，筛查未安装自动监控设备的企业信息。

```
select * into 未安装在线监控设备企业 from [某省2011年重点监控企业名单]
where 企业名称 not in
(select 企业名称 from [站点基础信息])
```

（2）将上一步的结果企业根据行业类别进行分析，重点关注印染、造纸等重点污染行业与集中式污水处理厂。

```
select * from 未安装在线监控设备企业
where 企业名称 like '%纺织%'

select * from 未安装在线监控设备企业
where 企业名称 like '%印染%' or 企业名称 like '%染整%'

select * from 未安装在线监控设备企业
where 企业名称 like '%造纸%' or 企业名称 like '%纸业%'

select * from 未安装在线监控设备企业
where 企业名称 like '%废水%' or 企业名称 like '%污水%'
```

步骤三：分析监控站点的联网率是否符合有效性审核要求。

（1）计算各监控站点上传数据时间与站点理论运行时间的比值，作为站点联网率的取值。

——站点联网数据范围为2011年1月1日至2012年9月1日，理论联网小时为610*24 = 14640小时，计算各监控站点上传时均值监测数据的个数。

——以此计算：站点联网率 = 数据个数/14640

```
declare @理论联网时间 int
set @理论联网时间 = 14640
select 组织机构代码,count(*) as 站点联网小时,(count(*)*1.0/@理论联网时间) as 站点联网率
```

into 站点联网统计 from [站点排放数据表]
group by 组织机构代码

(2) 筛查联网率不能满足有效性审核要求的站点,根据有关规定,站点联网率低于 90% 不能通过有效性审核。查询结果如图 20-2 所示。

select * from [站点基础信息]
where 组织机构代码 in
(select 组织机构代码 from 站点联网统计
where 站点联网率 < 0.9)

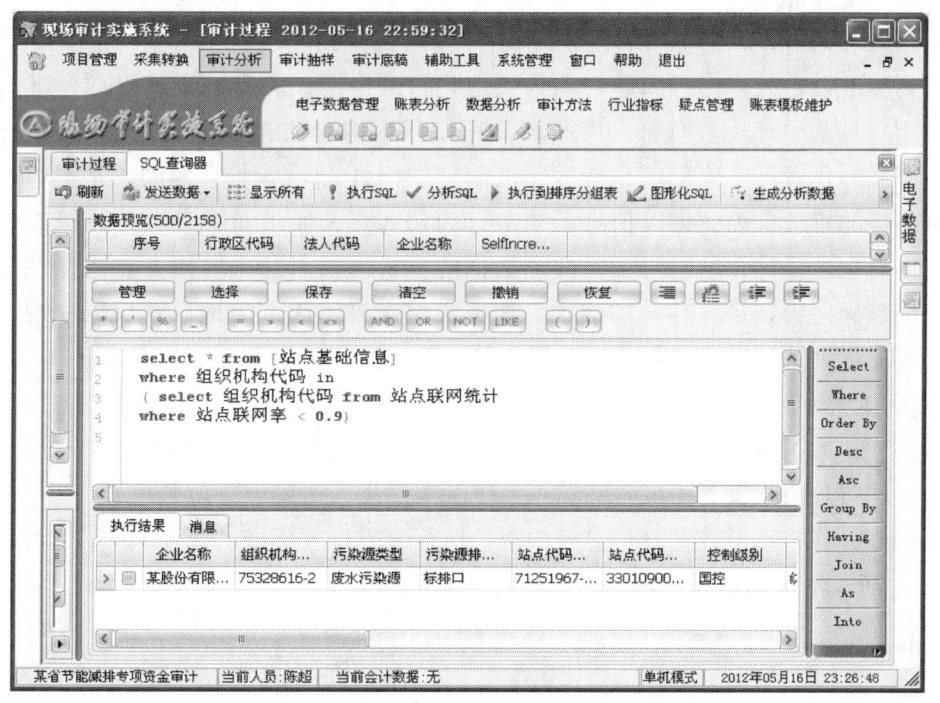

图 20-2

3. 审计结果

审计通过将自动监控系统基本信息表与某省重点污染企业名单进行比对,分析自动监控系统覆盖范围是否满足对于重点污染企业、污染行业的监督要求;通过将监控数据进行有效上传统计,分析监控站点联网率是否符合有效性审核要求。并以此为线索延伸核查,揭示了系统覆盖范围不足、联网率不符合标准的问题,实现审计目标。该问题在信息系统审计专题报告中予以反映。

4. 应用 AO 功能点

本问题的分析使用了审计分析/数据分析/SQL 查询器等功能。

(三) 运用自动监控系统发现违规地方排放标准

审计事项：资源环保审计/环境污染治理/污染源自动监控系统信息系统审计（新增）

1. 审计思路

污染物排放标准是国家对人为污染源排入环境的污染物的浓度或总量所做的限量规定，其目的是通过控制污染源排放量来实现环境质量标准或环境目标，是国家对于企业污染物排放的最低要求。国家"十二五"规划中将绿色发展作为规划核心，环境保护就是实现绿色发展的基础。近年来，因环境污染引发的社会问题屡见不鲜，个别地方政府出于局部利益，无视国家规定，制定低于国家标准要求的地方污染物排放标准，放松对污染物排放的监督管理，给超标排污行为支起"保护伞"。

排污标准设定与排污行为监管均为属地化管理，绝大多数污染物排放标准的执行信息由市、县基层环境管理部门掌握，难以整体获取全省范围的排放标准管理信息。如何突破属地化管理形成的信息碎片，从制度层面发掘环境监管漏洞，是资源环保审计亟须突破的难题。因此，以信息系统审计为切入点，通过对自动监控系统监督性指标设置的合规性审计，结合对实时监测数据的分析，揭示部分监测站点指标设置不合规，造成超标污染物排入环境的问题，进一步深入揭示出部分地区违反国家规定，制定低于国家标准的地方污染物排放协议，并以此作为环境管理标准的问题。

2. 审计步骤

步骤一：数据采集与整理，从自动监控系统数据库中整理出所有监控站点基本信息与污染物排放值数据，生成自动监控系统基本信息表与站点排放数据表。

步骤二：在自动监控基本信息表中查找执行地方排放标准的企业。

（1）筛查站点现状为正常使用的监测站点。

```
select * into [在用站点] from [站点基础信息]
where 站点现状 = '在用'
```

（2）从上一步结果中筛选排放标准为地方标准的监测站点。

```
select * into [地方协议在用站点] from [在用站点]
where 排放标准 like '%地方%'
```

（3）筛查结果中污染物排放去向为直排环境的站点。

如排放去向为"纳管"，污染物为排入污水处理厂等下一级处理设施，排放标准可根据地方协议设定。如排放去向为"直排"，企业污染物排放口没有接入下一级处理设施而直排环境，超标排放的污染物将直接给自然环境造成损害，企业必须执行国家污染物排放标准或严于国家标准的地方排放标准。

```
select * into [直排地方协议在用站点] from [地方协议在用站点]
where 排放去向 not like '纳管'
```

步骤三：确定步骤二结果中监督性指标设置是否低于国家标准要求，地方排放标准如低于国家标准，则违反了《中华人民共和国环境保护法》规定。将此作为审计疑点，查询结果如图20-3所示。

```
select 企业名称,所在地,所在县,行业,纳污区域,排放标准
from [直排地方协议在用站点]
```

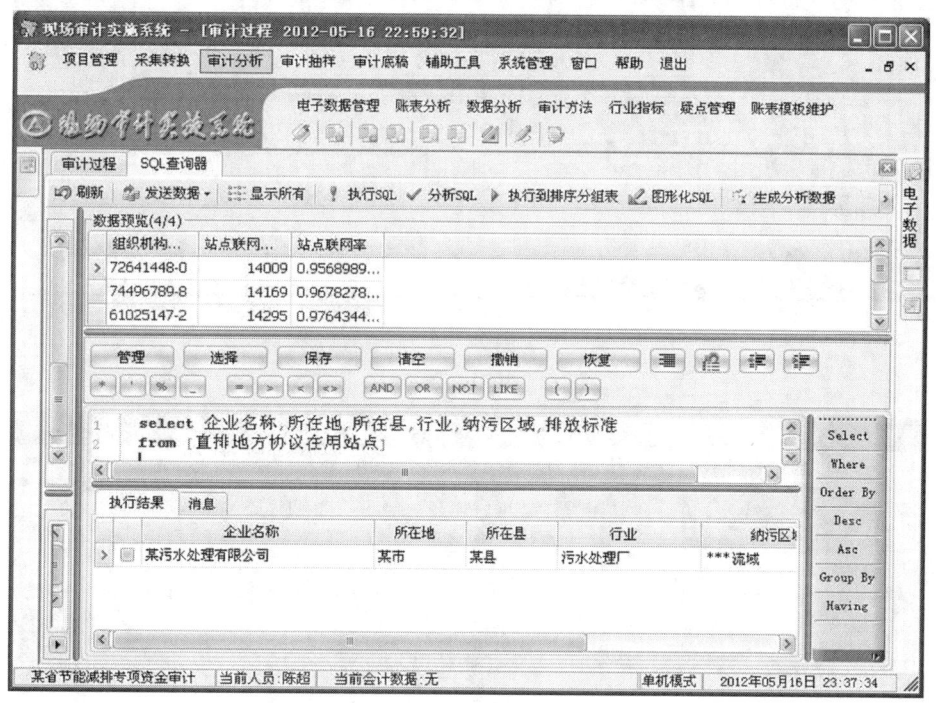

图 20-3

步骤四：分析以上站点超出国家标准排放废水对于环境的影响。

（1）计算站点排放污染物日均值超出国家标准的时点数。结果如图20-4所示。

```
select 组织机构代码,count(*) as 超标排放时点数 from [站点排放数据]
where 组织机构代码 in
(select 组织机构代码 from [直排地方协议在用站点])
and 氨氮 > 25
group by 组织机构代码
```

（2）计算站点排放污染物超出国家标准的总量。结果如图20-5所示。

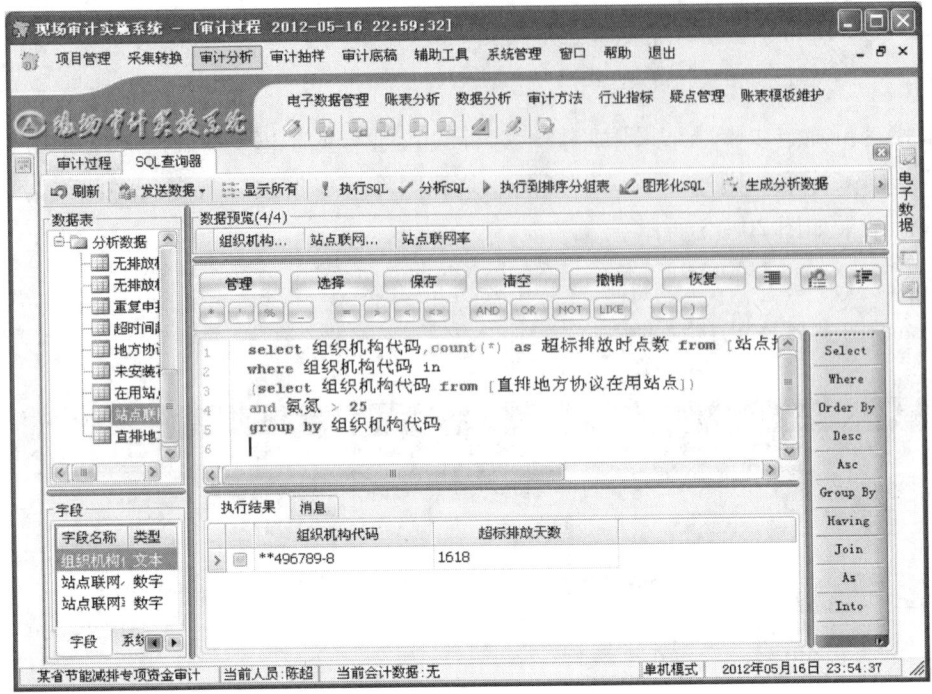

图 20-4

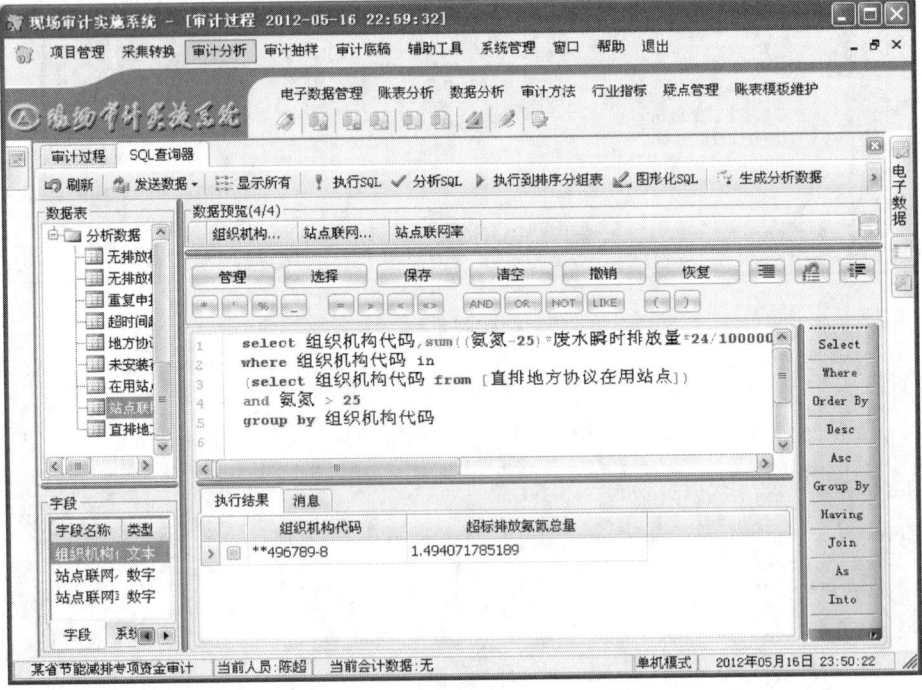

图 20-5

```
select 组织机构代码,sum((氨氮-25)*废水瞬时排放量*24/1000000) as 超标排
放氨氮总量 from [站点排放数据]
where 组织机构代码 in
(select 组织机构代码 from [直排地方协议在用站点])
and 氨氮 > 25
group by 组织机构代码
```

3. 审计结果

审计利用自动监控系统中的基本信息表、站点排放数据表,结合国家排放标准、区域水系污染分析报告等资料,在全省范围内分析排放标准不符合国家要求的企业信息,并统计分析其排放行为给环境造成的影响。以此为线索延伸核查,揭示了部分地区制定低于国家标准的地方污染物排放管理协议,放松污染物排放监管的问题,并以审计简报的形式上报,实现审计目标。

4. 应用 AO 功能点

本问题的分析使用了审计分析/数据分析/SQL 查询器等功能。

(四)对于中央转移支付专项资金审计的审计表格确定模板,并在适当时机以此数据结构为基础促进中央转移支付指标数据体系的建立和共享

审计事项:资源环保审计/环境污染治理/专项资金使用

1. 审计思路

从财政资金下达和拨付的资金角度,设计出各级财政指标文件所涵盖内容的基础表格,原则是简单、全面。简单在于只需比对所涉财政指标文件上内容就可填制,不需要计算、人为判断或查找其他指标文件;全面在于基本覆盖财政指标文件所提供的所有信息。在此基础上,设计出一套 SQL 语言,分别从基础查询、高级查询和审计筛选三个层次满足财政部门相关操作人员、相关领导和审计人员的各种需求。对于财政部门相关操作人员,本套方法可以满足查询指标文件号、查询企业、查询未拨付余额等基本需求;对于部门领导和审计人员,可以满足查询未拨付或未拨付完全科目、未拨付或未拨付完全指标文件和明细,可以计算滞留本级财政时间长短等高级查询,对于审计人员,可以满足各项数据抽查的数据筛选需要。现以某省 2009 年以来"2111201 可再生能源"科目中"金太阳示范工程项目"的全部数据为例进行说明,该数据的上级指标文件和下级指标文件中存在一对多、多对一、跨年、清算退回等多种情况,可以较好地适应财政专项资金下达拨付中的极端情况。

2. 审计步骤

步骤一:指标文件数据整理,并导入 AO 作为原始数据。

步骤二:进行基础查询,并作为审计调查表填写依据。

(1)核查中央级预算某年(以 2011 年为例)收到"2111201 可再生能源"科目中

央转移支付总体金额和明细,并同上级预算下达金额进行核实。结果如图 20－6、图 20－7 所示。

　　select　YEAR(本级下达时间) as 年度,预算科目,预算级次,SUM(本级下达资金) as 本级拨付下级金额 from 财政各级转移支付指标文数据
　　where YEAR(本级下达时间) = 2011 and 预算科目 = '2111201 可再生能源' and 预算级次 = '中央'
　　group by YEAR(本级下达时间),预算科目,预算级次

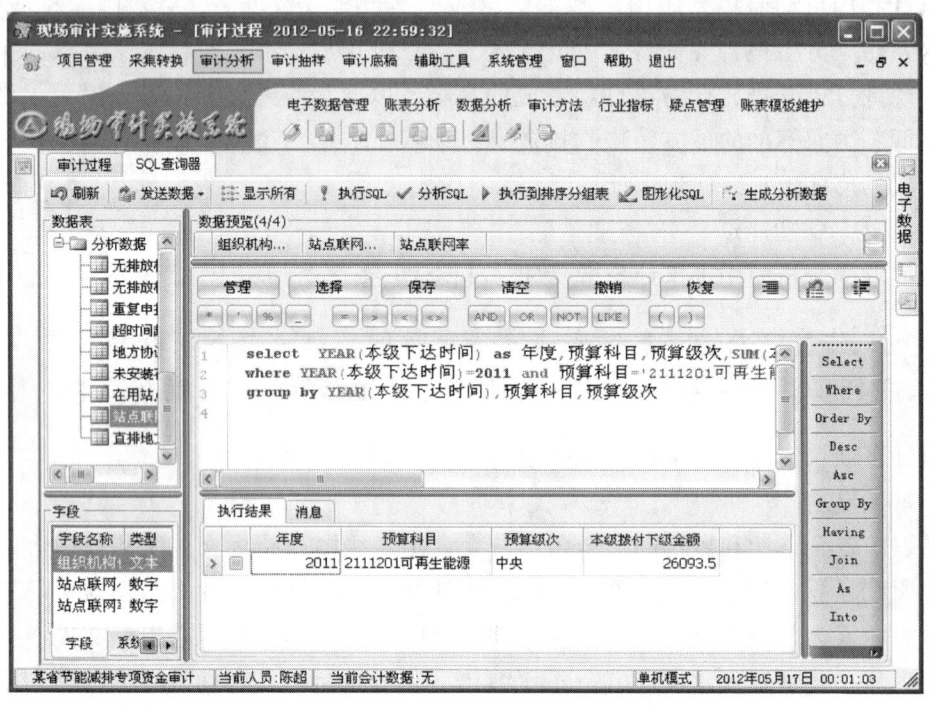

图 20－6

　　select ＊ from　财政各级转移支付指标文数据
　　where YEAR(本级下达时间) = 2011 and 预算科目 = '2111201 可再生能源' and 预算级次 = '中央'

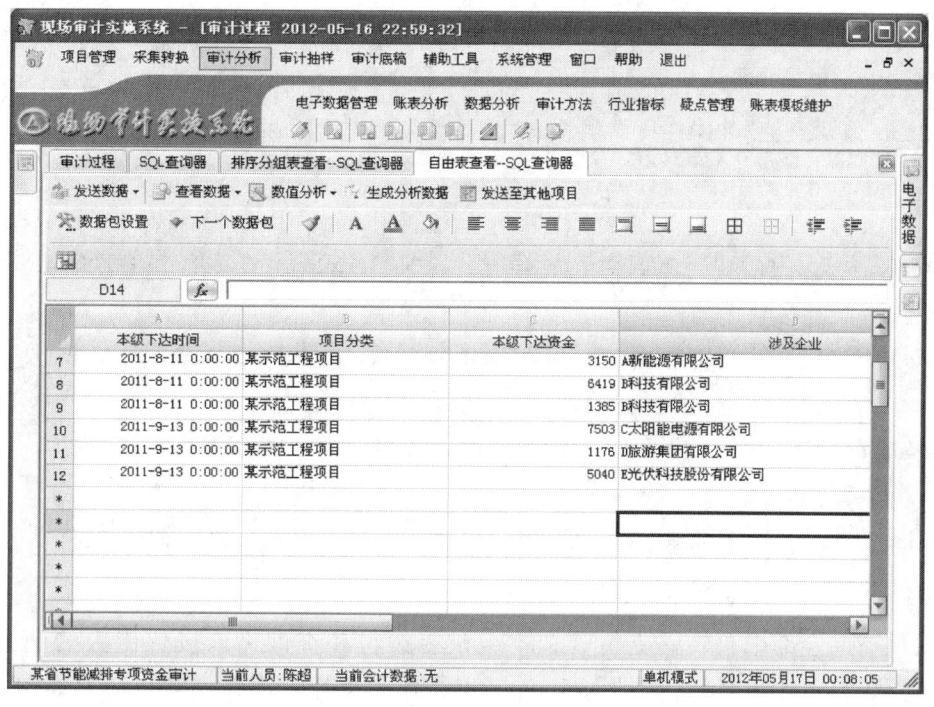

图 20 – 7

（2）核查省级预算某年（以 2011 年为例）下拨"2111201 可再生能源"科目中央转移支付总体金额和明细。

> select YEAR(本级下达时间) as 年度,预算科目,预算级次,SUM(本级下达资金) as 本级拨付下级金额 from 财政各级转移支付指标文数据
> where YEAR(本级下达时间)=2011 and 预算科目='2111201 可再生能源' and 预算级次='省级'
> group by YEAR(本级下达时间),预算科目,预算级次
>
> select * from 财政各级转移支付指标文数据
> where YEAR(本级下达时间)=2011 and 预算科目='2111201 可再生能源' and 预算级次='省级'

（3）按指标文号查询某项中央转移支付指标情况。

> select * from 财政各级转移支付指标文数据
> where YEAR(本级下达时间)=2011 and 本级下达文号='财建[2011]655 号'

（4）按企业名称查询应收某项中央转移支付情况和已收情况，并列出明细（以某企业为例）。

select 涉及企业,'应收中央转移支付金额:',sum(本级下达资金) from 财政各级转移支付指标文数据
where 涉及企业 ='B 科技有限公司' and 预算级次 ='中央'
group by 涉及企业

select 涉及企业,'实际收到中央转移支付金额:',sum(本级下达资金) from 财政各级转移支付指标文数据
where 涉及企业 ='B 科技有限公司' and 预算级次 ='省级' and 是否终极预算单位 =1
group by 涉及企业

select * from 财政各级转移支付指标文数据 where 涉及企业 ='B 科技有限公司'

步骤三：进行高级查询。

（1）查询全部中央转移支付资金本级是否拨付和查询仍未拨付出去的中央转移支付资金指标文件和金额，并形成审计疑点，作为审计查证的线索。结果如图 20-8 所示。

select a.本级下达文号,a.a1 as 上级下达金额,
(case when b.a2 is null then 0 else b.a2 end) as 本级拨付金额,
a.a1 - (case when b.a2 is null then 0 else b.a2 end) as 本级尚需拨付金额
from (select 本级下达文号,SUM(本级下达资金) as a1 from 财政各级转移支付指标文数据
where 预算级次 ='中央'
group by 本级下达文号) a left join
(select 上级下达文号,SUM(本级下达资金) as a2 from 财政各级转移支付指标文数据
group by 上级下达文号) b on a.本级下达文号 =b.上级下达文号

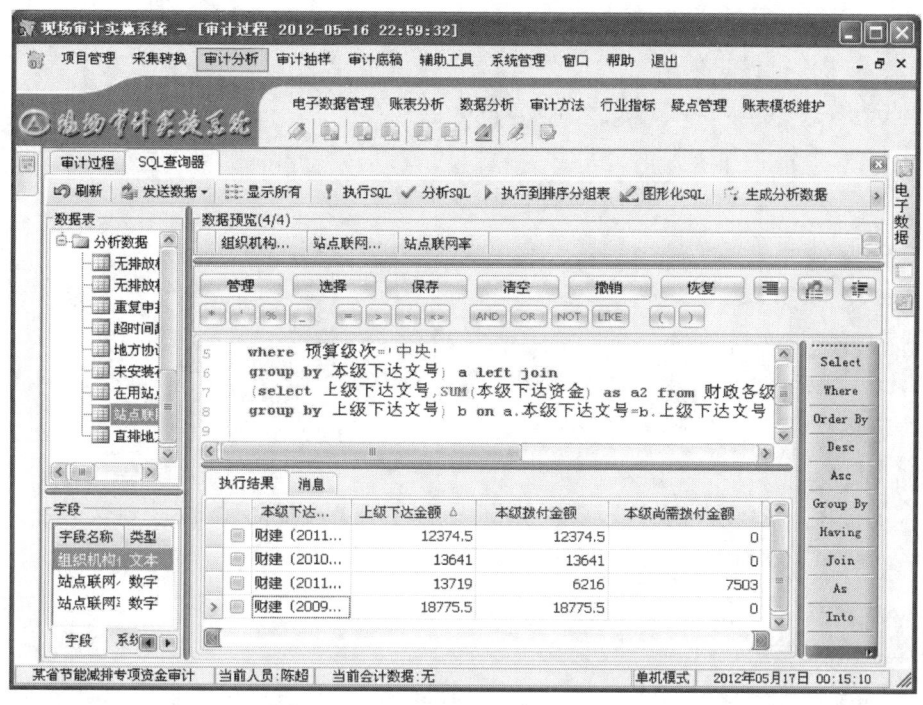

图 20-8

（2）查询未拨付或未完全拨付的明细项。

　　select a. 本级下达文号,a. 涉及企业,a. a1 as 上级下达金额,(case when b. a2 is null then 0 end) as 本级拨付金额,a. a1 -(case when b. a2 is null then 0 end) as 本级尚需拨付金额 from

　　(select 本级下达文号,涉及企业,SUM(本级下达资金) as a1 from 财政各级转移支付指标文数据

　　where 本级下达文号 ='财建[2011]752 号' and 是否含明细项目单位 =1

　　group by 本级下达文号,涉及企业

　　) a left join

　　(select 上级下达文号,涉及企业,SUM(本级下达资金) as a2 from 财政各级转移支付指标文数据

　　where 上级下达文号 ='财建[2011]752 号'

　　group by 上级下达文号,涉及企业

　　) b on (a. 本级下达文号 +a. 涉及企业) =(b. 上级下达文号 +b. 涉及企业)

　　where a. a1 - b. a2 is null

（3）查询在本级财政中央转移支付项目滞留超过一年的明细，形成审计疑点。

```
select datediff(day,本级下达时间,getdate()) -365 as 滞留超一年天数,* from 财政各级转移支付指标文数据
where datediff(day,本级下达时间,getdate()) >365
and 本级下达文号+涉及企业 in
(
select a.本级下达文号+a.涉及企业 from
(select 本级下达文号,涉及企业,SUM(本级下达资金) as a1 from 财政各级转移支付指标文数据
where 本级下达文号='财建〔2011〕752号' and 是否含明细项目单位=1
group by 本级下达文号,涉及企业
) a left join
(select 上级下达文号,涉及企业,SUM(本级下达资金) as a2 from 财政各级转移支付指标文数据
where 上级下达文号='财建〔2011〕752号'
group by 上级下达文号,涉及企业
) b on (a.本级下达文号+a.涉及企业)=(b.上级下达文号+b.涉及企业)
where a.a1-b.a2 is null)
```

（4）追踪某中央指标文件文号查询目前资金拨付情况。结果如图20-9所示。

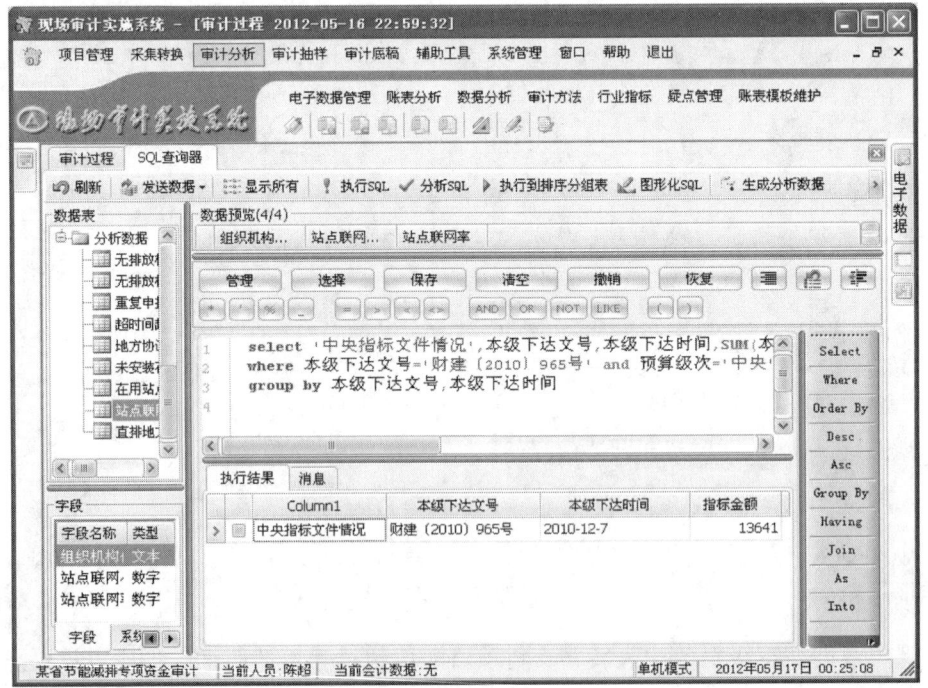

图20-9

```sql
select '中央指标文件情况',本级下达文号,本级下达时间,SUM(本级下达资金) as 指标金额 from 财政各级转移支付指标文数据
    where 本级下达文号='财建〔2010〕965号' and 预算级次='中央'
    group by 本级下达文号,本级下达时间

    select '省级指标文件情况',本级下达文号,本级下达时间,SUM(本级下达资金) as 指标金额 from 财政各级转移支付指标文数据
    where 上级下达文号='财建〔2010〕965号' and 预算级次='省级'
    group by 本级下达文号,本级下达时间

    select '级次:省级',a.本级下达文号,a.a1 as 上级下达金额,b.a2 as 本级拨付金额,a.a1-b.a2 as 本级尚需拨付金额 from (
    select 本级下达文号,SUM(本级下达资金) as a1 from 财政各级转移支付指标文数据
    where 本级下达文号='财建〔2010〕965号'
    group by 本级下达文号
    ) a left join (
    select 上级下达文号,SUM(本级下达资金) as a2 from 财政各级转移支付指标文数据
    where 上级下达文号='财建〔2010〕965号'
    group by 上级下达文号
    ) b on a.本级下达文号=b.上级下达文号
```

步骤四：数据筛选，并作为审计抽查依据。

(1) 按地区分组按金额倒序查询以确定抽查市县。

```sql
select 地区,SUM(本级下达资金)
from 财政各级转移支付指标文数据
where 是否终极预算单位=1 and 项目分类='金太阳示范工程项目'
group by 地区 order by SUM(本级下达资金) desc
```

(2) 在确定抽查市县的基础上继续筛选出待延伸的重点企业。

```sql
select 涉及企业,SUM(本级下达资金)
from 财政各级转移支付指标文数据
where 是否终极预算单位=1 and 项目分类='金太阳示范工程项目' and 地区='某市'
group by 涉及企业 order by SUM(本级下达资金) desc
```

(3) 按科目或项目类型筛选出重点抽审资金类型。

select 预算科目, SUM(本级下达资金) from 财政各级转移支付指标文数据
where 预算级次 ='省级'
group by 预算科目
order by SUM(本级下达资金) desc

select 项目分类, SUM(本级下达资金) from 财政各级转移支付指标文数据
where 预算级次 ='省级'
group by 项目分类
order by SUM(本级下达资金) desc

步骤五：对指标文件进行数据统计，并作为填写审计报表的依据。结果如图20 – 10 所示。

select 行数, 项目分类2, SUM(中央资金安排) as 中央资金安排, SUM(中央资金到位) as 中央资金到位,
SUM(省级资金安排) as 省级资金安排, SUM(省级资金到位) as 省级资金到位
from [指标文件明细]
where 年份 =2011
group by 项目分类2, 行数
order by 行数

图 20 – 10

3. 审计结果

根据对省财政厅指标文件数据的分析结果，发现全省各级财政部门滞留超过 1 年以上的中央财政节能减排专项资金 7047.62 万元，省级财政节能减排专项资金 1120.42 万元。对指标文件进行跟踪并审计发现，相关主管部门或资金使用单位闲置 2010 年节能减排专项资金 159.33 万元和 2011 年中央节能减排专项资金 394 万元。提出如下审计建议：

（1）有关部门应进一步加强节能减排财政资金的资金管理和项目管理。相关部门应督促项目实施单位严格按进度建设，避免资金的闲置和滞留。同时，加强日常监管，从严把关，切实提高财政资金使用效益。

（2）财政资金审计可以创新思路，以某一科目为审计对象，通过计算机审计手段的运用，迅速摸清中央预算安排的资金投入总量、专项资金种类、支出结构和方向、增减变动的总体情况，掌握中央本级支出中分部门的资金规模和结构，中央对地方转移支付支出的规模和结构，专项资金分地区投向结构等。

4. 应用 AO 功能点

本问题的分析使用了审计分析/数据分析/SQL 查询器等功能。

（五）检查高效节能空调推广信息的真实性、合规性

审计事项：资源环保审计/环境污染治理/专项资金使用

1. 审计思路

通过对高效节能空调推广信息和企业财务、生产等数据的核查，发现是否存在操作流程不规范、推广信息不合规、重复申报或虚报销售数据骗取财政补贴等问题。

2. 审计步骤

步骤一：以财政部最终认定的节能产品推广数量和明细数据为分析对象，初步判断是否存在重复申报销售数据的问题。

（1）判断上报数据中是否存在序列号重复现象。

```
select len(室内机序列号),count(*)
from 上报数据
group by len(室内机序列号)
```

查询发现，部分序列号不规范，需要进行数据整理。

```
select right(室内机序列号,15) as 室内机序列号15位,count(购买者名称) as 销售次数
from 上报数据
where len(室内机序列号)=16
group by right(室内机序列号,15)
having count(购买者名称)>1
order by 室内机序列号15位,销售次数 desc
```

大量序列号存在重复现象,如图 20 – 11 所示,作为审计疑点发送至资料树。

(2) 选取室内机序列号相同且购买人信息相同的重复数据,判断是否存在将以前年度销售的空调进行重复申报骗取补贴的问题。

select a. * ,b. 室内机序列号 as 重复序列号,b. 销售时间 as 二次销售时间
into 重复销售记录
from 上报数据 a join 上报数据 b
on right(a. 室内机序列号 ,15) = right(b. 室内机序列号 ,15)
where len(a. 室内机序列号) = 16 and a. 销售时间 < b. 销售时间 and a. 购买者名称 = b. 购买者名称

－－重复上报时段分析
select min(销售时间) 第 1 年最早 ,max(销售时间) 第 1 年最晚,
min(二次销售时间) 第 2 年最早 ,max(二次销售时间) 第 2 年最晚
from 重复销售记录

图 20 – 11

查询结果如图 20 – 12 所示,说明该企业是在第二推广年度重复使用前一年度已经上报的序列号,同一推广年度内不存在重复。

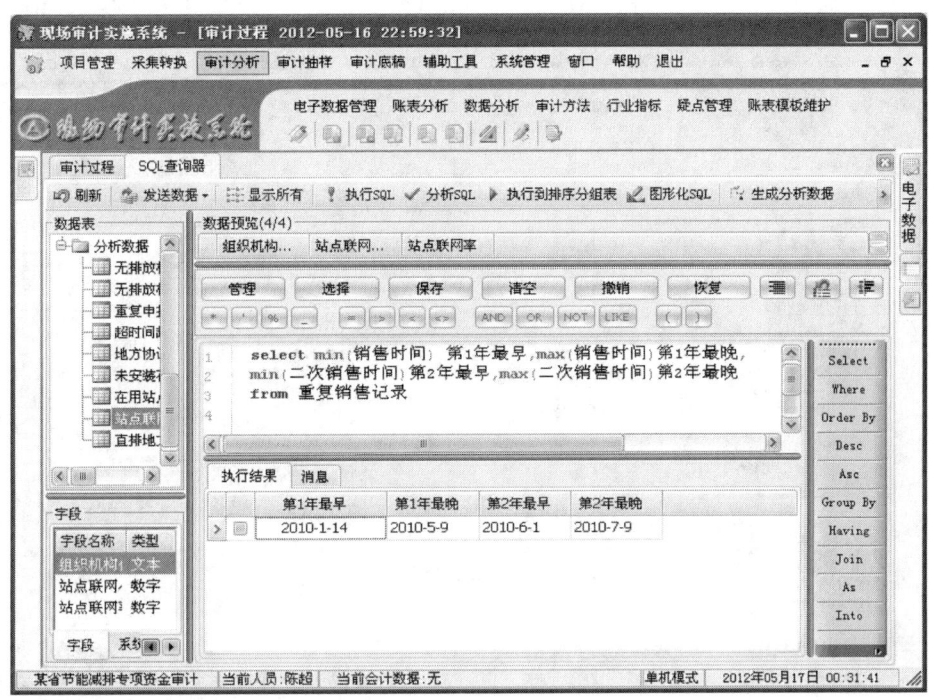

图 20 – 12

（3）将上述重复申报记录按产品型号分类，统计重复申报的数量，并根据公告目录计算出骗取补贴的金额。结果如图 20 – 13 所示。

```
select 产品型号,count(室内机序列号) 销售数量
from 重复销售记录
group by 产品型号
order by 产品型号
```

步骤二：将上述明细数据与企业的生产、销售等数据进行对比，进一步审核生产企业填报的推广信息的真实性。

（1）利用企业财务管理数据库备份文件，导入 SQL 2008，并从中提取"销售出库汇总表"导入 AO 系统。对企业财务数据进行汇总统计，生成各推广年度销售出库情况表。

```
select FInterID 报价单内码,FEntryID 分录号,Fdate 日期,FBillNo 编号,
FSaleStyleName 销售方式,FSupplyIDName 客户名称,FDCStockIDName 库房名称,
FItemIDName 物料简码,FFullNumber 物料代码,FItemName 物料名称,FItemModel 规格
型号,FUnitIDName 计量单位,FBatchNo 批次号,FAuxQty 数量,Fauxprice 单价,FAmount
金额,FVoucherNumber 凭证内码,FMarketingStyleName 资料名称,FDeptIDName 部门
  into [第一推广年度销售出库情况表初步筛选]
```

382 AO 资源环保审计应用实例

图 20 – 13

  from［销售出库汇总表］
  where　FItemName like '% KF%' and　FItemName not like '% 下乡%' and FItemName not like '% 国外%' and FItemName not like '% 外机%'　and FItemName not like '% 样机%'
  and（FItemName like '% aw%' or FItemName like '% gw%' or FItemName like '% lw%'）and FUnitIDName like '套'
  and fdate between ' 2009 – 6 – 1 ' and ' 2010 – 5 – 31 '
  order by fdate

  select FInterID　报价单内码,FEntryID　分录号,Fdate　日期,FBillNo　编号,FSaleStyleName　销售方式,FSupplyIDName　客户名称,FDCStockIDName　库房名称,FItemIDName　物料简码,FFullNumber　物料代码,FItemName　物料名称,FItemModel　规格型号,FUnitIDName　计量单位,FBatchNo　批次号,FAuxQty　数量,Fauxprice　单价,FAmount　金额,FVoucherNumber　凭证内码,FMarketingStyleName　资料名称,FDeptIDName　部门
  into［第二推广年度销售出库情况表初步筛选］
  from［销售出库汇总表］
  where　FItemName like '% KF%' and　FItemName not like '% 下乡%' and FItemName not like '% 国外%' and FItemName not like '% 外机%'　and FItemName not like '% 样机%'

and (FItemName like '%aw%' or FItemName like '%gw%' or FItemName like '%lw%') and FUnitIDName like '套'

and fdate between '2010-6-1' and '2011-5-31'

order by fdate

（2）对上述销售出库情况表按产品型号分类，能效等级为 1、2 级的产品可以根据相应的补贴额度计算应得补贴金额。将此金额与企业实际获得的补贴资金比较，得出是否存在虚报销售量骗取财政补贴的问题。

select 物料名称 型号,sum(数量) 销售数量

from [第一推广年度销售出库情况表初步筛选]

where 物料名称 like '%/d[12]%' or 物料名称 like '%/[12]%' or 物料名称 like '%/d-%'

group by 物料名称

order by 销售数量

select 物料名称 型号,sum(数量) 销售数量

from [第二推广年度销售出库情况表初步筛选]

where 物料名称 like '%/d[12]%' or 物料名称 like '%/[12]%' or 物料名称 like '%/d-%'

group by 物料名称

order by 销售数量

步骤三：筛选重点销售商并进行延伸审计，将其销售数据与推广信息中的数据进行比对，如存在较大差异则要进一步分析原因，完成取证。

（1）筛选重点销售商和重点客户，提供延伸审计方向。

select top 100 购买者名称,购买者电话,count(室内机序列号) as 购买数量

from 上报数据

group by 购买者名称,购买者电话

order by 购买数量 desc

select top 100 销售单位注册名称,count(室内机序列号) as 购买数量

from 上报数据

group by 销售单位注册名称

order by 购买数量 desc

```
select top 100 安装详细地址,购买者名称,count(室内机序列号) as 购买数量
from 上报数据
group by 安装详细地址,购买者名称
order by 购买数量 desc
```

步骤四：延伸调查部分终端客户，对虚报客户信息或销售数量的问题进行现场核实。

3. 审计结果

2009年6月至2011年5月，某空调生产企业申报高效节能空调推广中央财政补助资金36680.25万元（对应113.58万台），实际收到27613万元。审计发现，该企业2009年6月1日至2011年5月31日实际销售该品牌空调（按出厂口径）共64.96万台，按补贴额度计算，应得补贴资金22888.26万元。经延伸审计部分空调经销商，经销商实际销售空调数量明显少于该公司申请中央财政补贴资金材料所反映的相应经销商销售数量，虚报销售量骗取财政补贴资金达4724.74万元。

4. 应用AO功能点

本问题的分析使用了审计分析/数据分析/SQL查询器等功能。

三、点评

本实例通过数据分析发现污染物排放标准、节能空调补贴等国家政策在地方执行过程中的违规行为，有效地解决了环境保护审计中数据分散、对象众多的难题，并且运用数据分析工具对国家政策落实情况的审计工作进行了有力支撑。将信息系统审计思路与数据式审计技术进行结合，运用信息系统审计思路为数据式审计提供新视角、新思路，同时运用数据式审计为系统安全性、有效性、效益性的分析提供量化依据。

（审计署驻上海特派员办事处　田　甜　赵　钢　谢祥峰）

附录 本书实例应用 AO 功能点一览表

主要功能点	实例编号 1	2	3	4	5	6	7	8	9	10	11	12	13	14	15	16	17	18	19	20
采集转换																				
财务数据采集转换		√	√	√																
业务数据采集转换					√															
连接大型数据库																				
模板管理																				
审计分析																				
电子数据管理																				
账表分析																				
科目明细账审查	√											√								
辅助账审查												√								
会计科目审查						√		√												
凭证审查						√														
未记账凭证审查																				
日记账审查								√												
报表审查																				
多套数据审查															√	√	√	√	√	
数据分析																			√	
SQL查询器	√	√	√	√	√	√	√	√	√	√	√		√				√	√	√	√

续表

主要功能点	实例编号																			
	1	2	3	4	5	6	7	8	9	10	11	12	13	14	15	16	17	18	19	20
图形化SQL查询分析器	√																			
排序分组表分析工具		√	√	√			√													
自由表分析工具			√	√	√	√	√	√	√											
图表分析工具					√														√	
数值分析											√				√					
科目余额表/凭证审查																				
审计过程管理																				
审计方法																				
自动审计																				
审计方法管理	√			√	√		√					√	√	√						
行业指标																				
疑点管理													√							
账表模板维护																			√	
审计底稿																				
审计日记																				
审计证据																				
审计底稿																				
审计报告																			√	
审计台账																				

图书在版编目（CIP）数据

AO 资源环保审计应用实例／《AO 应用实例丛书》编写组编 . —北京：中国时代经济出版社，2013.7（2017.2 重印）
（AO 应用实例丛书）
ISBN 978－7－5119－1576－4

Ⅰ. ①A…　Ⅱ. ①A…　Ⅲ. ①资源保护－环境保护－计算机审计－中国　Ⅳ. ①F239.6－39

中国版本图书馆 CIP 数据核字（2013）第 153567 号

书　　　名：	AO 资源环保审计应用实例
作　　　者：	《AO 应用实例丛书》编写组
出版发行：	中国时代经济出版社
社　　　址：	北京市丰台区玉林里 25 号楼
邮政编码：	100069
发行热线：	（010）63508271　63508273
传　　　真：	（010）63508274　63508284
网　　　址：	www.cmepub.com.cn
电子邮箱：	sdjj1116@163.com
经　　　销：	各地新华书店
印　　　刷：	北京市荣海印刷厂
开　　　本：	787×1092　1/16
字　　　数：	491 千字
印　　　张：	24.75
版　　　次：	2013 年 7 月第 1 版
印　　　次：	2017 年 2 月第 3 次印刷
书　　　号：	ISBN 978－7－5119－1576－4
定　　　价：	75.00 元

本书如有破损、缺页、装订错误，请与本社发行部联系更换

版权所有　侵权必究